山西工运百年印记

新民主主义革命时期

山西省总工会　编著

SHANXI GONGYUN BAINIAN YINJI

XINMINZHUZHUYI GEMING SHIQI

山西出版传媒集团
山西人民出版社

《山西工运百年印记》

编委会

《山西工运百年印记》

编写组

主　　编　王东明

执行主编　辛红炜　岳燕林

成　　员　（以姓氏笔画为序）

马田中　王　晨　王雨茜　田雅静　邢　雁

戎　兵　权　利　任　瑛　米俊茹　李小全

李庆峰　李建军　李彦斌　宋　航　张　倩

陈春霞　陈秋莲　范泓翊　赵晨萍　姚秋枫

贺芳芳　秦　岭　贾晓红　高志红　郭　倩

郭璟璟　唐志华　崔容阁　解淑芳

序 言

100 年，在人类历史上只是倏忽一瞬，在山西工运史上却留下一部壮丽的史诗。

100 年来，在中国共产党领导下，在山西这块红色热土上，英雄的工人阶级不屈不挠、砥砺前行，唱响了奋斗创造世界、劳动创造伟业的雄壮凯歌，留下了一串串闪光的足迹。

为了铭记这段历史，讲好山西红色工运故事，传承革命精神，赓续红色血脉，建党 100 周年之际，山西省总工会部署开展了“建党百年 · 山西重大工运事件重要工运人物寻访展示活动”。山西工人报社抽调精干力量组成采访团，足迹遍及全省乃至全国，进行了大量深入细致的抢救性采访、原创性阐释，并在《山西工人报》及其所属新媒体平台陆续刊发。今天，我们将寻访展示活动作品，按照新民主主义革命时期、社会主义革命和建设时期、改革开放和社会主义现代化建设新时期、中国特色社会主义新时代四个时期进行分类，结集为“山西工运百年印记”系列丛书。希望这套丛书的出版能对全省工会干部和广大职工群众学习和研究党史、工运史有所裨益。

从这次寻访展示活动作品中，可以清晰地看到山西工运百年历史上发生的一件件里程碑式的重大事件，深切领略工运先驱和各个时期劳动模范英勇奋斗的时代风采。以这样一个个故事为链条，串起山西工运史的百年脉络，绘出了一幅波澜壮阔的山西工运历史长卷。重温这激荡人心、恢宏壮丽的历史篇章，追寻党的工运先驱领导山西工运事业开拓前进的历史足迹，从中感悟初心、坚定使命，将激励我们团结奋斗，走好新时代的工运赶考之路。

通过寻访展示，我们更加自觉地坚定历史自信、坚守理想信念。为什么我们能够在国家蒙辱、人民蒙难、千难万险的情况下，战胜一切艰难险阻取得最后的胜利？因为我们有马克思主义信仰，有共产主义信念。这是我们工运人始终不渝的理想信念和价值追求。革命战争年代，一批又一批先驱毁家纾难、趋赴革命。高君宇燃烧自己，点燃万千工运星火；王世益不怕牺牲，扛起赤色工会大旗；康永和唤起劳工，筹建总工会，创建工卫旅，始终与工人阶级战斗在一起……无数英雄人物、劳动模范听从理想的召唤，为党和人民奉献了自己的毕生精力。他们用行动告诉我们，理想之光不灭，信念之光不灭，我们就能抵达成功的彼岸。

通过寻访展示，我们更加自觉地发扬斗争精神、增强斗争本领。山西工人阶级在苦难中成长，在斗争中壮大，始终无所畏惧地面对一切困难和挑战，坚定不移地开创革命事业新天地。在中国共产党领导下，晋华纱厂、正太铁路工人为摆脱受奴役的地位，争取其合法权益，组织了震撼三晋的大罢工；大同煤矿工人用血泪写就抗争史，从自发到自觉，从有组织罢工到组建矿工游击队，为华北地区抗战胜利贡献了重要力量；工运先驱何英才靠着坚定的信仰、顽强的斗志，在白色恐怖中，在阳泉人地两疏的环境中，机智地通过提篮叫卖秘密宣传革命思想；李顺达带领西沟人战天斗地创造生态奇迹，把光秃秃的穷西沟变成绿水青山的新西沟……他们用行动告诉我们，是无数革命先烈用斗争和牺牲换来了我们的新中国、新社会、新生活。

通过寻访展示，我们更加自觉地矢志团结奋斗、凝聚奋进力量。力量源于团结，事业成于奋斗。山西的工人阶级依靠团结奋斗不仅捍卫了民族独立和尊严，而且书写了革新和图强的新篇章。“晋西北工人阶级抗日生产的光荣旗帜”张秋风在晋绥边区的兵工战场上埋头苦干、钻研技术，带动影响他人生产了大量的武器弹药，为夺取抗战胜利作出了重要贡献；“当代愚公”李双良用一双手历经 10 年搬走一座盘踞太钢半个世纪的渣山，成为全国冶金战线治理钢渣、保护环境的一面旗帜；太重煤机有限公司液压设备分公司“刘胡兰模范小组”，几代人传承烈士精神，靠着团结奋斗、无私奉献，月月年年超额完成生产任务，一步一个脚印走过艰难、走出困境、走向新时代……他们用行动告诉我们，团结奋斗是创造历史伟业的必由之路，新时代新征程更需要我们踔厉奋发，依靠团结奋斗开创新的伟业。

通过寻访展示，我们更加自觉地勇担历史使命、开创美好未来。历史是最好的教科书。历史的经验弥足珍贵，历史的积淀汇聚成启迪思想、激扬斗志、催人奋进的强大精神力量。山西工人运动 100 年的非凡历程，工运先驱的家国情怀、信念追求和理想情操，为我们提供了丰厚的精神滋养，树立了巍峨的精神丰碑。我们要传承红色基因，发扬工人阶级光荣传统和优秀品格，巩固工人阶级团结奋斗的共同思想基础，永远听党话、跟党走，在习近平新时代中国特色社会主义思想指引下乘风破浪、阔步前行，在推动高质量发展、实现中国式现代化的新征程中奋勇争先、建功立业。

山西的重大工运事件和重要工运人物，就像一颗颗耀眼的明星，镶嵌在历史的天空，值得我们永远瞻仰、记忆。

谨以本丛书献给中国共产党成立 100 年来为山西工运事业和工会工作作出贡献的同志们。

《山西工运百年印记》编委会

目录

CONTENTS

人物篇 …………………………………………………………………… 127

书中每篇文章均配有微视频，可扫描上方二维码下载《山西工人报》新闻客户端，点击“专题”，在“山西重大工运事件重要工运人物寻访展示”栏目内观看

S H I J I A N　P I A N　事件篇

正太铁路风暴（1922—1923）

岳燕林

建党初期，在全国第一次工人运动高潮中，山西铁路工人写下了耀眼的一笔：发生在1922年至1923年的正太铁路风暴，是山西工人运动初兴阶段影响最大的工人罢工斗争。1926年召开的中华铁路总工会第三次代表大会这样评价："做过很剧烈的反帝国主义、反军阀运动。"

这场工运斗争风暴让工人阶级逐渐团结和成熟起来，不断走向联合和统一，最终成为一股强大的进步力量，登上了新民主主义革命的历史舞台。

乘坐一趟初夏的列车，追寻一段红色的印记。

芒种日，5时许，记者登上了K1116次列车，从太原出发，经停阳泉，至石家庄。穿梭在百年正太（现为石太铁路）线上，一路风尘，一路探访，在旅途中触摸百年前工人运动的遗痕，在行走中感受那段风雷激荡的历史。

时间回溯到100年前。

1921年7月党的一大召开，宣告中国共产党成立。党的一大通过的《中国共产党第一个决议》开宗明义地指出，"党的基本任务是成立产业工会"，把领导工人运动作为党的主要工作，并为工人运动的发展制定了明确的任务和指导方针。1921年8月11日，在上海成立了第一个中国共产党公开领导工人运动的机构——中国劳动组合书记部。劳动组合书记部相继在北京、长沙、武汉、广州、济南、上海设立了分支机构，将工人运动的火种播向全国各地，迅速掀起了全国第一次工人运动高潮。

在这风起云涌、浴血荣光的峥嵘岁月中，山西铁路工人以昂扬的姿态走上历史舞台，写下了耀眼的一笔。对发生在1922年至1923年的正太铁路风暴，1926年召开的中华铁路总工会第三次代表大会曾给予这样的评价："做过很剧烈的反帝国主义、反军阀运动。"山西大学马克思主义学院教授谢忠强称"山西工人运动初兴阶段影响最深、斗争最壮烈的是铁路工人运动"。

前夜

清晨的列车，像一条匍匐的长龙，呼啸着迎着霞光驶向远方。

河山环绕、山岭纵横，1个多小时的疾行后，列车驶入山城阳泉。

阳泉地处山西"东大门"，素有"三晋要冲""晋冀咽喉"之称。1947年，人民解放军发动正太战役解放阳泉，并建立城市，成为中国共产党创建的第一座人民城市，获称"中共第一城"，阳泉是一个有着特别重大战略意义、政治意义和历史意义的城市。

记者在阳泉市总工会有关人员的带领下，从位于阳泉城区德胜东街繁华路段的阳泉火车站旧址开始，开启了此次寻访之旅。

这是一栋典型的欧式风格建筑，坐南朝北，由3个尖顶建筑构成，中间为钟楼，两边各有一间式样和规模相同的尖顶房，是山西现存年代最早、保存最完整的一处火车站。看着房顶上高高雕刻着的"阳泉站"3个大字，记者仿佛听到了当年正太铁路工人洪亮的号子和火车轰鸣的汽笛声，穿越时光隧道，回到了100多年前。

1896年，清政府决定修建卢（沟桥）汉（口）铁路，同时提出以卢汉铁路为主，临近各省可以修建支线与之衔接。同年 5 月，山西巡抚胡聘之奏请开办太原至正定支路，由山西商务局借外债修建，清廷准奏。为了争得正太路的修建权，俄国通过华俄道胜银行推荐法国工程师越黎勘察了线路。越黎发现，此路虽然山峦重叠、地势险峻，但资源丰富，有修建的必要。因此，正太路的修建也成为帝国主义疯狂掠夺中国的一个明证。

正太路的修建在客观上打通了山西通往华北、华东和中南的通道。据中国铁路太原局集团有限公司档案史料记载："正太路，穿越太行山脉，横跨晋、冀两省，东起石家庄，经阳泉，过榆次，直达太原北站。省界在南峪、娘子关站间，界西为山西境内。连接平汉（北平至汉口）、同蒲（大同至风陵渡）两铁路，是山西重要交通干线。"山西由此进入铁路时代，区位优势和经济价值得到提升。铁路沿线也成为中国北方产业工人最集中的地区之一。

20世纪初的中国被践踏在帝国主义列强和反动军阀的铁蹄之下，山河破碎、民不聊生，正太路亦不能幸免。作为山西历史上第一条现代化铁路，其当时被法国资本家控制和把持。在外国资本残酷的剥削和压迫下，铁路工人生活在水深火热之中。据太原工务段汾河线路三给工区退休职工王清明回忆，其父王石头曾参加过正太铁路罢工。当时，铁路开通，他的父亲用脚车拉着全家从老家来到太原。原本以为能过上舒心的好日子，不料资本家和工头们根本不拿工人当人看，其父和工友们"从早到晚一天工作十几个小时，资本家经常不给开工资，对工人伸手就打、张口就骂"。铁路工人在极其恶劣的条件下进行繁重的劳动，大多数人长年露天作业，靠手抬肩扛干活，没有劳动保护，伤亡事故经常发生，处境十分凄惨。《中国劳动年鉴》对此也有过记载。工人过着朝不保夕的牛马生活，看不到希望。有些工人消沉、沮丧，下班后去酗酒、赌博，以此消解忧愁，发泄不满。

哪里有压迫，哪里就有反抗。正太铁路工人反帝反封建的自发斗争伴随着其作为一个阶级的成长从未间断。虽多数遭当局残酷镇压，但他们在斗争中不断积累经验，提高觉悟，逐渐产生了对真正的工人团体——工会组织的呼唤和渴求。

觉醒

正太铁路既是一条飞越太行天堑、贯通晋冀两省的经济大动脉，也是一条传播革命思想、传导革命洪流的交通大通道。阳泉市政协学习和文史委特聘文史研究员黄顺荣告诉记者，正太铁路开通运营，为新思想的传播和党的早期活动创造了非常有利的条件。1919 年，五四运动爆发。正太铁路工人受到先进思想的冲击，开始关心国家大事，关心中国命运，渴求寻找救国的方法和道路。1920 年年初，北京共产主义小组派罗章龙、史文彬到石家庄，在工人中宣传马克思主义和俄国无产阶级革命的伟大胜利。邓中夏、朱务善也率“平民教育讲演团”到正太铁路沿线宣传“劳动创造世界，工人要当主人，团结起来向资本家进行斗争”等革命道理，启发工人的阶级觉悟，极大地鼓舞了铁路工人的斗志，为中国共产党在正太铁路的活动奠定了基础。石家庄市总工会编撰的《石家庄市工人运动史》对这段历史也有专门记载。

1921 年 9 月，中国劳动组合书记部北方分部先后派张昆弟、贾纡青到石家庄，深入铁路工人中发展党员、组织工会，领导工人开展革命工作。张昆弟是毛泽东、蔡和森在湖南省立第一师范学校时的好友，曾一起创办过新民学会。当年冬，党组织又先后派贺昌、彭真、王鹤寿等人到正太铁路工作。在中共北京区执行委员会和中国劳动组合书记部北方分部的领导下，铁路工人运动蓬勃兴起。

据石家庄铁路办事处、车辆厂1960年编撰的《路史》记载：“在长辛店、正定工人俱乐部的影响下，1922年2月，正太铁路工人成立了自己的组织。同年7月到10月，中共北京区执行委员会先后派共产党员张昆弟、刘明俨、吴先瑞、贾纡清到正太铁路工作。10月8日，在石家庄成立了正太铁路工业研究会传习所。为了联络更多的工友，实现正太全路的劳动组合，孙云鹏、滕邦忠分别到阳泉、太原去联系。经过他们的努力，阳泉、太原相继成立了传习所，都愿意和石家庄工人抱成一团。就这样，全正太路的工人很快组合起来了。不久，根据全国铁路总工会筹委会的要求，石家庄正太铁路工业研究会传习所改为石家庄正太铁路总工会，下设石家庄、阳泉、太原3个分工会。贾纡清在石家庄任总工会指导员，吴先瑞任阳泉分工会指导员，刘明俨任太原分工会指导员。”

中国劳动组合书记部北方分部领导下的正太铁路总工会的成立，让马克思主义思想在正太铁路工人队伍中得以传播，为组织工人、发动工人进行斗争奠定了组织基础，并迅速在正太路上掀起了工人运动的高潮。

风暴

完成阳泉的采访，记者踏上次日的列车，继续一路向东。

7时许，列车缓缓驶入石家庄站。

石家庄是正太铁路的东起点，也是由正太铁路呼唤而出的一座新兴现代化城市。百年前，石家庄还只是一个小村庄，隶属于正定府。正太铁路开通后，这个传统的农业村落华丽转身，成为一个物资集散的陆路交通港口。随着铁路管理局在石家庄入驻，医院、邮局、税所等一系列公共机构也相继进入，石家庄人口激增，工商业开始兴起，城市规模一天天扩大。

站在大石桥正太铁路遗址，记者能看到风貌犹存的老正太饭店以及不远处石家庄旧火车站的钟楼。周边街巷纵横、老树参天，百年前激荡的风雷似乎已经远去。然而，红色的记忆永不褪色。

1922 年 12 月 12 日，在张昆弟、孙云鹏等领导下，正太铁路总工会召开积极分子会议，酝酿开展为铁路工人争取权益、谋求解放的革命斗争。会议决定，向路局提出增加工人薪酬、改善工人待遇等 9 项要求，并限令其 24 小时内答复，否则将举行罢工。

12 月 14 日，由于路局对工人提出的要求拒不作答，正太铁路总工会召开了全体执行委员会议，决定从 15 日起举行全线罢工。与会代表群情激昂，表示“倘铁路当局不给我们以满意答复，我们绝不上工”。

工人们被迅速发动、组织起来。阳泉分工会、太原分工会分别在梁永福、贺昌的带领下组织了宣传队、纠察队，负责巡逻、维持秩序、保护机器，做好了罢工前的各项准备工作。

12 月 15 日 6 时整，石家庄正太铁路机器厂鞭炮齐鸣、汽笛怒吼。参加罢工的 1000 余名工人听到罢工的信号后，来到规定的地点集合。纠察队员们臂戴袖章来到车站，包围了法国资本家的住宅和办公大楼。霎时间，机器停转、火车停运。从石家庄到太原，200 多公里的正太铁路全线瘫痪了……

此时，一个令所有人都没想到的意外发生了。原来，在当日 6 时前，一列由太原始发的头班客车因未接到罢工通知，已经从太原站发出且还在正太线上奔驰着。如果让它继续运行，开到石家庄，那将对罢工产生极坏的影响，还会瓦解罢工工人高昂的士气。

怎么办？正太铁路总工会当即决断，向阳泉分工会下达命令：“一定要把列车截在阳泉，不准向前再开一步，还要把旅客安置好。”

阳泉分工会负责人梁永福接到命令后，立即作了传达部署，并组织敢死队、纠察队、宣传队分头行动。11时，这列客车开进阳泉站。梁永福一马当先跨上车头，向列车司机下达命令：“现在全线罢工了，列车只能停在这里，不能再动！”机车司机和乘务员听说是总工会的罢工令，便听从号令，跳下火车加入罢工行列。车上旅客经过工人的宣传和妥善安置，也都对罢工持同情和支持的态度。

但是，有一个人跳出来不答应，他就是路局车务处总管、法国人白聂。这天，他的一节专车就挂在这列客车上，准备去石家庄。他不听总工会的说明和劝告，先是蛮横指责，后又乘人不备爬上机车拉响汽笛，要强行开车。见此情况，工人们平时积累的对洋人、工头的仇恨顷刻间全部爆发了。在梁永福带领下，200余名罢工工人奋不顾身地冲到道轨间，卧到铁轨上，用身体铸成了不可逾越的路障。纠察队员也立即包围了机车，几名工人跳上车头将白聂拉下车来。白聂见势不妙，狼狈地雇了一顶骆驼轿子逃回了石家庄。

全线罢工后，工人们在路局外席棚坚守岗位，坚持斗争，静待解决。铁路当局非常惊恐，立即向北洋政府“严重交涉”，四处斡旋，请太原和石家庄各报馆、警局、商会、矿务局等有关部门竭力调停。山西军阀阎锡山也派代表与正太铁路总工会疏通关系，劝说工人早日开工。面对威逼利诱和武力胁迫，铁路工人始终不为所动。

12月17日，正太铁路总工会发出了罢工的第二次宣言，在原有9项罢工条件的基础上又增加了承认正太铁路总工会有代表全路工人之权、罢工期间不得扣薪、不得因罢工开除工人、路局处罚工人须先征得工会同意等5项补充条件。

正太铁路工人罢工得到了沿线工、农、商、学各界的同情和支持。全国各大产业工会纷纷来电表示声援，唐山京奉铁路职工总会、汉冶萍总工会等以及全国铁路总工会筹备处、京汉铁路总工会筹备处也都来电和进行实物支援，大量生活用品被源源不断地送到工会，慰问罢工工人，极大地鼓舞了工人们的信心。

12 月 24 日，罢工到了第 10 天。法国资本家损失银圆多达 30 万，总办沙革低头认输，被迫与工人谈判。正太铁路总工会之前提出的 14 项条件，除 8 小时工作制和增加工资两项略有变动外，其他全部予以答应。这些答复条款还被印制数千份，通告全国。

12 月 27 日，正太铁路全线复工。开工的那天，全路工人欣喜若狂，上街游行，庆祝胜利。工人们手执“罢工胜利”“全世界的劳动者联合起来”的标语旗帜发出开工宣言：胜利了！我们此次罢工，得到了最后的胜利。我们的胜利，虽不能说十分圆满，但是这种小小胜利已不是和我们早先一样的散漫群众所可得到手的，是我们有了团结之后才能得到的。劳动者要解决痛苦和压迫，须得团结起来，这又一次证明了。团体既然这样有价值，我们以后便当尽力把团体更坚固起来、更扩大起来，以便于解除一切痛苦和压迫……我们于今天开工了。在这一天，我们更感觉到劳动者阶级的团结之必要。所以，我们要高呼“全世界的劳动者联合起来”，并祝“劳动万岁”！

至此，历时 12 天的正太铁路工人第一次大罢工取得了最终胜利。

声援

正太铁路工人运动如火如荼之际，京汉铁路那边也“起火”了。

供职于中国铁路太原局集团有限公司融媒体中心的文史学者林小静曾对这段历史进行过多次寻访。虽然参与大罢工的许多当事人及其后人由于种种原因如今已难以寻访，但透过林小静当年的采访资料，我们仍然能够还原当时的情景。

1923年2月4日，农历腊月十九，再有几天就要过年了，贾纡青在正太铁路总工会焦急地走来走去。就在前几日，正太铁路总工会接到京汉铁路总工会筹备委员会的请帖，邀请前去参加2月1日在郑州举行的京汉铁路总工会成立大会。正太铁路这边当即派出5名代表，带着锦旗、礼物和正太铁路3000多名工友的心意前往郑州祝贺。其中，阳泉分工会的冯德耀、太原分工会的邢昌福便在五人之中。可是，他们已经去了几天，还没有任何音信。

就在贾纡青担心不已的时候，京汉铁路正定分会派人送来了一封信，拆开一看是一张罢工宣言。原来在郑州开会期间，反动军阀吴佩孚密令郑州驻军派军警包围了工人代表，捣毁了会场，并把守住代表住的旅馆，不许代表们自由活动。因此，京汉铁路工人从2月4日开始全路总罢工，要求惩凶道歉，重新挂匾。

这时，去郑州的代表也匆匆赶回来了。大家马上决定下午6时召开全体会员大会，研究对策。

还没到开会时间，会场里便挤满了人。工友们一个个都为京汉铁路的兄弟们打抱不平。施恒清向大家介绍了在郑州开会遭到迫害的情况后，贾纡青接着讲道：“工友们，京汉路这次罢工纯属为争人权、争自由。这绝对不是一条铁路的事，它关系到咱们全体工人阶级的利益。而且，京汉和正太两条铁路关系密切，鞋破袜连。如果他们罢工失败了，咱们也不会安生，大伙千辛万苦办起来的工会就会散架，十二月罢工赢得的胜利也会一笔勾销！”贾纡青的话字字敲在工友们的心头。大家纷纷表示，如果京汉铁路工友提出的条件三日内不能解决，就举行全路同情总罢工。

会后，正太铁路总工会向江岸京汉铁路总工会发出通电，以作声援，同时派40名年轻工人到正定分会协助纠察。

一天过去了，两天过去了，空气渐渐紧张起来。2月6日，正太铁路总工会给京汉铁路总工会连着发了几封电报，却都石沉大海。当天下午，总工会召开紧急会议，分析形势，决定从2月7日12时起举行同情罢工，用实际行动声援京汉铁路的工人兄弟，口号是“罢工纯为援助京汉工友，不答应京汉工友的条件，绝不复工”。

阳泉、太原两地迅速做好准备，并制订了“无论任何人都必须听从总工会命令、无总工会命令不准私自上工，每日到分工会点名两次，如遇军队压迫全体示威”等7项纪律。

2月7日中午，时钟指向12时，罢工的汽笛从石家庄飞出；接着，阳泉、太原两地的火车也鸣响汽笛，汇成一片声音的海洋，传遍整个正太铁路。

工友们有的放下工具，离开工房；有的跳下机车，从四面八方涌向工会指定的集合地点。纠察队员扛着木杆奔向各个目标；宣传队员走上街头向各界揭发吴佩孚在郑州迫害工人的真相，申明罢工理由。

正太铁路局一看工人势力大，明面上不敢阻拦，暗地里却捣起了鬼。就在罢工开始后没几个小时，当局以贩卖毒药的罪名抓走了芹泉道班的工人。接到芹泉站的电话，阳泉分工会立刻研究如何救出这名工人。梁永福分析道：“敌人真是越来越狡猾了，想借刀杀人。决不能让他们的阴谋得逞。”

大家于是一起去找一个叫罗祖德的弹压要人。罗祖德受洋人指派，在阳泉站做一名弹压，平时对工会活动处处进行破坏，做尽坏事。十二月大罢工时法国车务总管逼着火车开车就是他出的主意。

梁永福和工友们找到罗祖德。罗坐在太师椅上，摆出一副傲慢的样子说道：“你们罢工，不通车，我没法管。”

梁永福反复跟他讲道理，罗始终一副阴阳怪气的样子。梁永福心中的怒火再也克制不住了，他指着罗祖德的鼻子问道："姓罗的，芹泉工人被抓，是不是你幕后指使的？"

罗祖德一看自己的阴谋被梁永福识破，恼羞成怒，抓起一根木棍就要打向梁永福。一旁的工友抓住了罗的手腕，并摁住了他的脖子；其他工友这时也举起拳头准备上前狠狠地揍他一顿，以解心头之恨。罗祖德一看形势不妙，吓得告饶起来："梁会长，我这就让他们放人。"

就在正太铁路工人以罢工声援京汉铁路工人运动的时候，当局开始全面镇压工人的罢工运动。原来，京汉铁路大罢工在吴佩孚的血腥镇压下已经失败了，只是正太铁路总工会和阳泉、太原两个分工会，还没获知这一消息。

2月8日一早，警察包围了阳泉分工会，抢走了工会的财物，连门也封了；同时还宣布将梁永福、解占奎等工会委员和积极分子共18人开除出路局，并威胁梁永福让工人马上复工。梁永福凛然回答道："要复工，必须有总工会的命令！"

2月9日晚，正太铁路总工会收到了京汉铁路总工会正定分会发来的电报：京汉罢工已遭武力镇压，为避免意外损失，请贵会立即复工。

2月10日，正太铁路全线工人忍痛复工。工人运动暂时转入低潮。

1922年到1923年的正太铁路风暴有过胜利，有过挫折；有过低潮，有过高涨。但是，挫折不代表屈服，沉寂也是在为新生蓄力。正如时任阳泉市党史研究室主任郭玉珠所言："党的领导让工人阶级日益团结和成熟起来，成为一股强大的进步力量，走上新民主主义革命的历史舞台。"

思考

阅尽百年沧桑，不褪昔日苍颜。如今，正太铁路上的工运呐喊和战争硝烟早已湮没于历史的长河中，但作为连接晋冀的通道，正太铁路仍然风姿灼灼，傲然存在。追思这段历史，回味苦难辉煌的历程，就是要用工运先驱坚定不移跟党走、无役不从闹革命的优良传统，激励我们传承红色基因，牢记肩头使命，赓续精神血脉，引领广大职工坚定不移听党话、矢志不渝跟党走，为实现中华民族伟大复兴的中国梦、建设中国特色社会主义现代化国家而努力奋斗。

本文刊于2021年7月19日《山西工人报》

正太铁路风暴（1922—1923）

本报记者 岳燕林

【铭刻】 在建党初期全国第一次工人运动高潮中，山西铁路工人写下了耀眼的一笔——发生在1922年至1923年的正太铁路风暴，是山西工人运动初兴阶段影响最大的工人罢工斗争。1926年召开的中华铁路总工会第三次代表大会这样评价：“做过很剧烈的反帝国主义、反军阀运动。”

这场工运斗争风暴让工人阶级逐渐团结和成熟起来，不断走向联合和统一，最终成为一股强大的进步力量，走上了新民主主义革命的历史舞台。

乘坐一趟初夏的列车，追寻一段红色的印记。

芒种日，5时许，记者登上了K1116次列车，从太原出发，经停阳泉，至石家庄。穿梭在百年正太（现为石太铁路）线上，一路风尘，一路探访，在旅途中触摸百年前工人运动的遗痕，在行走中感受那段风雷激荡的历史。

时间回溯到100年前。

1921年7月党的一大召开，宣告中国共产党成立。党的一大通过的《中国共产党第一个决议》开宗明义地指出，“党的基本任务是成立产业工会”，把领导工人运动作为党的主要工作，并为工人运动的发展制订了明确的任务和指导方针。会后不久，我党即于1921年8月11日在上海成立了第一个公开领导工人运动的机构——中国劳动组合书记部。劳动组合书记部相继在北京、长沙、武汉、广州、济南、上海设立了分支机构，将工人运动的火种播向全国各地，迅速掀起了全国第一次工人运动高潮。

在这风起云涌、浴血荣光的峥嵘岁月中，山西铁路工人以昂扬的姿态走上历史舞台，写下了耀眼的一笔——对发生在1922年至1923年的正太铁路风暴，1926年召开的中华铁路总工会第三次代表大会曾给予过这样的评价：“做过很剧烈的反帝国主义、反军阀运动。”山西大学马克思主义学院教授谢忠强称其为“山西工人运动初兴阶段影响最深、斗争最壮烈的是铁路工人运动”。

前夜

清晨的列车，像一条卸知的长龙，呼啸着向东驶向放出霞光的远方。

河山环绕、山岭纵横，1个多小时的疾行后，列车驶入山城阳泉。

阳泉地处山西“东大门”，素有“三晋要冲”“晋冀咽喉”之称。1947年，人民解放军发动正太战役，一举解放建城，成为我党亲手创建的第一座人民城市，获称“中共第一城”，是一个有着特别重大战略意义、政治意义和历史意义的城市。

1907年，随着正太铁路在阳泉设站，平定县阳泉镇一跃成为山西东部重要的商品集散地和交通大枢纽。记者在阳泉市总有关人员的带领下，从位于阳泉城区德胜东街繁华路段的阳泉火车站旧址开始，开启了此次寻访之旅。

这是一栋典型的欧式风格建筑，坐南朝北，由3个尖顶建筑构成，中间为钟楼，两边各有一间式样和规模相同的尖顶房，是山西省现存年代最早、最完整的一处百年车站。看着房顶上高高雕刻着的“阳泉站”3个大字，记者仿佛听到了当年正太铁路工人洪亮的号子和火车轰鸣的汽笛声，穿越时光隧道，回到了114年前。

清光绪22年（公元1896年），清政府决定修建卢（沟桥）汉（口）铁路，同时提出以卢汉铁路为主，临近各省可以修建支线与之衔接。同年5

月，山西巡抚胡聘之奏请开办太原至正定支路，由山西商务局借外债修建，清廷准奏。为了争得正太路的修建权，俄国通过华俄道胜银行推荐法国工程师越黎勘察了线路。越黎发现，此路虽然山峦重迭，地势险峻，但资源丰富，有修建的必要。因此，正太路的修建也成为帝国主义疯狂掠夺中国的一个明证。

正太路的修建在客观上打通了山西通往华北、华东和中南的通道。据中国铁路太原局集团有限公司档案史料记载：“正太路，穿越太行山脉，横跨晋、冀两省，东起石家庄，经阳泉，过榆次，直达太原北站。省界在南峪、娘子关站间，界西为山西境内。连接平汉（北平至汉口）、同蒲（大同至风陵渡）两铁路，是山西重要交通干线。”山西由此进入铁路时代，区位优势和经济价值得到提升。铁路沿线也成为中国北方产业工人最集中的地区之一。

上世纪初的中国被践踏在帝国主义列强和反动军阀的铁蹄之下，山河破碎，民不聊生，正太路亦不能幸免。作为山西历史上第一条现代化铁路，其当时被法国资本家控制和把持。在外国资本残酷的剥削和压迫下，铁路工人生活在水深火热之中。据太原工务段汾河线路三结工区退休职工王满明回忆，其父王石头曾参加过正太铁路罢工。当时，铁路开通，他的父亲用脚车拉着全家从老家来到太原。原本以为能过上舒心的好日子，不料资本家和工头们根本不拿工人当人看，其父和工友们“从早到晚一天工作十几个小时，资本家经常不给开工资，对工人伸手就打、张口就骂”。铁路工人在极其恶劣的条件下进行笨重的劳动，大多数人长年露天作业，靠手抬肩扛干活，没有劳动保护，伤亡事故经常发生，处境十分凄惨。《中国劳动年鉴》对此也有过记载。工人过着朝不保夕的牛马生活，看不到希望。有些工人消沉、沮丧，下班后去酗酒、赌博，以此消解忧愁，发泄不满。

哪里有压迫，哪里就有反抗。正太铁路工人反帝反封建的自发斗争伴随着其作为一个阶级的成长从未间断。虽多数遭当局残酷镇压，但他们在斗争中不断积累经验、提高觉悟，逐渐产生了对真正的工人团体——工会组织的呼唤和渴求。

觉醒

正太铁路既是一条飞越太行天堑、贯通晋冀两省的经济大动脉，也是一条传播革命思想、传导革命洪流的交通大通道。阳泉市政协学习和文史委特聘文史研究员黄顺荣告诉记者，正太铁路开通运营，为新思想的传播和党的早期活动创造了非常有利的条件。1919年，五四运动爆发，正太铁路工人受到先进思想的冲击，开始关心国家大事，关心中国命运，渴求寻找救国的方法和道路。1920年年初，北京共产主义小组负责人李大钊派罗章龙、史文彬到石家庄，在工人中宣传马克思主义和俄国无产阶级革命的伟大胜利。邓中夏、朱务善也率“平民教育讲演团”到正太铁路沿线宣传“劳动创造世界，工人要当主人，团结起来向资本家进行斗争”等革命道理，启发工人的阶级觉悟，极大地鼓舞了铁路工人的斗志，为党在正太铁路的活动奠定了基础。石家庄市总工会编撰的《石家庄市工人运动史》对这段历史也有过专门记载。

1921年9月，中国劳动组合书记部北方分部先后派张昆弟、贾纤清到石家庄，深入铁路工人中发展党员，组织工会，领导工人开展革命工作。张昆弟是毛泽东、蔡和森在湖南省立第一师范学校时的好友，曾一起创办过新民学会。当年冬，党组织又先后派贺昌、彭真、王鹤寿等人到正太铁路工作。在中共北京区执行委员会和中国劳动组合书记部北方分部的领导下，铁路工人运动蓬勃兴起。

据石家庄铁路办事处、车辆厂1960年编撰的《路史》记载：“在长辛店、正定工人俱乐部的影响下，1922年2月，正太铁路工人成立了自己的组织。同年7月到10月，中共北京区执行委员会先后派共产党员张昆弟、刘明俨、吴先瑞、贾纤清到正太铁路工作。10月8日，在石家庄成立了正太铁路工业研究会传习所。为了联络更多的工友，实现正太全路的劳动组合，孙云鹏、滕邦忠分别到阳泉、太原去联系。经过他们的努力，阳泉、太原相继成立了传习所，都愿意和石家庄工人抱成一团。就这样，全正太路的工人很快组合起来了。不久，根据全国铁路总工会筹委会的要求，石家庄正太铁路工业研究会传习所改为石家庄正太铁路总工会，下设石家庄、阳泉、太原3个分工会。贾纤清在石家庄任总工会指导员，吴先瑞任阳泉分工会指导员，刘明俨任太原分工会指导员。”

中国劳动组合书记部北方分部领导下的“正太铁路总工会”的成立，让马克思主义思想在正太铁路工人队伍中得以传播，为组织工人、发动工人进行斗争奠定了组织基础，并迅速在正太路上掀起了工人运动的高潮。

风暴

完成阳泉的采访后，记者踏上次日的列车，继续一路向东寻访。

列车，执着而不知疲倦地穿梭着。7时许，列车缓缓驶入石家庄站。

石家庄是正太铁路的东起点，也是由正太铁路呼唤而出的一座新兴现代化城市。百年前，石家庄还只是一个小村庄，隶属于正定府。正太铁路开通后，这个传统的农业村落华丽转身，成为一个物资集散的陆路交通港口。随着铁路管理局在石家庄入驻，医院、邮局、税所等一系列公共机构也相继进入，石家庄人口激增，工商业开始兴起，城市规模一天天扩大。

站在大石桥正太铁路遗址，记者能看到风貌犹存的老正太饭店以及不远处石家庄旧火车站的钟楼。周边，街巷纵横，老树参天，百年前激荡的风雷似乎已经远去。然而，红色的记忆永不褪色。

1922年12月12日，在张昆弟、孙云鹏等领导下，正太铁路总工会召开积极分子会议，酝酿开展为铁路工人争取权益、谋求解放的革命斗争。会议决定，向路局提出增加工人薪酬、改善工人待遇等9项要求，并限令其24小时内答复，否则将举行罢工。

12月14日，由于路局对工人提出的要求拒不作答，正太铁路总工会召开了全体执行委员会议，决定从15日起举行全线罢工。与会代表群情激昂，表示“倘铁路当局不给我们以满意答复，我们绝不上工”。

罢工委员会发出罢工宣言：工友们、同胞们呀！我们工人所受困苦压迫的地位——尤其我们正太铁路局的，说来真是痛！我们工人一生一世如牛马似的劳苦工作，自己所做的，自己完全想不着。这是何等的不平了！我们虽然拼死命去做工，简直是一饱一暖都得不到，你看天下有这样的道理吗？这不但使我们的家中老小得不到安然养活，就是我们自己也吃不得一顿饱饭，穿不得一件暖衣了！我们正太铁路工人在此万不得已之中，上次也曾请本路局，要求九条生活条件。不料一直到现在，差不多有三个月了，上面不但没有一个字批示给我们，反说了一些不好听的话来挤压我们。说什么“再要多说，你们去罢工吧！罢了三五个月也不打紧”。工友们，同胞们！这是什么话？还近乎情理吗？这是何等蔑视工人，欺骗工人！我们现在忍无可忍了，唯有做出我们所不愿意做出的最后行动！暂行罢工静待解决……

（原载于《档案天地》2001年）

工人们被迅速发动、组织起来。阳泉分工会、太原分工会分别在梁永福贺昌的带领下组织了宣传队、纠察队，负责巡逻，维持秩序，保护机器，做好了罢工前的各项准备工作。

12月15日6时整，石家庄正太铁路机器厂鞭炮齐鸣、汽笛怒吼。参加罢工的1000余名工人听到罢工的信号后，来到规定的地点集合。纠察队员们臂戴袖章来到车站，包围了法国资本家的住宅和办公大楼。霎时间，机器停转、火车停运。从石家庄到太原，200多公里的正太铁路全线瘫痪了……

此时，一个令所有人都没想到的意外发生了。原来，在当日6时前，一列由太原始发的头班客车因未接到罢工通知，已经从太原站发出且还在正太线上奔驶着。如果让它继续运行，开到石家庄，那将对罢工产生极坏的影响，还会瓦解罢工工人高昂的士气。

怎么办？正太铁路总工会当即决断，向阳泉分工会下达命令：“一定要把列车截在阳泉，不准向前再开一步，还要把旅客安置好。”

阳泉分工会负责人梁永福接到命令后，立即作了传达部署，并组织敢死队、纠察队、宣传队分头行动。11时，这列客车开进阳泉站。梁永福一马当先跨上车头，向列车司机下达命令：“现在全线罢工了，列车只能停在这里，不能再动！”机车司机和乘务员听说是总工会的罢工令，便听从号令，跳下火车加入到罢工行列。车上旅客经过工人的宣传和妥善安置，也都对罢工持同情和支持的态度。

但是，有一个人跳出来不答应，他就是路局车务处总管、法国人白聂。这天，他的一节专车就挂在这列客车上，准备去石家庄。他不听总工会的说明和劝告，先是蛮横指责，后又乘人不备爬上机车拉响汽笛，要强行开车。见此情况，工人们平时积累的对洋人、工头的仇恨此刻全部爆发了。在梁永福带领下，200余名罢工工人奋不顾身地冲到道轨间、卧到铁轨上，用身体铸成了不可逾越的路障。纠察队员也立即包围了机车，几名工人跳上车头将白聂拉下车来。白聂见势不妙，狼狈地雇了一顶骆驼轿子逃回了石家庄。

全线罢工后，工人们在路局外席篷坚守岗位，坚持斗争，静待解决。铁路当局非常惊恐，立即向北洋政府“严重交涉”，四处斡旋，请太原和石家庄各报馆、警局、商会、矿务局等有关部门竭力调停。山西军阀阎锡山也派代表与正太铁路总工会疏通关系，劝说工人早日开工。面对威胁利诱和武力胁迫，铁路工人始终不为所动。

12月17日，正太铁路总工会发出了罢工的第二次宣言，在原有9项罢工条件的基础上又增加了承认正太铁路总工会有代表全路工人之权、罢工期间不得扣薪、不得因罢工开除工人、路局处罚工人须先征得工会同意等5项补充条件。

正太铁路工人罢工得到了沿线工、农、商、学各界的同情和支持。全国各大产业工会纷纷来电表示声援，唐山京奉铁路职工总会、汉冶萍总工会等以及全国铁路总工会筹备处、京汉铁路总工会筹备处也都来电和进行实物支援，大量生活用品被源源不断地送到工会，慰问罢工工人，极大地鼓舞了工人们的信心。

12月24日，罢工到了第10天。法国资本家损失银圆高达30万元，总办沙革低头认输，被迫与工人谈判。正太铁路总工会之前提出的14项条件，除8小时工作制和增加工资两项略有变动外，其他全部予以答应。这些答复条款还被印制数千份，通告全国。

1922年12月27日，正太铁路全线复工。开工的那天，全路工人欣喜若狂，上街游行，庆祝胜利。工人们手执“罢工胜利”“全世界的劳动者联合起来”的标语旗帜发出开工宣言：胜利了！我们此次罢工，得到了最后的胜利。我们的胜利，虽不能说十分圆满，但是这种小小胜利已不是和我们早先一样的散漫群众所可得到手的，是我们有了团结之后才能得到的。劳动者要解决痛苦和压迫，须得团结起来，这又一次证明了。团体既然这样有价值，我们以后便当尽力把团体更坚固起来、更扩大起来，以便于解除一切痛苦和压迫……我们于今天开工了。在这一天，我们更感觉到劳动者阶级的团结之必要。所以，我们要高呼“全世界的劳动者联合起来”，并祝“劳动万岁”！

至此，历时12天的正太铁路工人第一次大罢工取得了最终胜利。

声援

正太铁路工人运动如火如荼之际，京汉铁路那边也“起火”了。

供职于中国铁路太原局集团有限公司融媒体中心的文史学者林小静曾对这段历史进行过多次寻访。虽然参与大罢工的许多当事人及其后人由于种种原因如今已经难觅，但透过林小静当年的采访资料，我们仍然能够还原当时的情景：

1923年2月4日，农历腊月十九，再有几天就要过年了。可贾纤清在正太铁路总工会焦急地走来走去。就在前几日，正太铁路总工会接到京汉铁路总工会筹备委员会的请帖，邀请前去参加2月1日在郑州举行的京汉铁路总工会成立大会。正太铁路这边当即派出5名代表，带着锦旗、礼物和正太铁路3000多名工友的心意到郑州祝贺。其中，阳泉分工会的冯德耀、太原分工会的邢昌福便是5人中的两人。可是，他们已经去了几天，还没有任何音信。

就在贾纤清担心不已的时候，京汉铁路正定分会派人送来了一封信，拆开一看是一张罢工宣言。原来在郑州开会期间，反动军阀吴佩孚密令郑州驻军派军警包围了工人代表，捣毁了会场，并把守住代表住的旅馆，不许代表们自由活动。因此，京汉铁路工人从2月4日开始全路总罢工，要求惩凶道歉，重新挂匾。

这时，去郑州的代表也匆匆赶回来了。大家马上决定下午6时召开全体会员大会，研究对策。

还没到开会时间，会场里便挤满了人。工友们一个个都为京汉铁路的兄弟们打抱不平。施恒清向大家介绍了在郑州开会遭到迫害的情况后，贾纤清接着讲道：“工友们，京汉路这次罢工纯属为争人权、争自由。这绝对不是一条铁路的事，它关系到咱们全体工人阶级的利益。而且，京汉和正太两条铁路关系密切，唇破齿连。如果他们罢工失败了，咱们也不会安生，大伙千辛万苦办起来的工会就会散架，十二月罢工赢得的胜利也会一笔勾销！”贾纤清的话字字敲在工友们的心头。大家纷纷表示，如果京汉铁路工友提出的条件三日内不能解决，就举行全路同情总罢工。

会后，正太铁路总工会向江岸京汉铁路总工会发出通电，以作声援，同时派40名年轻工人到正定分会协助纠察。

一天过去了，两天过去了，空气渐渐紧张起来。2月6日，正太铁路总工会给京汉铁路总工会连着发了几封电报，却都石沉大海。当天下午，总工会召开紧急会议，分析形势，决定从2月7日12时起举行同情罢工，用实际行动声援京汉铁路的兄弟，口号是“罢工纯为援助京汉工友，不答应京汉工友的条件，绝不复工”。

阳泉、太原两地迅速作好准备，并制订了“无论任何人都必须听从总工会命令，无总工会命令不准私自上工，每日到分工会点名两次，如遇军队压迫全体示威”等7项纪律。

2月7日中午，时钟指向12时，罢工的汽笛从石家庄飞出；接着，阳泉、太原两地的火车也鸣起汽笛声，汇成一片声的海洋，飞遍整个正太铁路。

工友们有的放下工具，离开工房；有的跳下机车，从四面八方涌向工会指定的集合地点。纠察队员扛着木杆奔向各个目标；宣传队员走上街头向各界揭发吴佩孚在郑州迫害工人的真相，申明罢工理由。

正太铁路局一看工人势力大，明面上不敢阻拦，暗地里却捣起了鬼。就在罢工开始后没几个小时，寿阳县衙门以贩卖毒药的罪名抓走了芹泉道班的工人。接到芹泉站的电话，阳泉分工会立刻研究如何救出这名工人。梁永福分析道：“敌人真是越来越狡猾了，想借刀杀人。决不能让他们的阴谋得逞。”

大家于是一起去找一个叫罗祖德的弹压要人。罗祖德受洋人指派，在阳泉站做一名弹压，平时对工会活动处处进行破坏，做尽坏事。十二月大罢工时法国车务总管逼着火车开车就是他出的主意。

梁永福和工友们找到罗祖德。罗坐在太师椅上，摆出一副傲慢的样子说道：“你们罢工，不通车，我没法管。”

梁永福反复跟他讲道理，罗就是一副阴阳怪气的样子。梁永福心中的怒火再也克制不住了，他指着罗祖德的鼻子问道：“姓罗的，芹泉工人被抓，是不是你幕后指使的？”

罗祖德一看自己的阴谋被梁永福识破，恼羞成怒，抓起一根木棍就要打向梁永福。一旁的工友抓住了罗的手腕，并揪住了罗的脖子；其他工友这时也举起拳头准备上前狠狠地揍他一顿，以解心头之恨。罗祖德一看形势不妙，吓得告饶起来：“梁会长，我这就让他们放人。”

就在正太铁路工人以同情罢工声援京汉铁路大罢工的时候，当局开始全面镇压工人的罢工运动。原来，京汉铁路大罢工在吴佩孚的血腥镇压下已经失败了，只是正太铁路总工会和阳泉、太原两个分工会，还没获知这一消息。

2月8日一早，阳泉县衙的警察包围了阳泉分工会，抢走了工会的财务，连门也封了；同时还宣布将梁永福、解占奎等工会委员和积极分子共18人开除出路局，并威胁梁永福让工人马上复工。梁永福凛然回答道：“要复工，必须有总工会的命令！”

2月9日晚，正太铁路总工会收到了京汉铁路工会正定分会发来的电报：京汉罢工已遭武力镇压，为避免意外损失，请贵会立即复工。

2月10日，正太铁路全线工人忍痛复工。

工人运动暂时转入低潮。

1922年到1923年的正太铁路风暴有过胜利，有过挫折；有过低潮，有过高涨。但是，挫折不代表屈服，沉寂也是在为新生蓄力。正如阳泉市党史研究室主任郭玉珠所言：“党的领导让工人阶级日益团结和成熟起来，成为一股强大的进步力量走上新民主主义革命的历史舞台。”

了解正太铁路风暴，请扫码观看

【思考】 阅尽百年沧桑，不掩昔日荣程。如今，正太铁路上的工运呐喊和战争硝烟早已湮没于历史的长河中，但作为连接晋冀的通道，正太路仍然风姿灼灼，傲然存在。追思这段历史，回味苦难辉煌的历程，就是要用工运先驱坚定不移跟党走、无役不从闹革命的优良传统，激励我们传承红色基因，牢记肩头使命，赓续精神血脉，引领广大职工坚定不移听党话、矢志不渝跟党走，为实现中华民族伟大复兴的中国梦、建设中国特色社会主义现代化国家而努力奋斗。

走在抗战最前沿的太原兵工厂工人队伍

贺芳芳　郭倩

在动荡不安的战争年代，作为生产、制造、贮藏各种武器弹药及战争军械的兵工厂，重要性不言而喻。太原兵工厂是抗日战争时期全国有名的兵工厂之一。20世纪20年代，随着太原兵工厂的壮大和职工队伍的发展，波澜壮阔的兵工厂工人队伍成为山西工人运动的一支劲旅，有力地推动了中国共产党在各个历史时期中心任务的完成，有效地表达和维护了职工的切身利益，被载入中国工人运动及山西工人运动的光辉史册。太原兵工厂的工人运动，是山西工人运动的重要组成部分，它兴起早、规模大、影响深，在山西革命史上曾发挥过重要作用。

在中共中央北方局和山西及太原地方党组织的直接领导下，兵工厂涌现出大批党的基层组织和工人运动的骨干，参与组建了红军晋西游击队和山西工人武装自卫队（工卫旅），大批兵工厂牺盟会会员参加了山西新军决死纵队。兵工厂还向晋绥边区、晋察冀边区、晋冀鲁豫边区及陕甘宁边区输送了一大批产业工人，有力地推动了抗日战争和解放战争的胜利。

太原兵工厂工人以“敢于斗争、勇于取胜、不屈不挠、前仆后继”的大无畏革命精神和“自力更生、艰苦奋斗、开拓进取、无私奉献”的老军工精神，为中国革命立下了不朽功勋。

行走在山西北方机械制造有限责任公司厂区，眼前新旧厂房如穿越时空在这里相遇。记者跟着“1985 太原兵工厂文化产业园”项目办主任刘贵红，穿越时空，追寻历史的足迹。我们走入那激情澎湃的工人运动中，一点点觉醒、一次次反抗，兵工厂工人始终走在斗争的最前沿。工运史馆里，一张张发黄的照片，晋造工坊中那一台台古老的机床，仿佛在讲述着那个年代，发生在这里的那些充满激情的故事……

觉醒：太原兵工厂成立党组织

1921 年 5 月 1 日，在早期共产党人高君宇的指导下，以“唤醒劳工，改造社会”为宗旨的太原社会主义青年团正式成立，为中共山西地方党组织的建立奠定了思想基础。1922 年 6 月，中国社会主义青年团太原地委成立，并进入兵工厂秘密开展活动，发展团员。太原兵工厂青年工人张斌等被发展为第一批团员。1924 年 9 月，社会主义青年团太原兵工厂支部正式成立，张斌任团支部书记。兵工

山西北方机械制造有限责任公司（原太原兵工厂）外景

戎　兵　崔容阁 / 摄

厂青年团支部成立后，在兵工厂工人中传播马克思列宁主义，宣传中国共产党的政治主张和工人阶级的历史使命，领导开展工人运动，为后来中共山西地方党组织在工厂建立基层组织和赤色工会做了思想和组织上的准备。

1925年7月至8月，兵工厂工人崔绍文、杨高武、张斌等被发展为首批共产党员。1926年4月，太原兵工厂建立党支部。1927年，兵工厂党员发展到50名。

1925年8月至1927年4月是太原兵工厂工人运动蓬勃发展的时期。1926年5月1日，太原兵工厂工会正式成立，张斌当选主席，杨高武当选组织委员。工人情绪很高，每天都有几十人入会，不久即发展到3000多人。党组织通过工会领导工人运动，工人运动由自发斗争转入有组织、有领导的革命斗争。大革命和土地革命时期，太原兵工厂工会成为全省工会组织中持续时间最长、斗争最有影响、工运最有成绩的工会组织。

领导兵工厂工人捣毁消费社布庄。兵工厂总办张书田在厂内成立了储蓄会和消费合作社，强迫工人购买，从中进行再剥削。工厂发工资和工人到储蓄会借钱时，只发给“消费券”，如要兑换现钞，只能兑换原值的97%。消费社为招揽工人，还发放彩票，但开奖时常常捣鬼，工人极为不满。工会组织工人揭穿了他们的骗人把戏。这次斗争的胜利使工人的权益得到了维护，工会在工人中的威信也大为提高，参加工会的工人不断增加。

领导兵工厂工人开展维权斗争。1927年7月，兵工各厂在中共太原兵工厂特别支部和兵工厂工会的领导下举行大罢工。六七千名工人手持棍棒、石块，将兵工办事处团团围住，提出：一、不得无故开除工人，并收留流落街头的失业工人；二、给工人发薪用白洋，废除发纸币；三、降低劳动强度，实行8小时工作制。最后迫使办事处答应了工人的要求，罢工取得了胜利。

领导赤色工会与黄色工会展开较量。太原市总工会（赤色工会）的成立，工人运动的蓬勃发展，使国民党山西省党部右派和阎锡山政府当局十分惊慌。他们竭力组织自己的工会（黄色工会），企图分裂工人运动。由此，赤色工会与黄色工会展开了斗争。1927 年 3 月 12 日，国民党山西省党部在文瀛湖公园召开大会，纪念孙中山逝世两周年。大会主席、国民党右派苗培成无视国共合作大局，公然攻击和污蔑共产党。国民党山西省党部执行委员、共产党员王瀛登台讲话，针锋相对地列举种种事例痛斥苗培成的污蔑，博得全场热烈掌声。苗培成恼羞成怒，密谋策划围攻共产党领导的太原市总工会，以进行报复。党组织得知这一情况后，派太原兵工厂党支部书记杨高武率领 400 余名兵工会员进行防范。流氓、歹徒乘会员吃饭之机包围了太原市总工会，大肆打砸，见人就抓。杨高武、张斌见敌众我寡，跳墙突围。杨高武脱险后，在天地坛集合工人救出了被抓的干部。中共太原特委当晚召开紧急会议，决定从兵工会员和学生中选出数百人组成义勇队，回击国民党反动气焰嚣张的大本营——平民中学。3 月 14 日，千余名兵工工人包围了平民中学，抓住了韩克温，拉到海子边进行公审，声讨国民党右派的罪行。迫于压力，国民党山西省党部承认了错误，太原市总工会取得了这次斗争的胜利。

经过这些斗争，兵工工人运动引起了当时的中共中央和山西省委的重视。1927 年 8 月中共中央答复山西省委的信中强调，对于工会运动，要特别注意兵工厂工作。中共中央、北方局的有关文件和山西省委与太原市委的工作报告以及所办的机关刊物《北方红旗》《山西红旗》《太原工农兵红旗》，均高度评价太原兵工工运，并大量刊登兵工工人斗争的情况。

斗争：兵工厂工人走在抗日最前线

1927年4月，蒋介石公开背叛革命，发动了四一二反革命政变，国共两党分裂。紧接着，阎锡山在太原开始搜捕、杀害共产党员和革命群众，山西和全国一样，笼罩在一片白色恐怖之中。太原兵工厂工人运动陷入暂时的低潮。

1927年5月，阎锡山派重兵驻扎在太原兵工厂内外，镇压工人运动。张书田强迫赤色会员交出会员证，工会组织被破坏。党组织活动由半公开转入地下，兵工厂党组织活动暂时中断。兵工厂工人运动领导人王瀛、汪铭、阴凯卿、邓国栋等惨遭杀害，杜文卿、杨高武等被捕入狱。

通过建立党支部、开展工运斗争，锻炼了工人队伍，培养了干部；同时，播下了红色的种子，使工人懂得一个道理：只有团结起来进行斗争，才能求得自身的解放。

1935年，根据形势发展的需要，中共太原市委决定，在兵工厂重新建立党组织，发展党员。王永和任支部书记。1937年，兵工厂党组织有了新的发展，其中3个厂成立了党支部，4个分厂成立了党小组，有的分厂发展了党员。

太原兵工厂党组织恢复后，遵照党的统战方针，在工厂成立了牺盟会组织。至1937年4月，西北制造厂18个分厂发展牺盟会会员达3000多人。10人编为1组，10组编为1个队，3个队编为1个大队。李步瀛、徐宏文、赵华清、王永和、傅根补等均担任过大队长。

牺盟会组织工人开展活动。太原兵工厂牺盟会积极参加牺盟会总会的各项活动，推动抗日救亡运动深入开展。1937年元宵节，牺盟会总会组织省城万余人举行为期3天的歌咏和灯火大游行，兵工各厂为主要参加单位，极大地激发了群众的抗日热情。1937年5月

晋造工坊里陈列着革命战争年代工人使用过的机器和工具　戎　兵　崔容阁 / 摄

30 日五卅运动纪念日，太原兵工厂工人参加了省城抗日示威大游行，还参加了牺盟会发起的援助国民革命军第二十九军抗战的“百万枚大铜圆”捐助运动。1937 年 9 月 18 日，兵工厂工人冲破军警阻拦，参加了牺盟会在海子边举行的纪念九一八事变六周年大会，同时提出成立山西省总工会的建议。

在抗日战争时期，太原兵工厂有千余名职工满怀抗日救国的热情，冲破日军的一道道封锁线，加入创建根据地人民军事工业的行列，成为创建和发展人民军事工业的骨干力量。因为有了这批产业工人，一批又一批的武器弹药被源源不断地运往前线，为夺取抗日战争的胜利作出了卓越贡献。

全民族抗战爆发后，在中国共产党的领导下，山西省总工会统一组织工人武装运动，牺盟会、工人委员会配合进行。太原兵工厂 18 个分厂的工人纷纷踊跃报名参加山西工人武装自卫队。在党支部、工会、牺盟会的组织动员下，兵工厂先后有 300 多人参加，成为工卫旅的主力。在工卫旅的历史上，一大批太原兵工厂工人成长为优秀指挥员。周子祯先后任工卫总队政治副主任、总队长及工卫旅第二十一团团长，康永和任工卫旅政治部副主任……

太原兵工厂还向边区输送了大批产业工人。在同阎锡山的斗争中,党组织发现阎锡山很重视有“绝招”的技术工人,以保证军工生产。为此，党组织就在这些人中发展牺盟会会员，提高他们的阶级觉悟，引导他们参加斗争。

工卫旅中的兵工指战员，在创建和发展工卫旅修械所和晋绥军事工业中作出了突出贡献。1938 年 4 月，工卫旅在静乐县米峪镇（今属娄烦县）创建修械所。一开始，修械所只有从太原兵工厂来到工卫队的 4 名老工人，1940 年 4 月，发展到 270 人，成为晋绥根据地早期军事工业的主要力量之一。同时，大批回乡的太原兵工厂工人加入了八路军第一二〇师、一一五师、一二九师修械所和各地抗日武装的修械所。之后，几经变迁，又参加了晋冀豫、晋察冀、晋绥等根据地的军工创建。

张秋风，19 岁到太原兵工厂当工人，并参加了山西牺牲救国同盟会；1937 年七七事变后，参加了山西工人武装自卫队并加入中国共产党；1938 年冬到工卫旅修械所当翻砂工。在生产竞赛中，张秋风处处走在前面，被称为“晋西北工人阶级抗日生产的光荣旗帜”，是继陕甘宁边区提出开展“赵占魁运动”以来，晋绥边区的第一位工人劳动英雄。至 1943 年 4 月，晋绥边区开展了历时 6 年的“张秋风运动”，对组织发动职工群众搞好生产，支援前线，夺取全国胜利起到了积极作用。同时，“张秋风运动”也是晋绥边区工人运动史上的一个大事件，在晋绥边区和全国工人运动史上有着重要意义。

刘贵福，19 岁进入太原兵工厂当工匠，虽技术高超，但在黑暗的旧社会，工人无地位，被人歧视，连遭失业。1937 年，刘贵福带领 16 名工友投奔八路军，受到热烈欢迎，于 12 月到达延安；1939 年 4 月加入中国共产党；1939 年 5 月，在延安陕甘宁边区工业展览会上，刘贵福设计的 无名式马步枪荣获甲等产品奖，被评为特等劳动英雄；1940 年，又设计制造了八一式马步枪，军工部各厂统一成批生产。从此，我军有了最早的制式步枪。刘贵福对步枪轻型化改革作出了新的贡献，是国际步枪轻型化发展变革的先驱。

解放：迎接新中国的曙光

1945 年日军投降后，阎锡山重返山西，破坏停战协定，大造兵器，进行反共反人民的罪恶活动。为了维护其反动统治，阎锡山派大批军警进驻兵工厂，发展了大批特务、情报员、特工委员等反动组织，监视中国共产党的地下活动，迫害工人群众，在 3000 多人的西北修造厂有特务 150 名、密报员 200 余名。

从 1946 年开始，阎锡山对兵工厂工人进行“肃伪”考察，采用厂长查课长、课长查课员、课员查工人的办法，特别对原籍是解放区以及在共产党工厂工作过的，更是逐个进行细察，让其交代活动，通过“肃伪”建立了严密的特务网。

1947 年 6 月，西北修造厂成立了由特务控制的福利室，由二战区少将秘书、大特务李奋武负责，大搞“三自（自清、自白、自治）传训”。李奋武受特务头子梁化之领导，宁可误杀也不放过，拿人命当儿戏。当时，李奋武在工厂任意抓人并送往特警指挥处。工人的生杀大权操纵在他一人之手，福利室成了工人的“阎王殿”。

针对西北修造厂的“三自传训”，边区党委指示停止发展党员，搞好群众关系，掌握敌人动向，教育工人消极怠工，秘密破坏，不能造好武器打自己人。这个时期，厂内经常发生电话线、电线被割断的事。厂长大为恼火，却查不出原因，只好停止夜班生产，夜间禁止人入厂。白天生产时，工人们又采取开空车、打齿轮、顶保险等办法破坏生产。工人们生产的十几门 82 迫击炮没打过火眼，拉到前方打不响。有一次试射 92 重机枪时，两箱子弹丢失。这些都是共产党员和积极分子秘密干的。“三自传训”后，特务活动频繁，党组织指示保存力量，隐蔽自己，保护机器设备，防止敌人破坏。

1949 年 3 月，党组织传达指示，提高警惕，防止敌人溃败前下毒手，保护工厂设备和档案；党员要坚守岗位，配合解放和接管。工厂的党员和积极分子进行了分工，制订了保护工厂的计划。然而，特务对当时的支部书记李德齐产生了怀疑，便派考核员邸发有和毛汉文对其进行监视。李德齐虽有察觉，却把生死置之度外，一直在工厂工作。4 月 19 日晚，李德齐回家后赶上城门关闭。23 日晚，毛汉文带两名特务冒充老乡，李德齐误以为是先遣部队派进城联系的同志，中计被捕，后被活埋。

李德齐牺牲了，但他领导的党支部是坚强的。党员和积极分子都在自己的岗位上积极为党工作。太原解放前几天，工厂仍有四五百人空腹上班、值夜班，守护着工厂的机器设备和档案，时刻准备着迎接解放军的到来。1949 年 4 月 24 日，太原解放。自此，兵工厂获得新生，成为人民的兵工厂。

在中国共产党的坚强领导下，太原兵工厂工人前赴后继，浴血奋战，进行了艰苦卓绝的斗争，是山西工人运动史的一个缩影，在抗战史上留下了光辉的一页，为民族解放事业建立了不朽的功勋。回顾历史，缅怀先烈，传承兵工精神。新中国成立至今，兵工人以主人翁的姿态，怀着强烈的历史责任感和使命感，艰苦奋斗，锐意进取，为共和国国防事业作出了突出贡献。

这是一次普通的采访，也是一次深刻的党史学习经历，更是一次生动的党史教育实践。如今，我们的国家国力强盛，百姓安康，这是老一辈革命家用鲜血和生命换来的。回顾往昔，斗争的呐喊仿佛还在耳畔。自从有了中国共产党，工人运动由自发斗争转入有组织、有领导的革命斗争，工人阶级有了主心骨，斗争有了方向，在斗争中觉醒，在斗争中不断成长。工人阶级登上历史舞台，迸发出强大的力量，在斗争的实践中一次次感受到党组织的力量，感受到只有共产党才能救中国。

回顾历史，我们更加坚定初心使命。太原兵工厂的工人运动是我们党波澜壮阔的革命史、艰苦创业的奋斗史的生动体现，展现了共产党人对革命初心的矢志不渝，对理想信念的虔诚执着，对党和人民的无比忠诚。一代人有一代人的使命。作为一名新时代的共产党员，学习兵工厂的工人运动史，更加明白斗争的残酷，更加明白幸福生活来之不易；学习兵工厂的工人运动史，就是要继承他们的遗志，延续光荣传统，强化责任担当，立足岗位作贡献，为中华民族的伟大复兴贡献自己的力量。

本文刊于 2021 年 7 月 26 日《山西工人报》

走在抗战最前沿的太原兵工厂工人队伍

文/本报首席记者 贺芳芳 本报记者 郭倩 摄影、摄像/本报记者 武兵 崔容洲

【铭刻】 在动荡不安的战争年代，作为生产、制造、贮藏各种武器弹药及战争军械的工厂，兵工厂的重要性不言而喻。太原兵工厂是抗日战争时期全国有名的兵工厂之一。上世纪20年代，随着太原兵工厂的壮大和职工队伍的发展，波澜壮阔的兵工厂工人队伍成为山西工人运动的一支劲旅，有力地推动了党在各个历史时期中心任务的完成，有效地表达和维护了职工的切身利益，被载入中国工人运动及山西工人运动的光辉史册。太原兵工厂的工人运动，是山西工人运动的重要组成部分，它兴起早、规模大、影响深，在山西革命史上曾发挥过重要作用。

在中共中央北方局和山西及太原地方党组织的直接领导下，兵工厂涌现出大批党组织和工人运动的骨干，参与组建了红军晋西游击队和山西工人武装自卫队（工卫旅），大批兵工厂牺盟会会员参加了山西新军决死纵队。兵工厂还向晋绥边区、晋察冀边区、晋冀鲁豫边区及陕甘宁边区输送了一大批产业工人，有力地推动了抗日战争和解放战争的胜利。

太原兵工厂工人以“敢于斗争、勇于取胜、不屈不挠、前仆后继”的大无畏革命精神和“自力更生、艰苦奋斗、开拓进取、无私奉献”的老军工精神，为中国革命立下了不朽功勋。

行走在山西北方机械制造有限责任公司厂区，眼前新旧厂房如穿越时空在这里相遇。记者跟着“1985太原兵工厂文化产业园”项目办主任刘贵红，穿越时空，追寻历史的足迹。我们一点点走入那激情澎湃的工人运动中，一点点觉醒、一次次反抗，兵工厂工人始终走在抗战的最前沿。工运史馆里，一张张发黄的照片，晋造工坊中那一台台古老的机床，仿佛在讲述着那个年代，发生在这里的那些充满激情的故事……

觉醒：太原兵工厂成立党组织

1921年5月1日，在早期共产党人高君宇的指导下，以“唤醒劳工，改造社会”为宗旨的太原社会主义青年团正式成立，为中共山西地方党组织的建立奠定了思想基础。1922年6月，中国社会主义青年团太原地委成立，进入兵工厂秘密开展活动，发展团员。太原兵工厂青年工人张斌等被发展为第一批团员。1924年9月，社会主义青年团太原兵工厂支部正式成立，张斌任团支部书记。兵工厂青年团支部成立后，在兵工厂工人中传播马克思列宁主义，宣传中国共产党的政治主张和工人阶级的历史使命，领导开展工人运动，为后来中共山西地方党组织在工厂建立基层组织和赤色工会组织作了思想和组织上的准备。

1925年7月—8月，兵工厂工人崔绍文、杨高武、张斌等被发展为首批共产党员。1926年4月，太原兵工厂建立党支部。1927年，工厂党员发展到50名。

1925年8月至1927年4月，是太原兵工厂工人运动蓬勃发展时期。1926年5月1日，太原兵工厂工会正式成立，张斌当选为主席，杨高武当选为组织委员。工人情绪很高，每天都有几十人入会，不久即发展到3000多人。党组织通过工会领导工人行动，工人运动由自发斗争转入有组织、有领导的革命斗争。大革命和土地革命时期，太原兵工厂工会成为全省工会组织中持续时间最长、斗争最有影响、工运最有成绩的工会组织。

工会领导兵工厂工人捣毁消费社布庄。兵工厂总办张书田在厂内成立了储蓄会和消费合作社，强迫工人购买，从中进行再剥削。工厂发工资和工人到储蓄会借钱时，只发给“消费券”，如要兑换现钞，只能兑换原值的97%。消费社为招揽工人，还发放彩票，但开彩时常常捣鬼，工人极为不满。工会组织工人揭穿了他们的骗人把戏。这次斗争的胜利使工人的权益得到了维护，工会在工人中的威信也大为提高，参加工会的工人不断增加。

1927年7月，兵工各厂在中共太原兵工厂特别支部和兵工厂工会的领导下举行大罢工。六七千名工人手持棍棒、石块，将兵工办事处团团围住，提出：一、不得无故开除工人，并收留流落街头的失业工人；二、给工人发薪用白洋，废除发纸币；三、降低劳动强度，实行8小时工作制。最后迫使办事处答应了工人的要求，罢工取得了胜利。

领导赤色工会与黄色工会展开较量。太原总工会（赤色工会）的成立，工人运动的蓬勃发展，使山西国民党右派和阎锡山政府当局十分惊慌。其竭力组织自己的工会（黄色工会），企图分裂工人运动。由此，赤色工会与黄色工会展开了斗争。1927年3月12日，山西省国民党在文瀛湖公园召开大会，纪念孙中山逝世两周年。大会主席、国民党右派苗培成无视国共合作大局，公然攻击和污蔑共产党。省党部执行委员、共产党员王瀛登台讲话，针锋相对地列举种种事例痛斥苗培成的污蔑，博得全场热烈掌声。苗培成恼羞成怒，密谋策划围攻共产党领导的太原市总工会，以进行报复。党组织得知这一情况后，太原兵工厂党支部书记杨高武率领400余名兵工会员进行防范。流氓、歹徒乘会员吃饭之机包围了太原市总工会，大肆打砸，见人就抓。杨高武、张斌见敌众我寡，跳墙而走。杨高武脱险后，在天地坛集合工人救出了遇难的干部。太原特委当晚召开紧急会议，决定从兵工会员和学生中选出数百人组成义勇队，回击国民党反动气焰嚣张的大本营——平民中学。3月14日，千余名太原兵工工人包围了平民中学，抓住了韩克温，拉到海子边进行公审，声讨国民党右派的罪行。迫于压力，国民党省党部承认了错误，太原市总工会取得了这次斗争的胜利。

经过这些斗争，兵工工人运动引起了当时的中共中央和山西省委的重视，把其作为当时全省的重点工作。1927年8月中共中央答复山西省委的信中强调：“对于工会运动，你们要特别注意兵工厂工作。”中共中央、北方局的有关文件和山西省委与太原市委的工作报告以及所办的机关刊物《北方红旗》《山西红旗》《太原工农兵红旗》，均高度评价太原兵工工运，并大量刊登兵工工人斗争的情况。

斗争：兵工厂工人走在抗日最前线

1927年4月，蒋介石公开背叛革命，发动了“四·一二”反革命政变，国共两党分裂。紧接着，阎锡山在太原开始搜捕、杀害共产党员和革命群众，使山西和全国一样，笼罩在一片白色恐怖之中。太原兵工厂工人运动陷入暂时的低潮。

1927年5月，阎锡山派重兵驻扎在太原兵工厂内外，镇压工人运动。张书田强迫赤色会员交出会员证，工会组织被破坏。党组织由半公开转入地下活动，兵工厂党组织活动暂时中断。兵工厂工人运动领导人王瀛、汪铭、阴凯卿、邓国栋等惨遭杀害，杜文卿、杨高武等被捕入狱。

通过建立党支部，开展工运斗争，锻炼了工人队伍，培养了干部；同时，播下了红色的种子，使工人懂得一个道理：只有团结起来进行斗争，才能求得自身的解放。

1935年，根据形势发展的需要，太原市委决定，在兵工厂重新建立党组织，发展党员。王永和任支部书记，直接受上级党委李润山领导。1937年，兵工厂党组织有了新的发展，3个厂成立了党支部，4个厂成立了党小组。有的厂发展了党员。

太原兵工厂党组织恢复后，遵照党的统战方针，在工厂建立了牺盟会组织。至1937年4月，西北制造厂18个分厂发展牺盟会会员达3000多人。10人编为1组，10组编为1个队，3个队编为1个大队。李步瀛、徐宏文、赵华清、王永和、傅根补等均担任过大队长。

牺盟会组织工人开展活动。太原兵工厂牺盟会积极参加牺盟总会的各项活动，推动抗日救亡运动深入开展。1937年元宵节，牺盟总会组织省城万余人举行为期3天的歌咏和灯火大游行，兵工各厂为主要参加单位，极大地激发了群众的抗日热情。1937年5月30日，五卅运动纪念日，太原兵工厂工人参加了省城抗日示威大游行，还参加了牺盟会发起的援助国民革命军第二十九军抗战的“百万枚大铜元”捐助运动。1937年9月18日，兵工厂工人冲破军警阻拦，参加了牺盟会在海子边举行的纪念“九一八”事变6周年大会，同时提出成立山西省总工会的建议。

可以说，在抗日战争和解放战争时期，太原兵工厂有千余名职工满怀抗日救国的热情，冲破日军的一道道封锁线，加入创建根据地人民军事工业的行列，成为创建和发展人民军事工业的骨干力量。因为有了这批产业工人，一批又一批的武器弹药被源源不断地运往前线，为夺取抗日战争的胜利作出了卓越贡献。

抗日战争全面爆发后，在党的领导下，山西省总工会统一组织工人武装运动，牺盟会、工人委员会配合进行。太原兵工厂18个分厂的工人纷纷踊跃报名参加山西工人武装自卫队。在党支部、工会、牺盟会的组织动员下，兵工厂先后有300多人参加，成为工卫队的主力。在工卫旅的战史上，一大批太原兵工厂工人成长为工卫旅的优秀指挥员。周子祯先后任工卫总队政治副主任、总队长及工卫旅第二十一团团长，康永和任旅政治部副主任……

太原兵工厂还向边区输送了大批产业工人。在同阎锡山的斗争中，党组织发现阎锡山很重视有“绝招”的技术工人，以保证军工生产。为此，党组织就在这些人中发展牺盟会会员，提高他们的阶级觉悟，引导他们参加斗争。

工卫旅中的兵工指战员，在创建和发展工卫旅修械所和晋绥军事工业中作出了突出贡献。1938年4月，工卫旅在静乐县米峪镇（今属娄烦县）创建修械所。一开始，修械所只有从太原兵工厂来到工卫队的4名老工人；1940年4月，发展到270人，成为晋绥根据地军事工业早期的主要力量之一。同时，大批回乡的太原兵工厂工人加入了八路军第一二〇师、一一五师、一二九师修械所和各地抗日武装的修械所；以后，几经变迁，参加了晋冀豫、晋察冀、晋绥等根据地的军工创建。

张秋凤，19岁到太原兵工厂当工人，并参加了山西牺牲救国同盟会；1937年“七七事变”后，参加了山西工人武装自卫队（工卫旅）并加入共产党；1938年冬到工卫旅修械队当翻砂工。在生产竞赛中，张秋凤处处走在前面，被称为“晋西北工人阶级抗日生产的光荣旗帜”，是晋绥边区继陕甘宁边区提出开展“赵占魁运动”以来的第一位工人劳动英雄。1943年4月，晋绥边区开展了历时6年之久的“张秋凤运动”，对组织发动职工群众，搞好生产，支援抗日战争和解放战争，夺取全国胜利起到了积极作用。同时，“张秋凤运动”也是晋绥边区工人运动史上一个大事件，在晋绥边区和全国工人运动史上有着重要意义。

刘贵福，19岁进入太原兵工厂当工匠，虽技术高超，但在黑暗的旧社会，工人无地位，被人歧视，连遭失业。1937年，刘贵福带领16名工友投奔八路军，得到八路军的热烈欢迎，于12月份到达延安；1939年4月加入中国共产党；1939年5月，在延安陕甘宁边区工业展览会上，刘贵福设计的“无名式马步枪”荣获甲等产品奖，被评为特等劳动英雄，并获得毛泽东亲笔题词：“刘贵福同志，你是生产战线上的英雄。”1940年，刘贵福又设计制造了八一式马步枪，军工部各厂统一成批生产。从此，我军有了最早的制式步枪。刘贵福对步枪轻型化改革作出了新的贡献，是国际步枪轻型化发展变革的先驱。

解放：迎接新中国的曙光

1945年日本投降后，阎锡山重返山西，破坏停战协定，大造兵器，进行反共反人民的罪恶活动。为了维护其反动统治，阎锡山派大批军警进驻兵工厂，发展了大批特务、情报员、特工委员等反动组织，监视我党的地下活动，迫害工人群众。在3000多人的西北修造厂有特务150名、密报员200余名。

从1946年开始，阎锡山对兵工厂工人进行“肃伪”考察，采用厂长查课长、课长查课员、课员查工人的办法，特别对原籍是解放区的以及在共产党工厂工作过的，更是逐个进行细察，让其交待活动，通过“肃伪”建立了严密的特务网。

1947年6月，西北修造厂成立了由特务控制的福利室，派二战区少将秘书、大特务李奋武负责，大搞“三自（自清、自白、自治）传训”。李奋武受特务头子梁化之领导，宁可误杀也不放过，拿人命当儿戏。当时，李奋武在工厂任意抓人并送往特警指挥处。工人的生杀大权被操纵在他一人之手，福利室成了工人的“阎王殿”。

1947年，蒋、阎勾结，要求西北修造厂搞“三自传训”。区党委指示，停止发展党员，搞好群众关系，掌握敌人动向，教育工人消极怠工，秘密破坏，不能造好武器打自己人。这个时期，厂内经常发生电网、电话、电线被割断的事故。厂长大为恼火，查不出原因，只好停止夜班生产，夜间禁止人入厂。白天生产时，工人们又采取开空车、打齿轮、顶保险等办法破坏生产。工人们生产的十几门82迫击炮没打过火眼，拉到前方打不响。有一次试射92重机枪时，两箱子弹丢了。这些都是党员和积极分子秘密干的。“三自传训”后，特务活动频繁。党组织指示：“保存力量，隐蔽自己，保护机器设备，防止敌人破坏。”

1949年3月，党组织传达指示：提高警惕，防止敌人溃败前下毒手，保护工厂设备和档案；党员要坚守岗位，配合解放和接管。党员和积极分子进行了分工，制订了保护工厂的计划。这时，特务对当时的支部书记李德齐有了怀疑，便派考核员邸发有（特务，解放后被处决）和毛汉文（特务，解放后被判无期徒刑）进行监视。李德齐虽有察觉，却把生死置之度外，积极为党工作。李德齐家住城内，好久不回家，一直在工厂工作。4月19日当晚，他回家后赶上城门关闭。23日晚，毛汉文带两名特务，冒充老乡，李德齐误认为是先遣部队派进城联系的同志，中计被捕，后被活埋。

李德齐牺牲了，但他领导的党支部是坚强的，斗争是艰苦的。党员和积极分子都在自己的岗位上积极为党工作。解放前几天，工厂仍有四五百人空腹上班、值夜班，守护着工厂的机器设备和档案，时刻准备着迎接解放军的到来。1949年4月24日，太原解放。自此，兵工厂获得新生，成为人民的兵工厂。

在中国共产党的坚强领导下，太原兵工厂工人前赴后继，浴血奋战，进行了艰苦卓绝的斗争，是山西工人运动史的一个缩影，在中国抗战史上留下了光辉的一页，为民族解放事业建立了不朽的功勋。回顾历史，缅怀先烈，传承兵工精神。新中国成立至今，兵工人以主人翁的姿态，怀着强烈的历史责任感与使命感，艰苦奋斗，锐意进取，为共和国国防事业作出了突出贡献。

了解太原兵工厂工人运动，请扫码观看

【思考】 这是一次普通的采访，也是一次深刻的党史学习经历，更是一次生动的党史教育实践。如今，我们的国家国力强盛，百姓安康，这是老一辈革命家用鲜血和生命换来的。回顾往昔，斗争的呐喊仿佛还在耳畔。自从有了党，工人运动由自发斗争转入有组织、有领导的革命斗争，工人阶级有了主心骨，斗争有了方向，在斗争中觉醒，在斗争中不断成长。工人阶级登上历史舞台，迸发了强大的力量，也让我们在斗争的实践中一次次感受到党组织的力量，感受到只有共产党才能救中国。

回顾历史，我们更加坚定初心使命。太原兵工厂的工人运动是我们党波澜壮阔的革命史、艰苦创业的奋斗史，体现了共产党人对革命初心的矢志不渝，对理想信念的虔诚执着，对党和人民的无比忠诚。一代人有一代人的使命。作为一名新时代的共产党员，学习兵工厂的工人运动史，更加明白斗争的残酷，更加明白幸福生活来之不易；学习兵工厂的工人运动史，就是要继承他们的遗志，延续光荣传统，强化责任担当，立足岗位作贡献，为中华民族的伟大复兴贡献自己的力量。

晋华纱厂工人大罢工：山西工运史上光辉的一页

贾晓红

发生在1926年7月的晋华纱厂工人大罢工，规模大、时间长，震撼三晋，波及全国，影响深远，意义重大。中国共产党早期领导人蔡和森为此作出高度评价："北方党领导下的真正的群众斗争，开始于正太路石家庄的铁路工人，而发展于'五卅'后的罢工罢市和榆次纱厂的长期斗争。"

这场政治性的大罢工，标志着山西工人运动发展到了新的阶段。这光辉的一页，将永载山西工运史册！

暮春的风，细腻、和暖、安详。

坐落在晋中市榆次区顺城西街14号的晋华纺织厂旧址，一如既往，静静地伫立在风中，观百年风云变幻，看历史起落沉浮。那刻着工业革命印记的欧式圆拱形厂门、苍劲的"晋华纺织厂"5个大字、浮雕般的五角星、呈"山"字状的门顶、最高处的圆形石球，透出岁月的斑驳，诉说旧日的风雨。

穿过厂门，犹如跨越百年。走在宽展而笔直的厂区路上，右边是整齐排列的9座高大的库房，左边是依次紧挨的、有着直角三角形顶的厂房，不远处是高耸的水塔，再往后是中西合璧的建筑瑰宝办公楼。在这里，百年建筑随处可见。特别引人注目的，是由厂房改建的晋华 1919 博物馆。进入馆内，一张张或黑白或彩色的照片，标注着晋华一路走来的每个重要瞬间；一台台锈迹斑斑、保存完好的纺纱机，铭记着这里曾经发生的一切。

95 年前，一场轰轰烈烈、有 1000 余名晋华工人参与的大罢工震惊中国北方，被剥削、受压迫的工人在中国共产党的领导下，团结起来向资本家要待遇、争权益，历时 40 天。

95 年后，为还原这段历史，更为了铭记这段历史，记者一赴并州、两去榆次，从原晋华党委工作部部长芦卫国处仔细了解，与即将付梓的《百年晋华》作者之一齐瑞玉深度交流，听已 87 岁高龄、原晋华党委宣传部副部长、党委厂史编写领导组成员郝尧吉的生动讲述。在一次次倾听、追问的采访中，久远的历史如一个个放大的镜头，日渐清晰；过往的岁月似一帧帧闪回的画面，栩栩如生。

进入时光隧道，历史扑面而来。

长夜漫漫

“晋华纺织厂是山西近代民族工业的先驱，1919 年创办时名为晋华纺织股份有限公司，1924 年投产后改名为榆次晋华纺纱厂，是山西省兴办最早、规模最大的机械纺织工厂，当时就有工人 1000 多名。”随着芦卫国的介绍，榆次晋华纱厂一步步从历史深处走来，呈现出最初的血雨腥风。

时间回溯到 20 世纪初，中国正处于半殖民地半封建社会，工人阶级深受帝国主义、封建主义和官僚资本主义三座大山的压迫，经济地位低下，政治地位更是无从谈起。而作为山西少有的现代纺纱工厂之一，晋华的后台老板却是军阀阎锡山，厂方大股东、经理都是他的亲戚，所以一个表面上的民族资本主义企业，实质已套上官僚军阀的枷锁，带上了浓厚的政治色彩。在他们的统治下，工人的境况十分悲惨，吃的是野菜、豆腐渣和麸子面，穿的是棉改夹再改单的破衣烂衫，住的是十几个人挤在一起的大通铺。

工厂的劳动环境极差，工作场所狭窄、噪声刺耳、灰尘弥漫，事故时有发生；劳动强度极大，每天工作都在 12 个小时以上，有的工人下班后还得到工头家做家务、干农活；劳动纪律极严，工人只要歇工 3 天，就会被开除。特别是占总数一半的女工和童工，更是过着非人的生活。

挡车女工一个班要巡回走二三十公里路，双脚不停地跑，双手不停地换纱、接线，10 个指头经常磨得鲜血淋漓。工作累也就算了，最可气的是女工怀孕后还得不到一天的休息。“把孩子生在厕所、马路上是常有的事，给孩子喂奶也只能隔着大门栅栏，都不让抱一下。”说起这些，郝尧吉老人气愤得提高了嗓门，“资本家真是没有一点人性啊！”

提到童工，郝老更是痛心难抑。他说，八九岁到十三四岁的童工当时在晋华占到 20%，他们干着远超自身承受能力的繁重活计，拿着最低的工资。1925 年，9 岁的董喜全从河北来到榆次，进纱厂当了梳棉工段拉棉条筒的杂工，负责拉 9 部车上每个重达二三十公斤的筒子，一个班 12 个小时，来来回回要跑 300 多趟，其辛苦程度是今天同龄的孩子们无法想象和绝难承受的。

工人们生活艰辛，资本家的盘剥却一刻不停，总是想用最少的投入获取最高的利润。他们随意延长劳动时间，增加劳动强度，降低劳动报酬。郝老讲道：“当时一个工人一天干 12 个小时只有 4 毛钱，但厂里的那些董事每年普遍能拿到 1920 ~ 2400 块大洋。”那些直接管理工人的工头更是像豺狼虎豹一样，对工人敲诈勒索、肆意打骂。正如马克思在《资本论》中所论述的那样：“资本来到世间，从头到脚，都流着血和肮脏的东西。”可以说，在暗无天日的旧社会，晋华工人用单薄的肩膀撑起了晋华生产和经营的一片天空。

但是，由于晋华的工人大多是从农村招来的，没文化、见识少，面对工作上的折磨、生活上的痛苦和工头们的欺侮，他们别无他法，只能忍受。清花间的工人柴步月为此每天唉声叹气，嘴里总是念叨着“工人穷，命里定”。

这一切难道真是“命”吗？机器轰鸣，纱锭飞转，穿梭其间的工人们真正的“命”是什么？出路又在哪里？

长夜漫漫。晋华工人急切地盼望着，谁能引领他们冲破黑暗？谁能将他们救出苦难的深渊？

晨光熹微

20 世纪 20 年代的中国，一切显得那么不寻常。

1921 年中国共产党成立，《中国共产党第一个决议》中就把领导工人运动作为党的主要工作，并为工人运动的发展制定了明确的任务和指导方针。

1925 年 5 月，中华全国总工会成立，从此工人运动和工会活动进入了一个新阶段。5 月 30 日，上海发生了震惊中外的“五卅惨案”，激起了全国规模的反帝爱国运动高潮。

彼时，晋华纱厂投产刚刚一年，但上海工人的革命行动引发了在苦难中挣扎的晋华工人的强烈共鸣。

彼时，太原的地下党组织根据革命形势的需要，明确提出到全省各地“普遍建党”的口号，并把晋华纱厂纳入了视野。

随后，山西党组织早期领导人王瀛、王鸿钧、邓国栋等人以太原学联和沪案后援会的名义来到晋华纱厂，发动工人参加斗争，成立工人夜校和俱乐部，宣传革命道理，传播革命火种。

作为向晋华工人宣传革命思想的第一人，王鸿钧按照时任共青团太原地委书记彭真的要求先后两次来厂，白天当工人，晚上教工人读书写字，吸引了众多的工友。

时任中共太原地方执行委员会宣传部部长、太原市学联主席的王瀛经常给工人们演讲。在讲述“五卅惨案”的经过时，他强烈抨击反动政府无能卖国的罪恶行径，并含泪号召大家：“国家兴亡，匹夫有责。要向帝国主义讨还血债，为死难同胞报仇！”

邓国栋是中共太原地方执委委员、工人运动委员会书记，也是第一次国内革命战争时期山西工人运动的领袖。他有很强的亲和力和感染力，讲话时喜欢打比方，深入浅出。在讲到工友们要团结时，他两手咔嚓一声把一根筷子折成两段，对大伙说：“一个人的力量就像这根筷子一样微不足道。而如果是一把筷子捆在一起，那就很难折断了，这就叫团结起来力量大。”在启发大家对“穷”和“富”的理解时，他结合晋华实际给工人们算了一笔账，使大家开始明白自己又穷又苦不是命里注定的，而是资本家剥削压迫的结果。

“在思想启蒙过程中，工人们第一次听到了‘无产阶级’‘资本家’等名词，明白了不是资本家给自己饭吃，而是大家用血汗养肥了资本家。到底是谁养活谁，这个问题终于有了清晰的答案，也使工人们对未来产生了新的希望，开始有了革命的觉悟。”对晋华纱厂工人大罢工这段历史颇有研究的齐瑞玉如是说。

沉沉的夜幕被撕开了一道口子，熹微的晨光透出一丝亮色。

在中国共产党的引领下，晋华工人的精神面貌焕然一新。面对资本家的剥削和工头的欺诈，他们开始了有组织的反抗，小规模的罢工斗争时有发生。同时，籍中发、李春秀等工人中的积极分子也逐渐成熟起来。为了加强对入党对象的考察和锻炼，王瀛、邓国栋决定在厂里组织一次散发革命传单的活动。

那天，下班的汽笛鸣响后，工人们潮水般涌向厂外，走在人群中的籍中发、秦金翰等人迅速从身上抽出传单抛向空中。顿时，红红绿绿的传单飘向人群，大家纷纷抢在手里，大声念道："共产主义与共产党！""打倒帝国主义！""劳工神圣！"此事让晋华的资本家气急败坏但又无可奈何，也让工人们彻底觉醒了。不久，籍中发等人光荣地加入了中国共产党，成为晋华工人中的第一批党员。

建立党组织，要有先进的工人阶级队伍为基础，有革命理论作指导，有积极分子来引导。这一切在晋华已经基本具备。

时机成熟。1926 年 3 月，在榆次城内城隍庙街 16 号院，晋华纱厂党支部成立，由中共太原地方执委直接领导，籍中发担任支部书记。同时成立共青团晋华支部，秦金翰兼任团支部书记。

有了党、团组织，晋华工人就有了主心骨，也更加懂得团结起来、共同抗争的重要性。在上级党组织派来的梁其昌等人的宣传、指导下，5 月下旬，晋华工会成立，老工人索清泉被选为工会委员长。成立大会上，梁其昌强调，工会是工人群众自己的组织，维护工人的切身利益和政治权利，以后大家就有说话和撑腰的地方了。

晋华工会是榆次地区第一个工会组织，它的成立，有力地推动了全省工人运动的开展，揭开了山西工运史上新的一页。从此，晋华的工人运动从自发走向有组织、有领导的发展阶段。

红日初升

1926 年的夏天，榆次的天气一天比一天热。此时，在晋华，一场大罢工也在火热地酝酿着。

7 月，由于看到工人们在工会组织的领导下，越发团结，敢于抗争，厂方十分恐慌，就借故开除了三批工人，并贴出布告："如有议论国事、煽动工潮者，开除厂籍，并交由县警察局严加查办。”

资本家的残酷压制，激起了工人们心中憋闷许久的怒火。

“罢工！我们不能再忍耐了！”工人李春秀气愤地说。

“对，大家都有这个要求！”周围的工友纷纷附和。

“我赞成罢工。可俗话说得好，打狗得先有根棍，咱们应先有个谱儿。”秦金翰补充道。

“大家想想看，咱们怎么个罢法？”籍中发进一步引导大家讨论这个重要的问题。

厂党支部在请示中共太原党支部和上级工会后认为，应该把工人群众进一步发动起来，开展一次大规模的政治罢工，以迎接革命高潮的到来。

严酷的斗争终于拉开了序幕。

在厂党支部的带领下，从思想发动，到写《罢工宣言》、组织工人纠察队，再到解决罢工开始后工人和家属的吃饭问题等等，罢工前的准备工作有条不紊。

7月15日早晨，籍中发等人以纱厂工会的名义与阎锡山的妹夫、厂总经理曲佩环进行交涉，要求提高工资、改善待遇。还没等他们说完，曲佩环就板起脸恶狠狠地说："简直是胡闹！厂里经营困难，还想给你们减工资哩，想缩短工作时间更是做梦！开除不开除工人和你们有什么相干！"厂方的蛮横，使工人们无比愤怒。厂党支部随即决定，次日7时举行全厂罢工。

16日6时58分，纠察队总队长索清泉焦急地守候在电铃开关旁边，两眼紧盯着墙上的挂钟。7时整，秦金翰向他一挥手，他立刻按动了电钮，“丁零零……”，电铃声响彻全厂。接着，“呜——”，汽笛也怒吼起来。差不多在同一时刻，工人们按照约定拉闸断电、关车停产，喊着“罢工了！罢工了！”奔出车间，与等在厂门口的早班工人会合。大家打着横幅，举着旗子，高呼口号，浩浩荡荡地走到了榆次火车西站广场，开始召开罢工大会。

头一个讲话的是秦金翰。他大声说："今天我们为什么罢工，是因为社会太不公平了！我们每天辛苦工作12个钟头却吃不饱肚子，每天纺纱织布却穿不上衣服。我们不能再当牛做马了，要做工厂的主人！现在，我们必须团结一致，推选几名代表与厂方谈判。"

他的话音一落，工人们就一致推选籍中发、秦金翰、李春秀、索清泉等5人为工人代表。随后，大会通过了《罢工宣言》，向厂方提出了4条要求：一、每人每天增加工资两毛，二、实行8小时工作制，三、不准随便打骂和开除工人，四、不准解散工人夜校和俱乐部。

"从这4条要求看，当时工人要维护的已不仅仅是最基本的经济权益，还有政治权益。这说明工人的斗争已从自发到自觉，阶级觉悟有了很大的提高。"齐瑞玉分析道。

曲佩环和董事们没料到工人行动如此迅速，一个个惊慌失措，连夜向阎锡山求援。

17日，天刚蒙蒙亮，工人们继续上街游行示威。工人代表走在最前面，1000多名工人紧随其后，昂首挺胸走在大街上。他们从火车站出发，过城门，穿西大街，经最繁华的北大街，最后到了新集街丁字路口。籍中发站在高处再次宣读了《罢工宣言》，秦金翰将印好的传单抛向人群，霎时整个县城沸腾了。小商贩来了，人力车夫来了，铁路工人来了，在校学生来了……大街上人潮涌动，口号声、呐喊声此起彼伏，沉睡了数百年的榆次古城被这股新兴的力量惊醒了！

说到这一幕，郝尧吉老人变得情绪激昂："想想那场面，真是太震撼了！"

当游行队伍来到厂东门时，厂门口、假山和屋顶上早已布满了阎锡山派来的一连荷枪实弹的"学兵团"，机枪、刺刀直对着工人们，空气中弥漫着阵阵杀气。但大家毫无惧色，勇往直前。那些士兵想开枪，却被人群淹没，枪也被挤丢到地上。躲在办公室的曲佩环吓坏了，面对闯进来的籍中发等 4 人，结结巴巴地指着椅子说："请坐，有话慢慢说嘛。"

籍中发理直气壮地重申了"4 条要求"，看曲佩环还是想蒙混过关，就说："你们一天不答应，我们一天不复工，一月不答应，我们一月不复工！"

看到工人们如此坚决，连真刀真枪也不怕，曲佩环顿时六神无主，无计可施，只好暂时答应了工人们提出的要求。至此，罢工取得初步胜利。

谁知，这只是曲佩环哄骗工人的手段。面对工会的步步紧逼，他一计不成，又施一计。第 10 天下午，曲佩环给工会送来一份请柬，邀请工会领导人到榆次的中西饭店谈判。工人代表去了以后，接待他们的不是曲佩环，而是当地的 3 个"水霸"。这些人先是假惺惺地套近乎，看代表们不吃这一套，接着就使出了撒手锏，拿出一袋沉甸甸的银圆，企图以利诱之。代表们见状，肺都快气炸了。籍中发愤愤地说："你们少来这一套！我们是工人代表，不答应罢工条件绝不复工！"李春秀拿起那个小袋子朝地上猛力摔去，只听"当啷啷"几声，白花花的银圆滚了一地。这件事很快在工人中间传开，大家更看清了资本家的真面目，纷纷表示坚持罢工，不达目的不罢休。

双方互不相让，厂方又暗暗采取"拖"的办法，试图以生活上的困难吓退工人们。但厂党支部、工会早有准备，与县城的几家粮店商量好，只要工人们拿着工会的条子，就可以赊粮，欠款由工会事后统一结算。厂方的阴谋又一次被粉碎了。

罢工坚持到第 26 天，厂方使出了新花招，用钱收买了几个好逸恶劳之人，在工人中散布谣言。厂党支部针锋相对予以反击，谣言不攻自破。

到了第30天，工人和家属的吃饭问题日趋严重。厂党支部意识到这是厂方企图以饥饿逼工人复工，遂到城乡开展募捐，很快就收到了榆次各界捐赠的不少钱粮。同时，太原行业工会乃至上海、广州等地的工会也发来声援款项和电文。这些都极大地鼓舞了工人的斗志，大家坚信罢工一定能取得最后的胜利。

哄骗、利诱、拖延、造谣……资本家有多少招数，晋华工人就有多少斗争策略。在一次次针锋相对的斗争中，工人们不断得到锤炼，革命的坚定性、组织性不断增强。

厂方招数使尽，再也无计可施，就露出了最后的狰狞——武装镇压。到了第40天的黄昏，阎锡山的军队借口工人撕毁了厂方的布告，向手无寸铁的工人发动了武装袭击，将工人代表秦金翰、李春秀等11人逮捕，押到太原陆军审判处；200多名参加罢工的工人被开除。消息传到太原，中共太原地委决定立即采取措施，声援晋华工人的罢工斗争；在山西学联三届七次会议上，由王瀛等人提议，一致通过了声援晋华罢工的大会决议案；晋华党支部也派出代表到省城请愿。在种种压力下，阎锡山被迫作出妥协，释放了被捕的工人代表，厂方也对工人提出的条件作出了让步。

规模大、时间长、影响深远的晋华纱厂工人大罢工，在中国共产党的领导下，如一轮初升的红日，照亮了广大工人群众斗争的心田，照耀着山西工人阶级的革命之路。中国共产党创始人之一、著名的马克思主义理论家蔡和森在巡视山西时高度评价："北方党领导下的真正的群众斗争，开始于正太路石家庄的铁路工人，而发展于'五卅'后的罢工罢市和榆次纱厂的长期斗争。"[1]

---

[1] 晋中市总工会编《晋中工运史》，中国画报出版社，2010，第8页。

霞光万道

在罢工斗争中成长起来的晋华工人，并未因大罢工的结束而沉寂，而是从此在党的领导下，积极投身革命，开展抗日救亡运动，把自己的命运和国家、民族的命运紧紧连在一起，迸发出如江海、似霞光的磅礴力量。

1937 年 9 月下旬，日本侵略军攻破平型关、雁门关，向太原进犯，省城危在旦夕。榆次晋华纱厂工人在党组织和工会的领导下，由牺盟会发动成立了晋华工人武装自卫队，提出了“敌人不来生产救国，敌人来了武装救国”的口号，很快就有 100 多名工人自愿报名参加了自卫队，之后陆续发展到 500 多人。经过严格的军政训练，队员的思想觉悟和军事素质都有了很大提高。10 月，200 多名自卫队员随中共榆次支部奔赴榆次东山，组成榆次抗日自卫大队，后经过整训改编为榆次县抗日游击队。不久，该队伍归建八路军秦（基伟）赖（际发）支队第一大队，成为太行山上抗击日军的一股中坚力量。

“在日本侵略军的残酷统治下，晋华工人从来也没有屈服过，积极开展多种多样的对敌斗争，厂内厂外互相配合，有力地打击了日军，展现了大无畏的革命精神。一是在生产时接空头、开空车，消极怠工。二是采取腿上绑、腰里缠、裤裆夹、鞋里垫、地沟出、越墙过、拉电闸等办法往外拿布、拿纱，阻碍生产。拿出去的布和纱一部分卖掉维持生活，一部分送往东山支援抗日战争。三是同上山的工人武装自卫队里应外合，送情报、打掩护，开展抗击日军、镇压汉奸、铲除恶霸等活动。使盘踞在榆次的日本侵略军和汉奸如热锅上的蚂蚁，惶惶不可终日。”齐瑞玉介绍。

几年中，以晋华工人武装自卫队为骨干的抗日游击队积极开展敌后游击战，虽无大战役，小战斗却不断。说起游击队的故事，郝尧吉老人如数家珍——

故事一：长凝镇遭遇战。1937 年初冬的一天早晨，4 个日本兵骑着马进入长凝镇。游击队员知道后，很快占领有利地形，朝日本兵射击。一时间日本兵吓得乱了阵脚，东逃西窜找不到出路，结果一个当场毙命，一个在逃跑中被手榴弹炸成了肉泥。这也是晋华工人自卫队在八路军的带领下打的第一仗。

故事二：锄掉汉奸。1937 年 11 月，在获知榆次大劣绅、在晋华当常务董事大发横财的赵鹤年与日军勾搭要充当榆次县维持会长（即县长）后，游击队摸清了赵的住处，深夜翻墙入室，活捉了赵。经仔细搜查，队员们找到了他与日军的来往信件和日军给他的委任状，尔后处决了这个汉奸。一些绅士官僚向阎锡山告状说："八路军破坏抗日统一战线。"我方派人送上证据，阎锡山顿时哑口无言。

故事三：公路伏击。深秋的一天，游击队员得知日军将用 3 辆胶皮大车往太原运东西。第二天凌晨，他们埋伏在公路两旁的玉米地里，不一会儿，大车就进入了埋伏圈。游击队长举枪鸣号，紧接着道路两旁枪声大作，日军被前后夹击，只得钻进庄稼地里跑了。这次战斗共截获日军的羊皮筒子 75 捆 1500 件，解决了秦赖支队战士们的冬装问题。穿上新皮筒的战士们高兴地说："活了这么大还没穿过皮袄，想不到鬼子给咱送来了。"

……

晋华工人武装自卫队英勇顽强、不屈不挠，敢于斗争、敢于胜利，为民族的解放事业作出了卓越贡献。

榆次解放前夕，在榆次党组织的领导下，晋华工人采取多种形式与接管晋华的资本家进行坚决的斗争，保厂护厂，从而彻底粉碎了阎锡山破坏工厂的阴谋。

1948 年 7 月 18 日，榆次解放，历经沧桑的晋华厂终于回到人民的怀抱。翻身做主人的晋华工人，昂首阔步汇入社会主义建设的洪流中。

从此，换了人间！

寻访那段风雷激荡的峥嵘岁月，每每触发感动，每每催人思考。

轰轰烈烈的晋华纱厂工人大罢工已然远去，但它璀璨了历史的星空，标定了精神的坐标，更彰显了中国共产党领导的伟力。从唤醒“认命”的工人，到灌输马克思主义；从播撒革命火种，到领导工人罢工；从组织起来斗争，到共同抵御外侮。每一次，都有共产党人的身影；每一步，都由党组织来指引。这表明，在风起云涌的工人运动中，作为马克思主义与中国工人运动相结合的产物的中国共产党，始终是旗帜，是方向，是明灯。

今年恰逢党的百年华诞，全党深入开展党史学习教育，晋华纱厂工人大罢工这段生动的史料，不失为一本很好的教科书。还原这段历史，回首波澜壮阔的往昔，可使我们不忘初心、牢记使命；重温这段历史，置身创造伟业的新时代，可令我们筑牢信仰之基、高擎信念大旗、厚植信心之源；铭记这段历史，展望民族复兴的未来，可让我们深刻领悟中国共产党为什么“能”、马克思主义为什么“行”、中国特色社会主义为什么“好”。

历史无可辩驳地证明，党的领导是中国革命胜利的根本保证。这一点，我们深信不疑。

本文刊于 2021 年 6 月 7 日《山西工人报》

晋华纱厂工人大罢工：

山西工运史上光辉的一页

本报记者　贾晓红

【铭刻】

发生在1926年7月的晋华纱厂工人大罢工，规模大、时间长，震撼三晋，波及全国，影响深远，意义重大。中国共产党早期领导人蔡和森为此作出高度评价：“北方党领导下的真正的群众斗争，开始于正太路石家庄的铁路工人，而发展于‘五卅’后的晋工罢市和榆次纱厂的长期斗争。”

这场政治性的大罢工，标志着山西工人运动发展到了新的阶段，这光辉的一页，将永载山西工运史册！

长夜漫漫

晨光熹微

红日初升

霞光万道

【思考】

保晋铁厂赤色工会：划过三晋星空的耀眼火光

岳燕林

铭刻

保晋铁厂赤色工会是中国共产党在阳泉乃至山西最早建立的工会组织之一。1926 年 5 月 1 日成立，会长是侯富山，会员有 100 多人。在上级党组织领导下，赤色工会积极发展党的力量，帮助工人提高觉悟，在工人中发现和培养工运积极分子，发动工人驱逐国民党右派筹建黄色工会的负责人，为阳泉工矿区党组织的建立打下了坚实的基础。

四一二反革命政变后，阎锡山在山西大搞白色恐怖。赤色工会主要领导人侯富山、窦玉瑞被捕，赤色工会停止了活动。

以平定煤铸太行铁，可操全国实业届之牛耳。这是我国民主革命的伟大先驱孙中山先生 1912 年 9 月莅临阳泉考察时发出的殷殷嘱托，也承载着保晋公司工业强国、实业报国的历史担当。

“保晋”即保护山西矿产资源之意，有着鲜明的民族和时代烙印。保晋公司全称为“山西商办全省保晋矿务有限公司”，创办于 1907 年 11 月，是山西近代开办较早、规模最大的民族工业企业。阳泉市委党校文史专家苗青告诉记者，保晋公司是在帝国主义疯狂掠夺山西矿产资源、山西各界爱国人士爆发声势浩大的争矿赎矿运动中应运而生的，其成立结束了山西煤矿所谓的英商时期，开启了民族资本的保晋时代，书写了中国近代工业史上光辉的一页。

保晋公司纪念馆陈列室　崔容阁／摄

初夏，一个细雨纷飞的日子，记者来到山城阳泉，找寻保晋公司的红色印迹。

蒙蒙细雨中，位于阳泉市区桃河北岸、北山公园南麓的保晋文化园和保晋公司纪念馆更添了几分古朴庄重和沧桑。经过长长的通道，记者步入大厅，映入眼帘的是“以平定煤铸太行铁”8个苍劲有力的铜质大字。瞻仰一张张图片、一座座雕塑、一件件文物、一卷卷史料，重温保晋公司在中国共产党领导下奋斗、重生、发展的辉煌历史，追忆在党的领导下山西工人运动波澜壮阔的革命历程，一个鲜红的名字，穿越百年时光，跃入记者眼帘。这个名字就是“保晋铁厂赤色工会”。

据阳泉市政协学习和文史委特聘文史研究员黄顺荣介绍，保晋公司以开采煤、铁等矿石为主业，并率先引入机器生产，开山西近代民族工业先河。创办之初，该公司总部设在太原海子边，并在平定、寿阳、大同、晋城、石家庄、保定、北京等地设立分公司或分销处，煤炭销售至全国各省市。1916年，凭借阳泉丰富的煤铁资源和正太铁路便利的交通条件，保晋公司权衡时势，于当年8月将总部迁至阳泉，设在阳泉火车站附近的石卜咀村东庄沟口东。迁至阳泉后，该公司就近管理、添置机器、开办工厂、增加产量，先后在阳泉开办了6个矿，有窑工2000余人，呈现出蒸蒸日上之势。为拓展产业，1917年11月，该公司又在阳泉开办了一个炼铁厂——保晋公司阳泉铁厂，即山西阳泉钢铁集团公司的前身。保晋阳泉铁厂创建后，与湖北汉阳铁厂、辽宁本溪铁厂形成了三足鼎立的冶铁态势，在中国近代工业史上写下了浓墨重彩的一笔。

“保晋公司阳泉铁厂地处正太铁路中段，与正太路阳泉站隔桃河相望，因得天独厚的地理位置，红色工运的薪火率先传播到了这里。”阳泉市总工会副主席杜莉告诉记者。五卅反帝爱国运动汹涌澎湃、全国第二次工人运动大潮蓬勃兴起之际，1926年2月，共产党员王世隆受中共太原地委委派，到阳泉保晋铁厂开展工作。他深入工人中间，宣传革命道理，体恤工人疾苦，发动工人团结起来，争取自身权益、谋求自身解放。1926年5月1日，保晋铁厂赤色工会成立，侯富山任会长，100多名铁厂工人加入工会。

赤色工会作为第一次国共合作后中国共产党直接缔造的工会组织，从根本上区别于国民党御用工会和由资产阶级收买、控制、把持的黄色工会，在一定程度上对推动工人运动从二七惨案后的低谷中走出、掀起第二次工运高潮产生了积极的作用。

杜莉告诉记者，保晋铁厂赤色工会是中国共产党在阳泉乃至山西最早建立的工会组织之一。当时，阳泉的现代工业较为发达，职工队伍有所发展，加之阳泉居于正太铁路中段，这些都给中国共产党在阳泉发动群众、建立组织、开展革命运动创造了重要条件。

保晋铁厂赤色工会成立后，在上级党组织直接领导下，发动工人驱逐了国民党右派分子筹建黄色工会的负责人，使国民党右派分子的阴谋未能得逞。同时，该工会致力于在工人中发现和培养工运积极分子，帮助工人提高觉悟，积极发展党的力量。1926 年 9 月，王世隆吸收工会中的积极分子窦玉瑞、侯富山、孙玉山、贾光玉、刘文玉，连同保晋一矿厂的樊琪和机器厂的王长江、阎天亮共 8 人加入中国共产党，为阳泉工矿区党组织的建立打下了坚实基础。

1927 年 2 月 7 日，以保晋铁厂工人为主的中国共产党阳泉支部在阳泉平潭垴村的一间窑洞里成立，樊琪任书记、侯富山任组织委员，成为中国共产党在阳泉工矿区内建立的第一个党组织。1927 年，蒋介石发动四一二反革命政变后，7 月，阎锡山在山西成立“清党委员会”，公开通缉共产党在山西的主要负责人颜昌杰等 32 人，大搞白色恐怖。中共阳泉支部和保晋铁厂工会的主要领导人侯富山、窦玉瑞在太原被捕，党员孙玉山、刘文玉、贾光玉、阎天亮也先后在阳泉和家乡被捕，阳泉党组织被破坏。保晋铁厂赤色工会因此也停止了活动。

阳泉保晋铁厂赤色工会虽然仅存在了 14 个月，但为中国共产党早期领导开展工人运动积累了宝贵经验，在三晋大地播下了革命的火种。

思考

暗夜沉沉中，保晋铁厂赤色工会的光虽然微弱、短暂，却影响深远。

敢于斗争是中国共产党不可战胜的强大精神力量。党和人民的一切成就，都是通过斗争取得的。保晋铁厂赤色工会诞生于中华民族饱受欺凌时，从成立之日起，就把“斗争”写在旗帜上，帮助工人提高觉悟，积极发展党的力量，发动工人驱逐了国民党右派筹建黄色工会的负责人，使国民党右派分子的阴谋未能得逞。星星之火，燃于泉城，保晋铁厂赤色工会在阳泉工矿区的艰辛探索，为中国共产党早期革命斗争积累了经验，奠定了基础。

让我们从这段历史中赓续红色血脉，传承红色精神，书写新时代新征程新的答卷。

本文刊于 2021 年 5 月 24 日《山西工人报》

新闻责任
工会声音
职工情怀
维权担当

山西省总工会主管主办
山西工人报社出版

SHANXI GONGREN BAO

山西工人网 http://www.sxgrw.com
E-mail:sxgrb@163.com
（今日四版）

国内统一刊号 CN14-0003 邮发代号 21-10 2021 年 5 月 24 日 星期一 农历辛丑年四月十三 总第 10219 期

奋斗百年路 启航新征程

建党百年·山西重大工运事件重要工运人物寻访展示

保晋铁厂赤色工会：划过三晋星空的耀眼火光

本报记者 岳燕林

保晋公司纪念馆陈列室 本报记者 崔容阁 摄

了解保晋铁厂赤色工会的光辉历史，请用抖音 App 扫二维码

“以平定煤铸太行铁，可操全国实业届之牛耳。”这是我国民主革命的伟大先驱孙中山先生 1912 年 9 月莅临阳泉考察时发出的殷殷嘱托，也承载着保晋公司工业强国、实业报国的历史担当。

“保晋”即保护山西矿产资源之意，有着鲜明的民族和时代烙印。保晋公司全称为“山西商办全省保晋矿务有限公司”，创办于 1907 年 11 月（清光绪三十三年），是山西近代开办较早、规模最大的民族工业企业。阳泉市委党校文史专家苗青告诉记者，保晋公司是在帝国主义疯狂掠夺山西矿产资源、山西各界爱国人士爆发声势浩大的争矿赎矿运动中应运而生的，其成立结束了山西煤矿所谓的英商时期，开启了民族资本的保晋时代，书写了中国近代工业史上光辉的一页。

初夏，一个细雨纷飞的日子，记者来到山城阳泉，找寻保晋公司的红色印迹。

蒙蒙细雨中，位于阳泉市区桃河北岸、北山公园南麓的保晋文化园和保晋公司纪念馆更平添了几分古朴庄重和沧桑。经过长长的通道，记者步入大厅，映入眼帘的是“以平定煤铸太行铁”8 个苍劲有力的铜质大字。瞻仰一张张图片，一座座雕塑，一件件文物，一卷卷史料，重温保晋公司在中国共产党领导下奋斗、重生、发展的辉煌历史，追忆在党的领导下我省工人运动波澜壮阔的革命历程，一个鲜红的名字，穿越百年时光，跃入记者眼帘。这个名字就是“保晋铁厂赤色工会”。

据阳泉市政协学习和文史委特聘文史研究员黄顺荣介绍，保晋公司以开采煤、铁等矿石为主，并率先引入机器生产，首开山西近代民族工业先河。创办之初，该公司总部设在太原海子边，并在平定、寿阳、大同、晋城、石家庄、保定、北京等地设立分公司或分销处，煤炭销售至全国各省市。1916 年，凭借阳泉丰富的煤铁资源和正太铁路便利的交通条件，保晋公司权衡时势，于当年 8 月将总部迁至阳泉，设在阳泉火车站附近的石卜咀村东庄沟口东。迁至阳泉后，该公司就近管理、添置机器、开办工厂、增加产量，先后在阳泉开办了 6 个矿，有窑工 2000 余人，呈现出蒸蒸日上之势。为拓展产业，1917 年 11 月，该公司又在阳泉开办了一个炼铁厂——“保晋公司阳泉铁厂”，即后来“山西阳泉钢铁集团公司”的前身。保晋阳泉铁厂创建后，与湖北汉阳铁厂、辽宁本溪铁厂形成了三足鼎立的冶铁态势，在中国近代工业史上写下了浓墨重彩的一笔。

“保晋公司阳泉铁厂地处正太铁路中段，与正太路阳泉站隔桃河相望，因得天独厚的地理位置，红色工运的薪火率先传播到了这里。”阳泉市总工会副主席杜莉告诉记者，在“五卅”反帝爱国运动汹涌澎湃、全国第二次工人运动大潮蓬勃兴起之际，1926 年 2 月，共产党员王世隆受中共太原地委委派，到阳泉保晋铁厂开展工作。他深入工人中间，宣传革命道理，体恤工人疾苦，发动工人团结起来，争取自身权益，谋求自身解放。1926 年 5 月 1 日，保晋铁厂赤色工会成立，侯富山任会长，100 多名铁厂工人加入工会。

“赤色工会”作为第一次国共合作实现后中国共产党直接缔造的工会组织，从根本上区别于国民党“御用工会”和由资产阶级收买、控制、把持的“黄色工会”，在一定程度上对推动工人运动从“二七惨案”后的低谷中走出、掀起第二次工运高潮产生了积极的推动作用。

（下转第 2 版）

（上接第 1 版）

杜莉告诉记者，保晋铁厂赤色工会是我党在阳泉乃至山西最早建立的工会组织之一。当时，阳泉的现代工业较为发达，职工队伍有所发展，加之阳泉居于正太铁路中段，这些都给我党在阳泉发动群众、建立组织、开展革命运动创造了重要条件。

保晋铁厂赤色工会成立后，在我党上级组织直接领导下，发动工人驱逐了国民党右派分子筹建“黄色工会”的负责人，使国民党右派分子的阴谋未能得逞。同时，该工会致力于在工人中发现和培养工运积极分子，帮助工人提高觉悟，积极发展党的力量。1926 年 9 月，王世隆吸收工会中的积极分子窦玉瑞、侯富山、孙玉山、贾光玉、刘文玉，连同保晋一矿厂的樊琪和机器厂的王长江、阎天亮共 8 人加入中国共产党。这为阳泉工矿区党组织的建立打下了坚实基础。

1927 年 2 月 7 日，以保晋铁厂工人为主的中国共产党阳泉支部在阳泉平潭垴村的一间窑洞里成立，樊琪任书记、侯富山任组织委员。这也成为我党在阳泉工矿区内建立的第一个党组织。1927 年，蒋介石发动“4·12”反革命政变后，7 月，阎锡山在山西成立“清党委员会”，公开通缉共产党在山西的主要负责人颜昌杰等 32 人，大搞白色恐怖。中共阳泉支部和保晋铁厂工会的主要领导人侯富山、窦玉瑞在太原被捕，党员孙玉山、刘文玉、贾光玉、阎天亮也先后在阳泉和家乡被捕，阳泉党组织被破坏。保晋铁厂赤色工会因此也停止了活动。

阳泉保晋铁厂赤色工会虽然仅存在了 14 个月，但为我党早期领导开展工人运动积累了宝贵经验。它就像一束耀眼的火光照亮了星空，在三晋大地播下了革命的火种。

5 月 19 日至 21 日，为了保障工矿的健康与安全，寿阳医疗集团专门抽调于寿阳县朝阳镇草沟村的潞安集团新冠病毒疫苗接种，受到矿区干部群众的

山西省总工会成立
——从此，山西工人阶级有组织地登上历史舞台

李彦斌

铭刻

山西省总工会诞生于抗战的烽火中。1937 年 9 月 18 日，在中国共产党的领导下，太原万余名工人群众集会，纪念九一八事变六周年。由此，山西省总工会正式宣告成立。这是山西工人运动史上的一件大事，山西工人阶级从此有组织地登上了历史舞台，山西工会实现了政治上、组织上的团结统一，山西工人运动和工运事业进入了一个崭新的历史时期。

历史的乾坤，常常隐于细节之间。时代的印记，往往烙于标志性事件之中。

今天，当我们来到山西工运史馆，在展馆西侧显眼处，首先看到的便是张秋风的画像及事迹简介。

张秋风，生卒年月不详。然而，正是这样一个个鲜活的生命，燃烧着热血，推动了历史。

展馆内，一件件陈列的史料将人带回了 84 年前的那一天，那个永载山西工运史册的日子——1937 年 9 月 18 日。

当时，卢沟桥事变已两月有余，平津沦陷，日军进逼山西。

当天，太原万余名产业工人冲破厂门，在中山公园（今文瀛公园）集会，纪念九一八事变爆发六周年。

这是1937年省城产业工人第三次大集会大游行，工人们高呼抗日救亡的口号，要求对作战不力、贻误战机的军官一律枪决，对闻风而逃、擅离职守的公职人员一律枪决……

游行队伍来到阎锡山官邸持续抗议，迫使当局同意发放枪支弹药，组建工人武装队伍。

是夜，示威游行不断升温，在工人们的拥护下，当场成立了山西省总工会。

自此，9月18日成为山西省总工会成立的纪念日。

觉醒、斗争，山西工人运动历经百年风雨

据史料记载，全民族抗战爆发前夕，山西官僚资本和民族私人资本兴建的近代工业企业有60多家，有产业工人6万多人。五四运动加速了山西工人阶级的觉醒。

1922年，太原大国民印刷厂、制革厂和平绥铁路大同站等地的工人不断发起罢工，要求改善劳动状况，成立工会。

1925年1月1日，山西第一个工会组织——山西省工人联合会在太原成立，同年春季组织罢工失败后，因经费等原因自行解散。

山西各地工人在地下党组织和工会干部的带领下，不畏强暴，不怕牺牲，大搞工人运动，斗争此起彼伏。太原兵工厂工会一经成立，便捣毁了厂方设立的剥削工人的消费社布庄。

据山西省总工会原副主席郭长夫撰文回忆，在阎锡山的支持下，所谓的“山西工人代表总会”网罗数百名歹徒和不明真相的工人多次打砸太原市总工会，并将工人代表打伤捆绑游街。

随着山西抗日民族统一战线的建立，中国共产党最终取得山西牺牲救国同盟会的领导权，并把推动工会组织的恢复建立作为一项重要工作。

山西省总工会成立当天的万名产业工人集会就是由山西牺牲救国同盟会、工人委员会联合主持的。

这次集会后，在1937年10月8日，山西省总工会召集省城28个工厂的50余名代表参加大会，通过了总工会纲领、简章和宣言，选举执行委员19人、监察委员3人。

从此，山西工人阶级开始有组织地登上历史舞台，山西工会实现了政治上、组织上的团结统一。

抗日、救亡，山西工人始终胸怀民族大义

日军过了雁门关，企图一举攻占忻口，直趋太原。

山西省总工会响应党的“把工人武装起来，保卫山西、保卫家乡”的号召，立即着手建立工人自己的武装。

除省总工会直接组织的山西工人武装自卫总队（后改编为山西新军独立第二〇七旅，简称“工卫旅”）之外，全省各级工会还成立了大大小小几十支工人抗日武装。

抗战时期，山西各根据地先后成立工会，如晋绥边区总工会、晋察冀总工会、晋西北总工会、晋东南工人联合救国总会等。

根据地各级工会克服难以想象的困难，创建兵工厂，生产武器弹药，还从多方面关心职工生活。晋察冀总工会明确提出“工人旧有工资不准减少，并全年另加10%”；晋西北总工会通过了《关于改善工人生活办法草案》，规定了最低工资和最长工作时间等；晋东南工人联合救国总会发布的《农村工人生活要求纲领草案》，对

女职工产假、伤残服务等作了规定。

“从在晋绥边区持续6年之久的‘张秋风运动’，到今天山西工会‘五小六化’竞赛热潮不断，山西工人运动始终与时代主题紧密相连。”去年，省社科院历史所所长高春平两次参观山西工运史馆，他感慨地说。

大局、奉献，山西劳模承载了时代的记忆

在山西工运史上，劳动模范始终是一个承载着特殊记忆的群体。

在革命战争年代，“抗日生产光荣旗帜”张秋风、“新劳动运动旗手”甄荣典等劳动模范以新的劳动态度对待新的劳动，带动群众投身中国共产党领导的人民解放事业。

新中国成立后，第一次翻身做主人的劳动人民扬眉吐气，满腔热情地与时间赛跑，建设着山西这块新生的土地。老劳模李顺达在全国农业生产战线树起了一面旗帜。申纪兰带领妇女解放、倡导同工同酬、不讲个人待遇，是一句誓言、一生作答的典范。采煤工人马六孩创造了日进1.36米的全国手工掘进纪录，是山西这个能源基地重大贡献的见证人。

在改革开放历史新时期，“当代愚公”李双良、“蓝领专家”金长福以及牛国栋、董林、贾向东等新时代劳动模范，以榜样人物的示范引领作用绘就了全社会辛勤劳动、诚实劳动、创造性劳动的动人画卷。

从解放区职工开展轰轰烈烈的“新英雄主义运动”，到今天紧锣密鼓推进大国工匠创新创业基地建设，广大产业工人自发推动成立的山西省总工会自发展壮大之初，关心关爱劳模的脚步从未停止；通过加强服务管理工作，为他们发挥作用创造了更好的条件，推动

更多劳模和工匠人才竞相涌现的初衷也从未改变。

山西省总工会80多年的风雨征程，是一部波澜壮阔、荡气回肠的辉煌史诗，是一段刻骨铭心、感人肺腑的温暖记忆，更是一笔激励后来者奋发有为、砥砺前行的宝贵财富。80多年来，在山西省总工会组织引领下，一代代职工群众响应党的号召，积极投身三晋发展建设，创下了不朽功业；一代代劳模脱颖而出，成为时代的领跑者。

本文刊于2021年5月11日《山西工人报》

山西工人報
SHANXI GONGREN BAO
新闻责任 工会声音 职工情怀 维权担当
山西省总工会主管主办
山西工人报社出版
山西工人网 http://www.sxgrw.com
E-mail:sxgrb@163.com
（今日四版）
国内统一刊号 CN14-0003 邮发代号 21-10 2021年5月11日 星期二 农历辛丑年三月三十 总第10206期

人社部启动2021年百日千万网络招聘专项行动

新华社北京电（记者姜琳） 人力资源和社会保障部5月8日宣布，2021年百日千万网络招聘专项行动启动。人社部会同有关方面搭建全国统一、多方联动的网络招聘平台，为劳动者和用人单位提供精准服务。专项行动将持续至8月15日，预计提供就业岗位超过千万个。

据人社部相关负责人介绍，此次专项行动设立行业性、区域性、群体性招聘专区，包括了31个省份的特色专场。首周上线的房地产、餐饮、土木建筑、医药卫生、互联网、消费零售、商业服务7个行业专场，岗位需求达600万人次。

此次专项行动主会场设在中国公共招聘网、中国国家人才网以及"就业在线"，除提供各地和各专场招聘信息外，还设有职业指导"云课堂"，首周将上线130节公开课、直播课，为广大求职者提供求职技巧、职业规划、创业辅导等服务。

奋斗百年路 启航新征程

建党百年·山西重大工运事件重要工运人物寻访展示

山西省总工会成立

从此，山西工人阶级有组织地登上历史舞台

本报记者 李彦斌

历史的乾坤，常常隐于细节之间；时代的印记，往往烙于标志性事件之中。

今天，当我们来到山西工运史馆，在展馆西侧驻足，首先看到的便是张秋凤的画像及事迹简介。

张秋凤，生卒年月不详。然而，正是这样一个个鲜活的生命，燃烧着热血，推动了历史。

展馆内，一件件陈列的史料将人带回了84年前的那一天，那个永载山西工运史册的日子——1937年9月18日。

此时，卢沟桥事变已两月有余，平津沦陷，日军进逼山西。

当天，太原万余名产业工人冲出厂门，在中山公园（今儿童公园）集会，纪念"九一八"事变爆发6周年。

这是1937年省城产业工人第三次大集会大游行。工人们高呼抗日救亡的口号，要求对作战不力、贻误战机的军官一律枪决，对闻风而逃、擅离职守的公职人员一律枪决……

游行队伍来到阎锡山官邸持续抗议，迫使当局同意发放枪支弹药，组建工人武装队伍。

是夜，示威游行不断升温，在工人们的拥护下，当场便成立了"山西省总工会"。

自此，9月18日成为山西省总工会成立的纪念日。

觉醒、斗争，山西工人operate历经百年风雨

据历史资料，截至抗战前夕，山西官僚资本和民族私人资本兴建的近代工业企业有60多家，有产业工人6万多人。

"五四运动"掀起的马克思主义革命热潮，加速了山西工人阶级的觉醒。

1922年，太原大国民印刷厂、制革厂和平绥铁路大同站等地的工人不断发起罢工，要求改善劳动状况，成立工会。

1925年1月1日，山西第一个工会组织——山西省工人联合会在太原成立，同年春季组织罢工失败后，因经费等原因自行解散。

山西各地工人在地下党和工会干部的带领下，不畏强暴，不怕牺牲，大搞工人运动，斗争此起彼伏。太原兵工厂工会一经成立，便捣毁了厂方设立的剥削工人的消费社布庄。

据山西省总工会原副主席郭长夫撰文回忆，当时在阎锡山的支持下，所谓的"山西工人代表总会"还网罗数百名歹徒和不明真相的工人多次打砸太原市总工会，并将工人代表打伤捆绑游街。

随着山西抗日民族统一战线的建立，最终被我们党取得控制权的山西牺牲救国同盟会，把推动工会组织的恢复建立作为一项重要工作。

山西省总工会成立当天的万名产业工人集会就是由山西牺牲救国同盟会、工人委员会联合主持的。

这次集会后，在1937年10月8日，省总工会召集省城28个工厂的50余名代表参加大会，通过了总工会纲领、简章和宣言，选举执行委员19人、监察委员3人。

从此，山西工人阶级开始有组织地登上历史舞台，山西工会实现了政治上、组织上的团结统一。

抗日、救亡，山西工人始终胸怀民族大义

此时，日军已攻过雁门关，企图一举攻占忻口，直趋太原。

山西省总工会响应党的"把工人武装起来，保卫山西、保卫家乡"的号召，成立后立即着手建立工人自己的武装。

除省总工会直接组织的山西工人武装自卫总队（后改编为山西新军独立207旅，简称工卫旅）之外，全省各级工会还成立了大大小小几十支工人抗日武装。

投身工人武装后，张秋凤参加大小战斗40余次，后到修械所做翻砂工。他积极进行技术革新，在翻造某种武器的过程中，将零件减少到八分之三；在改制手榴弹过程中，日产量提高了四分之一……

抗战时期，山西各根据地先后成立工会，如晋绥边区总工会、晋察冀总工会、晋西北总工会、晋东南工人联合救国总会等。

根据地各级工会克服难以想象的困难，创建兵工厂，生产武器弹药，还从多方面关心职工生活。晋察冀总工会明确提出"工人旧有工资不准减少，并全年另加10%"；晋西北总工会通过了《关于改善工人生活办法草案》，规定了最低工资和最多工作时间等；晋东南工人联合救国总会发布的《农村工人生活要求纲领草案》，对女职工产假、伤残服务等作了规定。

"从在晋绥边区持续6年之久的'张秋凤运动'，到今天山西工会'五小六化'竞赛热潮不断，山西工人运动始终与时代主题紧密相连。"去年，省社科院历史所所长高春平再次参观山西工运史馆，他感慨地说。

大局、奉献，山西劳模承载了时代的记忆

在山西工运史上，劳动模范始终是一个承载着特殊记忆的群体。

在革命战争年代，"抗日生产光荣旗帜"张秋凤、"新劳动运动旗手"甄荣典等劳动模范以"新的劳动态度对待新的劳动"，推动群众投身中国共产党领导的人民解放事业。

新中国成立后，第一次翻身做主人的劳动人民扬眉吐气，满腔热情地与时间赛跑，建设着山西这块新生的土地。老劳模李顺达在全国农业生产战线树起了一面旗帜，申纪兰带领妇女解放，倡导同工同酬，不讲个人待遇，是一句誓言，一生作答的典范。采煤工人马六孩创造了日进1.36米的全国手工掘进纪录，是山西这个能源基地重大贡献的见证人。

在改革开放历史新时期，"当代愚公"李双良、"蓝领专家"金长福以及牛国栋、董林、曹向东等新时代劳动模范，以榜样人物的示范引领作用唱响了全社会辛勤劳动、诚实劳动、创造性劳动的动人颂歌。

从解放区职工开展轰轰烈烈的"新英雄主义运动"，到今天紧锣密鼓推进大国工匠创新创业基地建设，广大产业工人自发推动成立的山西省总工会自发展壮大之初，关心关爱劳模的脚步从未停止；通过加强服务管理工作，为他们发挥作用创造了更好的条件，推动更多劳模和工匠人才竞相涌现的初衷也从未改变。

了解山西省总工会成立，请用抖音App扫二维码

省总工会开展"五四"学党史、谈感悟、践行动主题党日活动

本报讯（记者吴艳） 5月8日，在省委党史学习教育领导小组第八巡回指导组的指导下，省总工会在爱国主义教育基地——高君宇故居纪念馆开展"五四"学党史、谈感悟、践行动主题党日活动。省委党史学习教育领导小组第八巡回指导组副组长、省委统战部二级巡视员武秀英出席活动。省总工会党组成员、副主席李忠贵出席活动并讲话。

据了解，为纪念建党100周年、纪念"五四"青年节，省总工会组织年轻党员干部开展此次主题党日活动，引导年轻党员干部学好党史，发扬革命精神，汲取革命先辈英勇不屈、百折不挠的革命精神和开拓进取的智慧和力量，做到学史明理、学史增信、学史崇德、学史力行，以更加饱满、积极的精神状态投入工作。

此次主题党日活动以党史学习教育为主题。在高君宇故居纪念馆，省总工会年轻党员干部通过参观展馆、聆听革命先辈的生平事迹、瞻仰革命先辈故居、现场谈感悟、重温入党誓词等方式缅怀先烈，重温革命烈士浴血奋战的光荣历史。参加活动的年轻党员干部纷纷表示：革命先辈的精神和事迹深深激励了我们，在今后的工作中一定牢记并传承"不忘初心、牢记使命"的精神初衷和坚定决心，以实际行动迎接建党100周年。

活动现场，李忠贵强调，今天的主题党日活动是一场深受教育的活动，希望大家通过此次活动把革命先辈的精神、信仰传承下去；在今后的工作中，要充分发挥青年党员的先锋模范带头作用，把党的工运事业做好。

省委党史学习教育领导小组第八巡回指导组相关成员参加了活动。省总机关年轻党员干部、入党积极分子参加了活动。

朔州市总举行党史学习教育报告会

本报朔州讯（记者王泽） 5月7日上午，朔州市总工会在六楼会议室举行党史学习教育报告会。党史学习教育市直机关党员先锋宣讲团第二组组长张彦青作专题宣讲报告，市总机关全体党员干部和职工聆听了报告。

报告会上，张彦青用通俗易懂的语言，结合自己的所学所悟，就如何深刻把握党史学习教育的重点、中国共产党百年奋斗的光辉历程和历史性贡献等进行了深刻阐释。报告深入浅出，内容丰富，精彩生动，进一步提高了大家对开展党史学习教育意义的认识，调动了学好党史的积极性。

大家纷纷表示，要以此次报告会为契机，严格按照党中央、省委和市委的决策部署，认真学好党史，真正从党史中汲取智慧和力量，把党史学习教育的收获转化为创新工作的动力，为建设现代化能源绿都、塞上明珠作出更大的贡献，以优异成绩迎接建党100周年。

奋斗百年路 启航新征程

学党史 悟思想 办实事 开新局

省总举办全省工会职工就业服务平台培训班

本报讯 近日，全省工会职工就业服务平台培训班在山西省总工会干部学校举办。各市总工会职工就业服务平台负责人以及符合开展工作条件的部分县（区）总工会职工就业服务平台负责人参加。

为提高各市、县总工会负责人使用、管理全省工会职工就业服务平台的水平，服务好广大职工群众，省总职工服务中心举办了此次培训班。此次培训是借助全总已有的工会就业服务平台的功能和资源，建设全省工会职工就业服务平台，探索面向全省职工的线上线下就业服务"O2O"模式，加强工会"互联网+"模式的运行管理，在搭建全省就业服务平台的基础上，对各市、县总工会负责就业服务平台使用管理的工作人员进行了培训。

此次培训内容涉及广泛，有关专家学者分别以《中国共产党的百年历程》《就业服务和家政行业系统常态化运营操作》《服务体系建设及运营新模式》等为题进行授课。

据了解，此项工作将作为省总的一项重点工作长期开展，在全省范围内全面推动就业服务平台的运行。（郭丽慧）

我省八成以上火电机组参与深度调峰促进新能源消纳

新华社太原5月10日电（记者梁晓飞） 记者从国网山西省电力公司了解到，今年年初以来，山西省有85%的煤电机组参与深度调峰辅助服务市场，累计多消纳新能源超过1亿千瓦时。

伴随着新能源装机比重不断提升，电力系统调峰能力不足问题愈发突出。煤电已成为深度调峰的"主力"，助力新能源消纳。

目前，山西省发电总装机10611万千瓦，其中新能源装机3320万千瓦，占比31.3%。近年来，山西持续推进煤电机组灵活性改造并参与深度调峰，从而将煤电优势转化为促进新能源发展的优势。

推进『五湖』生态保护与修复 我省将投资八百多亿元

新华社太原5月10日电（记者吕梦琦） 山西省日前公布了"五湖"生态保护与修复总体规划，规划总投资达到863.38亿元，其中"十四五"期间规划投资达588.59亿元。

"五湖"是指晋阳湖、漳泽湖、云竹湖、盐湖、伍姓湖，均为山西省境内水面大于5平方公里的湖泊，总面积82.7平方公里。

按照规划，山西省要将晋阳湖建设打造成东方园林式的城市湿地公园，严控环湖区周边建筑物的高度，形成"山湖一体"。漳泽湖主要以水污染治理和湖泊湿地公园建设为主，通过入河排污口整治、中水回用等措施，使湖泊水质达到Ⅲ类。云竹湖主要以生态空间管控和湖区景观建设为主，将水库管理范围划为水生态功能保护区，控制不符合主体功能要求的开发行为。盐湖主要以水污染治理和矿产资源与盐文化保护为主，对污水处理厂提标改造，对内源污染进行系统治理。伍姓湖主要以水污染治理为主，对污水处理厂进行提标改造，加强对伍姓湖上游涑水河、姚暹渠入河排污口管理，实现达标排放。

绣党旗 报党恩

5月7日，在运城公路分局长直超限站三楼党员活动室，该站执法大厅的4名女职工正在绣一面党旗，以庆祝建党100周年。

朱俊茹 祁鹏亮 摄影报道

"2021中国·山西（晋城）康养产业发展大会"将于5月18日举办

本报讯（记者师航） 5月8日，在省政府新闻办举行的新闻发布会上，记者了解到，5月18日至5月19日，"2021中国·山西（晋城）康养产业发展大会"在晋城市举办。大会由民革中央、中共山西省委、省人民政府、政协山西省委员会共同主办，省文化和旅游厅、民革山西省委会、中共晋城市委、晋城市人民政府、政协晋城市委员会承办。

省委经济工作会议提出，要以"三大品牌建设"为主题，推动文化旅游业融合化、品牌化发展。省政府工作报告中也将做强黄河、长城、太行品牌，开展"三大品牌建设"活动，构建"乐水、尚城、崇山"的旅游品牌体系，列为我省重点工作。

今年大会的主题延续"康养山西、夏养山西"，内容由"1+5+N"组成。"1"指大会开幕式；"5"指高峰论坛、高端国际论坛、康养产业博览会、康养产业招商洽谈活动、文旅康养考察活动5项子活动；"N"指晋城市及各县（市、区）配套举办的相关康养活动，包括晋城市及各县（市、区）配套举办的延续半年时间（4月20日—10月20日）的康养季系列配套活动。

（下转第2版）

山西工人武装自卫旅诞生于抗战的硝烟中，在中国共产党的领导下，伴随着中国工人运动的发展而不断成长壮大；它体现出来的是中国工人阶级为了民族解放事业而不懈奋斗的高度的阶级觉悟和历史使命感。贺龙元帅在谈到山西工人自卫旅时曾说，苏联有一个工人师，其次就是我们中国的工人旅。

中国有个工人旅

王东明

题记

这是一段辉煌的历史，历史中有着许多尘封的记忆。在中华民族生死存亡的危急关头，山西工人组成了自己的总工会，建立了自己的武装——山西工人武装自卫旅（以下简称工卫旅）。从开展工人运动到建立工人武装，这支初建时只有一个团的产业工人武装在战火中发展壮大。在抗日战争时期，在中国共产党的领导下，这支工人武装战功卓著，打击了日本侵略者的嚣张气焰。在解放战争和抗美援朝时期，工卫旅被正式编入中国人民解放军、中国人民志愿军战斗序列，为建立和保卫新中国立下了不朽功勋。

八路军第一二〇师师长贺龙在谈到山西工人武装自卫旅时曾说，世界上只有苏联有一个工人师，其次就是我们中国的工人旅。这是中国工人阶级的光荣。工卫旅诞生在中华民族危亡之际，从第一批25名工人编成连队的那一天起，到部队发展到5000余人，工人阶级的政治素质和党的坚强领导使它无论是在与日军作战，还是与阎锡山既团结又斗争的过程中，都表现出坚定的革命性和坚强的战斗力。

“欲遂平生志，不顾命与家，但愿血和泪，灌溉自由花。”这是烈士周平（保安一支队参谋长、支队长）墓前的一首挽诗。战士王其昌双腿被炸断，还要掩护战友突围，当他举起拉了弦的手榴弹高喊着“不要管我，我革命成功了”时，哪个侵略者不胆寒？上千名工卫旅战士为了国家民族慷慨赴死，得到的只是就地埋葬的一抔黄土，而活着的同志也是随时将遗书装在衣袋里或是在衣角缀上自己的名字、籍贯，希望死后有人能给家中通个消息。这是一种怎样的精神境界，它体现出来的是中国工人阶级作为领导阶级，为了民族解放事业而不懈奋斗的高度的阶级觉悟和历史使命感。

回顾山西工人自卫旅的发展历程，对于我们这些成长于新中国和平年代的人是一次心灵的洗涤。

寻找英雄的足迹

抗战胜利60周年之际，寻访山西工人武装自卫旅仍然健在的老战士的确是一件不易的事情。按照时间推算，从工卫旅诞生的1937年算起已有近70年的历史，许多老战士已经辞世。在山西省史志研究院同志的帮助下，记者在太原市小南关西街一栋简陋的楼房里见到了当年的工卫旅战士王汉三。

当年参军时只有22岁的王汉三现在已经89岁高龄了。听说记者是来了解工卫旅历史的，王汉三老人十分高兴，但是谈及有关工卫旅的具体事件、人物，老人的表情开始痛苦起来，痛苦中带着焦躁，因为此时的老人甚至连自己当年所在的连队都回忆不起来了。为了给记者提供能代替他回忆的资料，老人一次次地出入书房，整个书房一会儿工夫就铺满了纸张和书。看着老人焦急的神情，他的老伴、80岁高龄的武淑君老人长叹着对记者说："你能在半年之前来就好了，那个时候他还什么都记得！"

王汉三老人原本是工卫旅的活地图。王老在70岁时还编写了一部14万字的《山西工人武装自卫旅简史》。为了编写这部书，老人走访了近百位部队当年的老领导、老战士，查阅了能找到的散存于各地的直接或间接的档案、书报、日记等资料。

按照采访计划，记者要沿着王汉三本人在工卫旅的足迹，以他个人的角度来谈工卫旅的恢宏历史，然而令记者意外的是，在他整理的所有工卫旅资料中，竟没有关于他自己的一个字。王老的女儿告诉记者，她和党史办的同志也曾多次劝老人写一写自己的战斗生活，但是老人一再拒绝，现在这段历史也难以从记忆中找寻了。这样的结果令人遗憾，然而记者在遗憾之余也感受到了一位工卫旅老战士的高尚人格。

从老人那些不能连贯起来的片段记忆中记者了解到，王汉三老人出生在山西省文水县，1938年，22岁的他目睹了日本侵略者进入文水县城后的种种暴行，毅然带领弟弟王朝东和两名同乡，从开栅对面的山口进入交城山中，参加了工卫旅。新中国成立后他在山西省文化厅任职，"文化大革命"中被下放到安泽县文物馆，"文化大革命"后调回省文物商店工作。

记者采访王汉三老人一个月后，突然接到他家人打来的电话，说这段时间他们全家人努力帮助老人回忆那段历史，并找到了老人当年的日记。借助那一张张泛黄的纸片上缀满的蝇头小字和记者的启发，老人向记者讲述了他所经历的一次战斗。

那是1941年12月27日的上午，当时王汉三和二十一团一个连的人马正驻扎在交城山区木联坡。11时许，在距离部队2.5公里处发现有日军来“扫荡”，部队立即启程迎击。王汉三一直行进在部队的最前列，然而在翻一座山时，连日劳累的他因体力不支落在了队尾。当他翻过大山，战斗早已打响，轻、重机枪一起扫向敌人。敌人十分狡猾，当工卫旅战士迎击前面的敌人时，敌人的一个包围圈形成了，后山的敌人占领了山脊，工卫旅战士腹背受敌，队伍被冲散了。王汉三跟随侦察员沿着常年积雪的山坡滑落下去，坠入半人高的岩棱下面。听着四周敌人的喊声，王汉三真想能有颗手榴弹好与敌人拼个你死我活。可惜的是，当时他是二十一团政治处的宣教股股长，因武器匮乏，部队没有给他配备武器。于是，他将岩下的石头搜集在一起，准备与敌人进行最后一搏。那是一个难熬的夜晚，在寒风刺骨的深山中，他快被冻僵了，尤其是双脚。他将绑腿解了下来，裹在脚上，挨到了天亮。敌人退去后，王汉三爬上岩棱，看到两名战士的尸体。正当他想法子要将两名牺牲的战士掩埋时，团政治处主任带人赶到了。看到王汉三，大家非常激动，原来，大家都以为他牺牲了。

王汉三原名王朝杰，因参加革命怕连累家人而改名。抗战期间，他参加大小战斗30余次，以至于那些年，家里人以为他牺牲了。

为了让记者了解工卫旅的历史，老人把他收集的一厚沓上千页的历史资料拿给记者看，还用他颤抖的手，提笔对这段历史进行简要回顾。在仔细翻阅这些资料的过程中，工卫旅的影像在记者脑海里逐渐清晰起来。为了使读者在了解工卫旅时能有身临其境之感，记者尽量选取一些仍然健在或已故去的工卫旅老战士的回忆，来共同感受那一段可歌可泣的历史。

工卫旅的创建和成长

康永和，太原兵工总厂第6分厂工人，时任中共太原市委组织委员、山西省总工会主任。康永和在回忆中说，抗战时期，中国共产党利用和阎锡山的统战关系，曾经创建了共有50个团的山西新军，工卫旅是新军的一部分。

1937年7月7日，日本侵略军悍然发动卢沟桥事变，当地中国驻军奋起抵抗，全民族抗战爆发。不久，刘少奇来到太原。中共中央北方局和山西省委提出了“武装山西工人，坚持山西抗战”的口号。响应党的号召，太原市委决定组织一支工人阶级的抗日队伍。

9月18日这天下午4时，为支援兵工厂的工人兄弟，按原计划，毛织厂的工人同印刷厂的工人一起冲进兵工厂大门，向总办张书田示威，要求他开门放工人兄弟一起出去游行。在两支工人队伍的支援下，兵工厂工人破门而出。看到这种情形，其他工厂资方也不敢再阻挠。于是，太原市10000余名产业工人和两三万名群众汇集在海子边中山公园（今儿童公园）召开纪念大会。

会后，工人队伍在工人纠察队的保护下开始了空前的大游行。在省政府门前，工人们向阎锡山提出了发给工人武器、答应工人武装起来抗日的要求。经交涉，阎锡山终于答应发给工人冲锋枪500支、步枪2500支。这一胜利又鼓舞着工人们涌向西北实业公司，要求公司发给拖欠工人的工资和红利等。慑于工人的声势，西北实业公司老板彭士弘当场写下了“明天照发不误”的保证。

胜利的喜悦赶走了疲劳，也让工人们看到了组织起来的力量。当天深夜，游行队伍来到小校场。此次游行的负责人之一梁膺庸出面说：“今天，我们显示了工人阶级的强大力量，但要使我们的力量得到巩固和发展，必须成立自己的工会。”这个倡议一提出，工人无不拥护，当场选举康永和为总工会主任，选举常委 11 人，正式宣告山西省总工会成立。

山西省总工会成立后，在组织工人争取经济权益的同时，立即着手建立工人自己的武装。1937 年 9 月 27 日，毛织厂的 25 名先进工人由工人委员会的李子丰同志带队来到太原国民师范参加军政训练。这一天后来被定为工卫旅诞生纪念日。

成立工人武装，需要武器和粮饷。党组织和省总工会研究后决定，要利用合法手段向阎锡山要。当时大同失守，敌人兵分三路进攻太原，阎锡山的旧军已溃不成军。危急的形势，也为实现这一目标提供了可能。最后，阎锡山接受了薄一波同志的建议，由薄一波大张旗鼓地组建新军——山西青年抗敌决死队。与此同时，省总工会抓住时机，采取一切办法建立工人武装，包括利用黄色工会（官办工会）在内。以工会的名义号召工人参加抗日武装，得到了工人们的热烈响应。当时，许多青年唱着抗战歌曲，寻找伙伴一起报名参加工人武装。就这样，有三五十人集体来的，也有父子、姐妹一块儿来的，更有携家带口一起来参军的。到 10 月下旬，太原战事吃紧，部队撤出太原时，工卫队（当时名称）人数已达 800 人左右，成立了一个总队，下编 2 个大队、5 个中队，每个中队下编 3 个分队，分队下编 3 个子队，形成了相当于由团到班组的建制。

工卫旅的战斗生活

曾经在太原兵工总厂第 11 分厂（重机枪厂）当徒工，后来担任工卫旅一大队三中队指导员的赵文星回忆起当年的峥嵘岁月，百感交集。

太原陷落前夕，工卫队撤至中阳、汾阳、文水、交城一带，准备进山打游击。那时，日军飞机整天沿着太汾公路、同蒲铁路轰炸扫射。阎锡山的旧军像决了堤的洪水一样，离开交通干线，从晋中平川漫流而下。这些溃军三五成群，到处抢劫，祸害百姓，而工卫队所到之处秋毫无犯，积极宣传抗日，体现出工人武装与广大群众血浓于水的阶级感情。同时，工卫队还随时随地收拾教育溃军散兵，安定了当地人心。

为支援工卫队抗战，加强联络，八路军第一二〇师于1938年送给工卫队一部电台，并指示赵文星所在排30多人去领取。他们路经离石、方山，到达岚县第一二〇师师部，受到热烈欢迎。欢迎会上，一位光头、穿着粗布战士服、两肩宽宽的中年人在讲话中称工卫队是“工人阶级的队伍”，他就是贺龙将军。这也是赵文星第一次见到敬仰已久的贺老总。贺龙看到赵文星他们在严寒的早春仅穿着单薄的衣衫，当即让后勤部的同志给他们全排每人发了一件大衣。这些工人兄弟都是有生以来第一次穿上这么整齐划一的新大衣，大家激动得热泪盈眶。

工卫旅自转战晋西后，经历了无数次战斗的洗礼。回忆起那些牺牲的同志，赵文星非常难过。

1943年夏天的一天，在交城榆林，我侦察员得知有100名敌人将经水峪返回交城，营部决定由三连伏击这股敌人。部队进入作战位置后，发现来的敌人不是100人，而是400人，营部遂下令撤出战斗，但是三连已与敌人先头部队交火。二班长杨恩广奉命率队阻击河川之敌，掩护赵文星率领的一班抢占主峰。赵文星离开后，营长负伤，杨恩广奉命死守阵地，抗击着数倍于我的敌人的轮番进攻，二班最后拼得只剩杨恩广一人。当赵文星冒着枪林弹雨上到山顶向下看时，只见山下四五个日本兵向杨恩广逼了过去，此时的杨恩广冲出阵地，拉响了手榴弹，与敌人同归于尽。

1944 年夏收时，二十一团一连长董信星留下两个班帮助群众抢收，自己率一个班作保卫，不幸被敌人三路合围。董连长立即命令部队先撤，他带领一个班掩护。最后，他身负重伤，在击毙了 3 个敌人后，用仅剩的一颗子弹结束了自己的生命……

惨烈的战斗场面让我们对英雄的工卫旅战士产生了深深的敬意。然而正是这种艰苦的环境，才打造出了铁一般坚强的工卫旅。

夺炮记

这是刊载于 1944 年《解放日报》的一篇文章，作者赵玉琮是工卫旅的一名战士，文章充满着革命的英雄主义与浪漫情怀。下面就是这篇文章的节录。

“提起马西村战斗，我就高兴。那是 9 月 2 日的黎明，天还是昏暗的，敌人的炮弹便陆续不断地从平川向我们的驻地神堂村发射过来。我们二连接受了进攻敌人的命令，便连走带跑地奔下山，沿着路沟向平川的马西村前进……眼看要接近敌人了，我的心‘怦怦’地跳着，紧握着上了刺刀的步枪，刀光在阳光下闪烁，战士们一个个弯着腰前进。‘砰！砰砰！’二班是尖兵，用冲锋枪向敌人哨兵开火了。两个得意扬扬的“皇军”正靠着墙脚张望，跟着枪响，便倒下一个……敌人被我们突然的枪声、喊杀声吓到了，像一群受惊的野兽四面逃窜。

“一班冲在最前头，靠着墙、端着刀，向混乱的敌人冲去。在十字路口的转弯处，停放着敌人的一辆汽车。‘哇！车上还有一门大炮！’几个战士惊喜起来。‘冲！快冲上去！’班长带头冲向汽车。‘啪啪啪……’，汽车上的敌人向我们开枪了，情况是不容许后退的。‘冲呀！’大家一起喊了起来，一部分敌人也拼命地向炮跟前跑来。

‘同志们！不能让敌人增援到汽车上！’连长洪亮的声音向大家坚决地命令着。‘轰！轰！’两个战士把手榴弹扔到敌群里。‘哒哒哒！……’我们的机枪也开了火，掩护着同志们冲向汽车，在汽车附近展开激烈的战斗，眼看着把敌人打得一个个倒下去，有的笨猪似的滚跑了。汽车上的敌人也沉不住气了，有的连爬带滚地跳下汽车，没头没脑地跑，钢盔也掉了。‘啪！’我瞄得准准地向一个敌人射去，敌人没跑出 20 步，就倒在地上，再也爬不起来了。

“我们不放松地追击敌人，张玉贵同志站在汽车上拆大炮，高兴地大声叫着。‘哒哒！哒哒！……’这时另一部分敌人占领了侧面的高房，向我们射击。张玉贵同志‘扑通’倒下了，鲜红的血从胸膛流出来，染在大炮上。‘机枪开火！’连长急促地喊叫着。敌人密集的火力封锁了汽车，我们的同志伤亡了好几个，连长急了，号令急调三排增援。这时小张突然高兴地喊叫：‘不怕了！不怕了！’因为指导员带领三排已占领高房开火了。我们的机枪火力开始发挥威力，把敌人的火力压下去了。我们迅速地重新跑到汽车上，一班长和王家忠当过炮兵，很快把炮拆卸了。大家七手八脚地抬出了村，放一把火烧了汽车。

“我们是多么地高兴呀！我们二连真正夺得了一门火炮，一门三一式山炮，炮身那么长、炮口那么粗，单炮身就得好几个人才能抬起，还有炮架、炮脚、炮镜和十几发炮弹。大家都争先恐后地抢着抬，谁不高兴呢？小姜维高兴地钻到抬炮身人的当中，他个子小，只能用手指头顶上一点儿。他所在班的班长说：‘出去吧，小鬼！夹在当中成了个绊脚石。’他不高兴地噘起了嘴。

“敌人不甘心，又反扑了好几次，都被我们团的掩护部队击退了。敌人没有抢回大炮，又丢下了几具尸体。

“我们把一门山炮抬回来的时候，部队沸腾了。有笑的，有拍手的，把我们围在当中问长问短。我不知道先说什么好，只是笑。团长、政委笑着走过来，紧握着我们的手：‘同志们，辛苦了！胜利的还是你们二连。’我好久说不出话来，却落下了眼泪。也许是因为我们有几个亲爱的战友，一同去却没有一同回来的缘故……我们永远纪念他们。”

从这篇文章中，我们看到了战争的残酷、工卫旅军需的匮乏，但是从字里行间我们也更深切地感受到了工卫旅战士的昂扬斗志和革命的乐观主义精神。

工人的旗帜

抗日战争中，工卫旅不断发展壮大，建起了一系列自己的兵工厂。为了支援前线，工人们自力更生，克服困难，在提高产量、降低成本方面取得了巨大成果。在边区工业界，曾经开展了一场声势浩大的“张秋风运动”。

张秋风是河北元氏县人。他3岁时，妈妈患病无钱医治，死后欠下了一些债。12岁时，他给地主放羊、看狗、抱孩子、烧火，受尽凌辱。后来，他偷跑回家中，可当年的债加上利滚利越滚越多，父亲希望他学门手艺糊口。19岁时，他来到太原。就在这一年，父亲在贫病交加中死去，债主夺去了他家中仅有的9亩薄田，还逼死了他的哥哥。

孤身一人的张秋风在太原恒义昌学提硝，每天工作14个小时，工钱微薄，一旦生病连工钱也没有。25岁时，正赶上工卫旅成立，他毅然参加。在部队里，这个苦水里泡大的孤儿感受到了从未有过的温暖：“这支队伍绝大多数是工人，从队长到战士，大家亲热得像兄弟一样。咱从前是躲着人走路，觉得比别人低一头，这一下可抬起头来啦！旁人也不小看咱，打起仗来人们都是拼命干，咱也不是孬种。”

张秋风在1943年五一劳动节“劳动英雄张秋风运动大会”上发言时说：“1938年，咱在上级的命令下参加了兵工建设，在翻砂股当学徒。咱是从资本家工厂里爬出来的，深深地了解掌握技术的重要性，很快就入了门。在上级的帮助下，我还进行了政治和识字学习……工厂就是我的家，为了建设革命的家务，把敌人赶出去，我跟师傅们学习技术，同时咱也把技术教给小同志们。在每个星期二晚上自习时间集体研究各种心得，和旁的小组进行革命竞赛，使全股的生产成品在质量上有很大改进，在数量上今年3月份比去年12月增加了一倍，4月份又比3月份增加28%。小同志们很心疼每一块铁、一块炭。有一次，我被铁水烫伤了脚，厂长说休息一下吧，我说这算不了什么，休息一下工作就受损失哩！我常对我老婆讲：‘咱们是在革命浪潮里翻的身，时刻要惦记着用什么来报答革命！’”

1942年张秋风当选劳动英模。在工卫旅，张秋风只是一个代表。一个由成千名张秋风式的战士结成的军队，必然是一支无坚不摧的铁军！

工卫旅的女战士

在从1937年9月山西工人武装自卫旅成立以来的战争岁月里，共有100多名女战士参加了工卫旅，战斗在抗日最前线。她们有的是太原工厂的女工，有的是学校的学生，还有来自北平、天津的知识女青年和农村妇女。

在20世纪30年代，妇女要走出家门，特别是参加武装抗日，是非常困难的。她们要受到父母的阻拦、丈夫的反对和人们的责难；

她们必须敢于冲破旧礼教的束缚，而且要有不怕苦不怕牺牲的心理准备，才能走出家庭，投入伟大的抗日洪流中去。

王兴国、田润珍都是童养媳，她们不顾公婆、丈夫的极力阻拦参加了工卫旅；马德贞是独生女，她用自己坚定的决心终于说服了母亲；王长秀、王长吉想参加部队，但又怕母亲无人照料，结果母亲和女儿一同参加了工卫旅。许多人参军后，其家人多次登报寻找，但是都没有动摇她们的抗日决心。

工卫旅的女战士在各个工作岗位上都贡献出了自己的才能和智慧。女战士在群众工作中显示出特殊的作用。她们深入敌后广大农村，号召青年踊跃参军，组织妇女支援前线，组织儿童站岗放哨，在各个村庄组织担架队……女战士还在农村妇女中开展文化教育工作，提高她们的政治思想觉悟。经过女战士们的深入动员，不少妇女送子参军，送丈夫上前线，还赶制军鞋到前线慰问。

女战士在各自的工作岗位上接受了严格的军事、政治训练，她们像小伙子一样，在不同的岗位上与男战士并肩作战，成为部队中的一支重要力量。

工卫旅的女战士在部队后勤工作中显示出巨大力量。被服厂、旅鞋厂的女战士夜以继日赶制军需品；医院的女战士自己种粮，自己养猪，自己采核桃榨油，使伤病员尽快地恢复了健康……

部队的主要任务是打仗，条件十分艰苦，特别是反“扫荡”时，部队要不断行军转移，不知要爬多少山、过多少河。女战士们常常脚上打着泡还要利用战斗、行军间隙访问群众，进行抗日宣传。

全国解放后，那些还健在的工卫旅女战士分布在全国各地的机关、工厂、学校、部队。

工卫旅中的“兵儿子”

王奚真是工卫旅儿童队中的“元老”，10岁入伍。

儿童队伴随着工卫旅而诞生。儿童队的孩子们都是跟随父母参加到工卫旅中的，他们中最大的不过十四五岁，最小的就是10岁的王奚真。他们中有的是随全家一起参军的工人的孩子，有的自己本身就是童工，也有城市贫民的孩子。

王奚真回忆说：“1937年10月，孩子们随部队一同转移。在一个深秋的夜晚，部队一队接着一队地迈着整齐的步伐，高唱着‘枪口对外、齐向前’的抗日歌曲，走出太原，向交城、文水行进。第一次夜行军对孩子们来说是艰苦的，他们边走边打瞌睡，有的边行军边做梦，但是最终没有一个人掉队。11月8日，太原沦陷。为了适应战争的需要，部队领导把分散在各连队的孩子集中起来，组成了工卫旅儿童队，跟随部队一起向交城山区转移。在转移过程中，沿途有不少国民党溃兵，他们抢劫老百姓，以至于日本侵略者还未到，群众已饱受战争之苦：鸡被杀了，东西被抢了，人被抓了，商店里一片狼藉。为此，工卫旅战士们边行军边打溃兵，保护百姓。有一次，我们儿童队正在汾阳城北一个山村里吃饭，群众报告说国民党溃兵在这里抢劫，大家立即放下饭碗，拿起武器追了出去。国民党溃兵见势不妙，丢下东西、枪支就跑。早就盼着能有武器的我不顾一切地飞奔过去把枪捡了回来，押运行李车的班长见了大声呵斥我不注意安全，我却得意扬扬地把枪背在肩上，感到自己这时才是一名真正的战士。

“工卫旅在离石九里湾与日军展开了第一次战斗。战士们打得十分英勇，使日本侵略者感到震惊。这一仗鼓舞了我们这些儿童队的孩子，我们在中阳县师庄开始了军用旗语训练，上级又派来文化教员教我们学文化。

“九里湾战斗后，部队挺进到交城山区。部队派我们这些儿童队队员在附近村庄组织农民自卫队，有很多比我们大好多岁的青壮年硬是被组织起来：他们肩扛红缨枪，随着我们的口令进行操练，还对群众进行抗日宣传。我们被组织起来去医院照顾伤员、为被服厂整理军衣和做翻整干粮袋等战勤工作。同时，我们还抓紧时间学政治、学文化、学军事，掌握杀敌本领。大家十分珍惜上级发给的少数步枪、冲锋枪，每人还锻打了一柄大片刀。群众对我们十分喜爱，每到一地群众都拿出最好的东西给我们，亲昵地叫我们‘兵儿子’。

“1939 年，阎锡山在秋林阴谋瓦解新军，儿童队的班长郑义在抽去受训时被扣留，但他终于逃到延安进抗大学习去了。儿童队还不断吸收农民的孩子壮大队伍，由开始时几十个工人的孩子发展到 100 多人的队伍。后来，儿童队正式编入旅属军政干校第四队。在战火的洗礼中，儿童队成长为一支坚强的抗日队伍。”

如今，当年的“兵儿子”大都成为耄耋老人，经过革命熔炉里的锤炼，他们中的许多人成为我军的军政指挥员或军事专门人才。

从刚刚成立时的工人武装自卫队到工人武装自卫纵队，再到工人武装自卫旅，这支年轻的队伍在中国共产党的坚强领导下，配合八路军主力，活跃在晋西北敌人的后方，其中有 5 年时间战斗在晋绥边区最前线的太原周围。8 年中，他们开展游击战消灭敌人，守卫边区门户，掩护中央与晋东南根据地的交通，对日军作战 300 次以上，在建立根据地、建立新政权、建立地方武装、宣传发动群众以及组织敌后人民坚持抗战等方面都作出了巨大贡献。新中国成立后，原工卫旅的干部遍及全国，少将和副部长级以上干部有十余人。

有这样一个故事：战场上，工卫旅一支正在射击的机枪卡壳，指挥员正着急时，枪声又响了起来。原来机枪手就是军械制造厂的工人，他三下五除二就修好了武器。有人说这体现了工卫旅的特长与优势，记者以为这只是一个方面。工卫旅真正的特长与优势在于它是一支有着高度组织性、纪律性与阶级觉悟的产业工人武装，它的身上集聚着一个代表着新时代的先进阶级的优秀品格。

工卫旅的历史是党的历史的一部分，由于篇幅所限，在工卫旅的历史中我们只能撷取几朵小小的浪花，但是从这几朵小小的浪花中，我们看到的是山西产业工人高度的革命自觉性和在民族危亡的关键时刻的献身精神。

工卫旅的历史，是中国抗日战争和中国工人运动史中一段具有里程碑意义的辉煌历史。

本文刊于2005年7月22日《山西工人报》

2005年7月22日 星期五

特稿 3
责任编辑 文晋霞
本报热线：(0351)3526288

抗战山西五阵 ③

山西工人武装自卫旅诞生于抗战的硝烟中。它在党的领导下，伴随着中国工人运动的发展而不断成长壮大；它体现出来的是中国工人阶级为了民族解放事业而不懈奋斗的高度的阶级觉悟和历史使命感。贺龙元帅在谈到山西工人自卫旅时曾经说过："……苏联有一个工人师，其次就是我们中国的工人旅……"

中国有个工人旅

本报记者 王东明

题记

这是一段辉煌的历史，历史中有着许多尘封的记忆。在中华民族生死存亡的危急关头，我省工人组成了自己的总工会，建立了自己的武装——山西工人武装自卫旅(以下简称工卫旅)。从开展工人运动到建立工人武装，这支初建时只有一个团的产业工人武装在战火中发展壮大。8年抗战岁月，在党的领导下，这支工人武装战功卓著，打击了日寇的嚣张气焰。8年抗战中，这支工人武装历经了无数次战斗洗礼，上千名英雄为国捐躯。在解放战争和抗美援朝时期，工卫旅被正式编入中国人民解放军、志愿军战斗序列，为建立和保卫新中国立下了不朽的功勋。

当年八路军120师师长贺龙在谈到山西工人自卫旅时曾经说过："世界上只有苏联有一个工人师，其次就是我们中国的工人旅，这是你们的光荣，也是中国工人阶级的光荣！"事实确实如此，共产党是工人阶级的政党，但在我国，由工人阶级直接建立的军队还是少数。工卫旅诞生在中华民族危亡之际，从第一批带头参加工卫旅的25名工人编成连队的第一天起，到部队发展到5000余人，工人阶级的政治素质和党的坚强领导使它无论是在与日寇作战，还是与阎锡山既团结又斗争的过程中，都表现出革命的坚定性与坚强的战斗力。

"誓遣平生志，不顾命与家，但愿血和泪，灌溉自由花。"这是烈士周平(保安一支队参谋长、支队长)牺牲前的一首绝诗。战士王其昌双腿被炸断，还要掩护战友突围，当他举起拉了弦的手榴弹高喊着"不要管我，我革命成功了"时，哪个鬼子不胆寒！上千名工卫旅战士为了国家民族慷慨赴死，得到的只是就地埋葬的一抔黄土，而活着的同志也是随时将遗书装在衣袋里或是在衣角缝上自己的名字、籍贯，希望死后有人能给家中透个消息。这是一种怎样的精神境界啊，它体现出来的是中国工人阶级作为领导阶级，为了民族解放事业而不懈奋斗的高度的阶级觉悟和历史使命感。

在抗战胜利60周年之际，回顾山西工人自卫旅的发展历程，对于我们这些成长于新中国和平年代的人是一次心灵的洗礼。

寻找英雄的足迹

在抗战胜利60周年之际，寻访山西工人武装自卫旅仍然健在的老战士的确是一件不易的事情。按照时间推算，从工卫旅诞生的1937年算起到现在已有近70年的历史，许多老战士已经辞世。在省史志院同志的帮助下，记者在太原市小南关西街的一栋简陋的楼房里见到了当年的工卫旅战士王汉三。

当年参军时只有22岁的王汉三现在已经89岁高龄了。听说记者是来了解工卫旅历史的，王汉三老人十分高兴，但是谈及有关工卫旅的具体事件、人物，老人的表情开始痛苦起来，痛苦中带着焦躁，因为此时的老人甚至连自己当年所在的连队都回忆不起来了。为了给记者提供能代替他回忆的资料，老人一次次地出入于书房，整个书房一会儿工夫就铺满了纸张和书。看着老人焦急的神情，他的老伴、今年也已80岁高龄的武淑君老人长叹着对记者说："你能在半年之前来就好了，那个时候他还什么都记得！"

本来，王汉三老人是工卫旅的活地图。王老在70岁时还编写了一部14万字的《山西工人武装自卫旅简史》。为了编写这部书，老人走访了近百位部队当年的老领导、老战士，查阅了散存于各地的直接或间接的档案、书报、日记等资料。

按照采访计划，记者要沿着王汉三本人在工卫旅的足迹，以他个人的角度来谈工卫旅的恢宏历史，然而令记者意外的是，在他整理的所有工卫旅资料中，竟没有关于他自己的一个字。王老的女儿告诉记者，她和党史办的同志也曾多次劝老人写一写自己的战斗生活，但是老人一再拒绝，现在这段历史在记忆中也难以找寻了。这样的结果令人遗憾，然而记者在遗憾之余也感受到了一位工卫旅老战士的高尚人格。

从老人那些不能连贯起来的片断记忆中记者了解到，王汉三老人出生在山西省文水县，1938年，22岁的他目睹了日寇进入文水县城后的种种暴行，毅然带领弟弟王朝东和两名同乡，从开栅时面的山口进入交城山中，参加了工卫旅。解放后他在省文化厅任职，"文革"中被下放到安泽县文物馆，"文革"后调回省文物商店工作。

记者采访王汉三老人一个月后，突然接到他家人打来的电话，说这段时间他们全家人努力帮助老人回忆那段历史，并找到了老人当年的日记。借助那一张张泛黄的纸片上模糊的蝇头小字和记者的启发，老人向记者讲述了他所经历的一次战斗。

那是1941年12月27日的上午，当时王汉三和21团一个连的人马正驻扎在交城山区木栗滩。11时许，在距离部队2.5公里处发现有敌人来扫荡，部队立即启程迎击。王汉三一直行进在部队的最前列，然而在翻一座山时，连日劳累的他因体力不支落在了队尾。当他翻过大山，战斗早已打响，工卫旅战士的轻、重机枪一起扫向鬼子。鬼子十分狡猾，当工卫旅战士迎击前面的鬼子时，鬼子的一个包围圈形成了，后山的鬼子占领了山脊，工卫旅战士腹背受敌，队伍被冲散了。王汉三随着侦察员沿着长年积雪的山坡滑落下去，藏入半人高的岩棱下面。听着四周鬼子的哇哇叫声，王汉三恨不得能有颗手榴弹好与鬼子拼上个你死我活。可惜的是，当时他是21团政治处的宣教股股长，部队因武器匮乏，没有给他配备武器。于是，他将岩下的石头攥集在一起，准备与敌人进行最后一搏。这是一个难熬的夜晚，在寒风刺骨的深山中，他快被冻僵了，尤其是双脚。他将绑腿解了下来，裹在脚上。挺到了天亮，敌人退去后，王汉三爬上岩棱，见到两名战士的尸体。正当他想法子要将这两名战士掩埋时，团政治处主任带人赶到了。看到王汉三，大家非常激动，原来，大家都以为他牺牲了。

王汉三老人和他的老伴武淑君。

王汉三原名王朝杰，因参加革命怕连累家人而改名。抗战中，他参加大小战斗30余次，以至于那些年，家里人以为他牺牲了。

为了让记者了解工卫旅的历史，老人把他收集的一厚沓上千页的历史资料拿给记者看，还用他颤抖的手，提笔对这段历史进行简要回顾。在仔细翻阅这些资料的过程中，工卫旅的影像在记者脑海里逐渐清晰起来。为了使读者在了解工卫旅时能有些身临其境之感，记者尽量选取一些仍然健在或已故去的工卫旅老战士的回忆，来共同感受那一段可歌可泣的历史。

工卫旅的创建和成长

康永和，兵工总厂第6分厂工人，时任中共太原市委组织委员，省总工会主任。康永和在回忆中说，抗战时期，共产党利用和阎锡山的统战关系，曾经创建了共有50个团的山西新军，工卫旅是新军的一部分。

1937年7月7日，卢沟桥的炮声掀起了全国汹涌澎湃的抗日怒潮，山西人民尤其热血沸腾。不久，刘少奇和北方局先后来到太原。北方局和山西省委提出了"武装山西工人，坚持山西抗战"的口号。响应党的号召，太原市委决定组织一支工人阶级的抗日队伍。

9月18日这天下午4时，为支援兵工厂的工人兄弟，按原计划，毛织厂的工人同印刷厂的工人一起冲进兵工厂大门，向总办张书田示威，要求他开门放工人兄弟一起出去游行。在两支工人队伍的支援下，兵工厂工人破门而出。看到这种情形，其他工厂资方也不敢再阻挠。于是，太原市10000余名产业工人和两三万名群众汇集在海子边中山公园(今儿童公园)召开纪念大会。

会后，工人队伍在工人纠察队的保护下开始了空前的大游行。在省政府门前，工人们向阎锡山提出了发给工人武器、答应工人武装起来抗日的要求。经交涉，阎锡山终于答应发给工人冲锋枪500枝、步枪2500枝。这一胜利又鼓舞着工人们涌向西北实业公司，要求公司发给拖欠工人的工资和红利等。慑于工人的声势，西北实业公司老板彭士弘当场写下了"明天照发不误"的保证。

胜利的喜悦赶走了疲劳，也让工人们看到了组织起来的力量。当天深夜，游行队伍来到小校场。此次游行的负责人之一梁膺庸出面说："今天，我们显示了工人阶级的强大力量，但要使我们的力量得到巩固和发展，必须成立自己的工会。"这个倡议一提出，工人无不拥护，当场选举康永和为总工会主任，选举常委11人，正式宣告省总工会成立。

省总工会成立后，在组织工人争取经济权益的同时，立即着手建立工人自己的武装。1937年9月27日，毛织厂的25名先进工人由工人委员会的李子丰同志带队来到太原国民师范参加军政训练，这一天后来被定为工卫旅诞生纪念日。

成立工人武装，需要武器和粮饷。党组织和省总工会研究后决定，要利用合法手段向阎锡山要。当时大同失守，敌人兵分三路进攻太原，阎锡山的旧军已溃不成军。危急的形势，也为实现这一目标提供了可能。最后，阎锡山接受了薄一波同志的建议，由薄一波大张旗鼓地组建新军——山西青年抗敌决死队。与此同时，省总工会抓住时机，采取一切办法建立工人武装，包括利用黄色工会(官办工会)在内。由于建立了工人自己的工会，用工会的名义去号召工人参加抗日武装，此举得到了工人们的热烈响应。当时，许多青年唱着抗战歌曲，寻找伙伴一起报名参加工人武装。就这样，有三五十人整体来的，也有父子、姐妹一块来的，更有携家带口一起来参军的。到10月下旬，太原战事吃紧，部队撤出太原时，工卫队(当时名称)人数已达800人左右，成立了一个总队，下编两个大队、5个中队，每个中队下编3个分队，分队下编3个子队，相当于由团到班组的建制。

工卫旅的战斗生活

曾经在太原兵工总厂第11分厂(重机枪厂)当战工，后来担任工卫旅一大队三中队指导员的赵文星回忆起当年的峥嵘岁月，百感交集。

修缮后的太原国民师范旧址。

太原陷落前夕，工卫队撤至中阳、汾阳、文水、交城一带，准备进山打游击。那时，日军飞机整天沿着太汾公路、同蒲铁路轰炸扫射。阎锡山的旧军像决了堤的洪水一样，离开交通干线，从晋中平川漫流而下。这些溃军三五成群，到处抢劫，祸害百姓。而工卫队所到之处秋毫无犯，随时随地宣传抗日的道理，体现出工人武装与广大群众血浓于水的阶级感情。同时，工卫队还随时随地收拾教育溃军散兵，安定了当地人心。

为支援工卫队抗战，加强联络，八路军120师于1938年送给工卫队一部电台，并指示赵文星所在排30多人去领取。他们路经离石、方山，到达岚县120师部，受到热烈欢迎。欢迎会上，一位光头、穿着粗布战士服、两肩宽宽的中年人在讲话中称工卫队是"工人阶级的队伍"，他就是贺龙将军。这也是赵文星第一次见到敬仰已久的贺老总。贺老总看到赵文星他们在严寒的早春穿着单薄的衣衫，当即让后勤部的同志给他们全排每人发了一件大衣。这些工人兄弟都是有生以来第一次穿上这么整齐划一的新大衣，大家都激动得热泪盈眶。

工卫旅自转战晋西后，经历了无数次战斗的洗礼。回忆起那些牺牲的同志，赵文星非常难过。

1943年夏天的一天，在交城榆林，我侦察员得知有100名敌人将经水峪返回交城，营部决定由三连伏击这股敌人。部队进入作战位置后发现，来的敌人不是100人，而是400人，营部遂下令撤出战斗，但是三连已与敌人先头部队接上了火。二连长杨恩广率队奉命阻击河川之敌，掩护赵文星率领的一连抢占主峰。赵文星离开后，营长负伤，杨恩广奉命死守阵地，抗击着数倍于我的敌人的轮番进攻，二连最后拼得只剩杨恩广一人。当赵文星冒着枪林弹雨上到山顶向下看时，只见山下四五个日本兵向杨恩广扑了过去，此时的杨恩广冲出阵地，拉响了手榴弹，与敌人同归于尽。

1944年夏收时，21团一连长董位琨留下两个班帮助群众抢收，自己率一个班作保卫，不幸被敌人三路合围。董连长立即命令部队先撤，他带领一个班掩护。最后，他身负重伤，在击毙了3个敌人后，用仅剩的一颗子弹结束了自己的生命……

惨烈的战斗场面让我们对英雄的工卫旅战士产生了深深的敬意。然而正是这种艰苦的环境，才打造出了铁一般坚强的工卫旅。

夺炮记

这是刊载于1944年《解放日报》上的一篇文章，作者赵玉琮是工卫旅的一名战士，文章充满着革命的英雄主义与浪漫情怀。下面就是这篇文章的节录。

提起马西村战斗，我就高兴。那是9月2日的黎明，天还是昏暗的，敌人的炮弹便陆续不断地从平川向我们的驻地神堂村发射过来。我们二连接受了进攻敌人的命令，便走走带跑地奔下山，沿着路沟向平川的马西村前进……眼看要接近敌人了，我的心"怦怦"地跳着，紧握着上了刺刀的步枪，刀光在阳光下闪烁，战士们一个个弯着腰前进。"砰!砰砰!"二班是尖兵，用冲锋枪向敌人哨兵开火了。两个得意洋洋的"皇军"正靠着墙脚张望，随着枪响，便倒下一个……敌人被我们突然的枪声、喊杀声吓倒了，像一群受惊的野兽四面逃窜。

一班冲在最前头，翻着墙、端着刀，向混乱的敌人冲去。在十字路口的转弯处，停放着敌人的一辆汽车。"哇!车上还有一门大炮!"几个战士惊喜起来。"冲!快冲上去!"连长带头冲向汽车。"啪啪啪……"，汽车上的敌人向我们开枪了，情况是不容许后退的。"冲呀!"大家一起喊了起来，一部分敌人也拼命地向炮跟前跑来。"同志们!不能让敌人增援到汽车上!"连长洪亮的声音向大家坚决地命令着。"轰!轰!"两个战士把手榴弹扔到敌群里。"哒哒哒!"……我们的机枪也开了火，掩护着同志们冲向汽车，在汽车附近展开激烈的战斗，眼看着把鬼子打得一个个倒下去，有的笨猪似地滚跑了。汽车上的敌人也沉不住气了，有的连爬带滚地跳下汽车，没头没脑地跑，钢盔也掉了。"啪!"我瞄得准准地向一个敌人射去，敌人没跑出20步，就倒在地上，再也爬不起来了。

工卫旅旅长侯俊岩（左一）、参谋长张兴华（前排左三）、政治部副主任王庆生（前排左四）同21团、22团领导干部在一起。

我们不放松地追击敌人，张玉贵同志站在汽车上拆大炮，高兴地大声叫着，哒哒!哒哒!……这时另一部分敌人占领了侧面的高房，向我们射击。张玉贵同志"扑通"倒下了，鲜红的血从胸膛流出来，染在大炮上。"机枪开火!"连长急促地喊叫着。敌人密集的火力封锁了汽车，我们的同志已倒下好几个，连长急了，命令急调三排增援。这时小张突然高兴地喊叫："不怕了!不怕了!"因为指导员带领三排也占领了高房开火了。我们的机枪火力开始发挥威力，把鬼子的火力压下去了。我们迅速地重新跑到汽车上，一连长和王家忠当过炮兵，很快把炮拆卸了。大家七手八脚地抬出了村，放一把火烧了汽车。

我们是多么地高兴呀!我们二连真正夺得了一门火炮，一门"三一"式山炮，炮身那么长，炮口那么粗，单炮身就得好几个人才能抬起，还有炮架、炮脚、炮镜和十几发炮弹。大家都争先恐后地抢着抬，谁不高兴呢?小娄他高兴地钻到抬炮身人的当中，他个子小，只能用手指头顶上一点儿。他所在班的班长说："出去吧，小鬼!夹在当中成了个绊脚石。"他不高兴地噘起了嘴。

敌人不甘心，又反扑了好几次，都被我们团的掩护部队击退了。敌人没有抢回大炮，又丢下了几具尸体。

我们把一门山炮抬回来的时候，部队沸腾了。有笑的，有拍手的，把我们围在当中问长问短。我不知道先说什么好，只是笑。团长、政委笑着走过来，紧握着我们的手："同志们，辛苦了!胜利的还是你们二连。"我好久说不出话来，却落下了眼泪，也许是因为我们有几个亲爱的战友，一同去却没有一同回来的缘故……我们永远纪念他们。

从这一篇文章中，我们看到了战争的残酷，工卫旅军营的匮乏，但是从字里行间我们也更深切地感受到了工卫旅战士的乐观斗志和革命的乐观主义精神。

工人的旗帜

抗日战争中，工卫旅随着发展壮大，建起了一系列自己的兵工厂，为了支援前线，工人们自力更生，克服困难，在提高产量、降低成本方面取得了巨大成果。在边区工业界，工人们曾经开展了一场声势浩大的张秋凤运动。

张秋凤是河北元氏县人。他3岁时，妈妈患病无钱医治，死后欠下了一些债。12岁时，他给地主放羊、看狗、抱孩子、烧火，受尽凌辱。后来，他偷跑回家中，可当年的债加上利滚利越滚越多，父亲希望他学门手艺糊口。19岁时，他来到太原。就在这一年，父亲在贫病交加下死去，债主夺去了他家中仅有的9亩薄田，还逼死了他的哥哥。

孤身一人的张秋凤在太原恒义昌学提硝，每天工作14个小时，工钱微薄，一旦生病连工钱也没有。25岁时，正赶上工卫旅成立，他毅然参加。在部队里，这个苦水里泡大的孤儿感受到了从未有过的温暖："这支队伍绝大多数是工人，从队长到战士，大家亲热得像兄弟一样。咱从前是靠着人走路，觉得比别人低一头，这一下可抬起头来啦!旁人也不小看咱，打起仗来人们都是拼命干，咱也不是孬种。"

张秋凤在1943年"五一"劳动节"劳动英雄张秋凤运动大会"上发言时说："1938年，咱在上级的命令下参加了兵工建设，在翻砂股当学徒。咱是从资本家工厂里爬出来的，深深地了解掌握技术的重要性，很快就入了门。在上级的帮助下，我还进行了政治和识字学习……工厂就是我的家，为了建设革命的家务，把敌人赶出去，我跟师傅们学习技术，同时咱也把技术教给小同志们。在每个星期二晚上自习时间集体研究各种心得，和旁的小组进行革命竞赛，使全股的生产成品在质量上有很大改进，在数量上今年3月份比去年12月增加了一倍，4月份又比3月份增加28%。小同志们很心疼每一块铁、一块炭。有一次，我被铁水烫伤了脚，厂长说休息一下吧，我说这算不了什么，休息一下工作就受损失哩!我常对我老婆讲：'咱们是在革命浪潮里翻的身，时刻要惦记着用什么来报答革命!'"

1942年张秋凤当选为劳动英雄。在工卫旅，张秋凤只是一个代表。一个由成千名张秋凤式的战士组成的军队，必然是一支无坚不摧的铁军!

工卫旅的女战士

在从1937年9月山西工人武装自卫旅成立以来的战争岁月里，共有100多名女战士参加了工卫旅，战斗在抗日最前线。她们有的是太原工厂的女工，有的是学校的学生，还有来自北平、天津的女知识青年和农村妇女。

在20世纪30年代，妇女要走出家门，特别是参加武装抗日，是非常困难的。她们要受到父母的阻拦、丈夫的反对和别人们的责难，她们不但敢于冲破旧礼教的束缚，而且要有不怕苦不怕牺牲的心理准备，才能走出家庭，投入伟大的抗日洪流中去。

王兴国、田润珍都是童养媳，她们不顾公婆、丈夫的极力阻拦参加了工卫旅；马德贞是独生女，她用自己坚定的决心终于说服了母亲；王长秀、王长吉想参加部队，但又怕母亲无人照料，结果母亲和女儿一同参加了工卫旅。许多人参军后，其家人多次登报寻找，但是都没有动摇她们的抗日决心。

工卫旅的女战士在各个工作岗位上都贡献出了自己的才能和智慧。女战士在群众工作中显示出特殊的作用。她们深入敌后广大农村，号召青年踊跃参军，组织妇女支援前线，组织儿童站岗放哨，帮助供给部门动员粮秣，在各个村庄组织担架队……女战士还在农村妇女中开展文化教育工作，提高她们的政治思想觉悟。经过女战士们的深入动员，不少妇女送子参军，送丈夫上前线，还赶制军鞋到前线慰问。

女战士在各自的工作岗位上接受了严格的军事、政治训练，她们像小伙子一样，在不同的岗位上与男战士并肩作战，成为部队中的一支重要力量。

工卫旅的女战士在部队后勤工作中显示出巨大力量。被服厂、制鞋厂的女战士夜以继日赶制军需品；医院的女战士自己种粮，自己养猪，自己采挖榛柳油，使伤病员尽快地恢复了健康……

部队的主要任务是打仗，条件十分艰苦，特别是反"扫荡"时，部队要不断行军转移，不知要爬多少山、过多少河，女战士们常常脚上打着泡还要利用战斗、行军间隙访问群众，进行宣传。

全国解放后，那些还健在的工卫旅女战士分布在全国各地的机关、工厂、学校、部队。

工卫旅抗日战争时期战斗活动区域示意图

工卫旅中的"兵儿子"

王奚真是工卫旅儿童队中的"元老"，10岁入伍。

儿童队伴随着工卫旅而诞生。儿童队的孩子们都是跟随父母参加到工卫旅中的，他们中最大的不过十四五岁，最小的就是10岁的王奚真。他们中有的是随全家一起参军的工人的孩子，有的自己本身就是童工，也有城市贫民的孩子。

王奚真回忆说："1937年10月，孩子们随部队一同转移。在一个深秋的夜晚，部队一队接着一队地迈着整齐的步伐，高唱着'枪口对外，齐向前'的抗日歌曲，走出太原，向交城、文水行进。第一次夜行军对孩子们来说是艰苦的，他们边走边打瞌睡，有的边行军边做梦，但是始终没有一个人掉队。11月8日，太原沦陷。为了适应战争的需要，部队领导把散在各连队的孩子集中起来，组成了工卫旅儿童队，跟部队一起向交城山区转移。在转移过程中，沿途有不少国民党溃兵，他们抢劫老百姓，以至于日本侵略者还未到，群众已饱受战争之苦：鸡被杀了，东西被抢了，人被抓了，商店货物一片狼藉。为此，工卫旅战士们边行军边打溃兵，保护百姓。有一次，我们儿童队正在汾阳城北一个山村里吃饭，群众报告说国民党溃兵在这里抢劫，大家立即放下饭碗，拿起武器追了出去。国民党溃兵见势不妙，丢下东西，枪支就跑。早就盼着能有武器的我不顾一切地飞奔过去把枪捡了回来，押运行李车的班长见了大声呵斥我不注意安全，我却得意洋洋地把枪背在肩上，感到自己这时才是一名真正的战士。

"工卫旅在离石九里湾与日军展开了第一次战斗，战士们打得十分英勇，使日本侵略者感到震惊。这一仗鼓舞了我们这些儿童队的孩子，我们在中阳县师庄开始了军用旗语训练，上级又派来文化教员教我们学文化。

"九里湾战斗后，部队挺进到交城山区，部队派我们这些儿童队队员在附近村庄组织农民自卫队，有很多比我们大好多岁的青壮年硬是被组织起来：他们肩扛红缨枪，随着我们的口令进行操练，还对群众进行抗日宣传。我们被组织起来去医院照顾伤员、为被服厂整理军衣和做翻整干粮袋等战勤工作。同时，我们还抓紧时间学政治、学文化、学军事，掌握杀敌本领。大家十分珍惜上级发给的少数步枪、冲锋枪，每人还锻打了一柄大片刀。群众对我们十分喜爱，每到一地群众都拿出最好的东西给我们，亲昵地叫我们是'兵儿子'。

"1939年，阎锡山在秋林阴谋瓦解新军，儿童队的班长邓又在抽去受训时被扣留，但他终于逃到延安进抗大学习去了。儿童队还不断吸收农民的孩子壮大队伍，由开始时几十个工人的孩子发展到100多人的队伍。后来，儿童队正式编入[illegible]军政干校第四队。在战火的洗礼中，儿童队成长为一支坚强的抗日队伍。"

如今，当年的"兵儿子"大都成为耄耋老人，经过革命烽火里的锤炼，他们中的许多人成为我军的军政指挥员或军事专门人才。

从刚刚成立时的工人武装自卫队到工人武装自卫纵队，再到工人武装自卫旅，这支年轻的队伍在中国共产党的坚强领导下，配合八路军主力，活跃在晋西北敌人的后方，其中有5年时间战斗在晋绥边区最前线的太原周围。8年中，他们开展游击战消灭敌人，守卫边区门户，掩护中央与晋东南根据地的交通，对日寇作战300次以上，在建立根据地、建立新政权、建立地方武装、宣传发动群众以及组织敌后人民坚持抗战等方面都作出了巨大贡献。建国后，原工卫旅的干部遍及全国，少将和副部长级以上干部有十余人。

有这样一个故事：战场上，工卫旅一挺正在射击的机枪卡壳，指挥员正着急时，枪声又响了起来。原来机枪手就是军械制造厂的工人，他三下五除二就修好了武器。有人说这体现了工卫旅的特长与优势，记者认为此说[illegible]。工卫旅真正的特长与优势在于它是一支有着高度组织性、纪律性与阶级觉悟的产业工人武装，它的身上聚集着一个代表着新时代的先进阶级的优秀品格。

工卫旅的历史是党的历史的一部分，由于篇幅所限，在工卫旅的历史中我们只能撷取几朵小小的浪花，但是从这几朵小小的浪花中，我们看到的是山西产业工人高度的革命自觉性和在民族危亡的关键时刻的献身精神。

工卫旅的历史，是中国抗战史和中国工人运动中一段具有里程碑意义的辉煌历史。

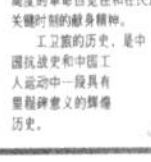

1942年9月27日，工卫旅在兴县李家塔举行成立5周年纪念大会时司令部、政治部全体干部合影。

山西工卫旅：工人离厂上战场 不凡使命见觉悟

李彦斌

铭刻

1942年4月，八路军第一二〇师师长贺龙在工卫旅全体军人大会上讲道，苏联有个工人师，中国有个工人旅。这是中国工人阶级的光荣。

从刚刚成立时的工人武装自卫队到工人武装自卫纵队，再到工人武装自卫旅，这支年轻的队伍在中国共产党的坚强领导下，配合八路军主力，活跃在晋西北敌人的后方，其中有5年时间战斗在晋绥边区最前线的太原周围。8年中，他们开展游击战消灭敌人，守卫边区门户，掩护中央与晋东南根据地的交通，对日军作战300次以上，在建立根据地、建立新政权、建立地方武装、宣传发动群众以及组织敌后人民坚持抗战等方面都作出了巨大贡献。

王庆生，少年时是太原成成中学学生会主席，青年时进工厂组织工人自卫武装，1961年晋升为少将军衔，对诗词、书画都很有造诣。

麻志皓，当年工卫旅中优秀的军事指挥员，留苏回国后专门从事坦克作战和技术研究，是我军最早的装甲专家之一。

亚马，原名李汝山，工卫旅的“文化人”，后来步入文艺界，主持拍摄了《平原游击队》《上甘岭》《甲午风云》《五朵金花》《冰山上的来客》《刘三姐》等一大批优秀影片。

……

在山西各地开展的党史学习教育中，他们的故事再次走出史料，激荡人心。

他们曾共同迈出人生重要的一步——离开工厂，上战场；他们曾有一个共同的身份——山西工人武装自卫总队（简称“工卫旅”）战士。

“工卫旅在抗战初期组建，为解放全中国战斗800余次，参加抗美援朝经历了130多次战斗……涌现出一大批先进模范集体和个人，受到了各级领导机关的表彰奖励，近百人成为省、军级以上领导干部……”曾参与工卫旅史料征集的山西省总工会老干部张明和感慨道。

党的领导从未间断

1937年9月，日军进犯山西，敌机轮番轰炸太原厂矿，工厂疏散关门，许多工人无家可归。

中共山西省委提出了“武装山西工人，保卫山西”的号召。山西省总工会积极响应，组织起工人自卫武装。许多工人举家来投军。

平型关大捷前一天，工卫旅成立。到10月末撤离太原时，这支工人武装已发展到千余人，编为5个中队、1个宣传队和1个儿童团。

原航空工业部副部长马真在工卫旅战斗3年。他曾撰文回忆，工卫旅建队初期，共产党组织在山西尚不公开。“根据党的白区工作经验，我们不图虚名，只求务实，坚持进行党的活动。”

阎锡山在部队自上而下建立发展所谓的“民族革命青年团”。工卫旅的共产党员全部被登记为“民青”团员，以“民青支部会”名义召开党的支部会，送上一份假报告，报告发展了多少“民青”团员以及对阎锡山如何忠诚，以此掩护党组织的活动。

1939年12月，22岁的马真带着一批钱款，趁夜色避开阎锡山的军队，独自把党的经费送到晋西北区党委驻地。

当时，阎锡山的晋绥军不顾民族危亡，悍然进攻山西新军，镇压与新军一体的山西牺牲救国同盟会。

与敌鏖战在文水、交城、离石一带的工卫旅在中国共产党的领导下，打击了反共顽固派的妥协投降阴谋。

阎锡山发动的“晋西事变”失败后，山西新军整体被纳入八路军建制和指挥体系，工卫旅也被编入山西新军。

群众的力量无穷大

晋绥边区甲级劳动英雄王质卿举家投军的事迹在工卫旅被广为传播。

据西安外国语学院原党委副书记陈立三撰文回忆，王质卿是旧社会受尽剥削的工人。他在太原的工厂制肥皂，两个子女在卷烟厂当童工，3 个人的收入还不足以养家。

工卫旅在太原成立后，王质卿的大儿子当上了政工员，二女儿去了宣传队，10 岁的三儿子进了儿童团。他便带着 4 岁的小儿子随家属队行动。

根据地建立后，王质卿利用土原料制造出肥皂。为此，贺龙元帅送给他一小坛烧酒以示鼓励。多次出席晋绥边区群英大会的王质卿，还把奖金农钞 3 万元全部捐赠给后方医院。

8 年里，工卫旅开展游击战消灭敌人，守卫边区门户，掩护中央与晋东南根据地的交通，对日军作战 300 次以上。在建立根据地、建立新政权、建立地方武装、宣传发动群众以及组织敌后人民坚持抗战中，始终有一支“娘子军”伴随左右。

工卫旅有 100 多名女战士战斗在抗日最前线。王兴国、田润珍都是童养媳。她们不顾公婆、丈夫的极力阻拦加入工卫旅。马德贞是独生女，用坚定的决心说服了母亲。王长秀、王长吉与母亲一同加入工卫旅。许多人参军后，其家人多次登报寻找，但都没有动摇她们抗日的决心。

女战士在群众工作中发挥了特殊的作用。她们深入敌后广大农村，号召青年踊跃参军，组织妇女支援前线，组织儿童站岗放哨，在各个村庄组织担架队……

工人运动如火如荼

工卫旅一直战斗在晋绥革命根据地，很快便发展到 5000 余人，辖 3 个团和 1 个旅直属队，对日伪军占领的太原城形成了战略威胁之势。

为了保障抗日武装的必需供给，工卫旅成立了修械所。最初从同蒲铁路扒铁轨赶制大批大刀、红缨枪，到后来在大山沟里造枪、造手榴弹，将工人战士的工匠技艺发挥得淋漓尽致。

1938 年 7 月，工卫旅修械所在静乐县圪徐沟，用大木轮子，靠人力作动力，造出了包含 100 多个零件的 7 支仿制中正式七九步枪。当着阎锡山的面连发 200 发子弹，没有出现故障。但对于工卫旅的军需补给，阎锡山还是提也不提。

1938 年冬，工卫旅战士张秋风到修械所当翻砂工。从太原兵工厂工人投军的张秋风，积极进行技术革新，在翻造某种武器过程中，将零件使用量减少到 3/8；在改制手榴弹过程中，将日产量提高了 1/4。

1943 年五一，晋绥边区政府开展了“张秋风运动”，历时 6 年之久。

到抗战胜利前夕，工卫旅修械厂已拥有机器 45 部、职工近 400 人，对军事工业和民用工业发展的意义不可低估。

当年八路军第一二〇师师长贺龙曾说，世界上只有苏联有一个工人师，其次就是我们中国的工人旅。这是中国工人阶级的光荣。

1997年，工卫旅诞生60年之际，其承袭部队在浙江省金华市隆重集会庆祝，时任中央军委委员、中国人民解放军总参谋长傅全有发去贺信表示祝贺。

一支部队连着一个阶级，一个阶级传承着一种精神。随着军队改革，曾经的英雄部队淡出视线，但他们的故事已然铭刻在了国家的记忆中，激励着今天的山西广大产业工人牢记工人运动的时代主题，为实现中华民族伟大复兴的中国梦而奋斗！

抗战期间，山西省总工会响应党的“把工人武装起来，保卫山西、保卫家乡”的号召，把组织工人武装、动员工人参军作为首要任务，同时开展了建立基层工会组织，促使省城一些即将关闭、内迁的企业发给工人拖欠的工资和“遣散费”等。

全省工会直接组织了山西工卫旅、同蒲铁路工人武装自卫队、阳泉矿工游击队、榆次晋华工人游击队、介休工人游击队、黄崖洞工人自卫队、石圪节煤矿地下军7支工人武装，参与组织了工人武装20多支，先后动员工人群众4390人参加了八路军、山西新军及国民党抗日爱国军队，为抗战胜利作出了重要贡献。

本文刊于2021年6月3日《山西工人报》

山西省总工会主管主办
山西工人报社出版

山西工人報

SHANXI GONGREN BAO

新闻责任 工会声音 职工情怀 维权担当

山西工人网 http://www.sxgrw.com
E-mail:sxgrb@163.com
（今日四版）

国内统一刊号 CN14-0003 邮发代号 21-10 2021 年 6 月 3 日 星期四 农历辛丑年四月廿三 总第 10229 期

2021 年全国“安全生产月”活动启动

据新华社北京电（记者刘夏村）今年 6 月是第 20 个全国“安全生产月”。国务院安委会办公室、应急管理部 6 月 1 日在京举行 2021 年全国“安全生产月”活动启动视频会议，今年的主题为“落实安全责任，推动安全发展”。

会议强调，要深刻认识“安全生产月”活动的重要意义。各地区、各有关部门和单位要精心组织、细化部署，积极开展好疫情防控常态化条件下“安全生产月”各项活动。要突出主题，组织各地区、各有关部门和单位以及企业负责人观看学习《生命重于泰山——学习习近平总书记关于安全生产重要论述》电视专题片；深入扎实排查化解风险，统筹抓好各项安全防范措施落细落实，有效防范遏制重特大事故；紧紧围绕安全生产专项整治三年行动集中攻坚任务，总结经验做法，推广制度成果，加强问题隐患警示曝光，切实筑牢安全生产防线。要加强宣传，动员社会各界共同做好安全生产工作。要切实发挥实效，推动解决安全生产深层次本质性问题。

奋斗百年路 启航新征程
建党百年·山西重大工运事件重要工运人物寻访展示

山西工卫旅：工人离厂上战场 不凡使命见觉悟

本报记者 李彦斌

山西工人武装自卫总队于 1937 年 9 月 24 日成立，1939 年春改为山西工卫旅。

王庆生，少年时是太原成成中学学生会主席，青年时进工厂组织工人自卫武装，1961 年晋升为少将军衔，对诗词、书画都很有造诣。

麻志皓，当年工卫旅中优秀的军事指挥员，留苏回国后专门从事坦克作战和技术研究，是我军最早的装甲专家之一。

亚马，原名李汝山，工卫旅的“文化人”，后来步入文艺界，主持拍摄了《平原游击队》《上甘岭》《甲午风云》《五朵金花》《冰山上的来客》《刘三姐》等一大批优秀影片。

……

在我省各地开展的党史学习教育中，他们的故事再次走出史料，激荡人心。

他们曾共同迈出人生重要的一步——离开工厂，上战场；他们曾有一个共同的身份——山西工人武装自卫总队（简称工卫旅）战士。

“工卫旅在抗战初期组建，为解放全中国战斗 800 余次，参加抗美援朝经历了 130 多次战斗……涌现出一大批先进模范集体和个人，受到了各级领导机关的表彰奖励，近百人成为省军级以上领导干部……”曾参与工卫旅史料征集的山西省总工会老干部张明和感慨道。

党的领导从未间断

1937 年 9 月，日军进犯山西，敌机轮番轰炸太原厂矿，工厂疏散关门，许多工人无家可归。

中共山西省委提出了“武装山西工人，保卫山西”的号召。省总工会积极响应，直接组织工人自卫武装。许多工人举家来投军。

平型关大捷前一天，工卫旅成立。到 10 月末撤离太原时，这支工人武装已发展到千余人，编为 5 个中队、一个宣传队和一个儿童团。

原航空工业部副部长马真在工卫旅战斗 3 年。他曾撰文回忆说，工卫旅建队初期，共产党组织在山西尚不公开。“根据党的白区工作经验，我们不图虚名，只求务实，坚持进行党的活动”。

阎锡山在部队自上而下建立发展所谓的“民族革命青年团”。工卫旅的共产党员全部被登记为“民青”团员，以“民青支部会”名义召开党的支部会，送上一份假报告，说发展了多少“民青”团员以及团队对阎锡山如何忠诚，以此掩护党组织的活动。

1939 年 12 月，22 岁的马真带着一批白洋和大小不等的银元宝，独自一人趁夜色避开阎锡山的军队，把党的经费送到晋西北区党委驻地。

此时，阎锡山的晋绥军不顾民族危亡，悍然进攻山西新军，镇压与新军一体的牺牲救国同盟会。

与敌鏖战在文水、交城、离石一带的工卫旅自觉接受共产党的领导，打击了反共顽固派的妥协投降阴谋。

阎锡山发动的“晋西事变”失败后，山西新军整体被纳入八路军建制和指挥体系，工卫旅也被编入山西新军。

群众的力量无穷大

晋绥边区甲级劳动英雄王质卿举家投军的事迹在工卫旅被广为传播。

据西安外国语学院原党委副书记陈立三撰文回忆，王质卿是旧社会受尽剥削的工人。他在太原的工厂制肥皂，两个子女在卷烟厂当童工，3 个人的收入还不足以养家。

工卫旅在太原成立后，王质卿的大儿子当上了政工员，二女儿去了宣传队，10 岁的三儿子进了儿童团。他便带着 4 岁的小儿子随家属队行动。

根据地建立后，王质卿利用土原料制造出肥皂。为此，贺龙元帅送给他一小坛烧酒以示鼓励。多次出席晋绥边区群英大会的王质卿，还把奖金农钞 3 万元全部捐赠给后方医院。

8 年抗战，工卫旅开展游击战消灭敌人，守卫边区门户，掩护中央与晋东南根据地的交通，对日寇作战 300 次以上。在建立根据地、建立新政权、建立地方武装，宣传发动群众以及组织敌后人民坚持抗战中，始终有一支“娘子军”伴随左右。

工卫旅还有 100 多名女战士战斗在抗日最前线。

王兴国、田润珍都是童养媳。她们不顾公婆、丈夫的极力阻拦加入工卫旅。马德贞是独生女，用坚定的决心说服了母亲。王长秀、王长吉与母亲一同加入工卫旅。许多人参军后，其家人多次登报寻找，但都没有动摇她们抗日的决心。

女战士在群众工作中发挥了特殊的作用。她们深入敌后广大农村，号召青年踊跃参军，组织妇女支援前线，组织儿童站岗放哨，帮助供给部门动员粮秣，在各个村庄组织担架队……

（下转第 2 版）

了解山西工卫旅，请用抖音 App 扫二维码

太原市职工红色经典诵读大赛掀起党史学习热潮

已有约 2000 人次参与，其中约 80%是青年职工

本报讯（首席记者贺芳芳 通讯员郑瑞琦）连日来，太原市总在全市职工中开展的“中国梦·劳动美——永远跟党走 奋进新征程”太原市职工红色经典诵读大赛，深入机关、厂矿、社区，掀起讲述红色故事、歌颂共产党、歌颂劳动者的热潮。此次活动自 5 月 18 日启动以来，已经有约 2000 人次参与，其中约 80%是“80 后”“90 后”青年职工。

“中国梦·劳动美——永远跟党走 奋进新征程”太原市职工红色经典诵读大赛旨在借助诵读这一群众文化活动，把舞台搭在公园、社区、工厂、商圈，让广大一线职工处处可见舞台、时时可听诵读，激励广大职工踊跃诵读红色经典、讲述红色故事，让党史学习教育深入群众、深入基层、深入人心。

在太原市娄烦县活动现场，来自南峪村的赵峰慷慨激昂地朗诵了《“硬”字战旗别样红》。“选择这个作品是因为南峪村在抗日战争时期曾是八路军 120 师 358 旅的驻扎地，老一辈无产阶级革命家贺龙等人曾在村里战斗过。我想通过朗诵这个作品庆祝建党 100 周年。”赵峰说。在太原新闻大厦前，太原市通达运输代理投资有限公司工会主席岳嵘朗诵的《党旗颂》语言质朴、感情真挚。“《党旗颂》是我自己创作的，表达的是学党史的感悟……

“诵读红色经典就是学习党史，诵读红色经典就是积聚前行力量”。这是许多参与诵读大赛的一线职工的感悟。

奋斗百年路 启航新征程
学党史 悟思想 办实事 开新局

忻州市总开展“六一”慰问留守儿童活动

本报忻州讯（记者皇甫慧田）5 月 31 日，忻州市总工会一行来到忻府区三交镇三交小学，看望慰问留守儿童。忻州市人大常委会副主任、市总工会主席魏广才参加活动。

活动现场，忻州市总工会为 61 名留守儿童送上书包、文具盒等学习用品，勉励这些孩子珍惜时光努力学习，将来做一个对国家、对社会有用的人。

仪式结束后，魏广才来到忻州市总工会定点帮扶镇忻府区三交镇，查看驻镇工作队队员工作、生活场所。他要求工作队深刻认识乡村振兴是一项重大战略、重大任务，提高政治站位，深入调查研究，挖掘镇村特色资源，挖掘推广一批乡村致富能人，形成一人带一片、一户带一村的连带效应。

阳泉市总调研“职工书屋”建设工作

山西工卫旅：工人离厂上战场 不凡使命见觉悟

（上接第 1 版）

工人运动如火如荼

工卫旅一直战斗在晋绥革命根据地吕梁山上，很快便发展到 5000 余人，辖 3 个团和一个旅直属队，对日伪军占领的太原城形成了战略威胁之势。

为了保障抗日武装的必需供给，工卫旅成立了修械所。最初从同蒲铁路扒铁轨赶制大批大刀、红缨枪，到后来在大山沟里造枪、造手榴弹，工匠技艺发挥得淋漓尽致。

1938 年 7 月，工卫旅修械所在静乐县圪徐沟，用大木轮子，靠人力摇作动力，造出了 100 多个零件的七支仿制中正式七九步枪。当着阎锡山的面连发二百发子弹，没有出现故障。但对于工卫旅的军需补给，阎锡山还是提也不提。

1938 年冬，工卫旅战士张秋风到修械队当翻砂工。从太原兵工厂工人投军的张秋风，积极进行技术革新，在翻造某种武器过程中，将零件减少到八分之三；在改制手榴弹过程中，日产量提高了四分之一。

1943年“五一”，晋绥边区政府开展了学习“张秋风运动”，历时6年之久。

到抗战胜利前夕，工卫旅修械厂已拥有机器 45 部，职工近 400 人，对军事工业和民用工业发展的意义不可低估。

当年八路军 120 师师长贺龙曾经说过：“世界上只有苏联有一个工人师，其次就是我们中国的工人旅。这是你们的光荣，也是中国工人阶级的光荣！”

1997 年，工卫旅诞生 60 年之际，其承袭部队在浙江省金华市隆重集会庆祝，时任中央军委委员、中国人民解放军总参谋长傅全有发去贺信表示祝贺。

一支部队承载着一个阶级，一个阶级传承着一种精神。随着部队改编，曾经的英雄部队淡出视线，但他们的故事已然铭刻了国家的记忆，激励着今天的山西广大产业工人牢记工人运动的时代主题，为实现中华民族伟大复兴的中国梦而奋斗！

容国团：为中华体育拼搏

新华社记者 杨淑馨

“人生能有几回搏？”

日前，广州体育学院内，《拼搏之路》音乐歌舞剧正在排演，饰演容国团的学生演员发出这一声“搏”的大吼，让台下学子动容。这台讲述著名乒乓球运动员容国团为中华体育拼搏的剧目，将在 6 月底上演。

广州体育学院教师孙鹏鹏说，我们希望通过这样的艺术形式，让师生们感受容国团忘我的拼搏精神和坚定的报国之心，激励年轻一代不断奋进。

作为容国团的母校，广州体育学院近年来用心打造以容国团精神为特色的校园文化，开展传承容国团精神系列活动，引领青年学生坚定理想信念，强化使命担当。

容国团，1937 年 8 月 10 日出生在香港一个海员家庭，早期在家乡广东珠海的一所华侨学校上学，1948 年年初转到香港的慈幼学校就读。其父容勉之是进步组织工联会下属的海员工会会员，容国团小时候常去工联会康乐馆打乒乓球。

1957 年 2 月，容国团代表工联会参加全港乒乓球赛，与队友夺得男团、男单和男双冠军。当年 9 月，容国团作为港澳乒乓球队队员到北京、上海、杭州访问，亲眼看见祖国内地欣欣向荣的景象。两个月后，他毅然跨过罗湖桥，来到广东，开始在广州体育学院工作和学习。

1958 年 4 月，容国团在广东省体育工作者跃进誓师大会上发出豪言：“3 年内取得世界乒乓球锦标赛男子单打冠军。”

1959 年，第 25 届世界乒乓球锦标赛在联邦德国的多特蒙德举行。容国团一路杀进男单决赛，对阵曾获世界冠军的匈牙利老将西多。决赛首局失利后，容国团连胜 3 局，夺得冠军，在圣勃莱德杯上第一次刻上中国人的名字。

回国后，毛主席、周总理等党和国家领导人接见了乒乓球代表团成员。乒乓球热迅速在全国兴起。

1961 年，第 26 届世界乒乓球锦标赛在北京举行，中日两队在男团决赛中相遇。已成为众矢之的的容国团先后负于荻村和木村。“下一场你准备怎么办？”有队友问。“人生能有几回搏？”容国团举双拳仰天长啸，“此时不搏，更待何时？”容国团最终战胜星野展弥，中国队首获男团世界冠军。

1965 年，第 28 届世界乒乓球锦标赛在南斯拉夫卢布尔雅那开幕，任女队主教练只有 4 个月的容国团率领中国女队击败日本女队，首捧考比伦杯。

“文革”动乱中，容国团蒙受不白之冤，受到迫害。1968 年 6 月 20 日，他用自己的方式结束了生命。1978 年国家体委为容国团平反，恢复名誉。2009 年，容国团被评为“100 位新中国成立以来感动中国人物”。2019 年 9 月 25 日，容国团获“最美奋斗者”荣誉称号。

容国团的一生与拼搏相关，与中华体育获得的数个第一紧密相连。如今，容国团的夺冠铜像立于广州体育学院的中心广场；学院乒乓球馆内，挂着一幅幅容国团拼杀时刻的图片。容国团喊出的“人生能有几回搏”，激励着几代中华儿女为国拼搏、顽强奋斗。

新华社广州电

奋斗百年路 启航新征程·数风流人物

红色煤矿石圪节

陈秋莲

铭刻

地处太行山上党盆地北缘的石圪节煤矿是一座有着 90 多年悠久开采历史的煤矿，更是一座浸润着红色基因的煤矿。

1938 年，在中国共产党的领导下，石圪节煤矿成立工救会（工人抗日救国会），并带领工人取得了第一次大罢工胜利。同年，八路军总司令朱德两次派政治部主任康克清去矿山慰问，播撒红色火种，使这里有了山西首个企业党支部。1945 年 8 月 18 日，党领导矿工进行武装起义，矿山回到了人民的手中。石圪节煤矿是中国共产党接收的第一座红色煤矿。

石圪节煤矿工人运动见证了中国煤矿工人运动的历史发展进程，在中国煤炭工人运动史上写下了光辉的一页。《中国煤矿工人运动史》一书给予如此评价："在抗日战争的最后一战中，沦陷区的煤矿工人响应毛主席和朱德总司令的伟大号召，积极援助和配合八路军、新四军及其他人民军队，英勇地对日伪军作战。中国煤矿工人最早参加战斗的，是山西省石圪节煤矿工人的武装起义。"

初夏的清晨，阳光洒满大地。

一夜的细雨滋润，石圪节煤矿"八一八"文化广场的树木绿得醉人；高达 8.18 米的汉白玉石碑上，"石圪节矿山解放纪念碑"几个字闪着耀眼的光芒；鸟儿不时从头顶飞过，欢快的叫声此起彼伏；栩栩如生的赤红色浮雕前，有老师在给小学生们讲着矿山的红色故事。

我们跟随石圪节煤矿党工委书记、工会副主席管军伟一行，穿行在“八一八”文化广场，驻足于石圪节煤矿展室一幅幅泛黄的老照片、一段段弥足珍贵的文字前，聆听着《石圪节煤矿史》一书的主编、石圪节煤矿原党委书记、82 岁的陈玉则等人的讲述，仿佛穿行在岁月的长河里倾听历史的回声。80 多年前，石圪节煤矿工人在党的领导下，同资本家、把头、日本侵略者斗争的一幕幕在眼前展开。

成立工救会，取得第一次大罢工胜利，工人运动进入新阶段

1926 年 12 月，石圪节煤矿由资本家李金榜、姜玉亭等投资开采。

为牟取高额利润，资本家采取了野蛮的把头管理，工人们过着极其悲惨的生活，吃住在矿井附近山坡上的“窑铺”内。一个十多平方米的“窑铺”要挤 30 多个工人，每天出勤超过十七八个小时，稍有懈怠，就会遭到把头们皮鞭棍棒的毒打，死伤人的事经常发生。“……煤窑好下苦难熬，挨打挨骂受折磨。开口骂动手打，把头好比活阎王……”这首民谣是对当时矿工生活的真实写照。

哪里有压迫，哪里就有反抗。石圪节煤矿经常发生怠工、逃跑、破坏生产工具等矿工斗争，但均以失败告终。

1936 年夏，为应对工人怠工、逃跑、暴乱等事件发生，李金榜亲赴太原找到石圪节煤矿股东、阎锡山第十八军军长秦绍观，由其派了一个步兵连到矿山驻防。但让李金榜没想到的是，驻防步兵连连长董德是一名地下共产党员。

董德来到矿山后，进工房，走“窑铺”，了解工人的生活，讲工人团结起来同资本家斗争的故事。石圪节煤矿的工人们开始觉醒了。

1937年11月，八路军第一二九师在朱德总司令、彭德怀副总司令的直接指挥下挺进太行山区，配合地方党组织以薄一波为首的决死队和牺盟会，提出“坚持华北抗战，与华北人民共存亡”的口号，大力发动群众建立了晋东南抗日民主根据地。

李金榜一听到共产党来了，可慌了手脚，便想方设法限制工人出矿，防止工人受八路军影响。

资本家挡得了人却挡不了心，受董德启发的工人积极分子开始酝酿建立赤色工会。中共潞安县委在指示董德在石圪节煤矿广泛开展宣传工作的同时，着手筹建工救会，作为团结和教育广大矿工支持抗日的群众性组织。

“1938年5月6日夜，由董德召集的工救会成立准备大会在工人积极分子张聚兴家召开。”从20世纪60年代起，先后在石圪节煤矿任宣传干事、党办主任和党委书记，走访过当时参与工人运动的许多矿工的陈玉则说：“高尽仁、李辛酉、王连喜、牛章锁等矿工参加。会上明确了为什么要成立工救会、工救会的性质和任务等问题，并提出了‘团结起来，同资本家作斗争’的口号。”

董德广泛开展的地下活动被资本家察觉了。随后，他被秦绍观调回部队。

董德走后，中共潞城县委马上派武工队队长王长贵和张至之两名同志来到石圪节煤矿协助成立工救会。工救会于1938年5月15日正式成立。张聚兴、高尽仁分别被选为正、副会长，还成立了坑上、坑下和青年3个分队，各分队有队长、组织委员和宣传委员。

工救会的成立，结束了石圪节煤矿工人无组织、无领导的自发斗争阶段，开始进入有组织、有领导、有目的的工人运动新阶段。

工救会建立后，在中共潞城县委领导和支持下组织工人学文化、学唱歌、印发传单、张贴标语；举办夜校，加强抗日救国宣传，组织工人开展反压迫、反剥削斗争等一系列活动，有力地促进了工人阶级觉悟的快速提高，为后来的罢工斗争打下了坚实的思想基础。

1938 年 6 月 23 日下午，根据工救会的命令，锅炉房汽笛长鸣，300 多名工人一起向煤场涌去。石圪节煤矿史上第一次有组织、有领导、有纲领的大罢工拉开了序幕。

工救会代表工人提出改善经济生产条件、工救会有保护工人的权利等 5 项要求，并提出与资本家谈判。但资本家不仅不答应，还狂妄地宣布："制度是开矿以来就有的，谁也不能改变！"

谈判破裂后，在中共潞城县委指示下，工救会组织矿工于 6 月 26 日早上发起了全矿总罢工。一时间，坑上坑下全部停产，煤场停止卖煤，石圪节煤矿自投产以来第一次瘫痪了。

直到资本家答应工人们提出的全部条件，并补发罢工期间工人的工资，工救会才通知工人复工。

这次工救会领导矿工开展的长达 7 天的大罢工取得了彻底胜利，打击了资本家的气焰，让工人们明白了：只有共产党才是真正为工人做主的，只有团结起来才能打败敌人。

康克清两次"播红"，矿山有了党支部，工人运动风起云涌

1937 年 7 月，抗日战争全面爆发。

1938 年春，八路军第一二九师在朱德总司令的率领下粉碎日

军的围攻后，总部开到武乡县驻扎，其间，曾驻扎在距石圪节煤矿三四公里的中村。

石圪节煤矿工人大罢工胜利的消息传到中村后，朱德总司令十分重视，派政治部主任康克清和副主任李文楷带领工作组一行 4 人来到石圪节煤矿。

康克清来到煤矿后，径直走到矿井边和煤场上，对正在干活的工友们嘘寒问暖。在工救会俱乐部召开的工人座谈会上，康克清肯定工救会的工作和工人运动取得的成绩，并讲述革命道理，启发工人的阶级觉悟。康克清还应工救会的请求，从八路军总部派既是共产党员又当过煤矿工人的民运处干事杜长俊等人来到煤矿，同资本家进行有理、有利、有节的斗争。

同年 8 月 11 日，康克清率工作组第二次来到石圪节煤矿，给工人们带来了猪肉、毛巾、肥皂等日用品，并指示杜长俊等同志要积极开展工作、培养骨干、发展党的组织，为今后的斗争做好组织准备。

康克清两次来矿，播下了红色的种子，高尽仁、张聚兴、栗东山、史春田等矿工会负责人光荣地加入了中国共产党。随后，矿山成立了山西革命老区的第一个企业党支部。

1960 年 2 月 26 日，康克清曾给潞安矿务局党委写信，深情地回忆他们 1938 年到石圪节煤矿慰问矿工的情景。她在信中写道："经我个人回忆，过去煤矿工人们的生活非常痛苦，敌人的监督非常严密。根据这样一个情况，我们就派了工作组住在煤窑那里，主要是对工人进行教育和发展党的组织。"

石圪节煤矿党支部的成立，燃起了指引工人运动的星星之火。从此，工人运动风起云涌。

1938 年 8 月 28 日，开滦煤矿工人大罢工的消息传到石圪节煤矿的第三天，党支部、工救会组织了600多名矿工参加了声势浩大的声援游行，途经5个村庄，打击了帝国主义、封建主义势力，大长了煤矿工人的志气。

1938年后半年，在党支部领导下，石圪节煤矿召开了由矿主、工救会代表、矿工代表20余人参加的劳资合作会议，形成了包括组织工人游击队、发动工人参加抗日战争、逢年过节矿方给工人送两筐煤以及完善工救会、改善工人生活等议案。

1939年，石圪节煤矿资本家实施“工资新办法”来榨取工人的血汗。工救会在中共潞城县委支持下，再次组织全矿工人大罢工，迫使资本家从日军宪兵队保出被捕的工人代表王庚子，答应了不延长工作时间、新老工人同工同酬和按时发放工资3个条件。这次15天的大罢工是石圪节煤矿工运史上时间最长的一次大罢工，充分显示了工人团结的战斗力量。

1940年4月中旬，在晋东南总工会的帮助下，石圪节煤矿矿工游击队成立。200多名工人在矿工游击队的领导下，一举端掉了日军的炮楼，拔掉了日军在宋村的据点，同时伏击日军太野郎小队。第二年，矿工游击队转为八路军正规部队，编入洛阳特务团。

日军占领矿山，实行法西斯统治，但矿工斗争从未停歇

1942年，日军第二次侵入长治地区后，掠夺了石圪节煤矿。

1943年1月15日，日军正式派兵占据石圪节煤矿，并挂出“山西煤矿黄沙岭采炭所”的牌子。直到1945年8月工人武装起义夺回矿山。这一切都是因为在太行总工会和中共潞城县委领导下，矿工从未停止的抗日斗争。

日军想把石圪节当作煤炭基地，以达到“以战养战”的目的。日军把矿山变成了一座阴森森的兵营，常驻一个 30 多人的特务连以及 250 多人的伪矿警队；在矿区四周架设了两层电网、挖了很多壕沟、修筑了十多个碉堡且层层设卡，严密监视矿工和来往的行人，还设立了三角院、万人坑、杀人场等骇人听闻的屠杀和审讯矿工的场所。

日军驻矿指挥人员住在三角院，三个角上都修建了大炮楼，内有牢房、刑讯室。矿工见了他们要脱帽敬礼，上下班要被搜身，一不小心就会被拉进三角院，轻则挨皮鞭、坐老虎凳，重则遭遇开膛破肚、点天灯……

万人坑是一座废弃的矿井，日军把这里当成了残杀矿工、地下工作者、抗日战士的地方。1945 年春天，抗日联络员赵青蛟等 7 名同志为掩护主力突围，不幸被捕。日军对他们严刑拷打后，从水牢里拖出来捆在一起，用刺刀捅死，扔进万人坑。

在没有安全保障的条件下，日军用皮鞭、棍棒、刺刀逼着工人冒险作业，恶性事故经常发生，三天两头有让矿石砸死的矿工被扔到万人坑。

石圪节煤矿工人、山西新华印刷厂原党委书记路黑则目睹了日军在矿山犯下的种种罪行。他在回忆中写道：“工人生活非常苦，每月劳动所得只有 30 多斤口粮（红面、黑豆、麸子面等），两三元日伪联合币。连自己一个人也吃不饱，哪里还能养家，真是苦不堪言。”

在日军的淫威下，工人们度日如年。但是，抗日活动从未停止。中共潞城县委指示石圪节煤矿党组织负责人、采煤工人王根喜组织矿工进行破坏水泵、放水淹井等斗争，曾经在一个星期内就“拾掇”坏几台水泵。

王根喜接受中共潞城县委、晋冀豫区职工总会的指示，在矿工中开展抗日救国宣传工作。他还设法接近把头孙树林、孙英才等人，向他们灌输抗日爱国思想。

与此同时，八路军还派任、刘两名同志来到石圪节煤矿警备队担任班长，搞内线工作，用交朋友、拜把兄弟等方式做警备队的策反工作，向他们宣传革命形式和抗日救国方略。

随后，任、刘两名同志又通过几个积极分子把矿警的枪支、弹药库等都掌握了，为之后武装夺取煤矿打下了基础。

“8·18”武装起义使矿山回到人民手中，红色煤矿诞生

1945 年 8 月 15 日，日本无条件投降。但是，蒋介石命令侵华日军和伪军拒绝向就近的八路军、新四军和其他人民军队缴械投降，并实行顽固抵抗。

太原的日军司令部更是与阎锡山勾结，密令驻石圪节煤矿的日军小队长池田和经理芹田不得向当地的八路军缴枪投降；全矿戒严，没有日军头目高桥的亲笔信，任何人不准下山；在 8 月 18 日夜彻底炸毁矿井，把矿上的矿警、职员、工人和武器全部撤回太原。

因此，盘踞在石圪节煤矿的日军在接到晋东南地区八路军军分区司令部朱德总司令的受降命令后，傲慢地说：“我们有两道电网、两道壕沟、一道铁丝网，一两千八路军是打不进来的……”

一场保卫和争夺石圪节矿山的战斗迫在眉睫。

王根喜等人把日军准备炸毁矿山、撤回太原的消息报告给 8 月 16 日刚刚成立的中共潞城县委收复矿山指挥部。指挥部得到消息后召开紧急会议，决定 8 月 17 日晚以石圪节矿工为骨干，配合八路军

地方武装内外夹攻，解放矿山。

具体安排是调遣八路军黎城县独立营为攻打石圪节煤矿的主力部队，负责进攻和打援；中共黎城县敌工站、情报站和矿工会等组织联合起来，做好矿警队的策反工作，配合起义。王根喜被确定为矿地下军起义总指挥。

王根喜参加完会议后立即返回矿山，并连夜在矿井下召开了全矿第一次支部党员会议，对武装起义工作作了更加明确具体的部署和安排。

8月17日夜，除岗楼的灯光外，整个石圪节煤矿黑沉沉的，静得可怕。武装起来的矿工、地下工作者，反正的矿警一切准备就绪，等着武装起义信号的发出。

8月18日2时许，石圪节煤矿南山下一颗红色信号弹划破夜幕，八路军黎城独立营到了。在矿工救会和矿地下军负责人王根喜等人的指挥下，左臂上缠着白毛巾的矿工们迅速占领矿井、电气、锅炉等要害部门。与此同时，八路军黎城独立营主力连在矿地下军成员路黑则的带领下进入煤矿的南门。反正的矿警队迅速打开铁丝网大门，与八路军一起直扑日军驻地三角院。

一时间，三角院内火光冲天，枪声、手榴弹爆炸声响成一片。一阵激战之后，炮楼内日军的机枪哑了、电灯灭了。我军战士大喊“缴枪不杀”，但日军没有任何动静，被打晕的芦田乘着黑夜从地上爬起来，窜进屋内摸出一把指挥刀，像疯狗一样冲到院子里。还没等他站稳脚跟，两把雪亮的刺刀就插进了他的胸膛。接着，钻在桌子下的池田也被拉出来一刀毙命。

在三角院激烈战斗的同时，不远处的矿井下，王根喜带领地下军的矿工兄弟们紧张而沉着地进行着另一场战斗。已经一夜没有合眼的工人们用最快的速度将发电机、电线、机床零件等全部拆卸并运往抗日根据地，把日军准备毁矿的 100 多箱炸药从井下搬到了地面。

经过两个小时的激战，起义军击毙日军 5 人，矿警全部缴械投降；缴获轻机枪 3 挺、步枪 70 余支、炸药 4000 余公斤、电台 1 部、战马 7 匹以及全部机器设备和资产。

当东方朝霞满天时，一轮红日映照着一片欢腾的煤矿。石圪节煤矿解放了，矿山重新回到人民手中。

武装起义胜利后，矿山由中共晋冀鲁豫边区政府中央财办工矿处（对外称工业厅）接管领导，石圪节煤矿成为中国共产党接收的第一座红色煤矿。

石圪节煤矿工人“8 · 18”武装起义打响了晋东南地区向敌伪全面反攻的第一炮，在中国煤矿工人运动史上写下了光辉灿烂的一页，成为鼓励根据地军民战胜日军的精神力量。

采访石圪节煤矿工人运动史，就是一次红色基因的寻访之旅。

为传承这一红色基因，石圪节煤矿所有新工人进矿后的第一课就是学矿史、讲红色工运史，让红色基因代代相传。

正是这种红色基因，让石圪节煤矿工人克服重重困难恢复生产，提出“一吨煤炭，一发炸弹”的口号，肩负起支援祖国解放战争的光荣使命。

正是这种红色基因，在新中国国力维艰的情况下，为支援国家建设，石圪节煤矿创造了奇迹，并诞生了全国煤炭系统最宝贵的精神财富——“艰苦奋斗、勤俭办矿”，成为全国工交战线的“五面红旗”之一。

正是这种红色基因，2016年，石圪节煤矿成为山西首批关闭退出的煤矿之一，并在2019年成为第三批国家工业遗产单位。

本文刊于2021年6月21日《山西工人报》

红色煤矿石圪节

文/本报首席记者 陈秋莲 摄影/本报记者 戎兵

【铭刻】 地处太行山上党盆地北缘的石圪节煤矿是一座有着90多年悠久开采历史的煤矿，更是一座浸润着红色基因的煤矿。

1938年，在党的领导下，石圪节煤矿成立工救会（工人抗日救国会），并带领工人取得了第一次大罢工胜利。同年，八路军总司令朱德两次派政治部主任康克清去矿山慰问，播撒红色火种，使这里有了山西首个企业党支部。1945年8月18日，党领导矿工进行武装起义，矿山回到了人民的手中。石圪节煤矿是中国共产党接收的第一座红色煤矿。

石圪节煤矿工人运动见证了中国煤矿工人运动的历史发展进程，在中国煤炭工人运动史上写下了光辉的一页。《中国煤矿工人运动史》一书给予如此评价："在抗日战争的最后一战中，沦陷区的煤矿工人响应毛主席和朱德总司令的伟大号召，积极援助和配合八路军、新四军及其他人民军队，英勇地对日伪军作战。中国煤矿工人最早参加战斗的是，山西省石圪节煤矿工人的武装起义。"

初夏的清晨，阳光洒满大地。

一夜的细雨滋润，石圪节煤矿"八一八"文化广场的树木绿得醉人；高达8.18米的汉白玉石碑上，"石圪节矿山解放纪念碑"几个字闪着耀眼的光芒；各种鸟儿不时从头顶飞过，欢快的鸟叫声此起彼伏；栩栩如生的赤红色浮雕前，有老师在给小学生们讲着矿山的红色故事。

我们跟随石圪节煤矿工会主席管军伟一行，穿行在"八一八"文化广场，驻足于石圪节煤矿展室一幅幅泛黄的老照片、一段段弥足珍贵的文字前，聆听着《石圪节煤矿史》一书的主编、82岁的陈玉则等人的讲述，仿佛穿越在岁月的长河里倾听历史的回声。80多年前，石圪节煤矿工人在党的领导下，同资本家、把头、日寇斗争的一幕幕在眼前展开。

成立工救会，取得第一次大罢工胜利，工人运动进入新阶段

1926年12月，石圪节煤矿由资本家李金榜、娄玉亭等投资开采。

为牟取高额利润，资本家采取了野蛮的把头管理，工人们过着极其悲惨的生活，吃住在矿井附近山坡上的"窑铺"内。一个十多平方米的"窑铺"要挤30多个工人，每天出勤超过十七八个小时，稍有懈怠，就会遭到把头们皮鞭棍棒的毒打，死伤人的事经常发生。"……煤窑好下苦难熬，挨打挨骂受折磨。开口骂动手打，把头好比活阎王……"这首民谣是对当时矿工生活的真实写照。

哪里有压迫，哪里就有反抗。石圪节煤矿经常发生怠工、逃跑、破坏生产工具等矿工斗争，但均以失败告终。

1936年夏，为应对工人怠工、逃跑、暴乱等事件发生，李金榜亲赴太原找到石圪节煤矿股东、阎锡山第十八军军长秦绍观，由其派了一个步兵连到矿山驻防。但让李金榜没想到的是，驻防步兵连连长董德是一名地下共产党员。

董德来到矿山后，进工房，走"窑铺"，了解工人的生活，讲工人团结起来同资本家斗争的故事。石圪节煤矿的工人们开始觉醒了。

1937年11月，八路军129师在朱德总司令、彭德怀副总司令的直接指挥下挺进太行山区，配合当时地方党组织以薄一波为首的决死队和牺盟会，提出"坚持华北抗战，与华北人民共存亡"的口号，大力发动群众建立了晋东南抗日民主根据地。

李金榜一听到共产党来了，可慌了手脚，便想方设法限制工人出矿，防止工人受八路军影响。

资本家挡得了人却挡不了心。受董德启发的工人积极分子开始酝酿建立赤色工会。党的潞安县委也指示董德在石圪节煤矿广泛开展宣传工作的同时，着手筹建工救会，作为团结和教育广大矿工支持抗日的群众性组织。

"1938年5月6日夜，由董德召集的工救会成立准备大会在工人积极分子张聚兴家召开。"从上世纪60年代起，先后在石圪节煤矿任宣传干事、党办主任和党委书记，走访过当时参与工人运动的许多矿工的陈玉则说，"高尽仁、李辛酉、王连喜、牛章锁等矿工参加。会上明确了为什么要成立工救会、工救会的性质和任务等问题，并提出了'团结起来，同资本家作斗争'的口号。"

董德广泛开展的地下活动被资本家察觉了。随后，他被秦绍观调回部队。

朱德总司令与夫人康克清

董德走后，党的潞城县委马上派武工队长王长贵和张至之两名同志来到石圪节煤矿协助成立工救会。工救会于1938年5月15日正式成立。张聚兴、高尽仁分别被选为正、副会长，还成立了坑上、坑下和青年3个分队，各分队有队长、组织委员和宣传委员。

工救会的成立，结束了石圪节煤矿工人无组织、无领导的自发斗争阶段，开始进入有组织、有领导、有目的的工人运动新阶段。

工救会建立后，在党的潞城县委领导和支持下组织工人学文化、学唱歌、印发传单、张贴标语；举办夜校，加强抗日救国宣传，组织工人开展反压迫、反剥削斗争等一系列活动，有力地促进了工人阶级觉悟的快速提高，为后来的罢工斗争打下了坚实的思想基础。

1938年6月23日下午，根据工救会的命令，锅炉房汽笛长鸣，300多名工人一起向煤场拥去。石圪节煤矿史上第一次有组织、有领导、有纲领的大罢工拉开了序幕。

工救会代表工人提出改善经济生产条件、工救会有保护工人的权利等5项要求，并提出与资本家谈判。但资本家不仅不答应，还狂妄地宣布："制度是开矿以来就有的，谁也不能改变！"

谈判破裂后，在党的潞城县委的指示下，工救会组织矿工于6月26日早上发起了全矿总罢工。一时间，坑上坑下全部停产，煤场停止卖煤，石圪节煤矿自投产以来第一次"瘫痪"了。

直到资本家答应工人们提出的全部条件，并补发罢工期间工人的工资，工救会才通知工人复工。

这次工救会领导矿工开展的长达7天的大罢工取得了彻底胜利，打击了资本家的气焰，让工人们明白了只有共产党才是真正为工人做主的，只有团结起来才能打败敌人。

康克清两次"播红"，矿山有了党支部，工人运动风起云涌

1937年7月，抗日战争全面爆发。

1938年春，八路军129师在朱德总司令的率领下粉碎日寇的围攻后，总部开到武乡县驻扎，其间，曾驻扎在距石圪节煤矿三四公里的中村。

石圪节煤矿工人大罢工胜利的消息传到中村后，朱德总司令十分重视，于是派政治部主任康克清和副主任李文楷带领工作组一行4人来到石圪节煤矿。

康克清来到煤矿后，径直走到矿井边和煤场上，向正在干活的工友们嘘寒问暖。在工救会俱乐部召开的工人座谈会上，康克清肯定工救会的工作和工人运动取得的成绩，并讲述革命道理，启发工人的阶级觉悟。康克清还应工救会的请求，从八路军总部派既是共产党员又当过煤矿工人的民运处干事杜长俊等人来到煤矿，同资本家进行有理、有利、有节的斗争。

同年8月11日，康克清率工作组第二次来到石圪节煤矿，给工人们带来了猪肉、毛巾、肥皂等日用品，并指示杜长俊等同志要积极开展工作、培养骨干、发展党的组织，为今后的斗争做好组织准备。

康克清两次来矿，播下了红色的种子，高尽仁、张聚兴、栗东山、史春田等矿工会负责人光荣地加入了中国共产党。随后，矿山成立了山西革命老区的第一个企业党支部。

1960年2月26日，康克清曾给潞安矿务局党委写信，深情地回忆他们1938年到石圪节煤矿慰问矿工的情景。她在信中写道："经我个人回忆，过去煤矿工人们的生活非常痛苦，敌人的监督非常严密。根据这样一个情况，我们就派了工作组住在煤窑那里，主要是对工人进行教育和发展党的组织。"

石圪节煤矿党支部的成立，燃起了指引工人运动的星星之火。从此，工人运动风起云涌。

1938年8月28日，开滦煤矿工人大罢工的消息传到石圪节煤矿的第三天，党支部、工救会就组织了600多名矿工参加的声势浩大的声援游行，途经5个村庄，打击了帝国主义、封建主义势力，大长了煤矿工人的志气。

1938年后半年，在党支部领导下，石圪节煤矿召开了由矿主、工救会代表、矿工代表20余人参加的劳资合作会议，形成了包括组织工人游击队、发动工人参加抗日战争，逢年过节矿方给工人送两筐煤以及完善工救会、改善工人生活等议案。

1939年，石圪节煤矿资本家实施"工资新办法"来榨取工人的血汗。工救会在党的潞城县委支持下，再次组织全矿工人大罢工，迫使资本家从日寇宪兵队保出被捕的工人代表王庚子，答应了不延长工作时间、新老工人同工同酬和按时发放工资3个条件。这次15天的大罢工是石圪节煤矿工运史上时间最长的一次大罢工，充分显示了工人团结的战斗力量。

1940年4月中旬，在晋东南总工会的帮助下，石圪节煤矿矿工游击队成立。200多名工人在矿工游击队的领导下，一举端掉了鬼子的炮楼，拔掉了鬼子在宋村的据点，同时伏击鬼子太野郎小队。第二年，矿工游击队转为八路军正规部队，编入洛阳特务团。

日军占领矿山，实行法西斯统治，但矿工斗争从未停歇

1942年，日寇二次侵入长治地区后，对石圪节煤矿丰富的煤炭资源垂涎欲滴，曾两次派人到矿上采样化验，并与资本家李金榜等人达成肮脏交易，得到了煤矿。

1943年1月15日，日军正式派兵占据石圪节煤矿，并挂出"山西煤矿黄沙岭采炭所"的牌子。但直到1945年8月，工人武装起义夺回矿山，石圪节煤矿出煤很少，连日军自用煤都得去周边买。这一切都是因为在太行总工会和潞城县委领导下，矿工从未停止的抗日斗争。

日军把石圪节当作煤炭基地，以达到其"以战养战"的目的。日军把矿山变成了一座阴森森的兵营，常驻一个30多人的特务连以及250多人的伪矿警队；在矿区四周架设了两层电网、挖了很多壕沟，修筑了十多个碉堡且层层设卡，严密监视矿工和来往的行人，还设立了三角院、万人坑、杀人场等骇人听闻的屠杀和审讯矿工的场所。

日军驻矿指挥人员都住在三角院，三个角上都修建了大炮楼，内有牢房、刑讯室。矿工见了他们要脱帽敬礼，上下班要被搜身，一不小心就会被拉进三角院，轻者挨皮鞭、坐老虎凳，重则遭遇开膛破肚、点天灯……

万人坑是一座废弃的矿井，日军把这里当成了残杀矿工、地下工作者、抗日战士的地方。1945年春天，抗日联络员赵青蛟等7名同志为掩护主力突围，不幸被捕。日寇对他们严刑拷打后，从水牢里拖出来，捆在一起，用刺刀捅死，扔进万人坑。

日军在没有安全设备的条件下，用皮鞭、棍棒、刺刀逼着工人冒险作业，恶性事故经常发生，三天两头有让矿石砸死的矿工被扔到万人坑。

石圪节煤矿工人、山西新华印刷厂原党委书记路黑则亲历了日军在矿山犯下的种种罪行。他在回忆中写到：工人生活非常苦，每月劳动所得只有30多斤口粮（红面、黑豆、麸子面等），两三元日伪联合币。连自己一个人也吃不饱，哪里还能养家，真是苦不堪言。

在日军的淫威下，工人们度日如年。但是，抗日活动从未停止过。

潞城县委指示石圪节煤矿党组织负责人、采煤工人王根喜组织矿工破坏水泵、放水淹井等的斗争从未停止，曾经在一个星期内就"拾掇"坏几台水泵。

王根喜接受潞城县委、晋冀豫区职工总会的指示，在矿工中开展抗日救国工作。他还设法接近把头孙树林、孙英才等人，向他们灌输抗日爱国思想。

与此同时，八路军还派任、刘两名同志来到石圪节煤矿警备队担任班长，搞内线工作，用交朋友、拜把兄弟等形式做警备队的反正工作，向他们宣传革命形式和抗日救国方略。

随后，任、刘两名同志又通过几个积极分子把矿警的枪支、弹药库等都掌握了，为以后武装夺取煤矿打下了基础。

"8·18"武装起义使矿山回到人民手中，红色煤矿诞生

1945年8月15日，日本宣布无条件投降。但是，蒋介石命令侵华日军和伪军拒绝向就近的八路军、新四军和其他人民军队缴械投降，并实行顽固抵抗。

太原的日军司令部更是与阎锡山勾结，密令驻石圪节煤矿的日军小队长池田和经理芹田不得向当地的八路军缴枪投降；全矿戒严，没有日军头目高桥的亲笔信，任何人不准下山；在8月18日夜彻底炸毁矿井，把矿上的矿警、职员、工人和武器全部撤回太原。

因此，盘踞在石圪节煤矿的日军在接到晋东南地区八路军军分区司令部朱德总司令的受降命令后，傲慢地说："我们有两道电网、两道壕沟、一道铁丝网，一两千八路军是打不进来的……"

一场保卫和争夺石圪节矿山的战斗迫在眉睫。

王根喜等人把日寇准备炸毁矿山、撤回太原的消息报告给8月16日刚刚成立的潞城县委收复矿山指挥部。指挥部得到消息后召开紧急会议，决定8月17日晚以石圪节矿工为骨干，配合八路军地方武装内外夹攻，解放矿山。

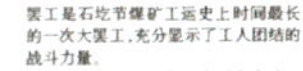

迟浩田题词"石圪节矿山解放纪念碑"

具体安排是调遣八路军黎城县独立营为攻打石圪节煤矿的主力部队，负责进攻和打援；中共黎城县敌工站、情报站和矿工会等组织联合起来，做好矿警队的反正工作，配合起义。王根喜被确定为矿地下军起义总指挥。

王根喜参加完会议后立即返回矿山，并连夜在矿井下召开了全矿第一次支部党员会议，对武装起义工作作了更加明确具体的部署和安排。

8月17日夜，除岗楼的灯光外，整个石圪节煤矿黑沉沉的，静得可怕。武装起来的矿工、地下工作者、反正的矿警一切准备就绪，等着武装起义信号的发出。

8月18日2时许，石圪节煤矿南山下一颗红色信号弹划破夜幕，八路军黎城独立营到了。在矿工救会和矿地下军负责人王根喜等人的指挥下，左臂上缠着白毛巾的矿工们迅速占领矿井、电气、锅炉等要害部门。与此同时，八路军黎城独立营主力连在矿地下军成员路黑则的带领下进入煤矿的南门，反正的矿警队迅速打开铁丝网大门，与八路军一起直扑日军驻地三角院。

一时间，三角院内火光闪闪，枪声、手榴弹爆炸声响成一片。一阵激战之后，炮楼内日军的机枪哑了，电灯灭了。我军战士大喊"缴枪不杀"！但鬼子没有任何动静，被打晕的日军队长芹田乘着黑夜从地上爬起来，窜进屋内摸出一把指挥刀，像疯狗一样冲到院子里。还没等他站稳脚跟，两把雪亮的刺刀就插进了他的胸膛。接着，钻在桌子下的采矿所长池田也被拉出来一刀毙命。

在三角院激烈战斗的同时，不远的矿井下，王根喜带领地下军的矿工兄弟们紧张而沉着地进行着另一场战斗。已经一夜没有合眼的工人们用最快的速度将发电机、电线、机床零件等全部拆卸并运往抗日根据地，把日军准备毁矿的100多箱炸药从井下搬到了地面。

经过两个小时的激战，起义军击毙日军3人，矿警全部缴械投降；缴获轻机枪3挺、步枪70余支、炸药4000余公斤、电台1部、战马7匹以及全部机器设备和资产。

当东方朝霞满天时，一轮红日映照着一片欢腾的煤矿。石圪节煤矿解放了，矿山重新回到人民手中。

武装起义胜利后，中共晋冀鲁豫边区政府中央财办工矿处（对外称工业厅）接管领导，石圪节煤矿成为中国共产党接收的第一座红色煤矿。

石圪节煤矿工人"8·18"武装起义打响了晋东南地区向敌伪全面反攻的第一炮，在中国煤矿工人运动史上写下了光辉灿烂的一页，成为鼓励根据地军民战胜日寇的精神力量。

起义地下军解放矿山后合影

了解红色煤矿石圪节，请扫码观看

【思考】 采访石圪节煤矿工人运动史，就是一次红色基因的寻访之旅。

为传承这一红色基因，石圪节煤矿所有新工人进矿后的第一课就是学矿史、讲红色工运史，让红色基因代代相传。

正是这种红色基因，让石圪节煤矿克服重重困难恢复生产，提出"一吨煤炭，一发炸弹"的口号，肩负起支援祖国解放战争的光荣使命。

正是这种红色基因，在新中国国力维艰的情况下，为支援国家建设，石圪节煤矿创造了奇迹，并诞生了全国煤炭系统最宝贵的精神财富——"艰苦奋斗、勤俭办矿"的石圪节精神，成为全国工交战线的"五面红旗"之一。

正是这种红色基因，上世纪90年代，原国家煤炭部设立了"中国煤炭工业石圪节精神奖"，用于表彰在煤炭系统涌现出来的优秀思想政治工作者。

正是这种红色基因，2016年，石圪节煤矿成为山西首批关闭退出的煤矿之一，并在2019年成为第三批国家工业遗产单位。

"八一八"文化广场

大同煤矿工人用血泪写就的抗争史

秦岭

铭刻

国耻难忘。

大同煤矿万人坑遗址纪念馆是历史的见证。

从1937年10月至1945年8月，日本侵略者“以人换煤”，共掠夺煤炭1400余万吨，有6万余名矿工因此被摧残丧生。如今，大小不等的20余处万人坑遗址佐证着这一不容歪曲的历史。

为了反抗日本侵略者的暴行，矿区工人和老百姓从自发自觉地斗争到在党组织的带领下开展有组织的破坏生产和罢工，再到八路军和游击队以多种形式沉重打击日本侵略者，8年时间，也是大同矿区工人在党的领导下，为平等自由奋斗的8年。

走进纪念馆，回顾历史，万人坑遗址不断警示着参观者要珍惜和平，勿忘历史，用累累白骨告诉世人：只有在中国共产党的领导下，我们才能不断前行，取得胜利。

在大同市西南18公里的煤峪口南沟，有一处日本帝国主义在侵华期间留下的历史铁证——大同煤矿遇难矿工万人坑。从1937年10月至1945年8月，日本侵略者“以人换煤”，共掠夺煤炭1400余万吨，有6万余名矿工被摧残丧生，平均每掠夺1000吨煤就有4名矿工惨死。

为了反抗日本侵略者非人的统治，大同煤矿工人在中国共产党的领导下利用各种机会破坏生产、打击日军。特别是在大同矿区后山区一带活跃的抗日游击队，炸炮楼、夺枪支、突袭日军，极大地牵制了日军在大同的兵力，同时破坏了日军的资源掠夺计划，为华北地区取得抗战最终胜利贡献了重要力量，在大同矿工游击队历史上写下了最浓重的一笔。

这段可歌可泣的历史，在大同煤矿万人坑遗址纪念馆成立后就不断警醒着世人。9 月 13 日，记者来到该纪念馆，在有关部门人员的陪同下，共同寻找那段历史的见证者和鲜为人知的抗战故事。

压迫

1937 年日本侵略者蓄意制造七七事变，发动了全面侵华战争。9 月 13 日，日本东条师团占领大同，10 月 9 日对大同煤矿实行军事管制。

1937 年 10 月底到 1938 年年初，早已做好准备的南满洲铁道株式会社接受日本关东军委托，从掠夺多年的抚顺煤矿陆续派入大同

大同煤矿万人坑遗址纪念馆外景　李庆峰 / 摄

煤矿 317 名各类管理人员，并从各地抓骗劳工。首先在晋北矿务局、大同保晋分公司半机械化矿井永定庄矿、煤峪口矿、忻州窑矿开始掠夺生产，随后又相继开凿了同家梁、四老沟（宝藏城）、白洞（国宝坑），改建了白土窑、胡家湾，还在怀仁县鹅毛口北开凿了昭和坑，在大同拖皮村与石头村之间开凿了平旺炭矿，在土窑沟开凿了大北沟坑。除此之外，日本侵略者还将大同煤矿各小窑掠为己有，除将大青窑、马口窑、马脊梁、苏家堡、和尚嘴、黄土洵等 17 处以无主煤窑收归兴亚公司外，对其余地势偏、交通不便的小窑一律不许开采。为了加快掠夺，日本侵略者将阎锡山所修窄轨的北同蒲铁路（大同—太原）改为准轨，兴建了发电厂、炸药制造厂等。

日本侵略者侵占大同煤矿后，开始疯狂掠夺煤炭资源，并对大同煤矿工人实行灭绝人性的“以人换煤”的血腥政策。为了用劳力代替“资材不足”，在“地理条件不良”的情况下实现大增产，日军以盖房、筑路、办厂为名，在山东、江苏、河北、河南、安徽、天津、北京、山西等地到处抓骗劳工。根据记载，仅 1940 年 6 月一次，日军就从河北保定骗招 800 多名劳工。另外，日军还以“剿匪”为名，到农村四处抓人充作劳工，其中包括老人和小孩。

被骗到大同煤矿的外地劳工过着牢狱般的生活。他们住着四面透风的宽约 7 米、长约 30 米的劳工房，房子对头两条大炕，一间大房子要住上一百四五十个人。房子的墙上留几个小窗口，窗口用木条或铁条封死。房内潮湿且空气污浊，夏天臭虫、苍蝇、蚊子到处乱窜、乱飞。这些从外地来的劳工，很多人没有行李，只铺些麻袋片和洋灰袋、破席片；没有枕头的用砖头、石块垫上麻袋片当枕头。日军还在大房子四周打起土板墙，墙上围着电网，并在大院门口设立了岗楼。工人们下井都由把头在前面领着，矿警在后面押着，出井后也是如此。这样，工人们的自由完全被剥夺了。工人们吃的是黑豆面，曾经还吃过高粱、糠和花生皮磨成的混合面，叫作“兴亚面”。此外，日军还对劳工进行指纹管理，在登记卡上贴有照片、按上指纹、编上号码、填上年龄和籍贯等，然后发给工人作为劳工证明书。

由于大同煤矿株式会社完不成掠夺计划，日军便加强了对矿工的压榨和盘剥，随意延长劳动时间。在大同煤矿万人坑遗址纪念馆的陈列厅内，有一份《大同煤矿劳动概要调查报告》，记者看到上面写着：“从三班制向两班制转变，工人被强制地在两班制下完成三班制的工作量。”该纪念馆副馆长李春说：“这份报告记载着矿工每天劳动超过20个小时，中途只送些干粮充饥，喝的是井下的淋头水。这样大大延长了工人的劳动时间，增加了工人的劳动强度，使工人的身体也受到极大的摧残。”

今年68岁的贾金兰得知记者的来意后，便主动来到纪念馆，讲述父亲遭受的非人待遇。她说：“我的父亲叫贾润生，16岁时被日本人抓壮丁，到煤峪口煤矿下井背煤。日本人根本不把矿工当人对待，背煤背得少就拿皮鞭抽，吃的就是兴亚面，还吃不饱；睡觉更是在山洞里，工友们生病都不敢吭气，一旦被发现就被日本人扔到山沟里。”

1942年夏，矿区流行传染病。贾金兰说：“父亲说，当时大批外地劳工因水土不服，又长期吃兴亚面和一些发了霉的食物以及喝井下的水引起了拉肚子，每天有很多矿工因病死去。当时，被怀疑有病的工友被关到隔离所。只要被关进去，不管死活都被抬到烧人场和炼人坑，烧人场长10米多、宽8~9米，架起炭火把人扔在里边烧。炼人坑3米多深，直接把人扔进去，浇上汽油点火。”

“贾润生老人的回忆是真实的，这也是万人坑形成的过程。”该纪念馆馆长郭殿君说，“1943年后，因为超负荷的劳动强度、恶劣的劳动环境、非人的生活待遇，大批工人或残疾或生病，丧失了

大同煤矿万人坑遗址　李庆峰 / 摄

劳动能力。日军将死亡或者奄奄一息的矿工抛到荒郊野外、山沟或废弃井洞，5 个月内日军虐死矿工 2400 人，日积月累形成了一个个白骨累累的遇难矿工万人坑。通过我们的挖掘发现，这样的万人坑有 20 多处。如今，纪念馆就建在煤峪口后沟的万人坑遗址上。”

沿着青砖道路拾级而上，就进入了万人坑遗址。这里位于煤峪口南沟的北山坡上，温度瞬间降低，通过玻璃可以看到坑内层层叠叠堆满了死难矿工的尸骨。郭殿军说：“这处遗址是现存最大、保存较为完整的，分为上、下两个洞，上洞宽 5 ～ 6 米、深 40 多米，下洞宽 3 ～ 4 米、深 70 多米，相当于 10 ～ 23 层楼房那么高，里面全是矿工的尸骨。”

觉醒

日本侵略者惨无人道的暴行使大同煤矿成为杀人工厂和死亡监狱，逃跑成了大家共同的目标和一致行动。为了生存，有的矿工爬电网和铁丝网，触电而死；有的矿工被开枪打死；有的矿工被抓回来后灌辣椒水、压杠子，甚至被狼狗活活咬死。但宁愿冒着被打死、被狼狗咬死的风险，矿工也不愿被活活烧死、折磨死。无论日军如何管理、采取什么措施，试图逃跑的矿工仍是有增无减，因此许多坑口出不了煤。

日本侵略者并没有因此减缓掠夺的进度，反而在矿井下设立了“圈窑”，就是把矿工圈在暗无天日的矿井下，让矿工吃在井下、住在井下、挖煤在井下，永远不让出来。从煤峪口矿开始，在一个井下采空的古煤窑修建了通风道，垒起了砖墙，地上铺了一些干草，就把工人关了进去。

“‘圈窑’政策的实施，立即震动了矿山。”李春说，“工人们千方百计地想要逃跑。根据我们收集的资料显示，日军派驻宪兵和矿警对逃跑的工人进行‘围剿’，在较大的一次集体逃跑中，有600多人逃脱，其余大部分被打死或抓回。”

据《大同煤矿工人运动史》记载，忻州窑矿的一些工人先是绝食，后来串联在一起，爆发了全矿性的大逃工。当时正是7月，一连下了几天的雨，工人们事先进行了周密的准备，在深夜12时切断了照明电源，拉响了警报。各大房子的工人同时行动，绑了看房子的日本兵，打死站岗的日本兵，捣毁电网、铁丝网，拼命四散逃跑。日军发现后，调来了一大批宪兵，将矿山包围起来。可连下了几天的雨，到处泥泞不堪，矿山漆黑一片，日军只能架起机枪乱打一阵。虽然有人被打死，有人被抓回让狼狗咬死，但有800多人成功逃跑，矿井停产了。这就是忻州窑矿的“800人大逃亡”。

四老沟矿的工人听说日军要在井下建“圈窑”，无比愤怒。300多名工人不顾把头和督察队的阻拦与毒打，利用下井的机会跑到山上进行罢工。虽被矿警队包围，但山上山下的工人们紧紧团结在一起，反对设立“圈窑”。最后，日军不得不向工人妥协，答应工人的条件。永定庄矿几个大房子的工人集体绝食；白洞矿的400多名工人暴动，打死了日军把头木村和龟田。尽管日军加强监管、派兵镇压，但逃离矿山、罢工、绝食、暴动此起彼伏，各矿奋起反抗的工人越来越多，井口出不了煤、火车停运。日军再没有别的办法，“圈窑”便只好作罢。

反抗

尽管矿工自发地进行了无数次反抗斗争，终因势单力薄和没有组织领导都被日军镇压了。1937年年底，中国共产党为矿区派来了党员和军队，开始有组织、有策略地领导反抗斗争。

1937年9月底，八路军第一二〇师宋时轮支队开到大同矿区后山区长流水、挖金湾、马脊梁一带，领导矿区人民和大同煤矿工人的抗日斗争。就在南满洲铁道株式会社接管了矿山准备恢复生产时，八路军在一些矿工的配合下，袭击了永定庄矿、煤峪口矿和活动在胡家湾的日军地质测量队，并在鸦崖炸毁了日军的十几辆汽车，打死打伤日本兵多人，惩办了一些汉奸特务，给日本侵略者以沉重的打击。

1938年部队奉命撤走时，留下民政科科长刘国梁，在矿山埋下抗日的火种。接着党组织先后派来苏兴、马浩、何跃华、刘耀宗、李滋润等一批干部和刘国梁一起发动群众，针对敌人“以人换煤”的政策提出“逃出虎口”“不给敌人出煤”“打汉奸除恶狗”等口号，领导工人开展斗争。广大工人除自发地、有组织地逃跑外，还以毁坏机器、割电缆、往煤车里装石头、制造事故等各种形式破坏生产，不给日本侵略者出煤。

研究大同煤矿工人运动史20余年的王军对这段历史进行过多次寻访，在他的陪同下，记者来到了钱奎保的家中。

今年已经86岁高龄的钱奎保老人是万人坑幸存者之一。钱奎保说：“就在日军疯狂压榨矿工的时候，游击队在党组织的带领下频频袭击矿山和日军据点。队员们偷运物资，突袭日伪军，沉重打击了日本侵略者，使敌人闻风丧胆，极大地激发了矿区人民抗日的信心。”

钱奎保回忆，1942年秋天的一个晚上，武装起来的矿工们在大怀左县县委宣传部部长马浩的策划下，与指导员赵明远带领的六支队九连战士一起直奔鹅毛口吴家窑敌人的据点，深夜12时到达敌人的岗哨并发起进攻。当时，据点内的日本兵都在睡梦中，很多人没来得及起床就丧命了。一部分冲出来准备逃命的日本兵被两边山上的战士歼灭；另一些日本兵负隅顽抗，等待其他据点的日本兵来救援。日军没想到的是，彭明旺游击队袭击了云冈的日军，大宏游击队袭击了上留矿的日军，李有福游击队袭击了忻州窑矿的日军。各个据点都自顾不暇，一夜间200多日本兵和伪警被消灭。

游击队多次取得胜利，日军深知八路军和矿工游击队对他们的威胁。因此，日军疯狂地调集兵力进攻后山区抗日根据地，进行残酷的“清剿”。日军在后山区设立了据点，修建了公路和碉堡，并收买地痞当密探，强令伪保甲长按期报告八路军和矿工游击队的活动情况，实行“连环保坐”，即一人通“匪”，全家当罪；一家通“匪”，血洗全村，妄图用恐怖手段扑灭大同矿工抗日斗争的烈火。但是，中国共产党领导下的八路军和游击队在矿区人民的心中深深地扎下了根。在日军向后山区进行残酷“扫荡”时，大同矿工踊跃支援反“扫荡”斗争。

“以前听父亲说过，当年游击队打了很多胜仗，说得最多的是游击队支援四老沟罢工的事情。”贾金兰说，“1940 年秋，日军新建的四老沟矿开始投入生产。当时八路军组织了百团大战，日军在华北各地都受到了重创。因此，日军更加剧了对大同煤矿的掠夺和对矿工的迫害。矿工忍无可忍，终于在中国共产党的领导下爆发了四老沟反迫害罢工。罢工当夜，200 多名矿工上山罢工，游击队适时支援。日军内外交困，着急谈判，地下党员刘元章代表矿工提出复工条件：出多少煤，记多少煤；不准打骂工人，不准克扣工资等。经过反复斗争，日军迫于掠夺煤炭的需要，答应了矿工提出的复工条件。”

“除四老沟罢工外，1941 年，党组织在白洞矿成功发动了两次罢工。”王军说，“先是在元旦期间，党组织发动了年关罢工斗争。日军派石虎和姓薛的大把头到矿工住的大房子催工，地下党员乔润挺身而出，强硬地说：‘答应复工的条件我们就干，不答应我们谁也不下井。’在组织起来的矿工面前，日军最后不得不妥协，答应改善生活、不打骂工人、不克扣工人工资等复工条件。罢工胜利后，乔润带领一些矿工参加了游击队和八路军。到了 6 月，白洞矿西坑发生了冒顶事故，压死 70 多名矿工。经过几天组织发动，矿工在共产党员王金龙、锁汉的领导下开展了全矿大罢工。这次罢工坚持了 7 天，日军被迫接受了工人所有的复工条件，罢工斗争又一次取得了胜利。”

1945 年 8 月，毛泽东发表《对日寇的最后一战》。8 月 9 日，大同煤矿四老沟矿、白洞矿、同家梁矿、口泉矿的 300 多名矿工在大怀县县委书记马浩的领导下组成了口泉支队并随之起义，成功夜袭永定庄矿，随后发展到 1500 余人，成为八路军晋绥主力部队的一部分。

“抗战期间，大同矿工游击队在日军严密的防守和残酷的‘清剿’下，发动老百姓坚持斗争，极大地牵制了日军在大同的兵力，同时破坏了日军的资源掠夺计划，为华北地区取得抗战最终胜利贡献了重要力量，也为大同矿工游击队的历史写下了最浓重的一笔。”王军说。

思考

两次成行，累计长达10个小时的采访，每一分钟记者的心情都是沉重的。

在大同煤矿万人坑遗址纪念馆，长达6米、深达40～70米的矿坑里，密密麻麻挤满了森森白骨。记者伫立于前，感受那无声的诉说和反抗。

采访贾金兰和钱奎保老人时，两位年逾古稀的老人眼中充满了泪花，言语中既有悲伤又有愤怒，更多的是感恩，“如果没有党组织的领导，大同煤矿还不知道要死多少人”。

是的，中国共产党为矿区人民带来了力量，带来了希望；成为他们的依靠，成为镌刻在这段历史中不可磨灭的红色记忆：破坏生产、炸毁桥梁、打击日军、解放煤矿……这一件件、一桩桩事迹书写了大同煤矿工人可歌可泣的不朽篇章。

习近平总书记指出，虽有智慧，不如乘势。了解历史才能看得远，理解历史才能走得远。因此，我们今天去寻访大同煤矿万人坑背后的工运事件更显得意义重大。这段历史是镜子、是老师，更是警示牌，让我们坚信只有在中国共产党的领导下，煤矿工人才能过上自由平等、幸福安康的美满生活。

本文刊于2021年10月25日《山西工人报》

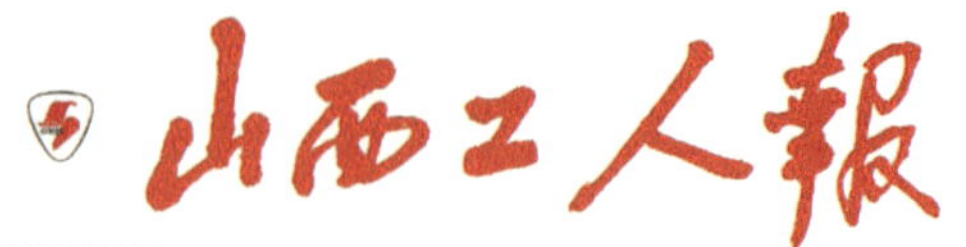

山西省总工会主管主办
山西工人报社出版

SHANXI GONGREN BAO

新闻责任 工会声音 职工情怀 维权担当

山西工人网 http://www.sxgrw.com
E-mail:sxgrb@163.com
（今日四版）

国内统一刊号 CN14-0003 邮发代号 21-10 2021年10月25日 星期一 农历辛丑年九月二十 总第10360期

去年9月以来全国信访形势平稳向好

奋斗百年路 启航新征程

建党百年·山西重大工运事件重要工运人物寻访展示

大同煤矿工人用血泪写就的抗争史

【铭刻】

省总对口援疆单位阜康市总为山西捐款

三送三进在基层

“慰问演出是我最难忘的经历”

太原市冬季供暖开始试供热

长治王村机场新航站楼正式启用

全省稳步推进灾后恢复重建工作

第一阶段工作目标任务基本实现

          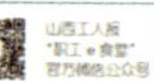 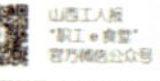         

大同煤矿工人用血泪写就的抗争史

大同煤矿万人坑遗址纪念馆外景

觉醒

反抗

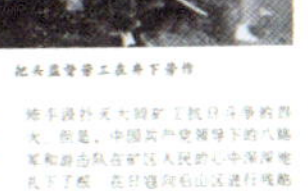

矿工居住的房子

正在劳动的矿工

把头监督劳工在井下劳作

输送劳工的闷罐车

大同煤矿万人坑遗址

【思考】

两次成行，累计长达10个小时的采访，每一分钟记者的心情都是沉重的。

在大同煤矿万人坑遗址纪念馆，长达6米、深达40米—70米的矿坑里，密密麻麻铺满了森森白骨。记者屏住呼吸拾级而下，感受那一种无声的诉说和反抗。

采访曾全兰和钱景保老人时，两位年逾古稀的老人眼中充满了泪花，言语中既有悲伤又有愤怒，更多的是感恩。"如果没有党组织的领导，大同煤矿还不知道要死多少人！"

是的，中国共产党为矿区人民带来了力量，带来了希望；成为他们的依靠，成为镌刻在这段历史中不可磨灭的红色记忆；破坏生产、炸毁桥梁、打击日寇、解放煤矿……这一件件、一桩桩事迹书写了大同煤矿工人可歌可泣的不朽篇章。

习近平总书记指出："'虽有智慧，不如乘势。'了解历史才能看得远，理解历史才能走得远。"因此，我们今天去寻访大同煤矿"万人坑"背后的工运事件更显得意义重大。这段历史是镜子，是老师，更是警示牌，让我们坚信只有在中国共产党的领导下，煤矿工人才能过上自由平等、幸福安康的美满生活。

本报地址：太原市新民中街8号山西工人报大厦 电话：(0351)3526288 邮编：030001 广告经营许可证：1400004000063号 广告部电话：(0351)3526283 定价：全年198元 零售每期0.58元 印刷：山西工人报社印刷厂 地址：太原市敦化南路70号

80 多年前的黄崖洞保卫战虽已成为历史，但是黄崖洞兵工厂因在我军历史上所发挥的作用而被永远载入史册，那些英雄的人们必将被后人永远怀念，他们的革命事迹必将激励后人为实现中华民族伟大复兴而努力。

烽火硝烟黄崖洞

李小全

题记

岁月沧桑，事易物移。在抗日战争取得胜利 70 多年后的今天，抚今追昔，我们仿佛仍能听到那战场上的厮杀声和军号声……

1937 年日本帝国主义发动全面侵华战争，山西的每一寸土地都留下了一个个令人感动的抗战故事。

位于晋东南黎城县境内的黄崖洞，因在抗日战争中所起的关键作用，在中国历史上留下了光辉的一页。

十多年前的一天，记者踏上了前往黎城八路军兵工厂所在地——黄崖洞的路途，以追忆那至今仍让人难以忘怀的日日夜夜，和那些抗日英雄们留下的英勇的故事。

曾经在黄崖洞工作、生活和战斗过的那些英雄们，有的已逝去，活着的人十多年前大多也已至耄耋之年。已经 82 岁的张书祥，是记者当时所能找到的唯一参加了黄崖洞兵工厂建设、目睹了黄崖洞保卫战全过程的老人。可惜的是，老人因年事已高，只能零零碎碎地追忆起一些往昔的岁月。倒是 20 多年来一直在黎城县旅游局从事旅游工作的副局长张晋生，因其听那些在黄崖洞工作、战斗过的老人们讲的故事多了，能够让记者随其一同走进往昔的岁月。

六中全会命令下 太行山上建兵工厂

1937 年 7 月 7 日，蓄谋已久的日本帝国主义制造了卢沟桥事变，从而发动了全面侵华战争。

面对日本帝国主义的野蛮侵略，国共开始第二次合作。中共中央顾全大局，发布命令，陕北的主力红军被改编为国民革命军第八路军，朱德任总司令，彭德怀任副总司令，叶剑英任参谋长，左权任副参谋长。

八路军到达山西抗日前线后即取得平型关战斗重大胜利。1937 年 9 月 25 日，八路军第一一五师主力在平型关伏击日军，歼敌 1000 余人，击毁汽车 100 余辆等。平型关大捷是全民族抗战爆发后中国军队主动对日作战取得的第一个重大胜利，打破了侵华日军所谓“不可战胜”的神话，极大地振奋了全国军民的抗战信心，提高了共产党和八路军的声望，使许多人由此相信共产党不但坚决抗战，并且是有能力战胜敌人的。

然而，这一战也暴露出八路军装备上的原始与落后：当时，八路军武器十分缺乏，一个战斗班只有三五支枪，有的战士不得不用长矛和大刀与敌人拼杀。

在这种艰难险恶的环境下，不解决武器弹药供给问题，中国人民的抗日战争将要付出沉重的代价。

1938 年 11 月，毛泽东同志在党的六届六中全会报告中指出，每个游击根据地，都必须尽量设法建立小的兵工厂，办到自制弹药、步枪、手榴弹等的程度，使游击战争无军火缺乏之虑。全会决定“把提高军事技术，建立必要的军火工厂，准备反击实力”作为“中华民族的当前紧急任务”之一来抓。

根据这一决定，八路军总司令朱德作出了在太行山上建立八路军兵工厂的决定。

水腰山上施工忙 “掌上明珠”耀太行

中共中央六届六中全会召开以后，朱德总司令和彭德怀副总司令经过多次研究，决定派左权在太行山上选择厂址，并将原有的几个八路军枪支修理所整合，利用这些技术人员和设备建成一座大型兵工厂。

说起枪支修理所，那还是1937年的事，八路军在晋东南粉碎了日军的九路围攻后，建立了晋东南抗日根据地，并将分散在各师的随军小型枪支修理队集中到榆社县韩庄村，成立了八路军总部修械所。当时的修械所只能做些枪支修理之事，后来从太原招募了一些从阎锡山兵工厂离职返乡的技术人员，不仅修枪能力大增，还自行造出了10支步枪和2支冲锋枪。八路军兵工厂建成后，这些技术人员成了工厂的骨干。

左权受命选址后，沿着人迹罕至的太行山深处，从榆社到昔阳、和顺，又到辽县，他发现黎城黄崖洞地势险要，易守难攻，正适合兴建兵工厂，于是定址于此。

黄崖洞位于黎城县西北45公里的水腰山上，海拔1600米，北面千仞黄崖上有一个高25米、宽20米、深70多米的天然溶洞，正适合做军火仓库。而且，这里群山环绕，把南面高而狭长的山口一堵，真是“一夫当关，万夫莫开”。这样的地势对兵工厂的隐蔽与安全十分有利。而且峡谷中半山腰上有一山间谷地，地势平坦，面积达2

平方公里，有清泉流过，正适合做兵工厂厂房。

这里地势险要，也给兵工厂的建设带来了相当大的难度。从韩庄到黄崖洞有 50 多公里，全是盘山羊肠小道与河沟沙石之路，大量设备器械的运输全靠人抬肩扛。加之当时正赶上 40 余天的连阴雨，山洪暴发，道路泥泞。在这样的情况下，兴建 12 栋厂房，其中最大的钳工车间达 1000 多平方米，还要建生活区、商业区、公共食堂等，难度之大可想而知。

然而，为了抗日牺牲都不怕，这点困难岂能难住那些从枪林弹雨中走过来的抗战军民？大的设备不易搬运，就拆整为零，一人扛一个部件，甚至将偌大的锅炉分解成 8 片，一片片搬上山后又铆起来重新安装。

没有砖瓦、木材，人们就开山凿石，打石造房，不到半年，一座座石头厂房便沿山谷兴建起来，工房、宿舍、办公室、俱乐部一应俱全。

1939 年年底，黄崖洞兵工厂正式投产。朱德总司令高兴地说，现在大敌当前，作战紧急，而枪弹是命根子，这唯一的大型兵工厂可以说是八路军的“掌上明珠”。

一年装备十五个团 直叫日军心胆寒

黄崖洞兵工厂造出的第一批步枪与德国造的七九式几乎一模一样，当时没有钢材，八路军便组织军民从日军控制的铁路上扒铁轨。军工厂造的步枪，枪筒由道轨制成，枪管内的滑膛线锃光闪亮，枪托则用核桃木手工制成，再用清漆浸过，枪身镀上了漂亮的烤蓝。

听说第一批步枪造出来后，左权副参谋长兴奋地随兵工厂军工部部长刘鼎前来试枪。

那是一个风和日丽的日子，厂部办公室的枪架上，整齐地倚靠着十几支崭新的步枪。左权拿起一支左看右看，一会儿拉枪栓，一会儿看准星，爱不释手。

这位黄埔军校毕业的将军用过许多枪械，但用八路军自己的工厂生产出的步枪还是第一次。

新枪造出来了，总得起个名字吧，左权觉得很有必要，但一时想不起叫个啥好。军工部部长刘鼎提议先试枪，打断了左权的沉思。

靶场就设在后水腰的山坡上，靶标在对面的山崖下。只见左权接过扎着红绸的步枪，解下红绸，右手虎口紧压枪身，双脚并拢站在靶台前，随着指挥员的口令，他向左前方迈出一大步，左手撑地，顺势卧倒，右手将枪身放于依托上，出枪抵肩，试瞄后调整了一下姿势，大声报告“准备完毕”。

特务团团长欧致富是指挥员，左权将他发给自己的 3 颗子弹从上衣口袋中掏出，握在手中。待装弹令一下，左权便熟练地将一颗子弹装入枪膛。一声清脆的枪响过后，又是两枪。

报靶员接到报靶令后，在对面的山上看了靶纸立即用红旗传来结果：3 个 10 环。周围立即响起一片掌声。

枪的各项性能都好，各种枪件也方便灵活，该起个啥名字好呢？

因朱德总司令当年正好 55 岁，左权副参谋长提议将这款枪命名为“五五式”。就这样，著名的国产五五式步枪诞生了。

随着兵工生产的发展，兵工厂又生产出更先进的八一式步枪、五〇炮、五〇弹……它们被源源不断地运往抗战前线。

1940 年，兵工厂的生产能力已最少可装备 15 个团，八路军的装备有了量和质的飞跃。从这年 8 月 20 日开始，八路军 105 个团 20 多万人同时在山西、河北等战场进行了震惊中外的百团大战，使日军铁路交通线遭到大规模破坏。

百团大战是全民族抗战以来八路军在华北发动的规模最大、持续时间最长的一次带战略性进攻的战役。至 1940 年 12 月初，敌后军民共作战 1824 次，毙伤日、伪军 2.5 万余人，俘日军 281 人、伪军 1.8 万余人，破坏铁路 470 余公里、公路 1500 余公里，摧毁大量敌碉堡和据点，缴获大批枪炮和军用物资。百团大战给日军的“因笼政策”以沉重打击，钳制了日军大量兵力，打击了日军的侵略气焰。百团大战既锻炼了人民军队，提高了共产党和八路军的威望，又在抗日局面比较低沉时振奋了全国人民信心。

特务团抢筑工事 誓死保卫兵工厂

百团大战的胜利，给了日军沉重的打击，但也让日军怀恨在心。经过侦察，日军已对黄崖洞兵工厂的情况有所了解，随时都有可能围攻黄崖洞。对此，八路军总部早有防范。

其实早在修建兵工厂时，防御工事就同时在建设之中。整个黄崖洞一开始就修建了 300 个防御工事，在关键隘口，交叉火力的密度达每平方米 7 ~ 8 发子弹，黄崖洞防区达 60 平方公里。在彭德怀副总司令的部署下，所有工事都建成了炮弹打不透、大火烧不坏的能藏、能打、能住的永久性工事。这些永久性工事，即使用日军破坏力最大的山炮和野炮连续打击一个点，也需要 6 发炮弹才能钻透，胸墙顶部都是厚度在 2 米以上的钢筋水泥结构。

1940 年 10 月，冈村宁次调任日军华北派遣军总司令，他趁百团大战之机，调兵遣将，企图彻底摧毁八路军的“掌上明珠”——黄崖洞兵工厂。2000 多名日军突然东下，长途奔袭黄崖洞。

为防止日军对黄崖洞的偷袭，左权副参谋长巧用空城计，只留王力一个排作为骨干，兵工厂自卫队接管防御阵地。日军仓皇打了一下，捞了一把就走了。

第二次，日军又以为是空城计，突然进攻南口，但左权早已安排八路军一个主力营，在防御完整的阵地里等待杀敌。然而由于各方面原因，日军依靠强大的火力攻了进来，致使兵工厂第一次遭到焚毁。兵工厂广大军民在日军走后，很快又将工厂重新修建起来。

1940 年 10 月 30 日，曾两次指挥进犯黄崖洞的日军大佐葛目直幸总结经验后有备而来，第三次攻打黄崖洞。他把两个联队放在后面养精蓄锐，先头部队则急行军企图抢占浊漳河渡桥。但渡桥早已被民兵拆毁，日军大部队源源而来之时，只能止步于浊漳河边。这时，哨兵早已放烟示警，黎城成了一座空城。然而，黄崖洞才是这支装备精良的日军的最终目标。

11 月 6 日，日军进至黄崖洞阵地，黄崖洞保卫战随时都会打响。以往八路军打的是游击战，这次却是防御战、阵地战，大家都抱有“人在阵地在”的誓死决心。

左权副参谋长亲自到特务团指导设防工作。他同战士一样住帐篷、钻石洞、睡谷草，每天带着半壶冷开水和几个冷馍；他率团里的领导干部勘察地形，走遍了黄崖洞的山梁沟崖，确定防御的主要方向、兵力部署、阵地编成等，极大地鼓舞了防守黄崖洞的特务团广大官兵的士气。

8 日，集结在黎城的敌三十六师团主力山地、葛目两个联队及独立第四混成旅团一部 5000 余人，开始佯攻涉县，至石门等地，突然掉头沿清漳河北进。10 日，日军占据西井，同时分兵占领东崖底和赵姑村，以保护其侧翼。此时，日军先头部队已迫近南口外一二公里处的上、下赤峪村了。特务团团长欧致富急令部队埋雷封锁通道，撤走吊桥，准备投入战斗。

10 日下午，敌人开始打炮，欲以炮扫雷。11 日，敌人转入强攻，企图一举突破南口。但早有防范的我军一阵滚雷、枪炮，打得日军人仰马翻，伤亡惨重。

日军见南口攻不下，便打起了瓮圪廓这个陡崖上的重要阵地的主意，但依然无效。

15日，敌人已连续进攻4天，伤亡近千人，才突破几百米，恼羞成怒的日军加强了兵力、火力，火焰喷射器也用上了，但依旧难有进展。

直至17日上午，敌人才在优势火力的支援下，以伤亡惨重的代价攻入厂区。而这时，我军工厂所有设备已全部转移掩埋，人员撤离，剩下的只有用厂房改造成的工事及英勇作战的战士。

18日夜，我外围部队袭击西井，迫使敌人不得不抽出兵力增援，以保其退路。日军发现山外有重兵伏击，连夜逃走。

至此，在这次黄崖洞保卫战中，我军以不足一个团的1500人的兵力，抗击了5000多人的装备精良的日军的疯狂进攻，激战8个昼夜，取得了歼敌1000余人，其中毙敌850人的战果，而我军只伤亡166人，创敌我伤亡对比空前未有之纪录，粉碎了侵华日军妄图摧毁我军工生产的阴谋。

英雄故事令人敬　革命事迹竖丰碑

80多年前的黄崖洞保卫战虽已成为历史，但是黄崖洞兵工厂因在我军历史上所发挥的作用而被永远载入史册，那些英雄的人们必将被后人永远怀念，他们的革命事迹必将激励后人为实现中华民族伟大复兴而努力。

如今，黄崖洞八路军兵工厂已和左权八路军总部等全省30多个在抗日战争历史上书写了不朽诗篇的地方一道，成为人们向往的红色旅游地。

当再次踏足黄崖洞，人们仍将会追忆起那战火纷飞的日子，忆起英雄们的抗日事迹。英雄们将同中国历史一起永远印在人们的记忆中。

本文刊于2005年7月8日《山西工人报》

山西工人报
2005年7月8日 星期五

特稿 3
责任编辑 田海洋
本报热线：(0351)3526288

抗战山西五眸
②

烽火硝烟黄崖洞

本报记者 李小全

朱德总司令

彭德怀副总司令

左权副参谋长

岁月沧桑，事易物移。在伟大的抗日战争取得胜利60周年的今天，抚今追昔，我们仿佛仍能够听到那战场上的厮杀声和军号声……

1937年日寇全面侵华战争爆发后，曾富庶一方的山西，成了抗日战争的最前线。地势险要、自然资源丰富的山西成了日军侵华的一个主要战场，这里的每一寸土地上都留下了一个个令人激动的故事。

位于晋东南黎城县境内的黄崖洞，因其在抗日战争中所起的关键作用，在中国历史上留下了光辉的一页。

在纪念抗日战争胜利60周年之际，记者踏上了前往黎城八路军兵工厂所在地——黄崖洞的路途，以追忆那至今仍让人难以忘怀的日日夜夜，和那些抗日英雄们留下的英勇的故事。

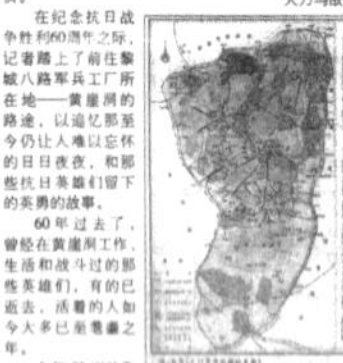
黄崖洞保卫战前后敌我态势图

60年过去了，曾经在黄崖洞工作、生活和战斗过的那些英雄们，有的已逝去，活着的人如今大多已至耄耋之年。

今年82岁的张书祥，是记者所能找到的惟一参加了黄崖洞兵工厂建设、目睹了黄崖洞保卫战全过程的老人。可惜的是，老人因年事已高，只能零零碎碎地追忆起一些往昔的岁月。倒是20多年来一直在黎城县旅游局从事旅游工作的副局长张晋生，因其听那些在黄崖洞工作、战斗过的老人们讲的故事多了，能够让记者随其一同走进往昔的岁月。

六中全会命令下 太行山上建兵工厂

1937年7月7日，蓄谋已久的日本帝国主义制造了卢沟桥事变，从而发动了全面侵华战争。

面对日本帝国主义的野蛮侵略，中国共产党与国民党二度合作，进行了伟大的抗日战争。中共中央顾全大局，发布命令，陕北的主力红军被改编为国民革命军第八路军，朱德任总司令，彭德怀任副总司令，叶剑英任参谋长，左权任副参谋长。

此时，中日军事力量对比悬殊，日军疯狂向山西进犯。八路军迅速开赴山西抗战前线，配合国民党军队作战。一一五师在平型关设伏，取得了歼敌1000余人，击毁汽车100多辆、大车200多辆的首战胜利，极大地鼓舞了全国人民的抗日信心。

然而，这一战也暴露出八路军装备上的原始与落后：当时，八路军武器十分缺乏，一个战斗班只有三五枝枪，有的战士不得不用古老的长矛和大刀与敌人拼杀。

在这种艰难险恶的环境下，不解决武器弹药供给问题，中国人民的抗日战争将要付出沉重的代价。

1938年11月，毛泽东同志在党的六届六中全会报告中指出："每个游击根据地，都必须尽量设法建立小的兵工厂，办到自制弹药、步枪、手榴弹等的程度，使游击战争无军火缺乏之虑。"全会决定"把提高军事技术，建立必要的军火工厂，准备反击实力"作为"中华民族的当前紧急任务"之一来抓。

根据这一决定，八路军总司令朱德作出了在太行山上建立八路军兵工厂的决定。

水腰山上施工忙 "掌上明珠"耀太行

中共中央六届六中全会召开以后，朱德总司令和彭德怀副总司令经过多次研究，决定派左权在太行山上选择厂址，并将原有的几个八路军枪支修理所整合，利用这些技术人员和设备建成一座大型的兵工厂。

说起枪支修理所，那还是1937年的事，八路军在晋东南粉碎了日军的九路围攻后，建立了晋东南根据地，并将分散在各师的随军小型枪支修理队集中到榆社县韩庄村，成立了八路军总部修械所。当时的修械所只能做些枪支修理之事，后来从太原招募了一些从阎锡山兵工厂离职返乡的技术人员后，修枪能力不仅大增，还自行造出了10枝步枪和两枝冲锋枪。

八路军兵工厂建成后，这些技术人员成了工厂的骨干。

左权受命选址后，他沿着人迹罕至的太行山深处，从榆社到昔阳、和顺，又到辽县，发现黎城黄崖洞地势险要，易守难攻，正适合兴建兵工厂，于是定址于此。

黄崖洞位于黎城县西北45公里的水腰山上，海拔1600米，北面千仞黄崖上有一个高25米、宽20米、深70多米的天然溶洞，正适合做军火仓库。而且，这里群山环绕，如把南面高而狭长的山口一堵，真是"一夫当关，万夫莫开"。这样的地势对兵工厂的隐蔽与安全十分有利。而峡谷中水腰山上有一山间谷地，这里地势平坦，达两平方公里，有清泉流过，正适合做兵工厂厂房。

这里地势险要，也给兵工厂的建设带来了相当大的难度。从韩庄到黄崖洞有50多公里，全是盘山羊肠小道与河沟沙石之路，大量设备器械的运输全靠人抬肩扛。加之当时正赶上40余天的连阴雨，山洪暴发，道路泥泞。在这样的情况下，兴建12栋厂房，其中最大的钳工车间达1000多平方米，还要建生活区、商业区、公共食堂等，难度之大可想而知。

然而，为了抗日牺牲都不怕，这点困难岂能难住那些从枪林弹雨中走过来的抗战军民？大的设备不易搬运，就拆整为零，一人扛一个部件，甚至偌大的锅炉被分解成八片，一片片搬上山后又铆起来重新安装。

土建中没有砖瓦、木材，人们就开山凿石，打石造房，不到半年，一栋栋石头厂房便沿山谷兴建起来，工房、宿舍、办公室、俱乐部一应俱全。

1939年年底，黄崖洞兵工厂正式投产。朱德总司令高兴地说："现在大敌当前，作战紧急，而枪弹是我们的命根子，这惟一的大型兵工厂可以说是我们八路军的'掌上明珠'呀！"

八路军重机枪阵地
八路军总部副参谋长左权（右二）在山坡上召开"反扫荡"作战会议。

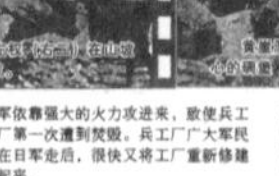
黄崖洞保卫战中八路军在水窑口中心的碉堡（箭头所指处）

一年装备十五个团 直叫日寇心胆寒

黄崖洞兵工厂造出的第一批步枪与德国造的"七九"式几乎一模一样，当时没有钢材，八路军便组织军民从日寇控制的铁路上扒铁轨，用铁轨造枪。军工厂造的步枪，枪筒由道轨制成，枪管内的滑膛线锃光闪亮，枪托则用核桃木手工制成，再用清漆漆过，枪身镀了一身漂亮的烤蓝。

听说第一批步枪造出来后，左权副参谋长兴奋地随兵工厂军工部部长刘鼎前来试枪。

这是一个风和日丽的日子，厂部办公室的枪架上，整齐地倚靠着十几枝崭新的步枪。左权拿起一枝左看右看，一会儿拉枪栓，一会儿看准星，真是爱不释手。

这位黄埔军校毕业的将军，一生用过无数的枪械，但用八路军自己的工厂生产出的步枪还是第一次。

新枪造出来了，总得起个名字吧，左权觉得很有必要，但一时想不起叫个啥好。

还是军工部部长刘鼎提议，"干脆先试枪"，打断了左权的沉思。

靶场就设在后水腰的山坡上，靶标在对面的山崖下。只见左权接过扎着红绸的步枪，解下红绸，右手虎口紧压枪身，站在靶台前，双脚并拢，随着指挥员的口令，他向左前方迈出一大步，左手撑地，顺势卧倒，瞬间右手一下将枪身放于依托上，出枪抵肩，试瞄后调整了一下姿势，大声报告"准备完毕"。

特务团团长欧致富是指挥员，左权将他发给自己的3颗子弹从上衣口袋中掏出，握在手中。待装弹令一下，左权便熟练地将一颗子弹装入膛中。一声清脆的响声过后，又是两枪。

黄崖洞南口工事

恢复的兵工厂旧址

报靶员在接到"报靶"令后，在对面的山上看了靶纸立即用红旗传来结果：3个10环。周围立即响起一片掌声。

枪的各项性能都好，各种枪件也方便灵活，该起个啥名字好呢？

"朱德总司令正好55岁，干脆就叫五五式吧。"左权想了一会儿对大家说，"好，就这个名字！"

就这样，以朱德55周岁而命名的国产著名的五五式步枪诞生了。

随着兵工生产的发展，兵工厂又生产出更先进的八一式步枪、五〇炮、五〇弹……它们被源源不断地运往抗战前线。

1940年，兵工厂的生产能力已最少可装备十五个团，八路军的装备有了质和量的飞跃，从这年8月20日开始，八路军105个团20多万人同时在山西、河北等战场进行了震惊中外的"百团大战"，使日军铁路交通线遭到大规模破坏。

百团大战总计进行大小战斗1824次，毙伤日伪军25000余人，沉重打击了日军的侵略气焰，牵制了大批在华日军，减轻了正面战场的压力，大大提高了共产党和八路军的威望，鼓舞了全国人民争取抗战胜利的信心。

特务团抢筑工事 誓死保卫兵工厂

百团大战的胜利，给了日寇以沉重的打击，但也让日寇怀恨在心。日寇经过侦察，已对黄崖洞兵工厂的情况有些了解，随时都有可能围攻黄崖洞。对此，八路军总部早有防范。

其实早在修建兵工厂时，防御工事就同时在建设之中。整个黄崖洞一开始就修建了300个防御工事，在关键隘口，交叉火力的密度达每平方米7发—8发子弹，黄崖洞防区达60平方公里。在彭德怀副总司令的要求下，所有工事都建成了炮弹打不透、烧不坏的能藏、能打、能住的永久性工事。这些永久性工事，即使用日军破坏力最大的山炮和野炮连续打击一个点，也需要6发炮弹才能钻透，胸墙顶部的设计厚度都是两米以上的钢筋水泥结构。

1940年10月，冈村宁次调任日军华北派遣军总司令，他趁百团大战之机，调兵遣将，企图彻底摧毁八路军的"掌上明珠"——黄崖洞兵工厂。

2000多名日军突然东下，长途奔袭黄崖洞。

为防止日军对黄崖洞的偷袭，左权副参谋长巧用空城计，只留王力一个排作为骨干，兵工厂自卫队接管防御阵地。日军仓皇打了一下，捞一把就走了。

第二次，日军又以为是空城计，突然进攻南口，但左权安排八路军一个主力营，在防御完整的阵地里早已等待杀敌。然而由于各方面原因，日军依靠强大的火力攻进来，致使兵工厂第一次遭到焚毁。兵工厂广大军民在日军走后，很快又将工厂重新修建起来。

1940年10月30日，曾两次指挥进犯黄崖洞的日军大佐葛目直幸总结经验后，有备而来，第三次攻打黄崖洞。他把两个联队放在后面，养精蓄锐，先头部队则急行军企图抢占浊漳河渡桥。

但渡桥早已被民兵拆毁，日军大部队源源而来之时，只能止步于浊漳河边。这时，哨兵早已放烟警示，使黎城成了一座空城。

然而，装备强大的日军的目标乃是黄崖洞，于是大部队继续直奔目标。

11月6日，日军进至黄崖洞阵地，黄崖洞保卫战逐步拉开了帷幕。

以往八路军打的是游击战，这次却是防御战、阵地战。经过多年的军事准备，大家都抱有"人在阵地在"的誓死决心。

左权副参谋长亲自到特务团指导设防工作。他同战士一样住帐篷、钻石洞、嚼谷草，每天带着半壶冷开水和几个冷馍；他率团里领导干部一起勘察地形，走遍了黄崖洞的山梁沟崖，确定防御的主要方向、兵力部署、阵地编成等，极大地鼓舞了防守黄崖洞的特务团广大官兵的士气。

8日，集结在黎城的敌三十六师团主力山地、葛目两个联队及独立第四混成旅团一部5000余人，开始佯攻涉县，至石门等地，突然掉头沿清漳河北进。10日，日军占据西井，同时分兵占领东崖底和赵姑村，以保护其侧翼之安全。而先头部队已迫近南口外一二公里处的上、下赤峪村了。

特务团团长欧致富急令部队埋雷封锁通道，撤走吊桥，准备投入战斗。

10日下午，敌人开始打炮，意欲以炮扫雷。11日，敌人转入强攻，企图一举突破南口。但早已有防范的我军一阵滚雷、枪炮，打得日军人仰马翻，伤亡惨重。

日军见南口攻不下，便打起了复圪廊这个陡崖上的重要阵地的主意，但依然无效。

15日，敌人已连续进攻4天，伤亡近千人，才突破几百米，便恼羞成怒，加强了兵力、火力，火焰喷射器也用上了，但依旧难有进展。

直至17日上午，敌人才在优势火力的支援下，以伤亡惨重的代价攻入厂区。而这时，我军工厂所有设备已全部转移掩埋，人员撤离，剩下的只是用厂房改造成的工事及勇敢的战士。

18日夜，我外围部队袭击西井，迫使敌人不得不抽出兵力增援西井，以保其退路。日军发现山外有重兵伏击，急忙连夜逃走。

至此，在这次黄崖洞保卫战中，我军以不足一个团的1500人的兵力，抗击了5000多人的装备精良的日军的疯狂进攻，激战8个昼夜，取得了歼敌1000余人，其中毙敌850人的战果，而我方只伤亡166人，创中日战争史上敌我伤亡对比空前未有之纪录，粉碎了侵华日军妄图摧毁我军工生产的阴谋。

英雄故事令人敬 革命事迹竖丰碑

60年前的黄崖洞保卫战虽已成为历史，但是黄崖洞兵工厂因在我军历史上曾起的作用而被永远载入史册，那些英雄的人们必将被后人永远怀念，他们的革命事迹必将激励后人为实现中华民族的伟大复兴而努力。

当2005年到来之际，黄崖洞八路军兵工厂已和左权八路军总部等全省30多个在抗日战争历史上书写了不朽诗篇的地方一道，成为人们向往的红色旅游地。

当再次踏足黄崖洞，人们仍将会追忆起那战火纷飞的日子，忆起英雄们的抗日事迹。英雄们将同中国历史一起永远印在人们的记忆中。

黄崖洞兵工厂：新中国的“兵工摇篮”

李彦斌

铭刻

随着一个又一个人民的胜利，黄崖洞兵工厂“开枝散叶”，孕育出一批军工企业，培养的军工人才支持了十多个省份的三线建设，成为“人民军工摇篮”。

80年来，17岁的八路军总部战士崔振芳，被一代代军工人，以特别的方式怀念着。来到山西航天清华装备有限公司，骑自行车进出厂门的工人们，总是先下车，再推车而行。多少年来，质朴的军工人，以出入下车的方式，向曾经和现在保卫生产的人民子弟兵致敬。出入厂门，下车推行，礼敬卫兵，正是军工记忆、军工报国的真实写照，让人感慨：红色基因融入血脉，与时代脉动交融回响……

“瞧瞧，这是74年前的一份集体合同。这是当年的冬季烤火煤发放通知，过年时每人又发了两公斤肉……”走进全国劳模、中华技能大奖获得者周建民的创新工作室，门前的两排红色展板，在整齐排列的30多台机床中十分显眼。

周建民感慨，中国共产党全心全意依靠工人阶级，关心关爱工人的初心永远不变。

这里是中国兵器集团淮海工业集团十四分厂厂房，周建民大师工作室就在厂房的一角。一旁的展板展示的是前年从分厂库房寻回的440多份刘伯承工厂时期的历史文档影印件。

随着解放战争的节节胜利，黄崖洞兵工厂的人员、设备逐渐被疏散到全国各地建立兵工厂，至1945年年底发展成14个兵工厂。原名晋冀鲁豫军区兵工二厂的刘伯承工厂便是其中之一，其厂部、生产部及炮弹仓库旧址，在淮海工业集团厂区内基本保存完好。

黄崖洞兵工厂被誉为新中国军事工业的摇篮，“黄崖洞精神”也是兵工子弟周建民打磨匠心、坚守初心，为国防装备事业奉献40年的精神源头。

抗战时期，武器过于简陋，没有体系化军火供应，弹药的匮乏始终困扰着中国共产党领导的各级各类抗日武装。“对胜利有多渴望，对自己的枪炮就有多渴望。”当年，这个答案就在太行山深处这个叫黄崖洞的地方。这里也被朱德称为“八路军的掌上明珠”。

1939年7月，日军入侵榆社，八路军总部修械所受到威胁。为了隐蔽目标并创建长期而稳固的军工生产基地，八路军总部选定黄崖洞建兵工厂。

距离长治市不到100公里的黄崖洞，沟壑纵横、断壁如削，只有一条狭长的“S”形通道可进入。通道长1.5公里，两旁壁立千仞，可谓“一夫当关，万夫莫开”。

来到谷底，在太行绝壁的半山腰上，高25米、宽20米、深40米的黄崖洞可以装下两个连的兵力，易守难攻，而且干燥凉爽，适宜存放武器弹药。不远的山腰处，林木茂密，十分隐蔽，非常适合建厂房。

5个月后，在黄崖洞兵工厂里，一双双务农的手学会了制图、操作机床，捡回的弹壳、缴获的钢盔、日军运输线上的铁轨都成了原材料，产量最高时每月可达3000发炮弹。后来，该厂还造出了枪——一种名叫“八一式马步枪”的新式武器，让八路军战士如虎添翼。

“那时制造火药会在身旁挖个坑，应对突如其来的意外，条件实在太简陋了，有好多人遭遇了不幸。”追忆当时的场景，周建民觉得不能辜负前辈先烈的血泪奋斗。

就是这些“土八路”制造的“土字牌”军火，炸塌了敌人的碉堡，摧毁了敌人的工事，将日本人口中的“名将之花”阿部规秀击毙在黄土岭。

1941 年 11 月，日军纠集其号称“钢铁大队”的三十六师团的 5000 余人，分几路进犯黄崖洞，妄图摧毁兵工厂。

当时在黄崖洞设防的是八路军总部特务团。这支担负朱德总司令警卫任务的胜利之师，与来犯日军激战 8 天 8 夜，歼敌 1000 余人，创造了敌我伤亡比例 6 ∶ 1 的辉煌战绩。

这场战斗中，17 岁的小号手崔振芳把守黄崖洞的唯一通道——南口。在那里坚守的 7 天 7 夜，崔振芳孤身战斗在陡崖上，居高临下，投出了 120 多枚手榴弹，炸死敌兵数百人，不料被弹片击中喉咙壮烈殉国，是八路军最年轻的烈士之一。

80 年后，黄崖洞硝烟散尽。今年五一，经过 3 年大规模改造升级后的黄崖洞旅游景区盛装亮相。

如今的黄崖洞山清水秀，苍茫巍峨的太行山里云蒸霞蔚，如大海般壮阔，那种激动人心的力量依然催人奋进。

1941 冬，在太行山深处、进入黄崖洞兵工厂的险隘处，司号员崔振芳向进犯日军投掷了超百枚手榴弹，举着最后一枚，挺身扑向敌人。今天，英雄曾吹响的军号，便陈列于中国共产党历史展览馆中，昭示着民族复兴的历史密码。

面对日军疯狂频繁的“扫荡”，设备、原料极度缺乏，技术、工艺更是落后。但老一代兵工人发挥聪明才智，用了大量土办法，硬是把不可能变成了可能。面对西方长达70多年的技术封锁，一代代兵工人敢于斗争，善于斗争，运-20、歼-20、国产航母等大国重器相继亮相，举世瞩目。

本文刊于2021年5月14日《山西工人报》

新闻责任
工会声音
职工情怀
维权担当

SHANXI GONGREN BAO

山西省总工会主管主办
山西工人报社出版

山西工人网 http://www.sxgrw.com
E-mail:sxgrb@163.com
(今日四版)

国内统一刊号 CN14-0003 邮发代号 21-10 2021年5月14日 星期五 农历辛丑年四月初三 总第10209期

4月我国人民币贷款增加1.47万亿元

奋斗百年路 启航新征程

建党百年·山西重大工运事件重要工运人物寻访展示

黄崖洞兵工厂:新中国的"兵工摇篮"

本报记者 李彦斌

新时代 楷模

多年来，陈素琴跟抓剧目创作，形成了新创剧目开局面、移植剧目闯市场、传统剧目练队伍的良好态势，硬是把"上党梆子第一团"这面大旗举了起来——

躬耕梨园，只为上党梆子薪火相传

本报首席记者 李建旺

(下转第2版)

朔州市总举办全市职工健排舞培训班

晋中市开展《保障农民工工资支付条例》宣传活动

工信部加大力度整治电信网络诈骗

云冈文化保护法庭揭牌

系我省首家文化保护法庭

能不能把"4点半"变成"5点半"？

尹思源

职工有话说

"中国好老师"公益行动计划山西省第五届"三晋"省级育人论坛活动举行

晋绥边区总工会：镌刻在革命根据地的工运记忆

陈秋莲

铭刻

历史是民族和国家的记忆。

晋绥边区（又称“晋绥革命根据地”）就是矗立在国人心中永远的丰碑、红色的记忆。

抗日战争时期和解放战争时期，它在陕甘宁边区的门户上给敌人竖起一道难以逾越的屏障，保卫了延安和党中央。这里是从全国各抗日根据地进出延安唯一的交通枢纽，是延安与莫斯科联系的国际交通线。

在抗战烽火中成立的晋绥边区总工会，从1940年3月到1949年2月的9年间，组织动员、团结带领占根据地人口不到3%的工人阶级，经历血与火的洗礼、大生产运动的淬炼、识字运动和自身建设的涅槃，为抗日战争和解放战争的胜利立下了不朽功勋，在中国革命史和中国工人运动史上留下了光辉的一页。

8月3日，记者乘坐蔡家崖号旅游专列，踏上了兴县这片红色沃土，来到晋绥边区首府——蔡家崖。

西临黄河，依山傍水、风景宜人的蔡家崖，在抗日战争和解放战争期间，是晋绥边区政府和晋绥军区司令部所在地，人称“小延安”。

巍然屹立在黄河以东的晋绥边区，以兴县为中心，由晋西北、晋西南和绥远（今内蒙古）大青山组成，是中国共产党领导的八路军、山西新军以及其他抗日部队，依靠工人阶级和广大人民群众的支持，在华北创建的敌后四大抗日根据地之一，是八路军三大主力之一第一二〇师的主要活动区域。

晋绥边区地处黄土高原，峰峦叠嶂、沟壑纵横，南北纵达 1000 公里，东西横跨 250 公里，西与陕甘宁边区跨黄河相望，东与晋察冀边区、晋冀鲁豫边区隔同蒲铁路相接。毛泽东曾评价，晋西北（1942 年后又称晋绥边区）有着战略上的重要地位。

9 年间，晋绥边区总工会的名称也随着抗战形势经历了多次变化。1940 年 3 月成立时叫晋西区总工会，主任王永和；1942 年 8 月，随着中共中央晋绥分局的成立，改为晋绥边区总工会（也称晋绥边区工人救国会）；同年 12 月，总工会领导机关并入晋绥边区抗联，称工人部，保留工救会名义，王永和、吴子瑜先后任主任（部长）；1945 年 8 月抗战胜利后，恢复晋绥边区总工会，下设 6 个分区工会，吴子瑜、陈希云先后任主任；1949 年 2 月，随晋绥与陕甘宁两个边区政府的合并撤销。

记者利用半个月时间，访旧址、找故人、翻资料、听回忆、看展馆，俨然一个“淘宝”之人，在浩瀚的党史海洋中，用工人运动这条红线把精心寻觅、甄选出来的珍贵的重大事件、重要人物、关键时间节点等资料像珍珠似的串起来，从点到线再到面，还原出晋绥边区总工会轰轰烈烈的 9 年工运时光。

让我们穿越时空，回到 80 多年前那个战火纷飞的年代，一同走过那段荡气回肠的工运岁月。

艰难困苦中诞生，战斗与生产是其特殊使命

夕阳下，兴县中学旧址静静地伫立着，恬淡平常。

但是，谁能想到，81年前的春天，这里曾发生了载入中国工运史册的一件大事。

1940年3月11日，贺龙、关向应、林枫、续范亭等晋绥边区党政军要员齐聚在这里，庆祝晋西北工人第一次代表大会召开。

据《晋绥革命根据地工人运动史》一书记载，此次大会通过《抗日斗争八项纲领》《关于改善工人生活办法草案》，分别作为工会工作宗旨和改善工人生活维护工人利益准则，号召广大工人阶级参加对敌斗争和生产运动，争做保卫与建设抗日民主根据地的模范。

会议选举王永和、赵华清等17人为大会执行委员，王永和为主任。晋绥边区总工会（晋西区总工会）成立了，边区轰轰烈烈的工人运动就此展开了。

晋绥边区总工会是在山西省总工会发出号召全省工人组织参加工会、参加抗战，以发挥工人阶级强大力量的《告全省工人书》后，在工卫旅的帮助下，晋西北各分区工会组织普遍建立的基础上成立的。

彼时，抗日战争已由战略防御阶段进入相持阶段。日军改变侵华政策，将侵华日军百分之六七十的兵力和几乎全部伪军，用于打击八路军和新四军，对各敌后抗日根据地进行大规模的连续“扫荡”“蚕食”，实行野蛮的“三光”政策，妄图将根据地军民困死、饿死。国民党政府在日本侵略者的诱降下，消极抗日，积极反共，破坏抗日民族统一战线，不但停发八路军、新四军的经费，还调集军队对抗日根据地进行军事包围和经济封锁。

晋绥边区地广人稀、山多林少，连续3年发生自然灾害，晋绥革命根据地进入极端困难时期。特别是1940年后，陕甘宁边区南、北、西及晋西南被国民党军包围。

晋绥边区是延安与华北、华中等抗日根据地联系的主要通道，又是隔绝日军、保卫陕甘宁边区的钢铁屏障。为切断这一咽喉要道，日军采取了“囚笼政策”“铁壁合围”“篦梳战术”进行野蛮、残酷的“蚕食”“扫荡”。

为粉碎日军的“扫荡”、封锁，坚持敌后抗战，中国共产党制定和实施了巩固解放区（党领导的抗日敌后根据地）“十大政策”，并提出“自己动手，生产自给”，号召边区军民一面战斗、一面生产。这种形势下成立的晋绥边区总工会肩负特殊使命。

《抗日斗争八项纲领》规定，为了发动并组织全晋西工人，坚决领导他们完成保卫与建设新的晋西抗日根据地而达到抗战最后胜利之目的，要求发动工人参加抗日武装斗争；组织晋西全体工人，联合并领导一切抗日人民，坚持抗战；领导工人进行必要的改善生活的斗争；在生产运动中工人要起模范作用，创造劳动英雄；开展工人文化教育工作……

可以用 4 个字高度概括晋绥边区总工会成立后的使命：战斗、生产。用战争保卫生产，用生产支援战争。由此可以看出，围绕中心、服务大局历来是工会工作的生命线。

战火纷飞中洗礼，游击战争保卫根据地

1940 年 9 月 2 日，日军百余人用汽车载着山炮和重机枪气势汹汹地向工卫旅二十二团所在的文水县马西村、神堂村扑来。工卫旅侦查员发现后用手榴弹示警，使部队成功转移隐蔽。日军向神堂村打了一通炮后，便进入马西村吃饭休息。但是，让日军没想到的是，二十二团杀了个“回马枪”。当工卫旅战士以迅雷不及掩耳之势从街道和房顶冲杀过来时，日军顿时大乱。除少部分负隅顽抗外，大多仓皇逃窜。此次战斗，工卫旅战士击毙伤日军 20 余人，缴获山炮

1门、炮弹2箱、汽车1辆以及其他物资。

百团大战结束后，在交城县召开的祝捷大会上，山西新军总指挥部政委罗贵波称赞，工卫旅开创了晋西北新军（山西新军的一部分）缴获敌人山炮的光荣先例。

诞生于抗日战争硝烟中的工卫旅是山西省总工会响应中共山西省委“武装山西工人，坚持山西抗战”的号召，组织产业工人挺身而出、拿起武器成立的工人自己的武装。他们转战晋西北，配合八路军成功地进行了百团大战、反“扫荡”战争，还无数次单独向敌人发动突然进攻，一次次击退了日军的侵略。据史料统计，1937年至1945年，工卫旅参加战斗近千次，其中主要战斗300余次，击毙伤俘日军、伪军、顽固分子3000余人。

抗战胜利后，工卫旅先后被编入中国人民解放军晋绥野战军和西北第一野战军序列，为解放全中国踏上新的征途。晋绥边区的主要缔造者贺龙曾对战士说，晋西北虽然条件最差，但离党中央最近。党中央和毛主席派大家来守延安的大门，这是对大家的信任。

晋绥边区总工会把抓好武装斗争作为支援抗战最重要和最有效的工作放在首位。《抗日斗争八项纲领》第一条明确规定，发动工人参加抗日武装斗争，掀起工人自觉自愿参军参战热潮，并推动农民群众参战，为保卫晋西北抗日根据地而奋斗。

在晋绥边区总工会及所属各级工会的领导下，边区工人除加入工卫旅直接战斗外，或组成游击队配合主力部队作战，或各矿区成立武装边生产边袭扰敌人，在战火的洗礼中前赴后继、英勇奋斗，用自己的青春热血保卫着晋绥革命根据地，谱写了许多可歌可泣的工人阶级赞歌。

以城镇、乡村手工业工人、雇工、短工为主体组成的内蒙古抗日游击队、归凉游击队以及和林县游击队是晋绥边区游击队配合主力袭击日伪军、筹集物资、支援军需、英勇抗战的典型代表。

各矿区纷纷成立工人武装队伍。大同煤矿有 20 多人的彭明旺矿工游击队、70 余人的穆大虎矿工游击队以及李有富游击队等，都被编入中共大怀左县委领导下的矿区抗日武装队伍。

太原有西山矿工自卫队、东山游击队和阳曲工卫队。其中，阳曲工卫队是由山西省总工会原常委张兴业担任政委，于 1940 年年初成立的一支工人武装，从最初的 30 多人发展到 100 多人。还有太谷工人游击队、新绛纱厂工人游击队……

这些工人武装在各自所处地区，利用人员、环境的优势，主动打击敌人，粉碎日军的“扫荡”“围剿”，为保卫根据地作出了贡献。后来，绝大多数工人武装被编入了八路军或山西新军。

还有不脱产的工人游击小组，采用巧妙的游击战争，出其不意地拔据点、打援敌、毁交通，打击袭扰敌人。韩福林是平绥铁路三道营火车站工务段的工人，因不堪忍受日军的欺凌，翻山越岭找到大青山的八路军。他自愿当向导，带着 30 多人的八路军队伍隐蔽在车站附近。在夜幕的掩护下，八路军利用下一趟火车到来前 4 个小时的间隙，割断了车站电线，拆除了轨道螺丝夹板，断绝了敌人的交通线并袭击了车站。奇袭三道营火车站，缴获敌人 16 支三八大盖步枪、15 顶钢盔、万余发子弹和 1 箱手榴弹，打死了日本人站长。

晋绥革命根据地资料表明，据不完全统计，1940 年夏天到 1941 年年底，晋绥边区不脱产的工人、民兵、游击小组与日军进行大小 100 多次战斗，毙伤日伪军 2400 多人。

正是包括工人阶级在内的晋绥边区军民开展了广泛深入的敌后游击战争，歼灭并牵制了大量日军，始终未让日军越过黄河进犯陕甘宁边区，保卫了延安和党中央。

《党史文汇》中写道：“在晋绥边区军民的浴血奋战下，整个抗战期间革命圣地延安得以远离战火，为进行整风、教学、大生产、大练兵、召开党的七大创造了稳定的环境，为夺取抗日战争的最后胜利积蓄了力量。”

大生产中淬炼，千余英模建设根据地

晋绥革命纪念馆内有这样一段文字：1940 年至 1945 年，边区军民开荒 195 万余亩，相当于 1 个兴县、3 个保德县、6 个方山县的面积总和，新增水地 10 万亩；炼铁 137.5 万公斤，建造油坊 662 座，生产硫矿 27.8 万公斤，煤炭、陶瓷、制药工业等得到了极大发展。到 1948 年，建立了以晋绥边区为主的 13 个军工厂，仅据第二军工厂 1947 年至 1949 年不完全统计，生产迫击炮弹近 10 万发、山炮弹近 3000 发、子弹近 12 万发。

这是晋绥边区开展大生产运动的丰硕成果。兴起于陕甘宁边区的大生产运动在晋绥边区得到了全面传播和弘扬。晋绥边区总工会一成立，各级工会组织就积极响应党中央的号召，开展大生产运动，并采取了农业率先突破、工业商业协同发展的策略，以解决根据地面临的实际困难。

晋绥边区广大工人群众发挥自己的聪明才智，生产效率和产品质量都有了很大的提高，不仅解决了边区广大军民的吃饭穿衣问题，而且生产了大量的武器弹药支援抗战。

1945 年 9 月 2 日，纽约《下午报》发表《纽约时报》兼《时代》杂志记者爱卜斯坦 1944 年考察晋绥边区经济建设后写的文章：“政府官员和防军从事垦荒、纺纱、织布，把他们的技术知识凑在一起，从乌有之中建立工业……到 1944 年，他们得到报酬了。我和其他外国记者访问共产党领导的地区，发现晋绥那边的老百姓和士兵比中国任何其他地方都穿得好、吃得好。”

大生产运动一经兴起就成蓬勃之势，涌现出大批劳动英雄。张秋风就是一名典型的工人劳动英雄。

张秋风是河北人，19 岁时孤身一人来到太原兵工厂当工人，并参加了山西牺牲救国同盟会；七七事变后，参加山西工人武装自卫队并加入共产党；1938 年冬，成为晋绥边区工卫旅修械所的一名翻砂工。在大生产竞赛中，他刻苦学习文化知识，从一个文盲变成能读书、会看报、懂革新的优秀技术工人。

1943 年，晋绥《抗战日报》(《晋绥日报》)报道了张秋风的事迹:翻砂工艺别人要学七八年，他只用 4 年就掌握了全部工艺且积极开展技术革新，在翻造某种武器时将零件使用量减少到 3/8，既节约了原料又提高速度 1 倍以上。他优化手榴弹的钉眼工作，使日产量提高了 1/4。当时，一般翻砂工一天可翻砂 10 箱，他却翻 50 多箱，且造出来的手榴弹壳厚薄均匀，炸开时弹片多而碎，使每个手榴弹节省一半铁水。他的生产工具能比别人多用 1/6 的时间，还毫无保留地把技术教给徒弟。

1941 年、1942 年，张秋风连续被评为边区特等劳动模范。《抗战日报》称他为“晋西北工人阶级抗日生产的光荣旗帜”。从 1943 年五一起，晋绥行署、军区后勤部、总工会决定开展“张秋风运动”。晋绥分局代理书记林枫还发出了“我们需要更多的张秋风”的号召。

以张秋风为榜样，学张秋风精神、做张秋风式的好工人，一场群众性的前所未有的“张秋风运动”就此迅速在晋绥边区工业系统内蓬勃地开展起来。厂与厂、组与组、人与人之间的劳动竞赛热火朝天。

军区工业部更是一马当先。例如，在制造某种兵器零件时，经技术革新，生产效率由 120 个小时减少到只需 39 个小时，制模节约了一半人工，机钳工产量普增 1 倍至 3 倍，废品较以前减少 2/3，一年内节约原材料价值达 20 万元以上。张秋风所在小组开展了生产竞赛活动，1945 年利用业余时间生产地雷、手榴弹 3 万颗。临南招贤镇工人刘青云和工友们开展劳动竞赛，1944 年将炼铁从原计划每炉出铁 275 公斤提高到 300 公斤，还将三天出一炉铁缩短到两天，使生产效率大幅度提高。

《山西军事工业工人运动史通览》中写道：“‘张秋风运动’在晋绥边区历时 6 年之久，对于组织发动职工群众搞好生产、支援抗日战争和解放战争、夺取全国胜利起到了积极的作用。”

“张秋风运动”是晋绥边区工人运动史上的一个大事件，在晋绥边区和全国工人运动史上有着重要的位置。

为此，晋绥边区于 1942 年 1 月至 1944 年 12 月间，4 次召开大型群英会，对从工农业生产一线和武装斗争中涌现出的 1045 名劳动模范和战斗英雄进行表彰。他们为生产运动的开展作出了不可磨灭的贡献，推动根据地生产事业和各项工作蓬勃发展。

《晋绥革命根据地工人运动史》评价，边区总工会在表彰活动后，对劳模运动的进一步规范化和制度化，为新中国成立后劳模评选表彰制度的形成奠定了基础。

识字运动中涅槃，强大自身投身全国解放

列宁曾说，工会是工人的学校。

“抗战时期，晋绥边区约有各业工人八九万人（1944 年 6 月晋绥边区行政公署的统计），另外农村雇工、羊工、煤工、手工业工人等也有很大的数目。但统计也表明，晋绥边区文盲占总人数的 90% 以上。在工厂，由于工具、机器的逐步发展，工人们感到没有文化就不能很好生产。”《晋绥革命根据地工人运动史》如是记述。

晋绥边区总工会成立之日，就把培养教育工人作为重要工作。《抗日斗争八项纲领》提出，开展工人文化教育工作，发动工人识字运动，加强干部学习竞赛，加强工人阶级教育，培养提拔工人干部。

联系实际、互教互学是晋绥边区工人开展文化技术学习的一大特点。由八路军第一二〇师修械所与工卫旅修械所合并而成的修械厂有200余名工人，根据文化程度编成不同班组。按照学习计划，由专兼职教员利用晚饭后的业余时间进行培训，并把文化、政治和技术学习相结合，还不定期进行测验。工卫旅从1939年至1942年举办数期训练班、七八期教导队，每期百十来人。

据《晋绥革命根据地工人运动史》记载，根据地相当困难，可以说要什么没什么，几乎所有学习用具全部是工人们自己动手做的。

黑板用白灰和麻刀和成泥在墙上抹平，墨用烟灰加胶水配制，粉笔是用石灰放入自制模具里倒出来的。没有桌凳，工人们自己想办法：向老乡借、用木头板子钉、两腿一并就是最简单的桌子。麻纸、旧报纸、桦树皮、沙盘都可以当纸；笔是土洋结合，买个笔尖，插在一截高粱秆上，或绑在一个细木棍上……

尽管条件异常艰苦，但工人们十分珍惜，如饥似渴地学习，相互之间还开展学习竞赛。对学习好的工人，工厂奖励铅笔、笔记本等学习用具。修械厂文化教员陈儒茂还被调去给毛泽东当警卫员。

成立工人剧团，通过自编自导自演，用身边事教育身边人也是边区识字运动的一大特色。在一般公营工厂，行政和工会组成了教员委员会。除集体上课外，干部和工人还组织了不脱产的剧团，把工人生产、学习中发生的各种情况、先进事迹都编写、表演出来，既教育了工人又调剂了工人的业余文化生活；同时，工人们办墙报、开小组会、写发言稿、研究技术及讨论问题蔚然成风。

农村中的工人则开展冬学运动。保德县纸工、煤工让教员把生字写在纸条上贴到水池边或煤窑口，一边干活，一边认字。临南招贤镇工人成立了读报小组、业余剧团。生动活泼的冬学运动成效显著。据当时对 19 个县的统计，仅 1941 年就设立冬学 3116 所，学员 178182 人。

学习的持久进行让晋绥边区工人的精神面貌发生了变化，文化技术水平、政治思想觉悟均得到提高，文化生活进一步活跃。

1944 年 7 月，在晋绥文联举办的抗战七周年文艺有奖征文活动中，收到职工群众的作品 130 多件，工卫旅原二十三团团长亚马还担任了晋西北文联主任。

晋绥边区总工会成立时虽然只有几个分区工会和部分县工会，但不断开展的干部培养工作为日后的组织健全创造了条件。

有关资料记载，1943 年，晋绥边区已形成一支拥有 7.8 万余人的各业工人队伍；到 1946 年 10 月，全边区工人总数达 11.2 万人，工会会员发展到 6 万人。

解放战争时期，晋绥边区各地工人群众或夫妻双双支前，或母亲送子上战场，或在后方工厂努力生产，或在敌人内部配合斗争，成为一支不穿军装的生力军。

在晋绥边区广大工人群众的支援下，人民解放军如虎添翼，攻无不克、战无不胜。1947 年 12 月至 1949 年 9 月，人民解放军接连解放了运城、临汾、晋中、包头、太原，和平解放了大同和绥远。从此，晋绥全境得到解放。

1948 年 8 月 1 日至 22 日，晋绥边区杨开林、刘林元、张秋风等 8 名代表出席了在哈尔滨召开的第六次全国劳动大会。这次在中国工运史上意义深远的大会，通过了《关于中国职工运动与当前任务的决议》，制定了新的《中华全国总工会章程》，重新建立了全国工人的统一组织——中华全国总工会，实现了全国工人运动的统一。

1949 年 1 月，张秋风等代表归来，受到临汾千余名工人的热烈欢迎。随后，晋绥边区总工会、各分区工会、工矿企业工会都采用各种形式传达贯彻大会精神，让工人群众明确面临的任务和奋斗方向。晋绥边区广大工人在党的领导和各级工会的组织下，按照大会的要求，以主人翁的姿态继续开展劳动竞赛，努力提高生产效率，繁荣经济，支援前线，为新中国诞生贡献自己的力量。

1949 年 2 月，晋绥与陕甘宁两个边区政府合并，原晋绥边区总工会完成了自己的使命，随之宣告撤销。

一个月后，党的七届二次全会正式提出了对全党工作和中国工人运动发展具有深远意义的“全心全意依靠工人阶级”的方针。

艰难困苦，玉汝于成。

晋绥边区工人阶级是中国工人阶级的组成部分，为民族独立和祖国解放创造了不朽的英雄业绩，谱写了一首壮丽的革命史诗。

抗日战争时期，他们积极参军参战，端据点炸碉堡、锄汉奸毁桥梁，就像钢刀插入敌人的胸膛，打得敌人魂飞魄散，成为抗战先锋，挽救民族危亡。

他们一边战斗一边生产，开荒种地挖煤炼铁，纺线织布造枪炮弹药，白手起家艰苦创业，满足军需民用，为保卫建设根据地和抗战胜利提供源源不断的保障。

解放战争时期，他们再次冲锋在硝烟里，用鲜血和汗水伴随着人民解放军的洪流洒遍祖国大地。他们再次掀起劳动热潮，保障解放区军民的需要，支援解放战争由防御到进攻，促进了全国胜利的到来。

晋绥边区总工会虽然只存在了 9 年，却在这短暂的 9 年里点亮了广大边区工人的信念，汇聚起工人群众的磅礴力量，惊艳了革命根据地的烽火时光，成为镌刻在晋绥革命根据地这块红色土地上不可磨灭的工运记忆。

本文刊于 2021 年 9 月 2 日《山西工人报》

山西工人報

SHANXI GONGREN BAO

新闻责任 工会声音 职工情怀 维权担当

山西省总工会主管主办
山西工人报社出版

山西工人网 http://www.sxgrw.com
E-mail:sxgrb@163.com
（今日四版）

国内统一刊号 CN14-0003 邮发代号 21-10 2021 年 9 月 2 日 星期四 农历辛丑年七月廿六 总第 10317 期

我国已开通建设 5G 基站 99.3 万个

覆盖所有地级市

据新华社北京电（记者李放 王晓清） 8 月 31 日下午在北京开幕的"2021 世界 5G 大会"上，工业和信息化部部长肖亚庆介绍，目前我国已开通建设 5G 基站 99.3 万个，覆盖全国所有地级市、95%以上的县区和 35%的乡镇，5G 终端手机连接数超过 3.92 亿户。

据了解，本届 5G 大会以"5G 深耕，共融共生"为主题，来自 20 个国家的 1500 余位业界专家、学者和企业家以线上或线下的方式参会。大会包括论坛、展览展示、5G 应用设计揭榜赛等，全面聚焦共建数字基础设施，致力推动产业合作、跨界融合，搭建 5G 领域国际交流合作以及产业链协同创新的桥梁，构筑 5G 深耕行业的展示及推广平台，助力打造 5G 与其他行业领域共融共生、蓬勃发展的良好局面。

奋斗百年路 启航新征程

建党百年·山西重大工运事件重要工运人物寻访展示

晋绥边区总工会

镌刻在革命根据地的工运记忆

本报首席记者 陈秋莲

【铭刻】 历史是民族和国家的记忆。

晋绥边区（又称晋绥革命根据地）就是矗立在国人心中永远的丰碑、红色的记忆。

抗日战争时期和解放战争时期，它在陕甘宁边区的门户上给敌人竖起一道难以逾越的屏障，保卫了延安和党中央，也是从全国各抗日根据地进出延安唯一的交通枢纽，是延安与莫斯科联系的国际交通线。

在抗战烽火中成立的晋绥边区总工会，从 1940 年 3 月到 1949 年 2 月的 9 年间，组织动员、团结带领占根据地人口不到 3%的工人阶级，经历血与火的洗礼、大生产运动的淬炼、识字运动和自身建设的洗礼，为抗日战争和解放战争的胜利立下了不朽功勋，在中国革命史和中国工人运动史上留下了光辉的一页。

8 月 3 日，记者乘坐蔡家崖号旅游专列，踏上了兴县这片红色沃土，来到晋绥边区首府——蔡家崖。

西临黄河，依山傍水，风景宜人的蔡家崖，在抗日战争和解放战争期间，是晋绥边区政府和晋绥军区司令部所在地，人称"小延安"。

巍然屹立在黄河以东的晋绥边区，以兴县为中心，由晋西北、晋西南和绥远（内蒙古）大青山组成，是中国共产党领导的八路军、山西新军以及其他抗日部队，依靠工人阶级和汉、蒙、回等广大人民群众的支持，在华北创建的敌后四大抗日根据地之一，是八路军三大主力之一 120 师的主要活动区域。

它地处黄土高原，峰峦叠嶂，沟壑纵横，南北纵达 1000 公里，东西横跨 250 公里，西与陕甘宁边区跨黄河相望，东与晋察冀边区、晋冀鲁豫边区隔同蒲铁路相接。

毛泽东曾这样评价晋绥边区的重要性："晋西北（1942 年后又称晋绥边区）有着战略上的重要地位。"

9 年间，晋绥边区总工会的名称也随着抗战形势经历了多次变化。

1940 年 3 月成立时叫晋西区总工会，主任王永和；1942 年 8 月，随着中共中央晋绥分局的成立，改为晋绥边区总工会（也称晋绥边区工人救国会）；同年 12 月，总工会领导机关并入晋绥边区抗联，称工人部，保留工救会名义，王永和、吴子瑜先后任主任（部长）；1945 年 8 月抗战胜利后，恢复晋绥边区总工会，下设 6 个分区工会，吴子瑜、陈希云先后任主任；1949 年 2 月，随着晋绥与陕甘宁两个边区政府合并撤销。

记者利用半个月时间，访旧址、找故人、翻资料、听回忆、看展馆，俨然一个"淘宝"之人，在浩瀚的党史海洋中，用工人运动这条红线把精心寻觅、甄选出来的珍贵的重大事件、重要人物、关键时间节点等资料像珍珠似的串起来，从点到线到面，还原出晋绥边区总工会轰轰烈烈的 9 年工运时光。

让我们穿越时空，回到 80 多年前那个战火纷飞的年代，一同走过那段荡气回肠的工运岁月吧。

艰难困苦中诞生，战斗与生产是其特殊使命

夕阳下，兴县中学旧址静静地伫立着，恬淡平常。

但是，谁能想到，81 年前的春天，这里曾发生了载入中国工运史册的一件大事。

1940 年 3 月 11 日，贺龙、关向应、林枫、续范亭等晋绥边区党政军要员齐聚在这里，庆祝晋西北工人第一次代表大会召开。

《晋绥革命根据地工人运动史》一书记载，此次大会通过《抗日斗争八项纲领》《关于改善工人生活办法草案》，分别作为工会工作宗旨和改善工人生活维护工人利益准则，号召广大工人阶级参加对敌斗争和生产运动，争做保卫与建设抗日民主根据地的模范。

会议选举王永和、赵华甫等 17 人为大会执行委员，王永和为主任。

晋绥边区总工会（晋西区总工会）成立了，边区轰轰烈烈的工人运动就此展开了。

这是在山西省总工会发出号召全省工人组织参加工会、参加抗战，以发挥工人阶级强大力量的《告全省工人书》后，在工卫旅的帮助下，晋西北各分区工会组织普遍建立的基础上成立的。

彼时，抗日战争已由战略防御阶段进入相持阶段。

日军改变侵华政策，将侵华日军百分之六七十的兵力和几乎全部伪军，用于打击八路军和新四军，对各敌后抗日根据地进行大规模的连续"扫荡""蚕食"，实行野蛮的"三光"政策，妄图将根据地军民困死、饿死。

（下转第 4 版）

了解晋绥边区总工会的光辉事迹，请扫二维码

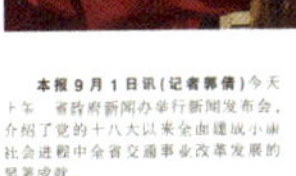

近日，国网山西送变电公司应急检修中心和输电一分公司以党支部党建联盟为带动，组织党员服务队积极开展"我为群众办实事"实践活动，对工器具进行"体检"，确保一线职工用上放心、安全、合格的工器具。图为党员服务队队员对工器具开展试验检测工作。 宋娟 李江 摄影报道

党组书记谈工会党建

以党史学习教育为契机，推动工作做细做精做深

——访大同市总工会党组书记、常务副主席姚夏冬

本报首席记者 秦岭

党史学习教育开展以来，大同市总工会坚持以职工为中心的工作导向，坚持"双面向、双服务"的工作思路，以庆祝建党 100 周年为主线，全面加强工会系统党的建设，各项工作取得显著成效。8 月 25 日，记者采访了大同市总工会党组书记、常务副主席姚夏冬。

记者：您好，姚主席。今年是建党 100 周年，请您简单介绍一下大同市总开展纪念活动的相关情况。

姚夏冬：党史学习教育开展以来，我们按照省总和市委的部署，细化方案举措，邀请专家教授，以党史、新中国史、改革开放史、社会主义发展史为重点，开展"学党史、听党话、跟党走"等主题教育和专题辅导，举办"党在我心中"全市职工党史知识线上线下竞赛，结合《大同工会志》加强学习大同工运历史。

同时，市总开展了"中国梦·劳动美——永远跟党走，奋进新征程"主题宣传教育，送理论、送党史、送文化进企业、进项目、进工地；举办了第三届"劳动者之歌"全市职工书画展、文艺展演、主题征文、"我身边的党员故事"短视频征集、全健排舞培训等活动，展现了中国共产党的百年奋斗历程，展示了全市职工开拓进取的精神风貌。各县（区）工会依托职工文化活动中心等，开展职工演讲比赛、摄影展等活动 22 项。

记者：形式多样的活动不仅展现了工会干部和广大职工热爱党、拥护党、坚决跟党走的坚定信心，更体现了多年来工会组织以党建带工建，坚持"双面向、双服务"的工作思路。大同市总在党建带工建方面有什么举措呢？

姚夏冬：2020 年，市总印发了《市总机关 2020 年党员干部学习计划》，对市总机关党员干部年度学习进行了总体安排并逐月实施，做好"互联网+"党员学习工作；各党支部按时开展每月支部主题党日活动，及时领会党的重要文件精神。

在全市工会系统开展 2020 年系列专题调研和"党的创新理论"主题宣讲活动。市总党组成员每季度按时深入支部讲党课，分别带队深入县、区、厂矿宣讲党建理论，提升工会干部面向基层、服务职工的能力。

此外，大同市总将办公楼的空白墙打造成"党建+工会"文化长廊，充分展现了会党建促工建工作联动、互动的创新成果。

结合党建工作，市总制订下发了《关于组织市总机关干部深入扶贫村入户调查跟踪服务的通知》，明确了脱贫攻坚工作任务并落实责任。党组成员分批带领机关干部深入扶贫村入户调查，完善资料、了解贫困户情况；开展精准扶贫工作，全体干部深入扶贫联系村白羊村，对贫困户和养老院老人进行慰问；全体党员自发购买当地特色农产品黄花，支持农民创收。

记者：着力提升服务能力，立足基层为广大职工服务，大同市总围绕提升职工素质和技能做了哪些工作？

姚夏冬：大同市总始终坚持"双面向、双服务"的工作思路，今年组织了"新时代最美劳动者""三晋工匠""大同工匠"评选、发布、宣传活动，深入开展以劳动创造幸福为主题的宣传教育，在《大同日报》《大同晚报》开辟"致敬劳动者"专栏，报道全市各行业劳模代表的先进事迹。

围绕大局开展劳动竞赛和职业技能竞赛。市总以创建"工人先锋号"为载体，在全市转型发展重点工程、重大项目开展"建功'十四五'，转型蹚新路"主题劳动和技能竞赛；举办"工匠杯"职工职业技能竞赛，探索在新产业新业态开展竞赛的新形式。

聚焦"六新"开展职工创新活动。大同市总加大"五小"成果转化力度，新命名 30 家市级职工创新工作室，对职工（劳模）创新工作室建设工作复盘总结；引深劳模（职工）技术服务队的服务实效，为劳模工匠在思想引领、建功立业、素质提升等方面发挥作用搭建平台。

全力建设高素质劳动大军。今年年初以来，大同市总以巩固提升大同工匠学院、农民工实训基地运营实效为牵引，全面建设"工匠学院+实训基地+网上培训"三位一体的工会技能培训阵地，广泛开展职业技能培训，上半年累计组织培训 19 期、2210 人次，让广大职工和农民工通过"一院一基地"增强获得感，加快建设知识型、技能型、创新型劳动者大军。

铁路 12306 网站推出适老化及无障碍功能

新华社北京 9 月 1 日电（记者樊曦）记者从中国国家铁路集团有限公司获悉，9 月 1 日，铁路 12306 网站进行的适老化及无障碍改造相关功能正式上线运行，为老年人及障碍人士线上购买火车票提供更多便利。同时，12306 手机 App 适老化及无障碍功能正在进行测试准备，将于 9 月上旬上线运行。

国铁集团客运部负责人表示，目前在铁路 12306 网站注册的 65 岁以上用户有 2500 万人，实施适老化及无障碍功能改造将有效解决老年人和障碍人士在网络购票中遇到的实际问题，帮助他们更好地适应并融入智慧社会，进一步提升购票体验。同时，铁路部门还保留了现金购票、人工服务等线下渠道，加强重点旅客预约服务，为老年人及障碍人士购票出行提供便利。

全面建成小康社会进程中全省交通事业改革发展取得显著成就

交通先行铺就三晋"小康路"

本报 9 月 1 日讯（记者郭倩）今天上午，省政府新闻办举行新闻发布会，介绍了党的十八大以来全面建成小康社会进程中全省交通事业改革发展的显著成就。

党的十八大以来，山西省交通运输厅秉持"转型蹚新路，交通要先行"的发展理念，全省交通人持之以恒，久久为功，从四个方面持续推进交通运输事业高质量发展。

围绕"一带一路"等战略布局，积极推动我省交通基础设施提质升级。"十三五"期间，全省交通基础设施完成投资 2165.09 亿元，保持了投资的高位运行。全省公路通车里程达到 14.43 万公里，其中 96%的县通了高速公路，95%的乡镇通了三级及以上的等级公路，具备条件的建制村 100%实现了通硬化路。全省民航机场形成"一干六支"格局，国内通达城市 76 个、国际通达地区城市 12 个。建成太原南站、中鼎物流园等一批客运和货运物流枢纽。全省内河航道里程达到 1557 公里，完成老牛湾等 19 个渡口码头改造工程。太原地铁 2 号线建成通车运营，城市轨道交通"从无到有"。

以人民满意交通为宗旨，持续推动运输服务提档升级。"十三五"期间，全省公路旅客年周转量最高达 159.6 亿人公里，民航旅客年吞吐量最高达 2037 万人次，公路货物年周转量最高达 2784.96 亿吨公里，民航货邮年吞吐量最高达 6.7 万吨。开展了多式联运示范工程、"无车承运人"和甩挂运输等试点工作，多种先进运输组织方式实现零的突破。煤炭等大宗货物"公转铁"进程加快推进。在全国率先推行高速公路差异化收费优惠政策，5 年减免货车通行费 57.5 亿元，惠及货车 1.88 亿辆次。

发挥先行官作用，全力支撑全省脱贫攻坚和乡村振兴。58 个贫困县 5 年完成投资 1269 亿元，建成高速公路 391 公里，新改建普通国省公路 943 公里，新改建农村公路 4.28 万公里，新建农村邮政网点 1189 处。具备条件的建制村实现 100%通硬化路、100%通客车、100%通邮。高质量编制了全国第一个全域旅游公路专项规划，累计建成黄河、长城、太行三个一号旅游公路 4087 公里，建成"城景通、景景通"示范路段 1876 公里。

围绕行业转型升级，有力推动了智慧绿色平安交通建设。智慧交通方面，率先实现公交卡与全国 300 多个城市通用，80 个道路运输客运站实现联网售票，11 个设区市实现城市公交智能调度，智慧工地建设全面开展。绿色交通方面，全面实施柴油货车和散装物料运输车污染治理，淘汰国三及以下排放营运柴油货车 13.9 万辆；推广新能源和清洁能源运输装备，全省新能源公交车超过 1.3 万辆，纯电动出租汽车达 1.96 万辆。平安交通方面，统筹推进平安交通建设，持续开展"依法治安""平安工地""双重预防机制"等专项行动。

下一步，山西省交通运输厅将在交通网络"更快捷"、出行服务"提品质"、货运物流"重改善"、创新绿色"补短板"、治理水平"上台阶"5 个方面持久发力，在奋力谱写全面建设社会主义现代化国家山西篇章中当好先行。

□本省新闻速递

- 山西综改示范区5家企业入选国家级专精特新"小巨人"企业
- 太原市失业保险缴费不仅稳岗返还还能"免申即享"

山西工人报

奋斗百年路 启航新征程

4

建党百年·山西重大工运事件重要工运人物寻访展示

晋绥边区总工会：镌刻在革命根据地的工运记忆

晋绥边区第四届群英会

(上接第1版)

国民党政府在日本侵略者的诱降下，消极抗日，积极反共，破坏抗日统一战线，不但停发八路军、新四军的经费，还调集军队对抗日根据地进行军事包围和经济封锁。

晋绥边区地广人稀，山多林少，连续3年发生自然灾害。

晋绥革命根据地进入极端困难时期。

特别是1940年后，陕甘宁边区南、北、西及晋西南被国民党军包围。

晋绥边区成为延安与华北、华中等抗日根据地联系的主要通道，又是隔绝日军、保卫陕甘宁的钢铁屏障。

如果把延安比作全国抗战的“大脑”，那么晋绥边区就是一个个解放区通往“大脑”的咽喉要道。

为切断这一“咽喉”要道，日军采取了“囚笼政策”“铁壁合围”“篦梳战术”进行野蛮、残酷的“蚕食”“扫荡”。

战火纷飞中洗礼，游击战争保卫根据地

工卫旅修械所工人在造地雷

大生产中淬炼，千余英模建设根据地

晋绥边区军民一家亲

晋绥边区军民在大生产运动中纺线织布

一人参军全家光荣

识字运动中涅槃，强大自身投身全国解放

临南招贤镇工人成立了读报小组、业余剧团。

生动活泼的冬学运动成效显著。据当时对19个县的统计，仅1941年就设立冬学3116所，学员178182人。

晋绥边区政府所在地兴县蔡家崖

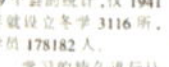

艰难困苦，玉汝于成。

晋绥边区工人阶级是中国工人阶级的组成部分，为民族独立和祖国解放创造了不朽的英雄业绩，谱写了一曲壮丽的革命史诗。

抗日战争时期，他们参军参战，炮播点炸碉堡，除汉奸毁桥梁，犹如钢刀插入敌人的胸膛，打得鬼子魂飞胆散，成为抗战先锋，挽救民族危亡。

他们又战斗又生产，开荒种地挖煤炼铁，纺线织布造枪炮弹药，白手起家艰苦创业，满足军需民用，为保卫建设根据地和抗战胜利提供源源不断的保障。

解放战争时期，他们再次冲锋在烽烟里，用鲜血和汗水伴随着人民解放军的洪流洒遍祖国大地。

他们再次掀起劳动热潮，保障解放区军民的需要，支援解放战争由防御到进攻，促进了全国胜利的到来。

晋绥边区总工会虽然只存在了9年，却在这短暂的9年里点亮了广大边区工人的信念，汇聚起工人群众的磅礴力量，铭绝了革命根据地的伟大时光，成为镌刻在晋绥革命根据地这块红色土地上不可磨灭的工运记忆。

本报地址：太原市新民中街8号山西工人报大厦 电话：(0351)3526288 邮编：030001 广告经营许可证：1400004000063号 广告部电话：(0351)3526283 定价：全年198元 零售每期0.58元 印刷：山西工人报社印刷厂 地址：太原市敦化南路70号

R E N W U　P I A N 人物篇

高君宇：闪电划空，点燃工运之火

李彦斌

铭刻

在中国共产党早期历史上，高君宇被称作“中国青年革命健将”。他师从李大钊，是青年团的发起人之一，做过孙中山的秘书，在莫斯科聆听过列宁的教诲。他与才女石评梅圣洁又凄婉的爱情故事，佐证了周恩来那句“革命与爱情没有矛盾”。

高君宇逝世以后，《向导》《中国青年》均发表悼念文章。《北京大学日刊》评价他，“从事民众运动，八九年来无间歇，久而益厉，猛勇有加，其弘毅果敢，足为青年模范”。高君宇女友石评梅在他墓碑上题写了其生前自题相片的诗句：“我是宝剑，我是火花，我愿生如闪电之耀亮，我愿死如彗星之迅忽。”这是高君宇写在自己照片上的一首言志诗，也是他短暂而光辉的一生的真实写照。从这首革命诗歌中，我们看到，伟大的信仰让高君宇充满力量，他因奔波不息积劳成疾，却不顾个人安危，随时准备为革命付出自己的生命。他如同闪电一般，划破旧世界的黑暗，悄然点亮中国的未来。

亲爱的劳动者朋友，五一为什么会放假？

在我国，可从101年前开始寻找答案。

1920年5月1日，我国工人运动史上的一些先驱人物就开始为此而斗争。

当天，山西籍学生高君宇以北京大学学生会负责人的身份组织上街演讲，散发《五月一日北京劳工宣言》的传单；还参加了长辛店纪念五一集会，向1000多名铁路工人讲了话。

当天，中国共产党先驱李大钊在《新青年》上发表《“五一”运动史》一文，号召中国工人把这年的五一作为觉醒的日期。他的学生、战友高君宇也有两篇文章同时刊发，即《山西劳动状况》《五月一日与今后的世界》。

“正是有了这一步，有这样一批先驱抛洒热血，才让我们今天的五一更丰富。”4月27日，在太原的省立第一中学校旧址高君宇展厅参观的山西一建集团职工李玮感慨道。

《五月一日与今后的世界》

“大家要晓得，五月一日是工界的共同纪念日，就是八点钟工制的纪念日。”在《五月一日与今后的世界》一文中，高君宇运用马克思主义的唯物史观，阐明了经济与政治的关系。

他在文章中指出，社会的种种组织都作根在经济组织上边。社会的争斗、压制、贫困……都是经济“不平”使然。劳动人民要得到解放必须从根本上把一切生产机关从资产阶级收归，按照自由共有的大义，建设新的经济组织。

此时的高君宇心中已有主义，已是信仰坚定的战士。

五四运动后，在李大钊的指导下，北大学生会负责人高君宇等人秘密发起组织了北京大学马克思学说研究会。这是我国最早研究和宣传马克思主义的团体之一。不久，高君宇加入了北京共产主义小组，成为中共一大召开时全国仅有的50多名党员之一。

研究会成立后，高君宇受陈独秀委托，回到家乡调查了太原、大同等地各行业工人的生活状况和劳动状况并写成《山西劳动状况》一文，揭露了在阎锡山统治下工人的工资“比苍蝇的翅膀都薄了”。童工更是食不果腹，过着牛马生活。

1919年的五一，在北京长辛店向铁路工人讲话时，高君宇还不满24周岁。

从组织北大学生成立平民教育讲演团到参与创办长辛店工人子弟学校、建立工人俱乐部和职工联合会等经历，让高君宇深刻地意识到，“革命之力量在民众”“我们革命不只是继往而着重开来”。

“我是有两个世界的”

“我是有两个世界的：一个世界一切都是属于你的，我是连灵魂都永禁的俘虏；在另一个世界里，我是不属于你，更不属于我自己，我只是历史使命的走卒。”

这是高君宇写给恋人、青年女作家石评梅的信件内容。革命年代，热血青年对爱情的忠贞、对事业的舍身早已融为一体。

如今的北京陶然亭公园内，高君宇和石评梅之墓相伴左右。

在这里，高君宇和李大钊、毛泽东、周恩来等人曾召开秘密会议，商讨中国革命的前途。

在这里，高君宇经常和石评梅漫步。为了表明自己对爱情和事业的追求，在广州担任孙中山秘书的高君宇曾将一枚象牙戒指连同一个子弹壳，寄给石评梅作为生日留念。

在两人再次于北京见面后不久，积劳成疾的高君宇病逝。

3年后，年仅26岁的石评梅因悲伤过度，也走完了自己短暂的一生。

“我愿生如闪电之耀亮”

“我是宝剑，我是火花，我愿生如闪电之耀亮，我愿死如彗星之迅忽。”

恋人石评梅在高君宇的墓碑上题写了他生前的自题诗。

高君宇短暂的一生，如闪电、如彗星，然而正是像他一样的一批又一批革命先驱燃烧生命，终成现在强起来的中国。他们的每一步，应是我们不能忘却的记忆。

1919 年 2 月，高君宇当选北京大学学生会负责人。5 月 4 日，高君宇走在游行示威队伍的第一排，来到东城赵家楼卖国贼曹汝霖门前时，带领大家攀墙而进，痛殴在此的卖国贼章宗祥并火烧曹宅。

1921 年春天，高君宇回到山西，随后太原社会主义青年团正式成立，并创办晋华书社。同年冬天，他又前往苏联参加远东各国共产党及各民族革命团体第一次代表大会和远东革命青年代表大会。会后，他留在苏联实地考察学习苏维埃政权建立后展现出的新气象，更加坚定了自己的共产主义信仰。

1922 年 4 月，高君宇从苏联回国，不久当选第一届团中央执行委员，后出席中共二大，并当选中央执行委员会委员。

1923 年 2 月，京汉铁路工人举行大罢工期间，高君宇等受党组织的委派，领导长辛店工人同反动军阀进行了不屈不挠的斗争。

1923 年 6 月，高君宇赴广州参加党的三大。随着国共合作统一战线的形成，高君宇到孙中山身边协助工作。

1924 年 10 月，孙中山北上，高君宇陪同抵达。

1925 年 3 月，国民会议促成会全国代表大会召开。为此奔波不息的高君宇，在会后第二日病倒，在医院去世时年仅 29 岁。

6 天后，孙中山先生在京病逝，走完了伟大的一生，留下了“革命尚未成功，同志仍须努力”的号召。

一道闪电划空而过，无数道闪电相继照映天空，点燃了革命的万千星火……

高君宇全身心投入革命斗争中，毫无保留地将青春热血与青年运动结合起来。其间，因奔波不息而积劳成疾，高君宇曾两次吐血，但“宇之志益坚，宇之猛烈益甚”，没有任何东西可以阻挡一个觉醒青年沸腾的青春，他从未停止参与革命运动的步伐。由于错过了治疗的最好时机，1925 年 3 月，年仅 29 岁的高君宇被病魔夺去了生命。出身富庶，本可以活得无忧无虑，但高君宇却选择了共产主义。他身形羸弱，却是工人运动、青年运动的领导者，成长为坚贞不屈、志在家国的革命先驱。高君宇短暂的一生，是为党的事业、为青年运动英勇奋斗的一生。

本文刊于 2021 年 5 月 7 日《山西工人报》

山西工人報
SHANXI GONGREN BAO
新闻责任 工会声音 职工情怀 维权担当
山西省总工会主管主办
山西工人报社出版
山西工人网 http://www.sxgrw.com
E-mail:sxgrb@163.com
（今日四版）
国内统一刊号 CN14-0003 邮发代号 21-10 2021年5月7日 星期五 农历辛丑年三月廿六 总第10202期

太铁"五一"期间旅客发送量达203万人次

本报5月6日讯（记者郭倩） 今天，记者从中国铁路太原局集团有限公司获悉，"五一"小长假期间，太铁旅客发送量累计达203万人次，其中5月1日单日旅客发送量突破35万人次，创今年年初以来新高。

为发挥"一日一图"优势，精准调整运力，太铁动态监测客流变化，通过增开去往天津西、西安北、永济北、太原南等方向23趟动车组列车以及太原南往返北京西、上海虹桥、成都东、宁波、运城北等15趟动车组列车重联运行等方式，提升运能近30000个席位。

为让旅客获得良好的出行体验，太原、太原南等车站与公交公司等部门协调联系，及时通报车站客流量和出租车需求，方便旅客快速接驳乘车。太原南站"李静导购台"、太原客运段"晋之星"动车组等22个客运服务优质品牌为旅客特别是老幼病残孕等重点旅客提供全程化、无缝式服务，让旅客出行更加温馨。

奋斗百年路 启航新征程
建党百年·山西重大工运事件重要工运人物寻访展示

高君宇：闪电划空，点燃工运之火

本报记者 李彦斌

开栏的话

回望历史是为了更好地走向未来。

山西是中国工人运动的重要发祥地之一。从1925年党领导成立山西省总工会的前身——山西工人联合会算起，山西工人运动走过了96年风雨历程，谱写了属于中国工人阶级的壮丽史诗。在迎来建党100周年、深入开展党史学习教育之际，根据省委部署要求，省总工会决定从5月1日至10月底，在全省组织开展"奋斗百年路 启航新征程——建党百年·山西重大工运事件重要工运人物寻访展示活动"，寻访建党百年山西工人阶级在党的领导下拼搏奋进的光辉足迹，展示我省工人运动的辉煌成就，用革命先驱的坚定信仰和奋斗精神激励广大职工听党话、跟党走，为服务转型发展、奋进新时代凝聚智慧和力量。今天，本报推出专栏，陆续刊发我省重大工运事件重要工运人物。

我是宝剑，我是火花，我愿生如闪电之耀亮，我愿死如彗星之迅忽。

了解高君宇革命事迹，请用抖音App扫二维码

"我愿生如闪电之耀亮"

"我是有两个世界的"

《五月一日与今后的世界》

亲爱的劳动者朋友，"五一"怎么就会放假？

在我国，可以101年前开始寻找答案。

1920年5月1日，我国工人运动史上的一些先驱人物就开始为此奋斗……

引导青少年树立正确的人生观、价值观和劳动观

朔州市劳模工匠进校园宣讲活动启动

本报朔州讯（记者王泽 通讯员王小燕）

送一份健康体检 送一份意外保险 送一封慰问信

运城市总开展为货车司机和快递员"三送"活动

本报运城讯（记者秦孟婷）

近日，山焦汾西中鑫煤业退休老党员、抗美援朝老战士王不留给该公司党员干部讲述红色故事。

在深入开展党史学习教育之际，山焦汾西中鑫煤业邀请王不留老人给党员干部上了一堂生动的党课。此次党课以倾听红色故事的方式，传承革命精神，旨在坚定大家干事创业的信念，为企业的发展作出积极的贡献。

贾振凡 王柳园 摄影报道

奋斗百年路 启航新征程
学党史 悟思想 办实事 开新局

今年全国将发放1000万张职业培训券

据新华社北京电（记者姜琳）

本省新闻速递

我省将增强省会辐射带动力 太原到设区市3小时通达

我省将划分"三类县" 通过分类指导推进乡村振兴

太原出台指导意见 为中小学生作业定下标准

4月30日下午，长治市举行"五一"记功颁奖活动。长治市委书记杨勤荣，长治市委副书记、代市长王俊飚等四大班子领导出席颁奖活动并为获奖者颁奖。

为加快推动长治市"十四五"转型出雏型取得良好成效，长治市劳竞委经过层层推荐，为28名一线劳动者记"长治市一等功"，为57名一线劳动者记"长治市二等功"，为89名一线劳动者记"长治市三等功"。 梁艳锋 陶陶 摄影报道

党政同责 严守底线 从严处罚

我省出台《关于严格落实生态环境保护责任的决定》

本报5月6日讯（记者师鹏）

赖若愚：工运史上一座不朽的丰碑

岳燕林

赖若愚，山西省五台县人，新中国成立初期曾任山西省委书记、省人民政府主席。1952 年，经毛泽东亲自点将，他被调任全国总工会秘书长。在 1953 年中国工会七大和 1957 年中国工会八大上，他两次当选中华全国总工会主席。他是中国工人运动的杰出领导人，在新中国成立初期，领导筹备恢复成立山西省总工会。在全国总工会工作期间，他为推动新中国工运事业和探索发展工运理论作出了卓越贡献。

他是新中国第一代中央领导集体核心毛泽东亲自点将的全国总工会主席。

他是新中国召开的第一次全国工会代表大会选出的全国总工会主席。

他是新中国第一位在省委书记任上被中央选调进京的全国总工会主席。

他从革命老区山西走来，他从巍巍太行走来。

他是一座巍然屹立在中国工运史上的丰碑。

他的名字熠熠生辉，镌刻在中国共产党领导的百年工运史上，让人景仰，让人怀念。

他的名字叫——赖若愚。

战斗在太行山上

在山西工运史馆第一展厅的显著位置有一个专门的展区。

赖若愚年轻英俊的照片挂在墙上，一套厚厚的《赖若愚纪念文集》陈列在展柜当中，收集着记忆和追思。

解说词是：1949 年 9 月，在中共山西省委的领导下，山西省总工会筹备委员会成立，筹备召开山西省工会第二次代表大会，恢复成立山西省总工会。筹备委员会主任正是时任山西省委副书记的赖若愚。

“赖若愚随后担任了山西省委书记，又到全国总工会当了主席，是我们山西的骄傲、我们山西工会人的骄傲。”解说员铿锵的话语饱含深情，极富感染力。

赖若愚，原名来秉敬，山西省五台县唐家庄人，生于 1910 年 1 月 1 日，卒于 1958 年 5 月 20 日，终年 48 岁。

赖若愚短暂的一生却是灿烂的一生。他 17 岁以优异成绩考取北平大学工业学院，18 岁参加进步社团，19 岁加入中国共产党，旋即“成为北平市党的主要活动分子和骨干”，开始了波澜壮阔的革命生涯。他 20 岁前两次被捕、一次入狱，经受住酷刑考验，经历过狱中对决，迅速成长成熟起来，成为一名坚定勇敢的共产主义战士。

出狱后，受党组织委派，赖若愚先后在山西、天津、张家口、北平等地从事地下工作。1937 年 7 月，他赴延安中央党校学习，同年年底重返华北，进入敌后开展工作。

晋城是赖若愚重返山西后战斗过的第一个地方。

“1938 年的晋城，天空笼罩着乌云，日本侵略者的炮声隆隆作响，飞机不断进行侦察和轰炸，县城及周边驻扎有国民党中央军骑四师、孙殿英部、杨虎城旧部、阎锡山保安部队等。这些部队为了争地盘、拉兵源，除了反共、防共搞摩擦外，也相互倾轧。共产党在晋城的生存受到了极大的限制。”时任晋城中心县委书记赖若愚通讯员的郭珍老人如此回忆。

晋城位于山西省东南部，晋豫两省交界处，太行、太岳山脉之间，山川险峻，层峦叠嶂，在战略上具有重要地位。

1937 年 8 月下旬，中共中央在陕北洛川召开政治局扩大会议，通过了《抗日救国十大纲领》，作出了在山西开辟敌后战场的重要战略决策。为了直接领导和部署山西抗战，党中央组成了由刘少奇任书记的中共中央北方局。毛泽东在给中共中央北方局军委书记朱瑞的复电中称，晋豫边甚重要，望有计划地部署沁水、翼城、曲沃、垣曲、济源、博爱、晋城地区之游击战争。

根据党中央和毛泽东的指示，中共长治特委决定，成立晋城中心县工委，统一领导晋城、阳城、沁水、高平地区党的组织以加强晋豫边地区党的领导。

赖若愚临危受命，担任中共晋城中心县工委书记。他只身来到晋城，于 1937 年 12 月，在晋城北部的西大阳村大庙里，宣布正式成立中共晋城中心县工委，组成县委班子。

这位 28 岁的县工委书记工作起来有勇有谋、有胆有略，把党的群众工作和统战工作“两大法宝”抓在手上，很快打开了局面，扭转了形势。

一方面，大力发展工农青妇组织，于 1938 年五六月间，在西大阳成立工救会、农救会，广泛发动群众，壮大革命力量。

从 1937 年 12 月到 1939 年 7 月，在赖若愚担任中共晋城中心县工委书记的一年多时间里，晋城各地的工人、农民、青年、妇女等各界救国会纷纷成立。据当时的《新华时报》报道，1938 年上半年，仅阳城县 19 万人口中，就有 3 万人参加了农救会、2 万人参加了工救会、2000 人参加了青救会、3000 人参加了妇救会，动员组织起来的民众约占全县总人口的1/3。

另一方面，在各派势力间纵横腾挪，机智斗争，先后配合友军五二九旅于1938年农历六月初六把日本侵略者赶出了晋城，打倒了日本侵略者扶持的以李廷相为首的伪政权；通过合法斗争，将阎锡山委派的晋城县县长赶下台，设法让共产党员张俊波接任县长；借新旧县长更替之机，把县、区、村三级政权中的反动分子都换成了共产党员，“使晋城三级政权面貌一新”，让党的组织扎下了根、站稳了脚。

一年多的时间里，晋城中心县工委在赖若愚带领下积极组建了南公八路游击队等抗日武装，开办了大阳兵工厂，后来成为晋豫边游击支队、八路军重要的武器供应基地；与晋豫边游击支队司令员唐天际共同研究决定成立了八路军晋城办事处，在陈沟乡桥岭办起了军鞋厂，在回军林搞起了军衣庄。

在他的积极努力下，晋城党的建设、政权建设、群众运动、武装斗争、统一战线等各项工作蓬勃开展，迅速掀起了抗日救亡运动高潮。他为晋城抗日根据地建设立下了不朽功勋。1938年秋，八路军总司令朱德来到晋城，看到如火如荼的群众性抗日救亡运动，写下了脍炙人口的《出太行》：“群峰壁立太行头，天险黄河一望收。两岸烽烟红似火，此行当可慰同仇。”

以此为起点，赖若愚听从党组织调遣，把火热的青春投入太行山的革命烽火之中，在三晋大地留下了一串光辉的足迹。

1939年7月，赖若愚接到时任晋冀豫区党委书记李雪峰的通知，调任晋东太行二分区地委书记。

太行二分区是靠近太原的穷山区，是对敌斗争的三角地带。当时的形势是“敌占城我占乡，敌占川我占山”，城镇和交通要道均被日军控制，敌人不断“扫荡”、奔袭。“有次大‘扫荡’牺牲了不少同志，他临时蹲到一个墓坑里，保存了性命。”李雪峰回忆赖若愚时谈道。

面对日军的野蛮暴行和国民党军阀的白色恐怖，赖若愚毫不畏惧、毫不退缩，奋不顾身、舍生忘死地穿行在血雨腥风、枪林弹雨中，出色地完成了党组织交给的一个又一个任务。

1940 年 9 月，出任中共晋冀豫区二地委书记的赖若愚带领太行二分区人民群众参加了震惊中外的百团大战。

1945 年九十月间，担任太行区组织部长的赖若愚与太行根据地的党政军民一起参加了著名的上党战役。

1947 年 7 月，赖若愚被任命为中共太行区党委书记，仅用半年时间，就使太行区的土改、整党等主要问题得到基本解决，走上了发展生产的道路。

1949 年 4 月 24 日太原解放，以赖若愚为书记的中共太原市委随军入城，领导城市接管工作。

此后，赖若愚曾先后任中共山西省委副书记、省委书记、省人民政府主席。从 1950 年 9 月到 1952 年 1 月，他任山西省委书记 2 年零 3 个月。

“群团组织应该成为群众武装的政治部”

从担任晋城中心县工委书记到山西省委书记，赖若愚始终坚定贯彻党的群众运动方针路线，始终重视加强工农青妇群团组织建设，重视发挥工农青妇群团组织的作用。

——建立组织，发展会员。

1941 年 2 月 15 日，时任晋冀豫区二地委书记的赖若愚在二地委县委书记、县长联席会上作《关于群众工作的几个问题》的报告，总结根据地三年来的群众运动。他指出：“要发展独立的、自下而上的群众运动，首先应该解决这三个问题：一、建立群众团体的群众基础，认真发展会员。二、培养群众领袖，建立上下级关系，建立经常工作。三、发扬民主精神，群众工作群众化。”

1943 年 9 月，时任中共太行分局组织部副部长兼太行区党委组织部部长的赖若愚在二次支部研究会的总结讲话《目前时期的支部建设问题》中指出：“当工人、贫民的阶级群众发动起来的时候，他们是很富于斗争性、团结性和纪律性的。”“对工人、贫民党员的政策：A. 工人、贫民是我党在农村中的主要基础。B. 培养工人、贫民在党外的组织力量，即加强农会特别是工会工作，保障其生活之改善。C. 培养工人、贫民积极分子与领导核心，加强其阶级教育。”“工会应成为独立的、统一的阶级组织。”

——教育群众，引导群众。

1941 年 12 月，赖若愚在《战斗》上发表《群众运动与群众游击战争》一文指出：“经验一再地告诉我们：对敌斗争如果失掉群众的积极支援，就一定会陷于失败。”“群众团体应该成为群众武装的政治部。”“群众团体必须建立自己的独立系统。”

1951 年 2 月 23 日，时任山西省委书记的赖若愚在山西省第二次党代会上作总结报告。他指出：“群众工作是一个团结广大人民的问题，目前群众工作的首要任务，是加强爱国主义思想教育。”

——依靠职工，发展生产。

1944 年 8 月，赖若愚在中共太行区党委地委书记联席会议上的报告中指出：“群众团体的任务应该是：第一，领导群众生产、卫生及文化等事业；第二，保障群众的已得利益；第三，解决群众的日常纠纷。群众团体必须以最重要的力量领导群众生产，领导合作运动。”“工会即仍如去年支部研究会的决定，仍为独立的阶级组织。”

1948 年 12 月，太行区第二届群英大会召开。赖若愚在大会上作工作报告和总结讲话，动员劳动模范为解放全中国作贡献。

1949 年 6 月 15 日，时任太原市委书记的赖若愚在太原市委召开的工运工作会议上指出："在城市工作中，发展工业生产是一切工作的中心。""必须提高职工的生产情绪，这在发展生产中是起着主导作用的。"对于工会工作，他指出："不仅要吸收体力劳动者参加工会工作，而且应该吸收脑力劳动的职员参加工会。""工会干部讲出来的话应该正是工人所要说的话，或正是职工脑子里存在的问题，使职工相信你是为他们服务的，把你当作他们中的一员。"

1949 年 7 月 1 日，太原市召开了第二届工代会。赖若愚在会上作了政治报告，号召工人阶级为恢复生产、发展文化教育、加强治安三项基本任务而努力。

1949 年 9 月 1 日，中共山西省委、山西省人民政府、山西省军区召开成立大会，赖若愚任省委第一副书记，并作了《山西今后工作的方针与任务》的报告，指出："太原解放了，山西全境解放了，从山西局部来说，我们的中心任务便是生产建设。建设搞好，也就支援了前线。从前途上说，我们是要建设一个工业化的山西。""如何恢复与发展工业？第一，做好工会工作。必须组织全体工人阶级，团结职工，尤其是技术人员。工业生产，必须依靠全体工人阶级的觉悟性、组织性、积极性、创造性。"

1949 年 11 月 9 日，赖若愚在山西省第二届工代会上作政治报告，指出："在工业生产中，工人阶级担负着重要的任务。所以要在生产中发动职工，组织全体职工，不断提高职工的觉悟程度与积极程度，提高职工的生产积极性和创造性，并在发展生产中逐步改善工人的生活，举办和发展福利事业。"

1950 年 11 月，时任山西省委书记的赖若愚在山西省工农业劳模大会上作了开幕式讲话和总结报告。他指出："劳动模范是新社会的新人物。”“工人阶级的爱国主义生产竞赛是我们建设的基本方法。”

1951 年 10 月，赖若愚在《大规模经济建设前夜的中国工人阶级——纪念第三个国庆节》一文中指出：“为什么工人阶级的能力和智慧能够得到充分发挥呢？因为在解放后的新中国，工人阶级已经成为国家的领导阶级，国家的利益和工人阶级自己的利益完全一致。”

作为亲历者、组织者、发动者，赖若愚在山西工运史上发挥了重要的领导作用、推动作用、促进作用。新民主主义革命时期特别是新中国成立初期山西工运事业和工会工作长足发展，赖若愚功不可没。

工会“实践家”+“理论家”

“赖若愚是个很了不起的人物，毛主席都非常看重他。”全国政协原委员、全国总工会基层建设部原部长郭稳才说，“他是毛主席亲自点将的全总主席，主席将他从山西省委书记任上调到全国总工会时，他刚满 42 岁。”

“1952 年 1 月，党中央、毛主席为了加强全国总工会工作，点名调赖若愚到全总去工作。当时，有人向毛主席建议，说赖若愚同志人才难得，应调他到一机部当部长，才能更好地发挥作用。毛主席反问道：‘那么工人阶级重要不重要？’”《赖若愚传略》如是记录。

“在党中央、毛主席看来，全国总工会主席的位置不亚于一个省委书记。赖若愚是当时从省委书记里挑的，调到全总重用。”全总社会联络部二级巡视员，海南省总工会党组成员、副主席（挂职）张丙亮说。

“毛主席称赞赖若愚是个帅才，也是个秀才。”山西省史志研究院原副院长张国祥说。

也正是党中央和毛泽东的赏识，为赖若愚提供了在工运事业上施展才能的更高更大平台，使他在推动新中国工运事业和工运理论探索发展中作出了卓越贡献。

他是工会工作的实践家，也是工会工作的理论家。到全总领导岗位上，他更加专注、执着于党的工运理论的实践探索和理论创新，体现了共产党人可贵的实践品质和理论品质。

——他始终不渝坚持党的领导。

工会必须接受党的领导，这点是天经地义的。这是赖若愚始终坚持的政治原则，也是他为新中国工会工作指明的正确方向。

1952 年 1 月，赖若愚调任中华全国总工会党组书记兼秘书长。同年 12 月 2 日，在工会基层工作会议上，赖若愚作总结报告。他指出：“要做好工会工作就必须做好党、行政的工作。要做好党、行政的工作，就必须做好工会工作。”“至于工会，只能在党的领导下进行工作。”“工会必须接受党的领导，这点是天经地义的。”

1953 年 5 月 2 日至 12 日，中国工会第七次全国代表大会在北京隆重举行。这是新中国成立后召开的第一次工会全国代表大会，也是全国劳动大会第一次正式更名为“工会全国代表大会”。“工会代表大会”这一名称一直沿用至今。在这次代表大会上，赖若愚当选全国总工会主席。

在工会七大工作报告中，赖若愚指出：“在国家建设时期，我们工会组织最重要最基本的任务，就是在中国共产党的领导下，联系并教育工人群众……为逐步实现国家的工业化与过渡到社会主义社会而斗争。”

1953 年 7 月 25 日，赖若愚发表《目前工会工作中的若干问题》一文，强调要把工会工作做好，必须坚持党的领导。

1953 年 9 月，赖若愚主持撰写了《加强党对工会工作的领导》一文，经党中央政治局会议讨论后，以《人民日报》社论的方式公开发表。文章指出，中国共产党的领导和群众的支持是工会全部工作获得成就最本质的条件。把党和国家的政策贯彻到群众中去，使它同群众的要求和意志结合起来，是工会最基本的作用。

1954 年 2 月 24 日，赖若愚在《人民日报》发表《加强党对工会的领导 发挥工会在国家工业化中的巨大作用》的署名文章。

——他始终不渝坚持调查研究。

调查研究是赖若愚的工作方法，也是他领导推动工会工作探索发展的基本方法。

原太行二分区妇救会干部韩林老人曾回忆，1942 年初夏，时任中共太行二分区地委书记的赖若愚把分区工农青妇的干部组成工作组，分别派到各县的农村进行调查研究，赖若愚亲自部署任务、交代方法、明确时限、听取汇报，让同志们信心满怀、有的放矢。

1943 年一二月间，中共太行分局决定把赖若愚从太行二分区调到太行分局担任组织部副部长兼太行区党委组织部部长。到任之后，他首先抓调查研究。他对调查研究一般采取四种办法：一是自己亲自下去了解情况作调查；二是向各级调研机构要材料，而且特别注意数字的统计；三是请地、县各级调研人员来汇报；四是集中有关人员，定题、定时进行调查研究。他参加或主持进行了很多次调查研究，从而能够较快地掌握全局情况，并能做到有针对性地解决问题。

1951 年 7 月 2 日，赖若愚在《山西日报》发表《学习毛主席的实践论 克服我们的经验主义》一文。文中指出："调查研究要有理论作指导，调查研究本身就是理论和实践结合的过程。""经验主义者调查研究，常常是与理论脱节的。所以许多调查，常常以现象罗列，只看事物的外部标志，抓不住事物的内在联系。""从群众中来，到群众中去，这是正确的领导方法。可是'从群众中来，到群众中去'，中间是有一个整理研究的过程。正如调查来的材料要经过研究是一样的。”

全国总工会原副主席王家宠曾指出：“赖若愚同志主持全总工作期间，正值我国即将进入和进入有计划建设国民经济的第一个五年计划时期……加上当时整个工会工作还有些杂乱，这一切严重影响了工会工作的有效开展。”“赖若愚通过认真学习马克思列宁主义和毛泽东思想……特别是深入调查研究，提出了自己鲜明的观点和主张，并且随着实践的发展不断地调整和充实。”

全国总工会书记处原书记刘实曾回忆道：“总结推广典型经验，是赖若愚同志推进工作的一个鲜明特点。1952 年 9 月，他带领全国总工会的同志和东北总工会与东北行政区有关部门的同志一起，总结沈阳五三工厂的做法，形成了一套较为完备、系统的国营企业的基层工作经验。”这个经验在全国传播推广，产生了广泛的影响，得到了中央的肯定。

国家劳动局原局长康永和曾回忆道：“他每年总要集中几段时间到各地视察，与蹲点的同志相结合，调查研究。他的方法是，带着他正在思考和探索的问题下去，在省、市找党、政、工各方面的领导同志交谈。他口问笔写，夜以继日忙个不停。他习惯于在各种场合与群众直接见面、讲话，形式简便，不讲排场。”

山西省政协原主席李修仁曾回忆道：“赖若愚同志注重调查研究是一贯的，几十年如一日。抗日战争和解放战争期间他在太行革命根据地时，就十分重视调查研究。新中国成立后在他主持山西省委和省人民政府工作时，工作任务相对庞杂、繁重，有许多新的工作需要他去开辟，他的办法还是先抓调查研究……熟悉他的人都说‘老赖搞工作的法宝就是调查研究’。”“重大问题都是他亲自出马，亲自到基层找干部谈，到工人中去访问，并认真做笔记、收集材料，然后和大家一起议，最后由他动手写文章。”“赖若愚同志还把总结工作和写文章也看成是调查研究。”

——他始终不渝坚持理论创新。

“赖若愚同志在主持中华全国总工会工作期间，以对党的工运事业高度负责的革命精神，深入实际，刻苦学习，艰辛探索社会主义革命和建设时期工会工作的特点和规律，深刻认识人民民主政权条件下工会的性质、地位、职能、作用，准确把握工会与党、与社会主义国家政权、与职工群众的关系，深入研究涉及工人阶级和工会工作的重大理论问题，努力把马克思主义工运理论与我国工会实际结合起来，提出了关于工会工作的一系列论述，丰富和发展了党的群众工作理论，奠定了新中国工运事业成功开拓和蓬勃发展的坚实基础，为我们树立了把马克思主义工运理论中国化的典范。”全国总工会书记处原书记、党组成员、研究室主任李滨生在纪念赖若愚同志诞辰 100 周年座谈会上讲道。

党的八大后，赖若愚为使工会的工作能够适应新的形势和任务的要求，深入实际，调查研究，及时发现和解决在形势任务转变中工会工作中的许多具体问题。1957 年 3 月 26 日，赖若愚离开北京，先后访问了山西、陕西、甘肃 3 个省的总工会和太原、西安、兰州 3 个市工会，沿途访问了 16 个厂矿企业，“发现了一些在北京很难发现或者很难深刻体会的问题，提出了许多有价值的意见”。

全国总工会原副主席、书记处书记乔传秀在纪念赖若愚同志诞辰 100 周年座谈会上的讲话中指出，赖若愚同志主持全国总工会工作期间，工会工作取得了重大成就。“尤其是 1953 年至 1956 年的 4 年间，中共中央向全国批转的全总的建议、典型经验、调研报告达 34 件，许多调查报告和建议被国务院采纳，形成了法规或条例。这些成绩的取得，无不蕴含着赖若愚同志的大量心血和竭诚奉献。”

“在社会主义中国的工会运动中，赖若愚的工会理论探索和实践活动占有非常重要的位置。他的工会理论敏锐地触及中国工会的基本问题，并形成了一个较为完整的思想体系。”中国劳动关系学院工会干部培训学院院长何布峰这样说。

“在赖若愚进行工会理论探索的过程中，既有李立三被错误评判的前车之鉴，又有反右派斗争扩大化后的不利形势。但他以无限忠诚于工人阶级和党的一颗赤心，不顾自己可能被误解甚至会有更大的危险，毅然决然开拓了工会的政治地位、独特任务，尤其是与党政关系这些重大而敏感的理论领域，并作出了巨大贡献。”中国工运史研究专家、中国劳动关系学院教授王永玺在他的专著《中国工人运动史研究》中如此评价赖若愚的理论品质和理论贡献。

心里装着职工群众

心里装着职工群众、密切联系职工群众，让赖若愚成为职工群众信赖的工运领袖。他深刻而卓有远见地指出：“联系群众的程度如何，是测量工会工作最根本的标尺。”

——“群众团体是最需要民主的。”

1941年2月，赖若愚在《战斗》发表了《关于群众工作的几个问题》，提出：“群众团体是最需要民主的。”“群众运动是把群众发动起来，使群众自己动起来，而不是强迫群众运动。”“必须把‘党的主张变成群众自己的主张’，这样才会把我们的主张变成物质的力量。”“群众工作要站在群众利益的立场上，决不能离开群众利益，更不能违反群众利益。”“必须依靠群众自己的经验来教育群众、提高群众。”

——“脱离群众，这是危险的。”

1941年12月，他在《群众运动与群众游击战争》中指出：“经验一再地告诉我们：对敌斗争如果失去群众的积极支援，就一定要陷于失败。”“脱离群众，这是危险的。”“工作方式的问题在群众工作中间具有决定的意义：1.群众工作应该永远是自下而上的动员。2.必须永远从群众利益出发，结合革命的利益，必须有明确的纲领，只有这样，才能使群众感到群众团体是自己的团体，才能把群众力量真正变成革命的力量。”“今天有许多团体和干部，自己不会做工作，埋怨群众落后，埋怨政府不帮助，实际上都是错误的。”

1949年5月21日，赖若愚在太原公营轻重工业生产动员大会上指出：“恢复发展工业，主要依靠全体职工的积极性、创造性。”“为了发挥职工的积极性、创造性，管理必须民主化，工人一定要参与民主管理。”“工会工作必须做好，逐步改善生活。”

——“工会的最大任务是团结和教育全体工人。”

1949年11月9日，赖若愚在山西省第二届工代会上的政治报告中指出：“工会的最大任务是团结和教育全体工人。”“工会要团结百分之百的工人，并不断地提高他们的觉悟程度和组织程度。发挥全体工人的积极性和创造性，提高劳动纪律和技术水平。不但对会员要这样，对非会员也应该同样进行这些工作。除此之外，还必须想办法逐步改善工人生活，例如把职工俱乐部与安全和卫生搞好。只有把这些工作搞好，才能开展生产竞赛。”

——“必须依靠工人阶级的积极性、创造性才能搞好生产。”

1950年12月2日，赖若愚在山西省农业劳模大会的总结报告中指出：“必须依靠工人阶级的积极性、创造性才能搞好生产。一个模范厂长，除了很好地计划整个的生产、组织整个的生产外，必须重视改进工人的物质生活和文化生活，加强工厂管理委员会，听取工人的意见，激励工人的合理化建议。”“工人阶级的爱国主义生产竞赛是我们建设的基本方法。”

——“联系群众的程度如何，是测量工会工作最根本的标尺。”

1953 年 7 月 25 日，《中国工运》刊发赖若愚的文章《目前工会工作的若干问题》。赖若愚在文章中鲜明地指出：“工会是工人阶级群众组织，其最重要、最基本的问题是联系群众。联系群众的程度如何，是测量工会工作最根本的标尺。”

1954 年 2 月 24 日，《人民日报》刊发赖若愚的文章《加强党对工会的领导发挥工会在国家工业化中的巨大作用》。文章指出：“工会的各级领导机关，必须努力使自己的工作更加深入、更加细致，根据‘面向基层、面向生产、面向群众’的方针，有计划、有步骤地解决职工群众在生产中和生活中迫切需要解决的问题。”

全国总工会原副主席、书记处书记乔传秀在纪念赖若愚同志诞辰 100 周年座谈会上的讲话谈道：“赖若愚同志指出，我国现代的工人运动，是在中国共产党产生之后，在中国共产党直接领导之下发展起来的。工会必须接受党的领导，这是天经地义的。工会要为实现党所指出的目标而奋斗，实现党的政策、主张。工会工作的一切方针均应根据党的方针来决定。但贯彻这些方针政策时，又必须根据职工群众的意愿、要求和觉悟程度来进行。工会组织把工人阶级的先锋队和广大职工群众联结在一起，逐步把广大职工群众提高到先进水平，成为党团结本阶级和团结全体劳动人民的一个重要纽带。”

把工会工作作为终身事业

赖若愚是一个把事业看得比生命还重要的人。他时刻听从党的召唤，党让干什么就全身心地干什么，为党的事业冲锋陷阵、鞠躬尽瘁。他用 48 年的生命，把人生的追求定格在党的工运事业上。

1957 年 12 月，中华全国总工会召开第八次全国代表大会，赖若愚继续当选全国总工会主席。

大会开过不久，赖若愚又亲自部署了 1958 年的工会工作，并计划于 1958 年 3 月到南方视察工作，搞调查研究。

由于数月来他的身体一直不好，长期带病坚持工作，根据中央有关同志的意见，组织安排他到医院检查身体。不料，检查结果却是肝癌，而且已是晚期。

天妒英才！1958 年 5 月 20 日，赖若愚因肝癌医治无效，不幸逝世，终年 48 岁。

“赖若愚同志是 30 年代初在敌人的监狱中患上严重肝病的。此后，他长期超负荷带病工作。1958 年 5 月 20 日逝世后，中共中央为他举行了隆重的悼念活动。”全国总工会书记处原书记刘实曾回忆道。

“得知赖若愚病故，毛主席叹惋，可惜呀！可惜呀！”山西省史志研究院原副院长张国祥曾回忆道，“毛主席对赖若愚十分器重，那还是他刚到全国总工会的时候。有一次，毛主席当面给陈云介绍赖若愚，毛主席说，陈云同志，这就是赖若愚同志，山西五台人氏，年方四十有二。原是山西省委书记、省政府主席、省军区政委，在此之前还做过太原市委书记、太行区委书记。他是个帅才，也是个秀才。他会做工作，工作做得很好；他会写文章，文章也写得很好。人才难得呀！”

中共中央为赖若愚同志举行了首都各界公祭赖若愚同志仪式。尽管时值党的八大二次会议召开，但时任中共中央政治局常委的刘少奇、周恩来、朱德、陈云和邓小平都到会了，在京的中共中央政治局委员和候补委员都到会了，中共中央书记处书记和候补书记都到会了，各民主党派和工商联主要负责同志都到会了……追悼会由刘少奇主持，李雪峰致悼词。悼词说：“赖若愚同志是我们党的优秀党员，是久经考验的革命战士。”

《工人日报》1958 年 5 月 23 日刊文记录了职工群众对赖若愚同志的深切悼念。大家流着泪，诉说着赖若愚关心关怀职工群众的一个个生动故事、一件件暖心往事，诉说着对他的热爱和怀念。

“赖若愚同志全心全意为人民服务，一心扑在革命事业上，个人的饮食起居十分简朴，从不特殊。谁要额外照顾，他就立即制止。他艰苦奋斗几十年，把所有心血都奉献给了人民事业，却从不向人民提出什么要求。”山西省人民检察院原检察长李景文曾回忆道。

“为了便于接近群众，他出门不让警卫员跟着。他有时自己骑车上街买菜，有时坐公交车上班、下班。他不让人叫他‘赖主席’，警卫员、司机和炊事员都亲切地称他‘赖同志’，跟他有说有笑，亲如一家。”赖若愚的子女来思平、来小达和来和平在《怀念我们的爸爸——赖若愚》中写道：“他曾说‘我要把工会工作作为我终生的事业，我愿长期做下去’。他对工会工作、对工人群众有多么深厚的感情啊！”

2009 年 12 月 24 日，全国总工会举行纪念赖若愚同志诞辰 100 周年座谈会，缅怀他为推动党的工运事业不断发展建立的卓越功绩，高度评价他信念坚定、心系职工、廉洁奉公、竭诚服务的崇高精神，肯定他是中国共产党的优秀党员、久经考验的忠诚的共产主义战士、中国工人运动的杰出领导人。

“我亲身感受到，在全总机关，大家对赖若愚同志都非常敬佩、非常怀念。他信念坚定、对党忠诚，实事求是、善于创新，事业至上、尽职担当，情系职工、钟情工会。广大职工群众和工会干部对他有口皆碑，都觉得他为工会工作、工运事业作出了很大贡献。赖若愚是全国工会的光荣，也是山西人民的光荣。”全国政协原委员、全总基层组织建设部原部长郭稳才说。

他是一座丰碑，让我们这些后来的工会人景仰。

他是一盏明灯，照亮了我们工会人跟着共产党百折不挠、坚毅前行的来路，也照亮了我们工会人跟着共产党奋进新时代、一起向未来的新路。

注：文中引文均来源于中共山西省委党史办公室编《赖若愚纪念文集》，中共党史出版社，2012。

思考

厚厚的两本《赖若愚纪念文集》，140万余字，一读，再读；掩卷，追思。

赖若愚同志波澜壮阔的一生，是革命的一生、战斗的一生，是为党和人民的事业忘我奉献、鞠躬尽瘁的光辉一生。特别是在担任全国总工会领导工作期间，他坚持党的工运方针，紧紧依靠各级工会干部和广大职工群众，在坚持把发展作为工会组织的中心任务、注重教育引导提升广大职工、重视发挥劳模的示范引领作用、密切工会组织与职工群众联系、加强工会自身建设等方面进行了大量富于开拓性的工作，作出了重要贡献。他为党的工运事业自我牺牲、艰苦奋斗、不屈不挠的伟大精神和所创立的不朽业绩映照着初心使命、信仰力量，对后来的工会人仍然具有重要的指导作用和弥足珍贵的深刻启示。

即将迎来党的二十大胜利召开之际，我们追寻赖若愚同志的革命足迹，就是要弘扬伟大建党精神，赓续红色工运血脉，践行维护职工合法权益、竭诚服务职工群众的基本职责，自觉担当引领职工听党话跟党走的政治责任，以对党的无限忠诚做好新时代工会工作，为奋力续写山西践行新时代中国特色社会主义新篇章作出新的更大贡献。

本文刊于2022年7月6日《山西工人报》

山西工人報

新闻责任 工会声音 职工情怀 维权担当

山西省总工会主管主办
山西工人报社出版

SHANXI GONGREN BAO

山西工人网 http://www.sxgrw.com
E-mail:sxgrb@163.com
（今日四版）

国内统一连续出版物号 CN14-0003 代号 21-10 2022 年 7 月 6 日 星期三 农历壬寅年六月初八 总第 10594 期

四部门从即日起开展燃气安全“百日行动”

据新华社北京电 根据国务院安委会部署要求，国务院安委办、应急管理部、住房和城乡建设部、市场监管总局决定从即日起至 10 月底开展燃气安全“百日行动”。

应急管理部 7 月 4 日公布了这一信息。当日下午，国务院安委办召开全国燃气安全防范专题视频会议。会议指出，当前，随着餐饮活动指数快速回升，用气量大幅增加，燃气安全将面临更大压力和挑战，燃气安全形势严峻复杂。

据悉，此次行动由地方党委政府统一领导、安委会牵头组织，各有关部门充分调动力量，明晰各部门责任，集中开展统一行动。

赖若愚：工运史上一座不朽的丰碑

本报首席记者 岳燕林

铭刻

赖若愚，山西省五台县人，新中国成立初期曾任山西省委书记、省人民政府主席。1952 年，经毛主席亲自点将，他被调任全国总工会秘书长。在 1953 年中国工会七大和 1957 年中国工会八大上，他两次当选为中华全国总工会主席。他是中国工人运动的杰出领导人，在新中国成立初期，领导筹备恢复成立山西省总工会。在全国总工会工作期间，他为推动新中国工运事业和探索发展工运理论作出了卓越贡献。

他是新中国第一代中央领导集体核心毛泽东亲自点将的全国总工会主席。

他是新中国召开的第一次全国工会代表大会选出的全国总工会主席。

他是新中国第一位在省委书记任上被中央选调进京的全国总工会主席。

他从革命老区山西走来，他从巍巍太行走来。

他是一座巍然屹立在中国工运史上的丰碑。

他的名字熠熠生辉，镌刻在中国共产党领导的百年工运史上，让人景仰，让人怀念。

他的名字叫——赖若愚。

战斗在太行山上

在山西工运史馆第一展厅的显著位置有一个专门的展区。

赖若愚年轻英俊的照片挂在墙上，一套厚厚的《赖若愚纪念文集》陈列在展柜当中，收集着记忆和追思。

解说词是：1949年9月，在中共山西省委的领导下，山西省总工会筹备委员会成立，筹备召开山西省工会第二次代表大会，恢复成立山西省总工会。筹备委员会主任正是时任山西省委副书记的赖若愚。

“赖若愚随后担任了山西省委书记，又到了全国总工会当了主席，是我们山西的骄傲、我们山西工会人的骄傲。”解说员铿锵的话语饱含深情，极富感染力。

赖若愚，原名来秉敬，山西省五台县唐家庄人，生于1910年1月1日，卒于1958年5月20日，终年48岁。

赖若愚短暂的一生却是灿烂的一生。他17岁以优异成绩考取北平大学工业学院，18岁参加进步社团“人言社”，19岁加入中国共产党，旋即“成为北平市党的主要活动分子和骨干”，开始了波澜壮阔的革命生涯。他20岁前两次被捕、一次入狱，经受住了酷刑考验，经历过了狱中对决，迅速成长成熟起来，成为一名坚定勇敢的共产主义战士。

出狱后，受党组织委派，赖若愚先后在山西、天津、张家口、北平等地从事地下工作。1937年7月，他赴延安中央党校学习，同年年底重返华北，进入敌后开展工作。

晋城是赖若愚重返山西后战斗过的第一个地方。

“1938年的晋城，天空笼罩着乌云，日本鬼子的炮声隆隆作响，飞机不断进行侦察和轰炸，县城及周边驻扎有国民党中央军骑四师、孙殿英部、杨虎城旧部、阎锡山保安部队等。这些部队为了争地盘、拉兵源，除了反共、防共摩擦摩擦外，也相互倾轧。共产党在晋城的生存受到了极大的限制。”时任晋城中心县委书记赖若愚通讯员的郭珍老人如此回忆。

晋城位于山西省东南部，晋豫两省交界处，太行、太岳山脉之间，山川险峻，层峦叠嶂，在战略上具有重要地位。

1937年8月下旬，中共中央在陕北洛川召开政治局扩大会议，通过了《抗日救国十大纲领》，作出了在山西开辟敌后战场的重要战略决策。为了直接领导和部署山西抗战，党中央组成了由刘少奇任书记的中共中央北方局。毛泽东在给中共中央北方局军委书记朱瑞的复电中称：“晋豫边甚重要，望有计划地部署沁水、翼城、曲沃、垣曲、济源、博爱、晋城地区之游击战争。”

根据党中央和毛主席的指示，中央长治特委决定，成立晋城中心县工委，统一领导晋城、阳城、沁水、高平地区党的组织以加强晋豫边地区党的领导。

赖若愚临危受命，担任中共晋城中心县工委书记。他只身来到晋城，于1937年12月，在晋城北部的西大阳村大庙里，宣布正式成立中共晋城中心县工委，组成县委班子。

这位28岁的县工委书记工作起来有勇有谋、有胆有略，把党的群众工作和统战工作“两大法宝”抓在手上，很快打开了局面，扭转了形势。

一方面，大力发展工农青妇组织，于1938年5、6月间，在西大阳成立工救会、农救会，广泛发动群众，壮大革命力量。

从1937年12月到1939年7月，在赖若愚担任晋城中心县工委书记的一年多时间里，晋城各地的工人、农民、青年、妇女等各界救国会纷纷成立。据当时的《新华时报》报道，1938年上半年，仅阳城县19万人口中，就有3万人参加了农救会，两万人参加了工救会，2000人参加了青救会，3000人参加了妇救会，动员组织起来的民众约占全县总人口的三分之一。

另一方面，在各派势力间纵横捭阖，机智斗争，先后配合友军529旅于1938年农历六月初六把日寇赶出了晋城，打倒了日寇扶持的以李钰相为首的伪政权；通过合法斗争，将阎锡山委派的晋城县县长赶下台，设法让共产党员张俊波接任县长；借新旧县长更替之机，把县、区、村三级政权中的反动分子都换成了共产党员，“使晋城三级政权面貌一新”，让党的组织扎下了根、站稳了脚。

一年多的时间里，晋城中心县工委在赖若愚带领下积极组建了“南公八路游击队”等抗日武装，开办了“大阳兵工厂”，后来成为晋豫边游击支队、八路军重要的武器供应基地；与晋豫边游击支队司令员唐天际共同研究决定成立了八路军晋城办事处，在陈沟乡桥岭办起了军鞋厂，在回军林搞起了军衣庄。

“在他的积极努力下，晋城党的建设、政权建设、群众运动、武装斗争、统一战线等各项工作蓬勃开展，迅速掀起了抗日救亡运动高潮。他为晋城抗日根据地建设立下了不朽功勋。”1938年秋，八路军总司令朱德来到晋城，看到如火如荼的群众性抗日救亡运动，异常兴奋地写下了脍炙人口的《出太行》：“群峰壁立太行头，天险黄河一望收。两岸烽火红似火，此行当可慰同仇。”

以此为起点，赖若愚听从党组织调遣，把火热的青春投入太行山的革命烽火之中，在三晋大地留下了一串光辉的足迹。

1939年7月，赖若愚接到时任晋冀豫区党委书记李雪峰的通知，调任晋东太行二分区地委书记。

太行二分区是靠近太原的穷山区，是对敌斗争的三角地带。当时的形势是“敌占城我占乡，敌占川我占山”，城镇和交通要道均被日寇控制，敌人不断“扫荡”、奔袭。“有次大扫荡牺牲了不少同志，他临时蹲到一个墓坑里，保存了性命。”李雪峰回忆赖若愚时谈道。

面对日寇的野蛮暴行和国民党军阀的白色恐怖，赖若愚毫不畏惧、毫不退缩，奋不顾身、舍生忘死地穿行在血雨腥风、枪林弹雨中，出色地完成了党交给的一个又一个任务。

1940年9月，出任中共晋冀豫二地委书记的赖若愚带领太行二分区人民群众参加了震惊中外的“百团大战”。

1945年9、10月间，担任太行区组织部长的赖若愚与太行根据地的党政军民一起参加了著名的“上党战役”。

1947年7月，赖若愚被任命为中共太行区党委书记，仅用半年时间，就使太行区的土改、整党等主要问题就得到基本解决，走上了发展生产的道路。

1949年4月24日，太原解放，以赖若愚为书记的中共太原市委随军入城，领导城市接管工作。

此后，赖若愚曾先后任中共山西省委副书记、省委书记、省人民政府主席。从1950年9月到1952年1月，他任山西省委书记两年零3个月。

“群团组织应该成为群众武装的政治部”

从担任晋城中心县工委书记到山西省委书记，赖若愚始终坚定贯彻党的群众运动方针路线，始终重视加强工农青妇群团组织建设，重视发挥工农青妇群团组织的作用。

——建立组织，发展会员。

1941年2月15日，时任晋冀豫区二地委书记的赖若愚在二地委县委书记、县长联席会上作《关于群众工作的几个问题》的报告，总结根据地3年来的群众运动。他指出：“要发展独立的、自下而上的群众运动，首先应该解决这三个问题：一、建立群众团体的群众基础，认真发展会员。二、培养群众领袖，建立上下级关系，建立经常工作。三、发扬民主精神，群众工作群众化。”

1943年9月，时任中共太行分局组织部副部长兼太行区党委组织部部长的赖若愚在二次支部研究会的总结讲话《目前时期的支部建设问题》中指出：“当工人、贫民的阶级群众发动起来的时候，他们是很富于斗争性、团结性和纪律性的。”“对工人、贫民党员的政策：A.工人、贫民是我党在农村中的主要基础。B.培养工人、贫民在党外的组织力量，即加强农会特别是工会工作，保障其生活之改善。C.培养工人、贫民积极分子与领导核心，加强其阶级教育。”“工会应成为独立的、统一的阶级组织。”

——教育群众，引导群众。

1941年12月，赖若愚在《战斗》上发表《群众运动与群众游击战争》一文指出：“经验一再地告诉我们：对敌斗争如果失掉群众的积极支援，就一定会陷于失败。”“群众团体应该成为群众武装的政治部。”“群众团体必须建立自己的独立系统。”

1951年2月23日，时任山西省委书记的赖若愚在山西省第二次党代会上作总结报告。他指出：“群众工作是一个团结广大人民的问题，目前群众工作的首要任务，是加强爱国主义思想教育。”

（下转第4版）

了解赖若愚的光辉事迹，请扫二维码

省总工会劳模工匠进基层厨艺展示（培训）活动在岢岚举办

本报讯 7月2日、3日，省总工会劳模工匠进基层厨艺展示（培训）活动在岢岚举办。省总工会驻岢岚工作队大队长、县农村工作领导小组副组长，省总工会党组成员、经审会主任马小力出席活动并讲话。省总工会一级巡视员韩丽珍出席活动。

此次活动邀请中式烹调高级技师、中国烹饪大师、山西省劳动模范王福荣，全国五一劳动奖章获得者、感动山西十大人物、省级非物质文化遗产传承人、山西劳动模范王张龙两名劳模工匠优秀代表为60余名岢岚县部分餐饮企业负责人、厨师及厨艺爱好者进行了精湛的技艺展示和现场培训指导。

马小力代表省总工会对活动举办表示祝贺，并勉励参训学员珍惜和劳模工匠大师面对面的交流机会，认真学习、虚心求教、创新观念，切实提升技能水平，实现优化就业，打开自身发展新天地。

此次培训不仅让学员们学到了高超的厨艺，更看到了劳模工匠们从农村走向世界，用奋斗改变命运，用技能成就人生的励志故事。学员们纷纷表示，将积极学习劳模工匠精益求精热爱工作、追求极致专注专业、立足岗位不辱使命、坚守匠心勇于担当的精神，传承厨艺、发扬文化、成就梦想，在乡村振兴的道路上阔步前行。

省餐饮协会、岢岚县相关负责人出席活动。

大同市总组织党员干部举行专题党课活动

本报讯 感悟初心使命，坚定理想信念。为庆祝建党101周年，7月1日，大同市总工会组织党员干部举行了以“深入学习党的十九届六中全会精神，切实推进工会工作在新征程上实现新的跨越”为主题的专题党课活动。

此次党课围绕“从全局和历史高度深刻认识党的十九届六中全会的重大意义”“深入学习领会党的十九届六中全会精神的丰富内涵和核心要义”“深入做好工会系统党的十九届六中全会精神的学习宣传贯彻工作”“紧密联系工作实际贯彻落实党的十九届六中全会精神”4个方面的内容进行授课，进一步明确了党员干部肩负的职责和使命，为下一步开展工作指明了方向。（郝凤）

2022年全省电业系统职工羽毛球比赛开赛

本报7月5日讯（首席记者吴艳） 今天，由山西省电业工会联合会主办、国网山西省电力公司和中国华能集团有限公司山西分公司承办的2022年山西省电业系统“中国梦 劳动美——喜迎二十大 建功新时代”职工羽毛球比赛在太原开赛。

为大力推进职工文化建设丰富职工精神生活，以实际行动迎接党的二十大胜利召开，进一步活跃广大电业职工的文化生活，省电业工会联合会举办了此次比赛。来自国网山西省电力公司、晋能控股山西电力股份有限公司、中国华能集团有限公司山西分公司、大唐山西发电有限公司等9个单位的10个代表队共140余名运动员参加了此次比赛。

此次比赛将于7月7日落下帷幕。

拓渠道 提能力 享优待

太原市30条举措促进高校毕业生就业创业

本报讯（记者师巍） 近日，《太原市促进高校毕业生就业创业工作举措30条》正式出台，旨在大力实施就业创业扶持政策，加强全方位就业创业服务，提升高校毕业生就业创业能力，促进灵活就业，以创新创业带动更多就业，切实保障全市高校毕业生就业形势稳定。

一是拓宽就业渠道，促进吸纳就业。太原市将优先招用或拿出一定数量的项目专门招用高校毕业生。同时，太原市将对年度内新吸纳各类劳动者（含高校毕业生）100人以下且稳定就业半年以上的小微企业，按每人1000元的标准给予补助；100人（含）以上且稳定就业半年以上的小微企业，按每人1500元的标准给予补助。企业每吸纳1名应届高校毕业生在太原市就业并缴纳社保费6个月以上，将获得奖励1000元。

二是加大培训力度，提升就业能力。太原市将持续开展高校毕业生就业见习工作。今年，太原市将开发就业见习岗位3600个以上；对有创业意愿的毕业年度高校学生免费提供一次创业培训，给予最高1800元/人的创业培训补贴；毕业年度高校学生取证按规定给予初级工400元、中级工600元、高级工800元的评价补贴；免费对2022年度高校毕业生开展技术转移专业人员能力等级培训。

（下转第2版）

7月3日，由晋城市总工会和富士康晋城园区工会主办的第二届“10K健康跑”活动在万年高都古镇鸣枪开赛。此次活动旨在认真践行“全民健身”战略，高度重视文化体育事业发展，持续加大在文化体育事业上的投入力度，积极打造温馨和谐的企业氛围。 本报记者 摄

服务山西中部城市群太忻经济一体化发展

太原至忻州往返增开6趟“太忻号”城际动车

本报讯（首席记者贺芳芳） 7月4日7时11分，以“锦绣太原、康养忻州”为主题包装打造、冠名“太忻号”的D5306次动车组列车驶出太原南站。自此，太原至忻州每日往返开行6趟“太忻号”城际动车组列车的序幕正式拉开。此举将为山西中部城市群太忻经济一体化发展增添便捷高效的“快车道”。

为了全面融入、精准服务太忻经济一体化发展，中国铁路太原局集团有限公司经与忻州市委、市政府多次规划研究后，在太原至忻州日常开行9对动车组列车的基础上，每天早、中、晚时段再增开3对“太忻号”城际动车组列车，使市域间动车密度进一步加大、旅客的出行更加便捷、选择更加多元。

据介绍，“太忻号”城际动车分别于每天7时11分、14时05分、17时38分从太原南站始发，中途停靠太原站，随后直达忻州西站，并延伸至原平西站，全面覆盖太原、忻州两地的重要区域。随着“太忻号”城际动车的增开，每天早晚高峰时段，太原、忻州间发车间隔将达到半小时左右一趟，实现了动车“公交化”开行。

忻州市文旅局工作人员说，“太忻号”城际动车缩短了太原、忻州两地的时空距离。在太忻一体化经济区打造世界级旅游康养目的地的进程中，太原省会城市的集散功能将充分显现，忻州五台山、云中河等重点景区及森林、温泉、中医药等康养资源的吸引力将会显著增强。为了提升“太忻号”城际动车的品牌知名度和旅游影响力，太原局集团公司精选列车车辆，突出“锦绣太原、康养忻州”旅游元素，利用车身贴、海报等形式对车体进行立体式设计包装，体现城市旅游品质、展现沿途秀美风光；同时，对列车乘务人员进行针对性培训，使人人成为太忻经济一体化发展的服务员、宣传员、导游员，满足旅客需求，提升乘车体验，打响太忻品牌。

山西重大工运事件重要工运人物 寻访展示

赖若愚：工运史上一座不朽的丰碑

（上接第1版）

——依靠职工，发展生产。

1944年8月，赖若愚在中共太行区党委地委书记联席会议上的报告中指出："群众团体的任务应该是：第一，领导群众生产、卫生及文化等事业；第二，保障群众的已得利益；第三，解决群众的日常纠纷。群众团体必须以最重要的力量领导群众生产，领导合作运动。""工会即仍如去年支部研究会的决定，仍为独立的阶级组织。"

1948年12月，太行区第二届群英大会召开。赖若愚在大会上作工作报告和总结讲话，动员劳动模范为解放全中国作贡献。

1949年6月15日，时任太原市委书记的赖若愚在太原市委召开的工运工作会议上指出："在城市工作中，发展工业生产是一切工作的中心。""必须提高职工的生产情绪，这在发展生产中是起着主导作用的。"对于工会工作，他指出："不仅要吸收体力劳动者参加工会工作，而且应该吸收脑力劳动的职员参加工会。""工会干部讲出来的话应该正是工人所要说的话，或正是职工脑子里存在的问题，使职工相信你是为他们服务的，把你当作他们中的一员。"

1949年7月1日，太原市召开了第二届工代会。赖若愚在会上作了政治报告，号召工人阶级为恢复生产、发展文化教育、加强治安三项基本任务而努力。

1949年9月1日，中共山西省委、山西省人民政府、山西省军区召开成立大会，赖若愚任省委第一副书记，并作了《山西今后工作的方针与任务》的报告，指出，太原解放了，山西全境解放了，从山西局部来说，我们的中心任务便是生产建设。建设搞好，也就支援了前线。从前途上说，我们是要建设一个工业化的山西。"如何恢复与发展工业？第一，做好工会工作。必须组织全体工人阶级，团结职工，尤其是技术人员。工业生产，必须依靠全体工人阶级的觉悟性、组织性、积极性、创造性。"

1949年11月9日，赖若愚在山西省第二届工代会上作政治报告，指出："在工业生产中，工人阶级担负着重要的任务。所以要在生产中发动职工，组织全体职工，不断提高职工的觉悟程度与积极程度，提高职工的生产积极性和创造性，并在发展生产中逐步改善工人的生活，举办和发展福利事业。"

1950年11月，时任山西省委书记的赖若愚在山西省工农业劳模大会上作了开幕式讲话和总结报告。他指出："劳动模范是新社会的新人物。""工人阶级的爱国主义生产竞赛是我们建设的基本方法。"

1951年10月，赖若愚在《大规模经济建设前夜的中国工人阶级——纪念第三个国庆节》一文中指出："为什么工人阶级的能力和智慧能够得到充分发挥呢？因为在解放后的新中国，工人阶级已经成为国家的领导阶级，国家的利益和工人阶级自己的利益完全一致。"

作为亲历者、组织者、发动者，赖若愚在山西工运史上发挥了重要的领导作用、推动作用、促进作用。新民主主义革命时期特别是新中国成立初期山西工运事业和工会工作长足发展，赖若愚功不可没。

工会"实践家"+"理论家"

"赖若愚是个很了不起的人物，毛主席都非常看重他。"全国政协原委员、全国总工会基层建设部原部长郭稳才说，"他是毛主席亲自点将的全总主席，主席将他从山西省委书记任上调到全国总工会时，他刚满42岁。"

"1952年1月，党中央、毛主席为了加强全国总工会工作，点名调赖若愚到全总去工作。当时，有人向毛主席建议，说赖若愚同志人才难得，应调他到一机部当部长，才能更好地发挥作用。毛主席反问道：那么工人阶级重要不重要？"（《赖若愚传略》）如是记录。

"在党中央、毛主席看来，全国总工会主席的位置不亚于一个省委书记。赖若愚是当时从省委书记里挑的，调到全总重用。"全总社会联络部二级巡视员、海南省总工会党组成员、副主席（挂职）张丙亮说。

"毛主席称赞赖若愚说：'他是个帅才，也是个秀才。'"山西省史志研究院原副院长张国祥说。

也正是党中央和毛主席的赏识，为赖若愚提供了在工运事业上施展才能的更高更大平台，使他在推动新中国工运事业和工运理论探索发展中作出了卓越贡献。

他是工会工作的实践家，也是工会工作的理论家。到全总领导岗位上，更加专注、执着于党的工运理论的实践探索和理论创新，体现了共产党人可贵的实践品质和理论品质。

——他始终不渝坚持党的领导。

"工会必须接受党的领导，这点是天经地义的。"这是赖若愚始终坚持的政治原则，也是他为新中国工会工作指明的正确方向。

1952年1月，赖若愚调任中华全国总工会党组书记兼秘书长。1952年12月2日，在工会基层工作会议上，赖若愚作总结报告。他指出："要做好工会工作就必须做好党、行政的工作。要做好党、行政的工作，就必须做好工会工作。""至于工会，只能在党的领导下进行工作。""工会必须接受党的领导，这点是天经地义的。"

1953年5月2日至12日，中国工会第七次全国代表大会在北京隆重举行。这是新中国成立后召开的第一次工会全国代表大会，也是全国劳动大会第一次正式更名为工会全国代表大会。从此，"工会代表大会"这一名称一直沿用至今。在这次代表大会上，赖若愚当选为全国总工会主席。

在工会七大工作报告中，赖若愚指出："在国家建设时期，我们工会组织最重要最基本的任务，就是在中国共产党的领导下，联系并教育工人群众……为逐步实现国家的工业化与过渡到社会主义社会而斗争。"

1953年7月25日，赖若愚发表《目前工会工作中的若干问题》一文，强调要把工会工作做好，必须坚持党的领导。

1954年2月24日，赖若愚在《人民日报》发表《加强党对工会的领导发挥工会在国家工业化中的巨大作用》的署名文章。

中华全国总工会第七届执委会委员合影

1953年9月，赖若愚主持撰写了《加强党对工会工作的领导》一文，经党中央政治局会议讨论后，以《人民日报》社论的方式公开发表。文章指出，党的领导和群众的支持是工会全部工作获得成就最本质的条件。把党和国家的政策贯彻到群众中去，使它同群众的要求和意志结合起来，是工会最基本的作用。

——他始终不渝坚持调查研究。

调查研究是赖若愚的工作方法，也是他领导推动工会工作探索发展的基本方法。

原太行二分区妇救会干部韩林老人曾回忆，1942年初夏，时任中共太行二分区地委书记的赖若愚把分区工农青妇的干部组成工作组，分别派到各县的农村进行调查研究，赖若愚亲自部署任务、交代方法、明确时限、听取汇报，让同志们信心饱满、有的放矢。

1943年1、2月间，中共太行分局决定把赖若愚从太行二分区调到太行分局担任组织部副部长兼太行区党委组织部部长。到任之后，他首先抓调查研究。他对调查研究一般采取四种办法：一是自己亲自下去了解情况作调查；二是向各级调研机构要材料，而且特别注意数字的统计；三是请地、县各级调研人员来汇报；四是集中有关人员，定题、定时进行调查研究。"他亲自参加或主持进行了很多调查研究，从而能够较快地掌握全局情况，并能做到有针对性地解决问题。

1951年7月2日，他在《山西日报》发表题为《学习毛主席的实践论 克服我们的经验主义》一文。文中指出："调查研究要有理论作指导，调查研究本身就是理论和实践结合的过程。""经验主义者调查研究，常常是与理论脱节的。所以许多调查，常常以现象罗列，只看事物的外部标志，抓不住事物的内在联系。""从群众中来，到群众中去，这是正确的领导方法。可是'从群众中来，到群众中去'，中间是有一个整理研究的过程。正如调查来的材料要经过研究是一样的。"

全国总工会原副主席王家宠曾指出："赖若愚同志主持全总工作期间，正值我国即将进入和进入有计划建设国民经济的第一个五年计划时期……加上当时整个工会工作还有些杂乱，这一切严重影响了工会工作的有效开展。""赖若愚通过认真学习马克思列宁主义和毛泽东思想……特别是深入调查研究，提出了自己鲜明的观点和主张，并且随着实践的发展不断地调整和充实。"

全国总工会原书记处书记刘实曾回忆道："总结推广典型经验，是赖若愚同志推进工作的一个鲜明特点。1952年9月，他带领全国总工会的同志和东北总工会与东北行政区有关部门的同志一起，总结沈阳五三工厂的做法，形成了一套较为完备、系统的国营企业的基层工作经验。"这个经验在全国传播推广，产生了广泛的影响，得到了中央的肯定。

原国家劳动局局长康永和曾回忆道："他每年总要集中几段时间到各地视察，走马观花或者下马观花，与蹲点的同志相结合，调查研究。他的方法是：带着他正在思考和探索的问题下去，在省、市找党、政、工各方面的领导同志交谈。他口问笔写，夜以继日忙个不停。他习惯于在各种场合与群众直接见面、讲话，形式简便，不讲排场。"

山西省政协原主席李修仁曾回忆道："赖若愚同志注重调查研究是一贯的，几十年如一日。抗日战争和解放战争他在太行革命根据地时，就十分重视调查研究。解放后在他主持山西省委和省人民政府工作时，工作任务相对庞杂、繁重，有许多新的工作需要他去开辟，他的办法还是先抓调查研究……熟悉他的人都说'老赖搞工作的法宝就是调查研究。'""重大问题都是他亲自出马，亲自到基层找干部谈，到工人中去访问，并亲自作笔记、收集材料，然后和大家一起议，最后由他动手写文章。""赖若愚同志还把总结工作和写文章也看成是调查研究。"

——他始终不渝坚持理论创新。

"赖若愚同志在主持中华全国总工会工作期间，以对党的工运事业高度负责的革命精神，深入实际，刻苦学习，艰辛探索社会主义革命和建设时期工会工作的特点和规律，深刻认识人民民主政权条件下工会的性质、地位、职能、作用，准确把握工会与党、与社会主义国家政权、与职工群众的关系，深入研究涉及工人阶级和工会工作的重大理论问题，努力把马克思主义工运理论与我国工会实际结合起来，提出了关于工会工作的一系列论述，丰富和发展了党的群众工作理论，奠定了新中国工运事业成功开拓和蓬勃发展的坚实基础，为我们树立了把马克思主义工运理论中国化的典范。"全国总工会原书记处书记、党组成员、研究室主任李滨生在纪念赖若愚同志诞辰100周年座谈会上讲道。

党的八大后，赖若愚为使工会的工作能够适应新的形势和任务的要求，深入实际，调查研究，及时发现和解决在形势任务转变中工会工作中的许多具体问题。1957年3月26日，赖若愚离开北京，先后访问了山西、陕西、甘肃3个省的总工会和太原、西安、兰州3个市工会，沿途访问了16个厂矿企业，"发现了一些在北京很难发现或者很难深刻体会的问题，提出了许多有价值的意见"。

全国总工会原副主席、书记处书记乔传秀在纪念赖若愚同志诞辰100周年座谈会上的讲话中指出，赖若愚同志主持全国总工会工作期间，工会工作取得了重大成就。"尤其是1953年至1956年的四年间，中共中央向全国批转的全总的建议、典型经验、调研报告达34件，许多调查报告和建议被国务院采纳，形成了法规或条例。这些成绩的取得，无不蕴含着赖若愚同志的大量心血和竭诚奉献。"

"在社会主义中国的工会运动中，赖若愚的工会理论探索和实践活动占有非常重要的位置。他的工会理论敏锐地触及中国工会的基本问题，并形成了一个较为完整的思想体系。"中国劳动关系学院工会干部培训学院院长何布峰这样说。

"在赖若愚进行工会理论探索的过程中，既有李立三被错误评判的前车之鉴，又有反右派斗争扩大化后的不利形势。但他以无限忠诚于工人阶级和党的一颗赤心，不顾自己可能被误解甚至会有更大的危险，毅然决然开拓了工会的政治地位、独特任务尤其是与党政关系这些重大而敏感的理论领域，并作出了巨大贡献。"中国工运史研究专家、中国劳动关系学院教授王永玺在他的专著《中国工人运动史研究》中如此评价赖若愚的理论品质和理论贡献。

赖若愚同志在中国工会八大上作工作报告

心里装着职工群众

心里装着职工群众、密切联系职工群众，让赖若愚成为职工群众信赖的工运领袖。他深刻而卓有远见地指出："联系群众的程度如何，是测量工会工作最根本的标尺。"

——"群众团体是最需要民主的。"

1941年2月，赖若愚在《战斗》发表了《关于群众工作的几个问题》，提出："群众团体是最需要民主的。""群众运动是把群众发动起来，使群众自己动起来，而不是强迫群众运动。""必须把'党的主张变成群众自己的主张'，这样才会把我们的主张变成物质的力量。""群众工作要站在群众利益的立场上，决不能离开群众利益，更不能违反群众利益。""必须依靠群众自己的经验来教育群众、提高群众。"

——"脱离群众，这是危险的。"

1941年12月，他在《群众运动与群众游击战争》中指出："经验一再地告诉我们：对敌斗争如果失去群众的积极支援，就一定要陷于失败。""脱离群众，这是危险的。""工作方式的问题在群众工作中间具有决定的意义：1.群众工作应该永远是自下而上的动员。2.必须永远从群众利益出发，结合革命的利益，必须有明确的纲领，只有这样，才能使群众感到群众团体是自己的团体，才能把群众力量真正变成革命的力量。""今天有许多团体和干部，自己不会做工作，埋怨群众落后，埋怨政府不帮助，实际上都是错误的。"

1949年5月21日，赖若愚在太原山西省重工业生产动员大会上指出，"恢复发展工业，主要依靠全体职工的积极性、创造性。""为了发挥职工的积极性、创造性，管理必须民主化，工人一定要参与民主管理。""工会工作必须做好，逐步改善生活。"

——"工会的最大任务是团结和教育全体工人。"

1949年11月9日，赖若愚在山西省第二届工代会上的政治报告中指出："工会的最大任务是团结和教育全体工人。""工会要团结百分之百的工人，并不断地提高他们的觉悟程度和组织程度。发挥全体工人的积极性和创造性，提高劳动纪律和技术水平。不但对会员要这样，对非会员也应该同样进行这些工作。除此之外，还必须想办法逐步改善工人生活，例如把职工俱乐部与安全和卫生搞好。只有把这些工作搞好，才能开展生产竞赛。"

——"必须依靠工人阶级的积极性、创造性才能搞好生产。"

1950年12月2日，赖若愚在山西省农业劳模大会的总结报告中指出："必须依靠工人阶级的积极性、创造性才能搞好生产。一个模范厂长，除了很好地计划整个的生产、组织整个的生产外，必须重视改进工人的物质生活和文化生活，加强工厂管理委员会，听取工人的意见，激励工人的合理化建议。""工人阶级的爱国主义生产竞赛是我们建设的基本方法。"

——"联系群众的程度如何，是测量工会工作最根本的标尺。"

1953年7月25日，《中国工运》刊发赖若愚的文章《目前工会工作的若干问题》。赖若愚在文章中鲜明地指出："工会是工人阶级群众组织，其最重要、最基本的问题是联系群众，联系群众的程度如何，是测量工会工作最根本的标尺。"

1954年2月24日，《人民日报》刊发赖若愚的文章《加强党对工会的领导 发挥工会在国家工业化中的巨大作用》。文章指出："工会的各级领导机关，必须努力使自己的工作更加深入、更加细致，根据'面向基层、面向生产、面向群众'的方针，有计划、有步骤地解决职工群众在生产中和生活中迫切需要解决的问题。"

全国总工会原副主席、书记处书记乔传秀在纪念赖若愚同志诞辰100周年座谈会上的讲话肯定："赖若愚同志指出，我国现代的工人运动，是在中国共产党产生之后，在中国共产党直接领导之下发展起来的。工会必须接受党的领导，这是天经地义的。工会要为实现党所指出的目标而奋斗，实现党的政策、主张。工会工作的一切方针均应根据党的方针来决定。但贯彻这些方针政策时，又必须根据职工群众的意愿、要求和觉悟程度来进行。工会组织把工人阶级的先锋队和广大职工群众联结在一起，逐步把广大职工群众提高到先进水平，成为党团结本阶级和团结全体劳动人民的一个重要纽带。"

把工会工作作为终身事业

赖若愚是一个把事业看得比生命还重要的人。他时刻听从党的召唤，党让干什么就全身心地干什么，为党的事业冲锋陷阵、鞠躬尽瘁。他用48岁的生命，把人生的追求定格在党的工运事业上。

1957年12月，中华全国总工会召开第八次全国代表大会，赖若愚继续当选为全国总工会主席。

大会开过不久，赖若愚又亲自布置了1958年的工会工作，并计划于1958年3月到南方视察工作，搞调查研究。

由于数月来他的身体一直不好，长期带病坚持工作，根据中央有关同志的意见，组织安排他到医院检查身体。不料，检查结果却是肝癌，而且已是晚期。

天妒英才！1958年5月20日，赖若愚因肝癌医治无效，不幸逝世，终年48岁。

"赖若愚同志是30年代初在敌人的监狱中患上严重肝病的。此后，他长期超负荷带病工作。1958年5月20日逝世后，中共中央为他举行了隆重的悼念活动。"全国总工会原书记处书记刘实曾回忆道。

"得知赖若愚病故，毛主席叹惋：可惜呀！可惜呀！"山西省史志研究院原副院长张国祥曾回忆道，"毛主席对赖若愚十分器重，那还是他刚到全国总工会的时候。有一次，毛主席当着陈云的面给他介绍赖若愚，毛泽东说：陈云同志，这就是赖若愚同志，山西五台人氏，年方四十有二。原是山西省委书记、省政府主席、省军区政委，在此之前还做过太原市委书记、太行区委书记。他是个帅才，也是个秀才。他会做工作，工作做得很好；他会写文章，文章也写得很好。人才难得呀！"

中共中央为赖若愚同志举行了"首都各界公祭赖若愚同志仪式"。尽管时值党的八大二次会议召开，但时任中共中央政治局常委的刘少奇、周恩来、朱德、陈云和邓小平都到会了，在京的中共中央政治局委员和候补委员都到会了，中共中央书记处书记和候补书记都到会了，各民主党派和工商联主要负责同志都到会了……追悼会由刘少奇主持，李雪峰致悼词。悼词说"赖若愚同志是我们党的优秀党员，是久经考验的革命战士。"

《工人日报》1958年5月23日刊文记录了职工群众对赖若愚同志的深切悼念。大家流着泪，诉说着赖若愚关心关怀职工群众的一个个生动故事、一件件暖心往事，诉说着对他的热爱和怀念。

"赖若愚同志全心全意为人民服务，一心扑在革命事业上，个人的饮食起居十分简朴，从不特殊。谁要额外照顾，他就立即制止。他艰苦奋斗几十年，把所有心血都奉献给了人民事业，却从不向人民提出什么要求。"山西省人民检察院原检察长李景文曾回忆道。

"为了便于接近群众，他出门不让警卫员跟着。他有时自己骑车上街买菜，有时坐公交车上班、下班。他不让人叫他'赖主席'，警卫员、司机和炊事员都亲切地称他'赖同志'，跟他有说有笑，亲如一家。"赖若愚的子女来思平、来小达和来和平在《怀念我们的爸爸——赖若愚》中写道："他曾说，'我要把工会工作作为我终身的事业，我愿长期做下去。'他对工会工作、对工人群众有多么深厚的感情啊！"

2009年12月24日，全国总工会举行"纪念赖若愚同志诞辰100周年座谈会"，缅怀他为推动党的工运事业不断发展建立的卓越功绩，高度评价他信念坚定、心系职工、廉洁奉公、竭诚服务的崇高精神，肯定他是中国共产党的优秀党员、久经考验的忠诚的共产主义战士、中国工人运动的杰出领导人。

"我亲身感受到，在全总机关，大家对赖若愚同志都非常敬佩、非常怀念。他信念坚定、对党忠诚，实事求是、善于创新，事业至上、尽职担当，情系职工、钟情工会。广大职工群众和工会干部对他有口皆碑，都觉得他为工会工作、工运事业作出了很大贡献。赖若愚是全国工会的光荣，也是山西人民的光荣。"全国政协原委员、全总基层组织建设部原部长郭稳才说。

他是一座丰碑，让我们这些后来的工会人景仰。

他是一盏明灯，照亮了我们工会人跟着共产党百折不挠、坚毅前行的来路，也照亮了我们工会人跟着共产党奋进新时代、一起向未来的新路。

思考

厚厚的两本《赖若愚纪念文集》，140万余字，一读，再读；掩卷，追思。

赖若愚同志波澜壮阔的一生，是革命的一生、战斗的一生，是为党和人民的事业忠诚奉献、鞠躬尽瘁的光辉一生。特别是在担任全国总工会领导工作期间，他坚持党的工运方针，紧紧依靠各级工会干部和广大职工群众，在坚持把发展作为工会组织的中心任务、注重教育引导提升广大职工、重视发挥劳模的示范引领作用、密切工会组织与职工群众联系、加强工会自身建设等方面进行了大量富于开拓性的工作，作出了重要贡献。他为党的工运事业自我牺牲、艰苦奋斗、不屈不挠的伟大精神和所创立的不朽业绩映照着初心使命、信仰力量，对后来的工会人仍然具有重要的指导作用和弥足珍贵的深刻启示。

今天，在即将迎来党的二十大胜利召开之际，我们追寻赖若愚同志的革命足迹，就是要弘扬伟大建党精神，赓续红色工运血脉，践行维护职工合法权益、竭诚服务职工群众的基本职责，自觉担当引领职工听党话跟党走的政治责任，以对党的无限忠诚做好新时代工会工作，为奋力续写山西践行新时代中国特色社会主义新篇章作出新的更大贡献。 视频/本报首席记者 戎兵

本报地址：太原市新民中街8号 电话：(0351)3526288 邮编：030001 广告经营许可证：1400004000063号 广告部电话：(0351)3526283 定价：全年288元 零售每期0.85元 印刷：山西工人报文化传媒有限公司印业中心（太原市数化南路180号）

康永和：中国工运擎旗手

米俊茹

康永和，出生于丧权辱国的“二十一条”签订之年——1915年，生长于无数仁人志士探索国家出路的觉醒时代，在抗日救亡的工运新高潮中成长为一名工人群众领袖。

1936年，他在太原毛织厂加入中国共产党，从事发展党员、建立党组织的工作，使该厂成为全市工人运动新中心；

1937年9月18日，他参与组织九一八事变六周年纪念游行示威活动，次日被推举为山西省总工会第一届主任；

1937年9月27日，工人武装自卫队成立，他是主要组织者和创始人之一；

1949年11月，他当选山西省总工会第二届主席；

1951年离开山西后，他先后担任华北总工会主任，全国总工会书记处书记、副主席，世界工会联合会书记处书记，国家劳动总局局长等职；

改革开放时期，他担任全总工人运动研究会理事长，强调“要把推进全心全意依靠工人阶级根本方针、职工群众当家作主，作为始终如一的工作重点”……

为工运事业奋斗一生，一路践行“劳工神圣”，他是山西工运开拓者、中国工运先驱者。

寻访遗迹，从故旧后人的只言片语中探究初心萌发的源头；史海钩沉，在波澜壮阔的百年工运史中检索，在发黄发脆的报纸中觅迹，在竖排繁体的文字中梳理，用其参与领导工人运动的时间脉络，展示一个以毕生同职工群众站在一起、以毕生成为“职工之友”而自慰的工运风云人物形象。

褪去长衫穿工装 此心从此只向党
点燃星星燎原种 不惧斗争不负民

探寻初心源头。5 月 19 日，记者置身康永和的故乡——太原古交市木瓜会村（原属交城县）。康永和 97 岁的远房堂弟康有智告诉记者，1915 年 10 月 15 日，康有德（康永和原名）生于此，“18 岁，为抗日闹革命，他离开家乡去太原求学”。

康永和的堂侄、67 岁的康安稳回忆，当年其七爷爷（康永和七叔）曾说，他和康永和在太原读高中时，每到晚上，康永和就出去搞运动。七叔常警告康永和：“这样搞，不要命了！”

1935 年在太原求学期间，面对日本入侵我华北的空前民族危机，康永和一腔爱国热血激荡胸中。地方志《太原老区》这样记录康永和早年的经历——1935 年在太原求学期间就接触革命，与进步同学组织“赤色呼声社”“太原健风社”，出版《呼声》《健风》等刊物，积极传播革命思想；1936 年春，参加“赤色讨蒋抗日救国会”，同年参加山西牺牲救国同盟会。

《山西革命会议录》一书载有康永和自述，在中国共产党恢复和发展在太原及其他各地的秘密组织、开展工人运动的背景下，1936 年夏，他由学校转入工厂，在太原毛织厂参加党组织。当年 10 月，该厂成立第一个党支部，田恒同志任书记，他任组织部长。

其时，康永和并不叫康永和，而叫康有德。时任太原市委书记赵林委托田恒介绍一名康姓学生到太原毛织厂做工。当厂方问起这名学生的姓名时，田恒只知其姓不知其名。为不露马脚，他便随口说叫康永和。从此，康有德的名字就变成了康永和。康永和的女儿康玲回忆，她早年在《星火燎原》（文学丛书）中也读过这段历史。

康永和的儿子康明回忆，他曾听赵林讲，褪去长衫当工人，康永和是第一人。而调去太原毛织厂工作也是赵林的意见，“因为在机关工作，不能与外界联系，也不能出门做地下工作。而在工厂就可以”。

《党史文汇》2010年第3期刊登的《康永和与解放前的山西工运》一文描述，当时的太原毛织厂是阎锡山西北实业公司的下属工厂。该厂工人与其他厂矿的工人一样，在官僚资本和封建把头的剥削压迫下过着悲惨的生活。“一天劳动十二点，煎饼窝头吃不饱。吃不饱，穿不暖，欠下债，没法还。家里躺着病老婆，儿哭女号无人管。”这首歌谣就是当时工人生活的真实写照。

阶级仇、民族恨在工人胸中燃烧。《中国工运史料》（山西卷）记载，康永和的工作就是利用牺盟会的合法组织形式，通过创办工人夜校、开办文化班等，发展牺盟会员，组织发展党员，建立党组织。

为结识更多的工友，康永和加入篮球队，同在工人中威信很高的曲俊、张兴业等师傅建立友谊，做同室工友的工作，先后吸收他们入党。

6月7日，记者来到太原胜利街原太原毛织厂所在地后得知，这家成立于1933年的工厂已于2018年破产。该厂为数不多的历史档案归太原升华物业有限公司保存。在该公司，一本由中共太原毛织厂委员会1983年8月编写的《太原毛织厂简史》记录了康永和早年的革命历程。

这本发黄的小册子里记述，太原毛织厂党支部成立后，按照刘少奇在《关于白区职工运动工作提纲》中规定的策略原则，从胜利的观点出发，组织领导工人群众进行过许多次斗争。其中最有名的是“反边钰斗争”。

边钰是机织部工长，这家伙心毒手狠，吃、喝、嫖、赌无所不为，多次强奸女工，谋害进步工人。工人们对其恨之入骨，但无人敢惹。1936年冬的一天，他在大白天又强奸了一名14岁的女工。党支部抓住此事，巧妙发动群众开展斗争。康永和亲自起草状子，分别抄送至市公安局、西北实业公司和本厂经理处，同时发起捐钱活动慰问被奸污的女工，支持其告状。在群众斗争的压力下，状子先由西北实业公司批了下来。经理把边钰和那个女工及其嫂嫂（也是党支部发动的）叫到办公室处理。康永和组织上百名工人在窗外喊口号助威。经理怕事情闹大，最后不得不开除边钰。

“反边钰斗争”的胜利轰动全厂，使中国共产党在工人中的威望大大提升。工人们高呼：“我们胜利了！跟小康走，没错！”

康永和先后吸收25名进步工人入党，使太原毛织厂成为全市党员人数最多的基层党组织和全市工人运动新中心。党的市委机关就设在该厂附近的一个破民房里，市委书记赵林、市委委员田恒和康永和都住在里面。

星星之火在此燎原。此后，党组织从太原毛织厂抽调十几名骨干党员，分派到各个厂矿单位开展工作、发展党员。随着党组织的发展壮大，山西工运迎来新高潮。

慷慨激昂鼓与呼 组织万众齐救亡
成立山西省工会 工运史册写春秋

《牺盟会史》记载，七七事变后，晋北战争进入非常激烈的阶段。响应党的北方局和山西省委发出的“武装山西工人，坚持山西抗战”

号召，中共太原市委和牺盟会太原市委员会工人工作委员会决定在九一八事变六周年纪念日当天，发动工人游行示威和成立山西省总工会。

《康永和工运文集》载，1937 年 9 月 18 日 16 时，康永和组织太原毛织厂和印刷厂等工厂的 2000 余名工人群众游行至西北兵工厂门口，抗议厂方阻止工人游行的行为。在声援交涉下，该厂工人最终破门而出。这也使其他工厂资方不敢阻止工人参加活动。全市 1 万余名产业工人和两三万名群众浩浩荡荡会集于太原海子边中山公园（今文瀛公园），召开纪念大会。会上，工人代表郎觉民提出的成立山西省总工会的主张被通过。“坚决抗战到底”“誓死不做亡国奴”的吼声响彻会场。

会后，声势浩大的游行开始。游行队伍向阎锡山提出“发给工人武器，让工人武装起来抗日”的要枪行动取得胜利，向西北实业公司提出的发放拖欠工资和红利得到保证。当天深夜，牺盟会负责人提出“建立起自己的工会”的倡议得到拥护。次日，山西省总工会正式宣告成立，康永和被推举为总工会主任。

《山西工运》对山西历次工会代表大会的召开曾进行报道，1937 年 10 月 8 日，省工会第一次代表大会在太原市小北门街国师里召开。大会讨论了如何发挥工人阶级积极参加抗战的问题；通过了斗争纲领、武装抗日宣言、组织章程和《告工友书》，选举产生山西省总工会第一届执行委员会。康永和当选总工会主席。

会后，全省成立 30 余个分工会，组织了许多工人武装，有效领导了全省工人的抗战活动。

不久，太原市总工会成立。27 个工厂成立工会组织，全市工会会员很快发展到 5 万余人。

随后，康永和组织工人代表对资本家开展的向厂方要储蓄金、要红利、要遣散费等斗争均取得很大胜利。

省、市总工会的成立，为进一步组织工人武装队伍打下了坚实的政治和组织基础。

工人武装上战场 组织创建工卫旅
斗争灵活有策略 党建保证力量强

抗战时期，山西有一支工人阶级的抗日队伍，同日本侵略者和伪军进行了8年殊死斗争。贺龙同志曾高度评价工卫旅，苏联有个工人师，中国有个工人旅。这是中国工人阶级的光荣。

康永和是这支光荣队伍的主要组织者和创始人之一。

《康永和工运文集》载，大约在1937年7月下旬，根据上级指示，太原市委决定把组织一支工人阶级的抗日队伍作为太原党组织的中心任务。不久，党的北方局决定由杨尚昆、林枫（罗鸿）、赵林、康永和4人组成高级党团，负责组织创建工人武装。1937年9月27日，工人武装自卫队（简称“工卫队”）成立。

为动员更多的力量加入队伍，工卫队向工人群众宣传武装起来参加抗战的必要性，利用工会名义号召工人参加抗日武装，同时派出太原毛织厂的党员和积极分子25人一边在国民师范接受军事训练，一边到各个工厂宣传抗日。这些受训的工人后来成为工卫旅的骨干力量。

《康永和与解放前的山西工运》一文写道，在省总工会和康永和的号召推动下，许多厂矿的地下党支部纷纷选派人员到国民师范接受军事训练。他们穿着军装背着枪，打着“工人武装起来保卫山西”的横幅到各个厂区宣传。从九一八事变六周年纪念大会到10月下旬，一个多月，工卫队就发展到800多人。

“……拿起我们的武器刀枪，走出工厂、田庄、课堂，到前线去吧，走上民族解放的战场……”当时，许多青年工人整天唱着这样的歌，寻找伙伴一起报名参军，有30人一批、50人一伙集体来的，也有父子、姐妹一道的，还有全家人一起来的。参加的工人主要是太原毛织厂、晋生纺织厂等十多个工厂的工人。

1937年10月下旬，工卫队撤离太原时，留守工作队还介绍晋生纺织厂的六七十名工人组成两个连；11月8日太原沦陷，吸收文水、汾阳等地农民、知识分子加入，还收容了一些国民党散兵，在中阳县吸收知识分子、农民、小学教员、泥瓦工组成4个营；1938年1月下旬，动员收编了一支“任支队”的游击队，组成一个营。短短3个月，工卫队已有4个营、约1600人……战斗在晋西北地区，在血与火的战斗中不断壮大。两年参加战斗30余次，至1939年七八月，工卫队变成工卫旅，人数达5000人。

工卫旅在抓紧军队建设的同时，不放松党在部队中的建设。康永和一直随二十一团做全旅党的工作，公开身份是二十一团政治部组训科长。

根据指示，初期在太原，康永和在各连部成立临时性联合支部。部队撤到交城后，他负责协调上层下层党的关系，任工卫队党团书记。1938年后半年，党团改为党委，康永和在党建方面做了大量工作，比如借训练班、排干部的名义举办党员培训班。一批批学员在“晋西事变”中成为稳定因素，没有一人叛变逃跑，在战斗伤亡很大的情况下仍保持着旺盛的士气，在繁重的战斗和艰苦生活中越打越强。这与强大的组织和政治工作保证分不开。

1939年12月，“晋西事变”发生，国民党掀起第一次反共高潮。按照上级关于清理内部、巩固部队、开展反顽斗争的指示，康永和等人坚持独立自主的原则，进行灵活有效的斗争和联合，对纯洁和巩固部队起了很大作用。

“晋西事变”后，工卫旅编入八路军第一二〇师战斗序列，并公开党员和党的组织，康永和任工卫旅党委书记、工卫旅政治部副主任。

1940 年 10 月，康永和被调往延安学习，从此离开了工卫旅，后任抗大七分校政治部主任等职。

据山西省总工会工运史研究室原工作人员张明和回忆，为了纪念这段历史，康永和同志曾组织开展山西工卫旅史料征集活动。

1985 年，《山西工人报》记者曾就工卫旅史料征集活动采访康永和同志。谈到活动的意义，他很激动：“‘文化大革命’时把工卫旅说成是伪军，说成是阎锡山的‘御林军’，这个黑锅我们背了几年。把真实情况整理出来公布于众，就是对‘文化大革命’最好的否定。还有人说，工卫旅是受中国共产党的影响组织起来的，这种说法不确切。工卫旅是中国共产党直接组织、领导、指挥的。我是太原市委组织部长，又是工卫旅政治部副主任，我们接受邓小平、程子华同志指挥，怎么说（只）是受党的影响呢？现在我们把过去的史料整理出来，把那些牺牲同志的事迹写出来，再交给每个厂，这就是教育工人的活教材……”

《山西年鉴》（1990 年）记载，为对广大职工和群众进行革命传统教育，山西省总工会在省委、省政府、省顾委的领导和支持下，组织编写、拍摄了 10 集电视连续剧《中国有个工卫旅》[1]，时任国家副主席王震为电视剧题写了片名。

“康老极其认真地审读剧本。他几次亲临祁县、交城米峪镇摄制现场指导，倾注了大量心血。”张明和说。

[1] 后被剪辑成 8 集，片名定为《中国有个工人旅》。

《省总老干部工作通讯》（2013 年 03 期）中，山西省总工运史研究室原副主任胡绪森所写的《中国有个工人旅拍摄往事》一文表明，1989 年 11 月 23 日，电视剧《中国有个工人旅》在北京三晋宾馆举行新闻发布会。随着该剧在央视两次播出和多个省台转播，工卫旅的事迹传遍了全国。

东方破晓迎解放　开启工运新篇章
坚守工运生命线　“职工之友”慰平生

1949 年 4 月 24 日，太原解放。当年 11 月 8 日至 22 日，在太原东缉虎营总工会礼堂召开山西省第二次工人代表大会。会议传达了全国六次劳大决议和精神，通过了关于工运工作、生产节约、劳资问题的决议，通过了《山西省总工会章程》，选举产生了第二届执行委员会，康永和当选主席，自此恢复了山西省总工会统一领导全省的工人运动。

康永和在大会报告中指出，要把“争取在一年内把全体工人阶级组织起来”作为工会中心任务，并部署工会 5 项具体任务。大会对工会会员、工会的组织系统与组织办法、工会的民主、工会会费、工会干部等问题给予明确指导，解决了当时工会工作中急需解决的问题，至今仍发挥着指导作用。

改革开放时期，康永和致力于中国工运理论研究。他强调“我国工人阶级不愧是一个久经考验、立场坚定的革命领导阶级”，“要把推进全心全意依靠工人阶级的根本方针、职工群众当家作主作为始终如一的工作重点”。他驳斥当时社会上刮起的“工人当家作主只能是个政治概念”等邪风，指出反对职工当家作主，必定危害有中国特色的社会主义。他提出将“当主人就要创一流”的“李双良精神”作为20世纪90年代中国工人阶级的时代精神。

张明和回忆，20世纪80年代，在康永和同志的倡导下，晋冀鲁豫京津蒙根据地工运史研究会成立。康永和每年都要参会并讲话。张明和记得，1988年在内蒙古召开会议后，康永和同志不顾疲劳，又深入承德钢厂、赤峰地毯厂调研改革与工会工作，他说“我搞了一辈子工人的事”。

在古交市木瓜会村，站在康永和故居残存的大门口，想象一个18岁的意气少年怀揣革命理想奔赴太原的决绝；走在太原敦化坊太原毛织厂所在地，想象着21岁的共产党员，在厂门口的破屋子里，运筹帷幄如何同资方斗争的场面；在太原市海子边街的文瀛公园，想象1937年9月18日，22岁的工人群众领袖带领游行群众振臂高呼的模样；在太原市府西街的督军府旧址门口，想象其带领游行群众向阎锡山要枪交涉成功后的喜悦；在太原市五一路的山西国民师范旧址，想象工卫旅宣告成立、号召工人拿起枪杆子保卫家乡的庄严；走进太原市东缉虎营1号省总工会大院，想象34岁的工会主席领导全省当家做主人的工人兄弟开启新征程的扬眉吐气……康永和同志对革命理想的坚定、对工运事业的挚爱、对职工群众的感情，引发记者深深崇拜。寻访中国工运风云人物康永和，记者接受了一次特别的党史学习教育。

本文刊于2021年7月5日《山西工人报》

康永和：中国工运擎旗手

本报首席记者 宋俊茹

【铭刻】 康永和，出生于丧权辱国的“二十一条”签订之年——1915年，生长于无数仁人志士探索国家出路的觉醒时代，在抗日救亡的工运新高潮中成长为一名工人群众领袖。

1936年，他在太原毛织厂加入中国共产党，从事发展党员、建立党组织的工作，使该厂成为全市工人运动新中心；

1937年9月18日，他参与组织“九一八”6周年纪念游行示威活动，次日被推举为山西省总工会第一届主任；

1937年9月27日，工人武装自卫队成立，他是主要组织者和创始人之一；

1949年11月，他当选山西省总工会第二届主席；

1951年离开山西后，他先后担任华北总工会主任、全总书记处书记、全总副主席、世界工会联合会书记处书记、国家劳动总局局长等职；

改革开放时期，他担任全总工人运动研究会理事长，强调“要把推进全心全意依靠工人阶级根本方针、职工群众当家作主，作为始终如一的工作重点”……

为工运事业奋斗一生，一路践行“劳工神圣”，他是山西工运开拓者、中国工运先驱者。

上世纪80年代后期，康永和（右）与基层工会干部亲切交谈

寻访遗迹，从故旧后人的只言片语中探究“初心”萌发的源头；史海钩沉，在波澜壮阔的百年工运史中检索，在发黄发脆的报纸中觅迹，在竖排繁体的文字中梳理，用其参与领导工人运动的时间脉络，展示一个以毕生同职工群众站在一起、以毕生成为“职工之友”而自慰的高大工运风云人物形象。

上世纪60年代初期，康永和（右一）出席世界工联理事会会议

褪去长衫穿工装 此心从此只向党
点燃星星燎原种 不惧斗争不负民

探寻“初心”源头。5月19日，记者置身康永和的故乡——太原古交市木瓜会村（原属交城县）。康永和97岁的远房堂弟康有智告诉记者，1915年10月15日，康有德（康永和原名）生于此。“18岁，为抗日闹革命，他离开家乡去太原求学”。

康永和的堂侄、67岁的康安稳回忆，当年其七爷爷(康永和七叔)曾说，他和康永和在太原读高中时，每到晚上，康永和就出去搞运动。七叔常警告康永和：“这样搞，不要命了！”

1935年在太原求学期间，面对日本人侵我华北的空前民族危机，康永和一腔爱国热血激荡胸中。地方志《太原老区》这样记录康永和早年的经历——1935年在太原求学期间就接触革命，与进步同学组织“赤色呼声社”“太原健风社”，出版《呼声》《健风》等刊物，积极传播革命思想；1936年春，参加“赤色讨蒋抗日救国会”，同年参加山西牺盟会。

《山西革命会议录》一书载有康永和自述，在我党恢复和发展在太原

位于山西省总工会办公大楼五层的山西工运史馆展出的康永和同志早期开展工运活动的遗迹

及其他各地的秘密组织、开展工人运动的背景下，1936年夏，他由学校转入工厂，在太原毛织厂参加党组织。当年10月，该厂成立第一个党支部，田恒同志任书记，他任组织部长。

其时，康永和并不叫康永和，而叫康有德。时任太原市委书记赵林委托田恒介绍一名康姓学生到太原毛织厂做工。当厂方问起这名学生的姓名时，田恒只知其姓不知其名。为不露马脚，他便随口说叫康永和。从此，康有德的名字就变成了康永和。康永和的女儿康玲回忆，她早年在《星火燎原》(文学丛书)中也读过这段历史。

康永和的儿子康明回忆，他曾听赵林讲，褪去长衫当工人，康永和是第一人。而回去太原毛织厂工作也是赵林的意见，“因为在机关工作，不能与外界联系，也不能出门做地下工作。而在工厂就可以”。

《党史文汇》2010年第3期刊登的“康永和与解放前的山西工运”一文描述，当时的太原毛织厂是阎锡山西北实业公司的下属厂矿。该厂工人与其他厂矿的工人一样，在官僚资本和封建把头的剥削压迫下过着悲惨的生活。“一天劳动十二点，煎饼窝头吃不饱。吃不饱，穿不暖，欠下债，没法还。家里躺着病老婆，儿哭女嚎无人管。”这首歌谣就是当时工人生活的真实写照。

阶级仇、民族恨在工人胸中燃烧。《中国工运史料》（山西卷）记载，康永和的工作就是利用牺盟会的合法组织形式，通过创办工人夜校、开办文化班等，发展牺盟会员，组织发展党员，建立党组织。

为结识更多的工友，康永和加入篮球队，同在工人中威信很高的曲俊、张兴业等师傅建立友谊，做团结工友的工作，先后吸收他们入党。

6月7日，记者来到太原胜利街原太原毛织厂所在地后得知，这家成立于1933年的工厂已于2018年破产。该厂为数不多的历史档案归太原升华物业有限公司保存。在该公司，一本由中共太原毛织厂委员会1983年8月编写的《太原毛织厂简史》记录了康永和早年的革命历程。

这本发黄的小册子里记述，太原毛织厂党支部成立后，按照刘少奇在《关于白区职工运动工作提纲》中规定的策略原则，从胜利的观点出发，组织领导工人群众进行过许多次斗争。其中最有名的是反边钰斗争。

边钰是机织部工长，这家伙心毒手狠，吃、喝、嫖、赌无所不为，多次强奸女工，谋害进步工人。工人们恨之入骨，但无人敢惹。1936年冬的一天，他在大白天又强奸了一名14岁的女工。党支部抓住此事，巧妙发动群众开展斗争。康永和亲自起草状子，分别抄送至市公安局、西北实业公司和本厂经理处，同时发起捐钱活动慰问被奸污的女工，支持其告状。在群众斗争的压力下，状子先由西北实业公司批了下来。经理把边钰和那个女工及其嫂嫂（也是党支部发动的）叫到办公室处理。康永和组织上百名工人在窗外喊口号助威。经理怕事情闹大，最后不得不开除边钰。

反边钰斗争的胜利震动全厂，使我党在工人中的威望大大提升。工人们高呼：我们胜利了！跟小康走，没错！

康永和先后吸收25名进步工人入党，使太原毛织厂成为全市党员人数最多的基层党组织和全市工人运动新中心。党的市委机关就设在该厂附近的一个贫民房里，市委书记赵林、市委委员田恒和康永和都住在里面。

星星之火在此燎原。此后，党组织从太原毛织厂抽调十几名骨干党员，分派到各个厂矿单位开展工作、发展党员。随着党组织的发展壮大，山西工运迎来新高潮。

慷慨激昂振臂呼 组织万众齐救亡
成立山西省工会 工运史册写春秋

《牺盟会史》记载，“七七”事变后，晋北战争进入非常激烈的阶段。响应党的北方局和山西省委发出的“武装山西工人、坚持山西抗战”号召，中共太原市委和太原市牺盟委员会工人工作委员会决定在“九一八”6周年纪念日当天，发动工人游行示威和成立山西省总工会。

《康永和工运文集》载，1937年9月18日16时，康永和组织太原毛织厂和印刷厂等工厂的2000余名工人群众游行至西北兵工厂门口，抗议厂方阻止工人游行的行为。在声援交涉下，该厂工人最终破门而出。这也使其他工厂资方不敢阻止工人参加活动。全市1万余名产业工人和两三万名群众浩浩荡荡会集于太原海子边中山公园（今天的文瀛公园），召开纪念大会。会上，工人代表郎觉民提出的成立山西省总工会的主张被通过。“坚决抗战到底”“誓死不做亡国奴”的吼声响彻会场。

会后，声势浩大的游行开始。活动中，队伍向阎锡山提出“发给工人武器、让工人武装起来抗日”的要枪行动取得胜利，向西北实业公司提出的发放拖欠工资和红利得到保证。当天深夜，牺盟会负责人提出“建立起自己的工会”的倡议得到拥护。次日，山西省总工会正式宣告成立，康永和被推举为总工会主任。

《山西工运》对我省历次工会代表大会的召开曾进行报道，1937年10月8日，省工会第一次代表大会在太原市小北门街国师里召开。大会讨论了如何发挥工人阶级积极参加抗战的问题；通过了斗争纲领、武装抗日宣言、组织章程和《告工友书》，选

1993年4月，康永和（左）在李双良精神理论研讨会上与全国劳模李双良（中）、马文瑞合影

举产生山西省总工会第一届执行委员会。康永和当选总工会主席。

会后，全省成立30余个分工会，组织了许多工人武装，有效领导了全省工人的抗战活动。

不久，太原市总工会成立。27个工厂成立工会组织，全市工会会员很快发展到5万余人。

随后，康永和组织工人代表和资本家开展的向厂方要储蓄金、要红利、要遣散费等斗争均取得很大胜利。

省、市总工会的成立，为进一步组织工人武装队伍打下了坚实的政治和组织基础。

工人武装上战场 组织创建工卫旅
斗争灵活有策略 党建保证力量强

抗战中的山西有一支抗日队伍工卫旅，同日本侵略者和伪军进行了8年殊死斗争。贺龙同志曾高度评价工卫旅：“苏联有个工人师，中国有个工人旅，就是你们。这是你们的光荣，也是中国工人阶级的光荣。”

康永和是这支光荣队伍的主要组织者和创始人之一。

《康永和工运文集》载，大约在1937年7月下旬，根据上级指示，太原市委决定把组织一支工人阶级的抗日队伍作为太原党组织的中心任务。不久，党的北方局决定由杨尚昆、林枫（罗鸿）、赵林、康永和4人组成高级党团，负责组织创建工人武装。1937年9月27日，工人武装自卫队（简称工卫队）成立。

为动员更多的力量加入队伍，工卫队向工人群众宣传武装起来参加抗战的必要性，利用工会名义号召工人参加抗日武装，同时派出太原毛织厂的党员和积极分子25人一边在国民师范接受军事训练，一边到各个工厂宣传抗日。这些受训的工人后来成为工卫旅的骨干力量。

《康永和与解放前的山西工运》一文写道，在省总工会和康永和的号召推动下，许多厂矿的地下党支部纷纷选派人员到国民师范接受军事训练。他们穿着军装背着枪，打着“工人武装起来保卫山西”的横幅到各个厂区宣传。从“九一八”6周年纪念大会到10月下旬，一个多月，工卫队就发展到800多人。

“……拿起我们的武器刀枪，走出工厂、田庄、课堂，到前线去吧，走上民族解放的战场……”当时，许多青年工人整天唱着这样的歌，寻找伙伴一起报名参军，有30人一批、50人一伙集体来的，也有父子、姐妹一道的，还有全家人一起来的。参加的工人主要是太原毛织厂、晋生纺织厂等十多个工厂的工人。

1937年10月下旬，太原失守，工卫队撤离太原时，留守工作队还介绍晋生纺织厂的六七十名工人组成两个连；11月8日太原沦陷，吸收文水、汾阳等地农民、知识分子加入，还收容了一些国民党散兵，在中阳县吸收知识分子、农民、小学教员、泥瓦工组成4个营；1938年1月下旬，动员收编了一支“任支队”的游击队，组成一个营。短短3个月，工卫队已有4个营，约1600人……战斗在晋西北地区，在血与火的战斗中不断壮大。两年战斗30余次，至1939年7、8月，工卫队变成工卫旅，人数达5000人。

工卫旅在抓紧军队建设的同时，不放松党在部队中的建设。康永和一直做21团做全旅党的工作，公开身份是21团政治部组训科长。

根据指示，初期在太原，康永和在各连部成立临时性联合支部。部队撤到交城后，他负责协调上层下层党的关系，任工卫队党团书记。1938年后半年，党团改为党委，康永和在党建方面做了大量工作，比如借训练班、排干部的名义举办党员培训班。一批批学员在“晋西事变”中成为稳定因素，没有一人叛变逃跑，在战斗伤亡很大的情况下仍保持着旺盛的士气，在繁重的战斗和艰苦生活中越打越强。这与强大的组织和政治工作保证分不开。

1939年12月，“晋西事变”发生，国民党掀起第一次反共高潮。按照上级关于清理内部、巩固部队、开展反顽斗争的指示，康永和等人坚持独立自主的原则，进行灵活有效的斗争和联合，对纯洁和巩固部队起了很大作用。

“晋西事变”后，工卫旅编入一二〇师战斗序列，并公开党员和党的组织，康永和任工卫旅党委书记、工卫旅政治部副主任。

1940年10月，康永和被调往延安学习，从此离开了工卫旅，后任抗大七分校政治部主任等职。

据山西省总工运史研究室原工作人员张明和回忆，为了纪念这段历史，康永和同志曾组织开展山西工卫旅史料征集活动。

1985年，《山西工人报》记者曾就工卫旅史料征集活动采访康永和同志。谈到活动的意义，他很激动：“‘文革’时把工卫旅说成是伪军，说成是阎锡山的御林军，这个黑锅我们背了几年。把真实情况整理出来公布于众，就是对‘文革’最好的否定。还有人说，工卫旅是受党的影响组织起来的，这种说法不确切。工卫旅是我党直接组织、领导、指挥的。我是太原市委组织部长，又是工卫旅政治部副主任，我们接受邓小平、程子华同志指挥，怎么说（只）是受党的影响呢？现在我们把过去的史料整理出来，把那些牺牲同志的事迹写出来，再交给每个厂，这就是教育工人的活教材……”

《山西年鉴》(1990年)记载，为对广大职工和群众进行革命传统教育，山西省总工会在省委、省政府、省顾委的领导和支持下，组织编写、拍摄了10集电视连续剧《中国有个工卫旅》(注：后被剪辑成8集，片名定为《中国有个工人旅》)，时任国家副主席的王震为电视剧题写了片名。

“康老极其认真地审议剧本。他几次亲临祁县、交城米峪镇摄制现场指导，倾注了大量心血。”张明和说。

《省总老干部工作通讯》(2013年03期)中，山西省总工运史研究室原副主任胡绪森所写的《中国有个工人旅拍摄往事》一文表明，1989年11月23日，电视剧《中国有个工人旅》在北京三晋宾馆举行新闻发布会。随着该剧在央视两次播出和多个省台转播，工卫旅的事迹传遍了全国。

东方破晓迎解放 开启工运新篇章
坚守工运生命线 “职工之友”慰平生

1949年4月24日，太原解放。当年11月8日—22日，在太原东缉虎营总工会礼堂召开山西省第二次工人代表大会。会议传达了全国六次劳大决议和精神，通过了关于工运工作、生产节约、劳资问题的决议，通过了《山西省总工会章程》，选举产生了第二届执行委员会，康永和当选主席，自此恢复了山西省工会统一领导全省的工人运动。

康永和在大会报告中指出，要把“争取在一年内把全体工人阶级组织起来”作为工会中心任务，并部署工会5项具体任务。大会对工会会员、工会的组织系统与组织办法、工会的民主、工会会费、工会干部等问题给予明确指导，解决了当时工会工作中急需解决的问题，至今仍发挥着指导作用。

改革开放时期，康永和致力于中国工运理论研究。他强调“我国工人阶级不愧是一个久经考验、立场坚定的革命领导阶级”“要把推进全心全意依靠工人阶级的根本方针、职工群众当家作主作为始终如一的工作重点”。他驳斥当时社会上刮起的“工人当家作主只能是个政治概念”等邪风，指出反对职工当家作主，必定危害有中国特色的社会主义。他提出将“当主人就要创一流”的“李双良精神”作为20世纪90年代中国工人阶级的时代精神……

张明和回忆，上世纪80年代，在康永和同志的倡导下，晋冀鲁豫京津蒙根据地工运史研究会成立。康永和每年都要参会并讲话。张明和记得，1988年在内蒙古召开会议后，康永和同志不顾疲劳，又深入承德钢厂、赤峰地毯厂调研改革与工会工作。他说：“我搞了一辈子工人的事。”

了解“中国工运擎旗手”康永和，请扫码观看

【思考】 在古交市木瓜会村，站在康永和故居残存的大门口，想象一个18岁的意气少年怀揣革命理想奔赴太原的决绝；走在太原敦化坊太原毛织厂所在地，想象着21岁的共产党员，在厂门口的破屋子里，运筹帷幄如何同资方斗争的场面；在太原市海子边街的文瀛公园，想象1937年9月18日，22岁的工人群众领袖带领游行群众振臂高呼的模样；在府西街的督军府门口，想象其带领游行群众向阎锡山要枪交涉成功后的喜悦；在太原市五一路的山西国民师范旧址，想象工卫旅宣告成立、号召工人拿起枪杆子保卫家乡的庄严；走进东缉虎营1号省总工会大院，想象34岁的工会主席领导全省当家做主人的工人兄弟开启新征程的扬眉吐气……康永和同志对革命理想的坚定、对工运事业的挚爱、对职工群众的感情，引起记者深深崇拜。寻访中国工运风云人物康永和，记者接受了一次特别的党史学习教育。

甄荣典："新劳动运动旗手"

郭倩

他在抗日战争时期，带头响应党的号召，带领大家争抢速度，多造炮弹，维修设备，改进工具，掀起全厂生产竞赛的热潮，他自己创造了日车炮弹外圆480个的最高纪录，被誉为"炮弹大王"。他常在工作极度疲倦之后，还一个人走到离工厂三五里外，寻找埋藏机器的好地方。敌人来了，他把机器埋在大河滩里、水渠底，甚至敌人必经的大道上，自己则变成一个英勇的自卫队员，露宿在冬天的山野里，冒着生命危险和敌人捉迷藏，保护着军工生产的"命根子"。他就是全国劳动模范、曾荣获"英雄本色"锦旗、被授予"新劳动运动旗手"的工匠精神典范——甄荣典。

在革命战争年代，"边区工人一面旗帜"赵占魁、"兵工事业开拓者"吴运铎、"新劳动运动旗手"甄荣典等劳动模范以新的劳动态度对待新的劳动，积极参加义务劳动，全力支援前线，带动群众投身中国共产党领导的人民解放事业。

每当想起习近平总书记在2013年4月28日同全国劳动模范代表座谈时特别指出甄荣典是"新劳动运动旗手"，甄荣典之子甄建民都激动不已。他说："以前，我只知道父亲是'炮弹大王'，曾有黄崖洞兵工厂的经历。可是具体做了什么事情，父亲很少讲。"

2018年，甄建民随太行军工后代"重走父辈路"红色旅游活动来到黄崖洞，亲身体验了解父辈的经历。难以想象在当时艰苦卓绝的环境下，他们怎样把沉重的机器设备搬运上山，以最快的速度建厂，生产出更多的枪炮弹药。他们克服困难，超负荷地奉献和透支着生命。甄建民更加深刻地感悟到这种力量来源于父辈的追求和信仰。

甄建民的父亲甄荣典，是抗战时期威名远扬的八路军总部最大的兵工厂——黄崖洞兵工厂涌现出的“新劳动运动旗手”，是黄崖洞兵工厂生产炮弹最多的“炮弹大王”，是抗日战争时期太行山区兵工战线上 18 名劳动英雄之一，是无数人民兵工英雄灿烂星河中一颗闪亮的星……

1916 年 2 月，甄荣典出生在河北省唐县的一个贫苦农民家庭。他的家乡是一个穷乡僻壤的小山村。童年的甄荣典是在“糠菜半年粮，十年九年荒”的苦日子里熬出来的。为了帮助父亲养家，16 岁的甄荣典只好去给地主扛活、当雇工，受尽了剥削压迫。1937 年 9 月，八路军骑兵队开到唐县。唐县解放后，21 岁的甄荣典担任村里的青年队长。

1940 年，土改的革命烈火熊熊燃烧，斗地主、分田地，点亮了甄荣典的人生之路。一向被别人看不起的穷孩子，一眨眼的工夫就加入了共产党。面对党旗，甄荣典举起拳头宣誓：“……随时准备为党和人民牺牲一切，永不叛党。”

同年 7 月，晋察冀军区政治部派他和另外几十名青年赴延安。但由于百团大战，中途情况有了变化，八路军总部调他们到太行山八路军军工部兵工厂工作。甄荣典来到了黄崖洞兵工厂，当了一名专车炮弹外圆的车工。

车炮弹外圆是很累的活，弹体是白口铁，特别难操作。有的工人干两三个月就顶不住了，要求换工种。但甄荣典想：“如果一换人，就得从头学习生产技术，那要误多少工？少误工，多生产一发炮弹，前方就能多消灭几个敌人，我们的战士就会少流血。"于是，他一直坚守在车工岗位上。为了多造炮弹，他双手磨出一层厚厚的茧子。甄荣典每天早早来到工房，把准备工作做好，认真向师傅们学习，在很短的时间内就掌握了生产技术，能够独立操作。

1940 年 10 月，日军对华北根据地开始了疯狂的"扫荡"，黄崖洞兵工厂更是敌人的"眼中钉"。从 10 月开始，日军先后多次调兵偷袭、强攻、围困工厂。1941 年 11 月底，日军板垣师团出动 5000 余人，兵分多路进犯黄崖洞。形势所迫，上级要求全厂转移。那天，天气阴冷，寒气袭人，雨夹着雪，雪带着雨，1000 余人的队伍静静地走着，只有甄荣典这些年轻后生们人拉肩扛搬动机器的声音，"吭哧，吭哧"地走在崎岖的山路上。那时 24 岁的甄荣典总是抢着抬运大件，把机器分散转移到附近一带的山谷里，埋在河滩里、水渠底，甚至是日军必经的大道上等敌人料想不到的地方。日军进入兵工厂内，一见扑了空，气急败坏地放火烧毁了厂房。虽然厂房大部分被烧，但由于隐藏得好，机器全保住了。打退了敌人，上级要求迅速恢复生产，限期 40 天内开工。甄荣典和工友们日夜苦干，只用了 18 天就重新让机器运转了起来。

1941 年 12 月底，敌人又来袭击黄崖洞，甄荣典和工友们撤退前掩埋机器时，由于是寒冬腊月，地冻三尺不好挖，就找了民工在机房附近挖了几个防空洞，但因保密不严，埋藏在防空洞内的机器被日军炸得七零八碎。甄荣典和工友们硬是将破损严重的机床先拼凑对接上，再用道轨上下夹持好，最后用螺丝拧紧；没有床脚，就用板凳代替；车床机头没法修，就用塔轮、皮带轮安上轴顶替，又把工房搬到漳河边，利用水车代替人力。砂轮、刀具用废了，甄荣典上山采来砂石制成土砂轮，道轨钢上焊上锋钢制成土刀具……就这样，通过甄荣典和工友们的不懈努力，黄崖洞兵工厂的产量不仅没有减少，反而有所增加。

1942 年，军工部发动广大职工开展以“提高工效、多造武器、支援抗日”为主要内容的军工大生产和增产节约竞赛运动。甄荣典以满腔的热情和忘我的干劲投入劳动竞赛中。

他不顾劳累和饥饿，一门心思在车床旁车炮弹的外圆，一天 60 颗，一天 100 颗，一天 300 颗……大家互相挑战，你追我赶。1943 年的前半年，不服输的甄荣典创造精益方法，把车炮弹外圆的工艺水平提高到了新高度，创造出 1 分 15 秒车一颗炮弹，一天生产 480 颗的纪录。

1943 年 8 月，甄荣典出席晋冀鲁豫边区总工会“新劳动者旗手竞选和表彰大会”，获得“新劳动者旗手”第一名，被誉为“炮弹大王”。

1945 年，军工部新成立了一座八二炮弹厂（军工部六厂）。开工 20 多天，产量一直很低。当时，甄荣典刚到军工部实验所学习。当他得知这一消息后，毫不犹豫地主动要求到生产一线去。临危受命的甄荣典来到工厂后，处处以身作则，团结老师傅、鼓励年轻人，与工友们钻研业务、改造工具……经过不懈努力，不仅甄荣典自己创造了新纪录，其他工人的产量也不断攀升。军工部的领导竖起大拇指赞扬他：“甄荣典走到哪里，哪里的工作就搞得呱呱叫！”

1947 年，在军工部开展的“创造刘伯承工厂运动”中，甄荣典荣立一次大功、两次小功，获得“英雄本色”锦旗。1948 年，他以中国青工代表的身份前往波兰华沙，出席了世界青工代表会议，为中国工人阶级争了光。

1950 年 9 月 25 日，甄荣典出席全国工农兵劳动模范代表会议，荣获“全国劳动模范”称号，受到毛泽东等中央首长的亲切接见和宴请，并受邀在天安门观礼台参加新中国第一次国庆典礼。

之后，甄荣典先后任华北兵工工会主席、太原市总工会和山西省总工会副主席。甄荣典是第一届全国人民代表大会代表，第一届全国政协会议候补委员，全国总工会第六届、第九届执行委员和第六届、第八届候补委员。

2000 年 3 月 5 日，甄荣典在太原病逝，走完了他的人生历程，但他光辉而不平凡的业绩和高尚的品格永远留在人们的心中……

思考

他"一勤天下无难事"，忘我生产创奇迹，他始终坚持革命第一、工作第一、群众第一、他人第一的坚定信念，他以工厂为生命、困难为考验、人民为亲人……2013 年 4 月 28 日习近平总书记《在同全国劳动模范代表座谈时的讲话》中将甄荣典列为中国工人阶级和革命战争年代的劳模典范，特别指出他是"新劳动运动旗手"。作为工匠精神的典范，在甄荣典身上，集中体现了工人阶级的先进本色，体现了以共产主义理想信念为核心的无私奉献精神，体现了忘我拼搏、劳动最光荣的崇高品质。作为共产党员，甄荣典是值得我们永远学习的典范，也是激励我们共产党人永远前进的榜样。

本文刊于 2021 年 6 月 10 日《山西工人报》

山西工人報

新闻责任 工会声音 职工情怀 维权担当

山西省总工会主管主办
山西工人报社出版

SHANXI GONGREN BAO

山西工人网 http://www.sxgrw.com
E-mail:sxgrb@163.com
（今日四版）

国内统一刊号 CN14-0003 邮发代号 21-10 2021 年 6 月 10 日 星期四 农历辛丑年五月初一 总第 10236 期

我国知识产权保护中心数量达 50 家

新华社北京电（记者张泉） 国家知识产权局日前同意建设中国（内蒙古）知识产权保护中心。至此，全国在建和已运行知识产权保护中心数量达到 50 家。

中国（内蒙古）知识产权保护中心是内蒙古自治区布局建设的第一家知识产权保护中心，面向生物和新材料产业开展知识产权快速协同保护工作，对于支持国家重要能源和战略资源基地、农畜产品生产基地建设发展，助力相关产业科技支撑能力提升具有重要意义。

据悉，国家知识产权局 2016 年启动知识产权快速协同保护工作，依托地方共同建设知识产权保护中心，旨在为创新主体、市场主体提供“一站式”知识产权综合服务，切实解决知识产权维权举证难、周期长、成本高等问题。

奋斗百年路 启航新征程

建党百年·山西重大工运事件重要工运人物寻访展示

甄荣典：“新劳动运动旗手”

本报记者 郭倩

在革命战争年代，“边区工人一面旗帜”赵占魁、“兵工事业开拓者”吴运铎、“新劳动运动旗手”甄荣典等劳动模范以新的劳动态度对待新的劳动，积极参加义务劳动，全力支援前线斗争，带动群众投身中国共产党领导的人民解放事业。

每当想起习近平总书记在 2013 年 4 月 28 日同全国劳动模范代表座谈时特别指出甄荣典是“新劳动运动旗手”，甄荣典之子甄建民都激动不已。他说：“以前，我只知道父亲是‘炮弹大王’，曾有黄崖洞兵工厂的经历，可是具体做了什么事情，父亲很少讲。”

2018 年，甄建民随太行军工后代“重走父辈路”红色旅游活动来到黄崖洞，亲身体验了解父辈的经历。难以想象在当时艰苦卓绝的环境下，他们怎样把沉重的机器设备搬运上山，以最快的速度建厂，生产出更多的枪炮弹药。他们克服困难，甚至奉献和透支着生命，甄建民更加深刻地感悟到这种力量来源于父辈的追求和信仰。

甄建民的父亲甄荣典，是抗战时期威名远扬的八路军总部最大的兵工厂——黄崖洞兵工厂涌现出的“新劳动运动旗手”，是黄崖洞兵工厂生产炮弹最多的“炮弹大王”，是抗日战争时期太行山区兵工战线上 18 名劳动英雄之一，是无数人民兵工英雄灿烂星河中一颗闪亮的星……

1916 年 2 月，甄荣典出生在河北省唐县的一个贫苦农民家庭。他的家乡是一个穷乡僻壤的小山村。童年的甄荣典是在“糠菜半年粮，十年九年荒”的苦日子里熬出来的。为了帮助父亲养家，16 岁的甄荣典只好去给地主扛活，当雇工，受尽了剥削压迫。1937 年 9 月，八路军骑兵队开到唐县，唐县人民得到解放。21 岁的甄荣典担任村里的青年队长。

1940 年，土改的革命烈火熊熊燃烧，斗地主，分田地，点亮了甄荣典的心灵。一向被别人看不起的穷孩子，一眨眼的工夫就参加了共产党。面对党旗，甄荣典举起拳头宣誓：“……随时准备为党和人民牺牲一切，永不叛党。”

同年 7 月，晋察冀军区政治部派他和另外几十名青年赴延安。但由于百团大战，中途情况有了变化，八路军总部调他们到太行山八路军军工部兵工厂工作。甄荣典来到了有名的黄崖洞兵工厂，当了一名专车炮弹外圆的车工。

车炮弹外圆是很累的活，弹体是白口铁，特别难操作，有的工人干两三个月就顶不住了，要求换工种。但甄荣典想：“如果一换人，就得从头学习生产技术，那要误多少工？少误工，多生产一发炮弹，前方就能多消灭几个敌人，我们的战士就会少流血。”于是，他一直坚守在车工岗位上。为了多造炮弹，他双手磨出一层厚厚的茧子，厚得连筷子也拿不稳。甄荣典每天早早来到工房，把准备工作做好，认真向师傅们学习，在很短的时间内就掌握了生产技术，能够独立操作。

1940 年 10 月，日军对华北根据地开始了疯狂的袭击扫荡，黄崖洞兵工厂更是敌人的“眼中钉”。从 10 月开始，日军先后多次调兵偷袭、强攻，围困工厂。1941 年 11 月底，日军板垣师团出动 5000 余人，兵分多路进犯黄崖洞。形势所迫，上级要求全厂开始转移。 （下转第 2 版）

了解甄荣典，请用抖音 App 扫二维码

我省“十四五”打造一流创新生态

到 2025 年，力争实现“3 个突破 5 个倍增 2 个全覆盖”

本报 6 月 9 日讯（记者吴艳） 今天，省政府新闻办举行山西省“十四五”规划各专项规划系列解读新闻发布会的第四场发布会，省科技厅、省教育厅、省卫健委等相关部门负责人对《山西省“十四五”打造一流创新生态、实施创新驱动、科教兴省、人才强省战略规划》（以下简称《创新生态规划》）进行深入解读并回答记者的提问。

2020 年 8 月，省创新生态建设领导小组正式成立。按照“全省一盘棋”的思路，我省开始重构“小中枢、大布局”的科技决策体制，建设一流创新生态工作正式拉开序幕。我省以一流创新生态集聚创新资源，提升创新能力，推进“六新”突破。这一切都为《创新生态规划》的编制、落实、推进提供了指引，奠定了基础。

《创新生态规划》按照工程、平台、主体、人才、成果、治理、文化 7 个“一流”组织部署任务，着力解决创新课题质量不高、创新平台实力偏弱、创新主体数量偏少、创新成果转化不畅、创新人才结构不优、创新氛围不浓等事关一流创新生态建设的关键问题。规划明确提出到 2025 年的目标是：力争实现“3 个突破 5 个倍增 2 个全覆盖”。即到 2025 年，国家实验室、国家大科学装置和国家超算中心在山西布局，实现三个“零”的突破；国家级重点实验室总数倍增，省级重点实验室（含省实验室）数量倍增，研发经费投入实现倍增，高新技术企业数量实现倍增，技术合同成交总额实现倍增；中试基地实现“14+N”个重点产业集群全覆盖，规模以上工业企业创新活动保持全覆盖。从总体看，实现我省人才规模不断壮大，创新治理能力明显提升，创新文化新风尚基本形成。

《创新生态规划》突出“改革思维”，呈现六大变化：改革科研组织方式，强化科研结果导向，突出课题的引领性作用，更加突出科研的整体协调性，着力破解制约科技创新的突出矛盾和问题，突出科技成果产业化。

省人民医院采取系列举措改善患者就医感受

这是 6 月 8 日拍摄的雷磊长三角区域水生生物增殖放流活动现场。

当日，2021 年“全国放鱼日”暨雷磊长三角区域水生生物增殖放流活动在浙江省湖州市吴兴区举行。 新华社记者 黄宗治 摄

（上接第 1 版）转移那天，天气阴冷，寒气袭人；雨夹着雪，雪带着雨，1000 余人的队伍静静地走着，只有甄荣典这些年轻后生们人拉肩扛搬动机器的声音，“吭哧、吭哧”地走在崎岖的山路上。那时 24 岁的甄荣典总是抢着抬运大件，把机器分散转移到附近一带的山谷里，埋在河滩里、水渠底，甚至是日军必经的大道上等敌人料想不到的地方。日军进入兵工厂内，一见扑了空，气急败坏地放火烧毁了厂房。虽然厂房大部分被烧，但由于隐藏得好，机器全保住了。打退了敌人，上级要求迅速恢复生产，限期 40 天内开工。甄荣典和工友们日夜苦干，只用了 18 天就重新让机器运转了起来。

1941 年 12 月底，敌人又来袭击黄崖洞，甄荣典和工友们撤退前掩埋机器时，由于是寒冬腊月地冻三尺不好挖，就找了民工在机房附近挖了几个防空洞，但因保密不严，埋藏在防空洞内的机器被日军炸得七零八碎。甄荣典和工友们硬是将破损严重的机床先拼凑对接上，再用道轨上下夹持好，最后用螺丝拧紧；没有床脚，就用板凳代替；车床机头没法修，就用塔轮、皮带轮安上轴顶替，又把工房搬到漳河边，利用水车代替人力。砂轮、刀具用废了，甄荣典上山采来砂石制成土砂轮，道轨钢上焊上锋钢制成土刀具……就这样，通过甄荣典和工友们的不懈努力，黄崖洞兵工厂的产量不仅没有减少，反而有所增加。

1942 年，军工部发动广大职工开展以提高工效、多造武器、支援抗日为主要内容的军工大生产和增产节约竞赛运动。甄荣典以满腔的热情和忘我的干劲投入劳动竞赛中。

他不顾劳累和饥饿，一门心思在车床旁车炮弹的外圆，一天 60 颗，一天 100 颗，一天 300 颗……大家互相挑战，你追我赶。1943 年的前半年，不服输的甄荣典创造精益方法，把车炮弹外圆的工艺提高到了新水平，创造出 1 分 15 秒车一颗炮弹，一天生产 480 颗的纪录。

1943 年 8 月，甄荣典出席晋冀鲁豫边区总工会“新劳动者旗手竞选和表彰大会”，获得“新劳动者旗手”第一名，被誉为“炮弹大王”。

1945 年，军工部新成立了一座八二炮弹厂（军工部六厂），开工 20 多天，产量一直很低。当时，甄荣典刚到军工部实验所学习，当他得知这一消息后，毫不犹豫地主动要求到生产一线去。临危受命的甄荣典来到工厂后，处处以身作则，团结老师傅、鼓励年轻人，与工友们钻研业务、改造工具……经过不懈努力，不仅甄荣典自己创造了新纪录，其他工人的产量也不断攀升。军工部的领导竖起了大拇指赞扬他：“甄荣典走到哪里，哪里的工作就搞得呱呱叫！”

1947 年，在军工部开展的“创造刘伯承工厂运动”中，甄荣典荣立一次大功、两次小功，获得“英雄本色”锦旗。1948 年，他以中国青工代表的身份，前往波兰华沙，出席了世界青工代表会议，为中国工人阶级争了光。

1950 年 9 月 25 日，甄荣典出席全国工农兵劳动模范代表会议，荣获“全国劳动模范”称号，受到毛泽东等中央首长的亲切接见和宴请，并受邀在天安门观礼台参加新中国第一次国庆典礼。

之后，甄荣典先后任华北兵工工会主席、太原市总工会和山西省总工会副主席。甄荣典是第一届全国人民代表大会代表，第一届全国政协会议候补委员，全国总工会第六届、第九届执行委员和第六届、第八届候补委员。

2000 年 3 月 5 日，甄荣典在太原病逝，走完了他的人生里程，但他光辉而不平凡的业绩和高尚的品格永远留在人们的心中……

张秋风：工人阶级抗日生产的光荣旗帜

米俊茹

张秋风（1912—1989），又名张秋凤，河北元氏县人，是抗日战争时期大生产运动中涌现出的工人劳动英雄的杰出代表，多次获得“晋绥边区特等劳动英雄”称号。《抗战日报》称其是“晋西北工人阶级抗日生产的光荣旗帜”，并两次发表向张秋风学习的社论。

从1943年开始，晋绥根据地以张秋风名字命名开展了历时6年的“张秋风运动”，发出“我们需要许多张秋风”的号召，号召全区广大职工向张秋风学习。在“张秋风运动”中，晋绥边区广大职工学习张秋风肯动脑筋、敢于创新的精神，不断进行技术革新，使生产效率大大提高；以张秋风为榜样，纷纷开展劳动竞赛，发挥了无限的智慧，在发明创造上获得了伟大成果。“张秋风运动”不仅大大推动了晋绥边区的工业生产，而且还涌现出许多张秋风式的劳动英雄模范人物，为支援抗日战争和解放战争作出积极贡献。

1957年，张秋风出席全军首届军械系统先进代表会，受到毛泽东、朱德、周恩来、贺龙、邓小平等党和国家领导人的接见。1962年至1964年，张秋风担任中国人民解放军7323厂（中国兵器工业集团第七三二三厂）副厂长。他为党的兵工事业奋斗一生，为后人留下了宝贵的精神财富。

在位于山西省图书馆三层的地方文献报刊阅览室内，从一排《抗战日报》的影印本中寻觅摘抄其人其事的点点滴滴；从太原到兰州，跨省电话辗转联系，在厂史资料和后人后辈的记忆中钩沉；在各类工运史料中检索其名，从网上下载研究者论文……记者通过各种载体和手段寻访、挖掘、了解，使张秋风这面“工人旗帜”又一次立在新时代职工群众眼前。

家仇国恨系一身　毅然从戎抗日去

张秋风：“咱有今天这个光荣，全是革命给的！”

1912 年，清王朝灭亡，中华民国成立。彼时之中国，军阀割据、社会动荡，普通百姓生活在水深火热之中。这年 10 月，张秋风出生。

110 年后的今天，记者走进山西省图书馆，翻阅影印的《抗战日报》，同时联系新中国成立后张秋风所在的中国人民解放军 7323 厂（后改为中国兵器工业集团第七三二三厂、兰州北方机电有限公司），寻觅张秋风的事迹。

记者从《抗战日报》1943 年 5 月 1 日第四版署名边江的文章《模范工人张秋风》以及《兰州北方机电有限公司（7323）厂史资料》等史料中梳理出张秋风的生平。

《模范工人张秋风》一文讲述了张秋风受过的磨难。

张秋风生于河北元氏县的一个贫困家庭。3 岁时，他的母亲因没钱治病去世，家中欠债日日增多。11 岁时，他被送到刘家放羊。据张秋风自述，在一个深秋落叶时节，冷风在黄草上呼啸着，空中飘着雨丝，山里连个鸟儿都没有。他上身披着破布袋，裸着的胳膊冻得满是鸡皮疙瘩，好久没剃的头发都竖起来了。他害怕刘家难看的面孔和咒骂，不敢提早回去。他把落在脸上的雨点和苦涩的眼泪一起吞进了肚里。他那天赶羊回去，饭也没吃，就偷偷跑回家去，再也不给刘家放羊了。

当张秋风能拿动锄头时，便开始了佣工生活。19岁那年春天，父亲在贫病折磨中死去。给父亲买棺材的钱加上旧债，债主们把他家仅有的9亩地夺走了。他哥哥愁得抬不起头来，又感染时疾，两个月后也去世了。张秋风被迫离开家乡到了太原，在一个名为恒义昌的工厂学提硝，仅3个月就成了提硝熟练工人。

23岁时，张秋风得了一次伤寒，一连7天不省人事。“病了，柜上连个猫狗都没来走一趟。在几个朋友照顾下，弄点米汤喝喝，一个月以后才慢慢地好了。”张秋风说。

在当年的采访中，张秋风感慨道：“咱有今天这个光景，全是革命给的！”“咱今年31啦，可是我觉得比6年前更年轻了。”

苦难的人生加上资本家的压榨剥削和冷酷无情，激发了张秋风追求进步的革命觉悟。

1937年春，张秋风参加牺盟会，1937年9月加入山西工人武装自卫总队任副班长，在古交一带打游击，参加战斗40余次。

根据《晋绥边区张秋风运动》（薛幸福主编）和《晋绥根据地军工史料》（中国兵器工业总公司内部资料）记载，1938年冬，张秋风到工卫旅修械所（中国人民解放军7323厂前身）成为一名翻砂工人，转战晋西北。1940年，工卫旅修械所与八路军第一二〇师修械所合并，他随同所里人员到戳牛沟，并于当年10月加入中国共产党。军区炸弹厂建立后，他又被调到李家坪分厂。他把工厂当自己的家，一心一意为革命工作。在晋绥边区的兵工战场上，张秋风带动广大工人生产了大量武器弹药，为夺取抗战胜利作出了重要贡献。

兵工战场屡建功　晋绥边区美名扬

《工人的旗帜——张秋凤》评价道："他拥有坚定、朴素、踏实的品质；他总是先公后私，克己为群；他带病生产，发动突击；他苦心钻研，改进技术；他耐心教育，帮助别人；他保卫工厂，严密防奸。"

记者查阅了《中国劳模史》（1932—1979），书中分析了晋绥边区大生产运动和劳模表彰所处的环境。

晋绥边区是抗战时期由中国共产党领导的八路军、山西新军等抗日部队在华北敌后建立的主要抗日根据地之一，位于山西省同蒲铁路以西和原绥远省（今内蒙古自治区）中东部，西临黄河，与陕甘宁边区隔河相望，是保卫中共中央所在地延安的前沿阵地，是延安连通华北、华中、华东各敌后根据地和北平、天津的交通要道，也是与莫斯科联系的国际交通线必经之地，具有重要的战略地位。

抗战初期的晋绥边区经济落后、工业几无。日本侵略者对晋绥边区一方面进行军事进攻，另一方面实行经济封锁，企图在经济上困死抗日军民。因此，当时根据地的形势和任务要求必须自力更生、艰苦奋斗，广泛发展生产，特别是建立根据地自己的军事工业和民用工业。

1938 年 11 月 6 日，中共中央在六届六中全会政治决议案中指出了中华民族当前的紧急任务，其中一项就是"提高军事技术，建立必要的军火工厂，准备反攻实力"。贺龙同志还和工会主任一起研究如何发动工人多生产地雷、手榴弹等武器支援部队多杀日军等发展军事工业的问题。此后，晋绥边区进入一个经济建设，尤其是军事工业和民用工业较快发展的时期，陆续建起一批军工、机械、炼铁、纺织等公营工厂。在企业里，广大职工开展了以提高生产力为主要内容的大生产运动和生产竞赛，举办了 4 届劳动英雄大会。

延安大学贾莉在2017年完成的硕士研究生论文《抗战时期晋绥边区劳动英雄运动研究》中指出，晋绥边区大生产运动的开展，不仅巩固边区自身，而且为保卫大后方——延安提供了重要的物资保障，为持续抗战和抗战胜利奠定了坚实的物质基础。

张秋风就在这样的时代洪流中涌现了出来。

1938年冬，张秋风成为工卫旅修械所的一名翻砂工。这个工作不仅苦、累、脏，而且对技术要求高，一般熟练掌握翻砂工艺需要七八年的时间，但他只用了4年，而且在工作中屡创新成绩。

张秋风的英雄事迹突出表现在：第一，他认识到了工作的意义。过去在太原工厂干活是受剥削、受压迫，现在干活是为抗战、为了工人自己。第二，在工作中吃苦耐劳，每天都是早上班、晚下班。有一次，他的脚被铁水烫伤了，大伙都劝他休息几天，但他一天也没有休息，忍着疼痛继续工作。第三，干活喜欢动脑子，不断解决生产技术上的问题，不仅大大增加了产量，还节省了原料，提高了产品的质量。他在翻造一种武器时，使产量增加一倍，并将所需原材料减少至原来的3/8。他改进了手榴弹的钉眼方法，使生产效率提高25%。当时一般的翻砂工每天只能翻砂10箱，而张秋风每天可翻50多箱，并且生产出来的手榴弹壳厚薄均匀，爆炸时弹片多而碎、杀伤力大，还使每个手榴弹节省了一半的铁水。第四，工作中很爱护工具。同样的工具，他比别的同志多使用1/6的时间。第五，热心培养徒弟，把自己的技术毫无保留地教给他们。他带的3个徒弟在他耐心细致的培养下，进步都很快。其中有个徒弟学习了一年多时间，就基本上掌握了翻砂工艺，成了一个半熟练的翻砂工。第六，他不仅重视技术学习和创新，而且对文化学习也一点不放松。到修械所前，他是一个文盲。但到修械所几年后，他不仅能读书看报，而且数学比一般工人都学得好。文化水平的提升又促进了他的技术创新。

《抗战日报》1944年12月29日第四版署名黎军的文章《工人的旗帜——张秋风》一文从几个方面对张秋风给予高度评价。

坚定、朴素、踏实的品质。他不爱出风头，总是踏踏实实。他把工厂当作自己的家，讽刺和打击动摇不了他，困难和挫折阻碍不了他。他不但埋头苦干，钻研技术，而且推动、影响、改造别人。

先公后私，克己为群。1944年夏天，他牙痛得脸都肿了，不能吃饭，病了一个月，但仍早上工、晚下工，不请一次假。一次因感冒实在支持不住被扶回去休息，但刚盖上被子，他就算计因病耽误的生产数目，又挣扎着回工作房了。1944年6月，因突击工作不能耽误，他顾不上照顾生病的妻子和孩子，最后孩子因病夭折。

带病生产，发动突击。他发动职工，牺牲夏季3个月的午睡时间做义务工，大搞竞赛。工人们连大小便都跑步，唯恐耽误工作时间；人们有些小的烧伤都不休息。最终，全厂在夏季3个月的生产量比平时多出了 × 万多发掷弹筒弹。

苦心钻研，改进技术。他和组员研究改进翻制掷弹筒弹、地雷、手榴弹的砂型办法且都取得成功，全厂生产效率和质量都比1943年提高了。翻制一颗掷弹筒弹只需过去2/3的时间，翻制一颗手榴弹只用过去不到一半的时间。头一年适用的砂型只有50%，现在已经提高到81%了。而张秋风本人，在全厂是最快最好的一个。

耐心教育，帮助别人。他把大家团结得紧紧的。组里一个工人对工作比较马虎，张秋风就找他谈，一次两次不行，三次四次；正面不行，就和他接近的人谈，从他过去受地主、军阀、资本家的苦痛谈起，又和他现在的生活比较起来谈。同时张秋风还从生活上关心他，翻砂翻坏了，也不发火，反而安慰他、帮助他，使他感动，很快转变过来。后来这名工人成为模范劳动者。

……

从1940年开始，晋西北地区（1943年11月改为晋绥边区）在抗战期间共举办4届劳动英雄大会。张秋风分别在1942年12月第二届劳动英雄检阅大会、1944年1月第三届劳动英雄表彰大会和1944年12月第四届劳动英雄、民兵英雄、战斗英雄、模范工作者大会上，3次被授予“工人特等劳动英雄”称号。

《模范工人张秋风》一文评价道：“他，不是耀眼的黄金，他不是闪亮的白银，他是瓦灰色的焦炭，为抗战而发挥着潜在的高热。”

一花独放不是春　“张秋风运动”旗帜红

《抗战日报》社论：“张秋风，他是我晋西北工人阶级抗日生产的光荣旗帜。他的劳动态度就是新民主主义社会劳动的榜样。全体劳动者应该努力向张秋风看齐。”

《中国近代工人阶级和工人运动》一书记载，在大生产运动中，陕甘宁边区在广大职工中开展的“赵占魁运动”日益深入人心。晋绥边区的领导认为，“晋西北也必须有这样一个模范旗帜”。

1943年4月30日，晋西北行政公署、晋绥军区后勤部、晋绥边区总工会为庆祝五一国际劳动节，发展生产，支援抗战，决定开展“张秋风运动”。中共中央晋绥分局代理书记林枫发出了“我们需要更多张秋风”的号召。当年5月1日，晋西北行政公署和晋绥边区总工会联合召开了有30多个单位、600多人参加的劳动英雄庆祝大会，进一步号召全区广大职工向张秋风学习。

《抗战日报》1943年4月27日一版头条《迎接五一劳动节　炸弹厂突击生产　张秋风亲自领导竞赛》的文章称：“纪念五一暨庆祝模范工人张秋风运动大会的指示传到军区炸弹厂，工会主任即召集大会传达，并进行生产竞赛动员。4月5日，张秋风领导翻砂股成立了一个技术研究小组后，合成股辛学武、李正明及王贵等又相继成立了两个技术研究小组。该厂以此二组为中心展开生产劳动竞赛。截至4月13日，已有显著成绩……”

《抗战日报》1943年4月29日一版社论就怎样开展“张秋风运动”加以指导。首先，要认识开展“张秋风运动”对发展生产建设根据地的重要性，从而加强领导。各厂必须采取一致的步调，随时研究胜利进行这一运动的方式和方法，反对忽视和轻视的观点。其次，张秋风运动是一种长期的实际运动，不是暂时的突击工作，所以必须在经常的生产运动中一点一滴地教育工人、提高觉悟，学习张秋风的劳动态度和学习精神，改造不守纪律、不积极工作和不爱学习的少数落后分子，才能创造出“无数的张秋风”。第三，各厂必须加强具体领导，根据行署颁发的工人劳动英雄条件，发动劳动竞赛，采取适当的奖励，提高生产效率，完成并超过今年各厂的生产计划。

当年5月1日《抗战日报》题为“纪念五一庆祝劳动英雄张秋风”的社论高度评价：“张秋风，他是我晋西北工人阶级抗日生产的光荣旗帜。他的劳动态度就是新民主主义社会劳动的榜样。全体劳动者应该努力向张秋风看齐。”

当年5月8日一版《晋西北工人欢聚一堂热烈庆祝五一节 张秋风备受各界尊敬》的文章记录了张秋风人生的高光时刻——

“全晋西北公营工厂工人于春雨霏霏中，在某地举行纪念五一暨庆祝张秋风运动大会。到会者有17个单位的工人及附近学校、部队、群众等共约3000人。会场高空上飘扬着中苏英美国旗。张秋风及斯达哈诺夫（苏联提高劳动生产率的劳动标兵）两位同志巨像，从主席台前头瞰视着整个广场……全体工人不时高呼‘加紧生产’‘向张秋风看齐’等口号……各工厂及晋西北全体工人向模范劳动英雄张秋风献花献旗献歌……张秋风在鼓乐齐鸣中步登花团锦簇的主席台，从献花至献旗，台下雷动的掌声始终不断……在答词中，他很感动地说：‘我感到非常光荣和幸福！我们工人为抗战而劳动，是为了抗战的胜利。为了争取大多数人最后的幸福，拿出我们最大的努力去生产，是我们应尽的义务。’”

《抗战日报》1943 年 6 月 10 日第二版《开展张秋风运动行署、军区政治部、总工会联合颁发指示信》一文称：“今天的生产，不但是为完成任务，而且要我们超过计划。那么，要达到这个目的，必须有大批的张秋风运动者。‘张秋风运动’，不但是提高生产，而他的思想、劳动态度，正是我们工厂所需要的态度，也就是转变工人思想，用以教育工人的榜样。”

为使“张秋风运动”顺利开展并获得应有的成绩，指示信首先要求采取各种方式在工人中进行动员教育，然后布置 1943 年的劳动英雄与宣布张秋风运动者的条件。

关于张秋风运动者的标准条件规定为：（一）生产必须超过百分之十五以上；（二）质量要提高百分之五（减少废活、不返工、效用增大等）；（三）节省原料、爱护工具，要有具体成绩和表现（减少消耗、不浪费、经常擦机子、不损坏零件、工具用得久等）；（四）半年内能够将学徒教为半熟练工人或在现有的程度上出学徒超过他人；（五）在学习上除遵守学习时间外，不识字的要认得 200 字以上，能识字的按程度读《大众报》《抗战日报》及其他文件，教别人识字等；（六）遵守劳动纪律非一般所可比者；（七）做到以上条件并能影响推动他人；（八）有经常性，能团结（上述仅为标准条件，各厂可根据实际情形灵活运用）。

经过 1943 年五一劳动节的宣传，一场前所未有的为期 6 年的群众性的、学习张秋风运动，在晋绥革命根据地工厂蓬勃开展起来。

火热推进有反思　“张秋风运动”影响深

张秋风孙子：“他给我们后人留下了极其宝贵的精神财富——埋头苦干、吃苦耐劳，苦心钻研、改进技术。”

延安大学贾莉在2017年完成的硕士研究生论文《抗战时期晋绥边区劳动英雄运动研究》中，对《抗战日报》宣传“张秋风运动”报道情况的不完全统计显示，1942年12月1篇、1943年24篇、1944年7篇。透过这些报道，我们可以了解“张秋风运动”的开展情况。

1943年五一节，张秋风所在工厂展开生产大竞赛，张秋风本人及其带领的工作部门的成绩均堪称模范。他所在的部门生产量比1月多一倍，而且超过竞赛目标10%以上。张秋风个人则超过了24%。他的青年学徒翻造的数万个产品，无一废货，产量亦增加约60%。

吕梁印刷厂工人张明远自愿放弃假期，刘子良也自愿加义务工2小时；装订部刘作基称“机器部印多少张我就能装订多少”，并且与洪涛印刷厂展开竞赛，提出竞赛条件：以前3个月的最高产量为标准，提高30%，质量上保证没有错字、糊字，墨色均匀，刊物美观；节约上做到不丢掉一个铅字、不浪费一根铅条。

“张秋风运动”在三专区各厂热烈开展，晋西北纺织二厂、三专属区土货纺织厂等曾召开职工大会进行动员，各厂工人情绪甚高。纺织二厂生产额大为增长，土货纺织厂涌现出劳动英雄……

《洪涛印刷厂检阅张秋风运动，阎敬齐等当选为劳动英雄》《二分厂被服厂张秋风运动深入开展产量大增》《煤矿间开展张秋风运动》《洪涛印刷厂张秋风运动成绩显著》……从这些标题就能看出张秋风运动开展的火热程度。

随着“张秋风运动”的深入开展，内容由单纯的提高产品产量和质量转变为以学习其劳动态度，培养劳动者的品质为主。学习张秋风“吃苦耐劳，遵守劳动纪律，埋头苦干，学而不厌，诲人不倦”的精神，“张秋风运动”融入了整风运动之中。

晋西北行署于1943年5月8日举行了学习劳动英雄张秋风运动座谈会。会议以整风的精神进行，检讨工作态度，反省自己过去对厂房劳动的认识和对生产、学习、教徒弟的态度，以及打算如何学习张秋风。林枫同志在座谈会上号召工人加强学习，应为抗战努力生产，“工人同志加强学习，用马列主义把我们的脑筋健全起来，学习文化，在课本内容中贯彻马列主义，读毛泽东著作，这种教育方针有抗日救国的教育，更应有具体的阶级教育”，“我们要把农民自私、散漫、小气、狭隘等改变成工人阶级大公无私和集体主义的意识”。

在抗战教育的动员下，“张秋风运动”更加迅速地发展起来，各厂工人深刻领悟了正确的劳动态度。纺织工人余全海说出他在厂内曾犯赌博的错误，这是旧社会留给他的坏东西，是给工人丢脸的，当场宣誓以后不再犯；印刷厂工人冯×说到曾经把劳动纪律当成束缚工人的工具，对做工不上心、没兴趣以及认为做工没出息等等，今后一定学习张秋风埋头苦干、积极学习的精神。

“张秋风运动”在推进中有检查有反思。

《抗战日报》1943年10月16日第二版题为“行署军区政治部总工会联合指示检查张秋风运动 积极准备劳模英雄大会”的文章称：“（一）检查‘张秋风运动’：检查在领导上是否执行了五一大会的精神与联合指示，检查干部对这一工作的认识、工人态度的转变，检查这次运动的成绩——生产提高的程度、原料的节省、工具的爱护、思想反思、学习进度。（二）评判张秋风运动者：根据每人原定计划与工具原料好坏，由行政、工会及工人代表共同组成评判委员会，检查每人完成计划的情况，思想学习的进步及负责任守纪律的程度，作出评判，交由工会小组讨论，然后经大会通过。评判中特别是主要发现模范的张秋风运动者，培养教育使其成为工人群众的中心人物。（三）进行劳动英雄大会准备工作：根据检查情形发动工人为争取光荣的劳动英雄和模范的张秋风运动者而努力，为争取本厂与晋西北的劳动英雄而竞争，根据每人一贯表现，以生产部门为单位，将最优秀的工人选举出来，在大会闭幕前一日向大会报到。此外，准备各种生产品、代用品或发明创造等，送交大会展览。”

《抗战日报》1944 年 1 月 25 日第一版发表的《晋绥边区第三届劳动英雄大会宣言》中说：“自去年 5 月开展‘张秋风运动’以来，无论在产品数量质量及劳动态度、节省原料、提高技术等上面，都得到了不少成绩。”

《抗战日报》1944 年 2 月 1 日第四版发表作者为马战哮的文章《张秋风运动中的发明创造》，称在 1943 年的“张秋风运动”中，全晋绥边区的每个工人都在为建设自己的革命家务而努力。他们不但以高度的生产热忱打破了过去生产中的纪录，而且发挥了无限的智慧，在发明创造上获得了伟大成果。文章举例说明，晋西北化学厂发明用土产原料——胡麻油、大麻油、土籽等制成各色油印油墨，不仅效用与外来品完全相同，而且价格比外来品便宜一半。他们又成功研究用各种牲畜骨头制造骨肥，0.5 公斤骨肥可顶 75 公斤牲畜肥。在洪涛印刷厂，铅印组工人李文喜经过 4 天研究，将从前一周印刷的手摇铅印机改装为两开印刷，增加了一倍产量，并节省了一个人工。后勤部染工股工人孔凡俊创造了碾布工具，不但能把染色的布碾平，而且能把布的经纬线压扁，使布结实耐穿。军用制药厂运用土产药材，经过细心研究提炼，精制成镇疼剂、退热剂、止血剂。这些药品已经医生临床试验，证明确实有伟大效用。在军区修械所，经工人们研究改良发明的工具用品达 50 余种，因而全厂生产效率提高了一倍甚至数倍……

在开展“张秋风运动”中，涌现出许多张秋风式的劳动英雄模范人物。在晋绥边区举行的第三届、第四届劳动英雄表彰大会上，一批工业方面的劳动英雄受到表彰。

晋绥边区政府通过树立张秋风这位模范人物，不仅培养了一批技术娴熟、懂发明创造的工人，而且培养了一批具有民族意识、阶级意识、集体意识的工人阶级队伍，使得工人抛弃了旧有的为资产阶级服务的观念和懒散、懈怠、赌博的不良作风，逐渐养成了吃苦耐劳、大公无私、积极奉献的品格，为战时和新中国工业建设积累了深厚的工人力量。

“张秋风运动”是晋绥边区工人运动史上的一件大事，历时6年之久，直到全国解放，对晋绥边区工业生产起了很大的作用，为支援抗日战争和解放战争夺取胜利提供了重要的经济和军事保障。

采访中，张秋风的孙子、西安宸雨未来科技有限公司董事长张宇说：“今天重温爷爷的故事，对他老人家太崇拜了。他给我们后人留下了极其宝贵的精神财富——埋头苦干、吃苦耐劳，苦心钻研、改进技术。”

注：关于张秋风的名字，《抗战日报》和《中国劳模史》中均为“张秋风”，《晋绥根据地资料选编》等书写为“张秋风”。其儿子张宝生和中国兵器工业集团第七三二三厂宣传干事常铭江均表示为张秋风，本文写为张秋风。

在百年工运史中，劳模大会的召开，可追溯至抗战时期的陕甘宁边区。晋绥边区紧跟陕甘宁边区，通过开展大生产运动，选举劳动英雄和模范，从而调动工人群众的生产积极性，在我国劳模史上意义深远。

作为中国工人阶级劳动英雄和劳动模范这个闪光群体的典型代表，张秋风身上体现的埋头苦干、吃苦耐劳的伟大品格和苦心钻研、改进技术的创新精神正是习近平总书记倡导大力弘扬的劳模精神、劳动精神、工匠精神的最好体现。我们今日开展劳动竞赛，提升职工素质，打造一支知识型、技能型、创新型的产业工人大军，与当年晋绥边区轰轰烈烈开展的“张秋风运动”是一脉相承的。凭事实讲贡献，战时选树劳动英雄、开展“张秋风运动”，颁布劳动英雄当选条件、选举时间、选举办法和奖励办法的制订和规定，为新中国成立后进行劳模选树工作、开展劳动竞赛提供了极其宝贵的经验。

以史为鉴，开创未来。今天，我们高扬张秋风这面旗帜，是为了传承和发扬“爱岗敬业、争创一流、艰苦奋斗、勇于创新、淡泊名利、甘于奉献”的劳模精神，发挥劳模的示范引领作用，为建设中国特色社会主义、实现中华民族伟大复兴的中国梦凝聚强大的精神力量。

本文刊于2022年6月29日《山西工人报》

新闻责任 工会声音 职工情怀 维权担当

山西省总工会主管主办
山西工人报社出版

SHANXI GONGREN BAO

山西工人网 http://www.sxgrw.com
E-mail:sxgrb@163.com
（今日四版）

国内统一连续出版物号 CN14-0003 代号 21-10 2022 年 6 月 29 日 星期三 农历壬寅年六月初一 总第 10587 期

前5个月我国新开工高速公路和普通国省道项目120个、3600余公里

据新华社北京电（记者叶昊鸣） "今年 1 月至 5 月，新开工高速公路和普通国省道项目 120 个、3600 余公里，总投资 1820 亿元。"交通运输部副部长赵冲久说。

在 6 月 27 日举行的国新办发布会上，赵冲久表示，1 至 5 月，全国公路建设完成投资 9349 亿元，同比增长 7.6%。截至 5 月底，全国高速公路和普通国省道新改建工程在建规模 8.7 万公里，在建项目超过 2000 个，总投资 7.2 万亿元，吸纳农民工就业超过 400 万人。目前，全国公路建设保持良好态势。

"随着国务院扎实稳住经济一揽子政策措施的落实落地，全国重点公路建设将持续发力，预计下半年还将加快开工一批重点公路项目，进一步发挥公路建设促投资、稳增长、稳就业的作用。"赵冲久说。

山西重大工运事件重要工运人物寻访展示

张秋风：工人阶级抗日生产的光荣旗帜

本报首席记者 **来俊茹**

铭刻

张秋风（1912 年—1989 年），又名张秋凤，河北元氏县人，是抗日战争时期大生产运动中涌现出的工人劳动英雄的杰出代表，多次获得晋绥边区特等劳动英雄称号。《抗战日报》称其是"晋西北工人阶级抗日生产的光荣旗帜"，并两次发表向张秋风学习的社论。

从 1943 年开始，晋绥根据地以张秋风名字命名开展了历时 6 年的张秋风运动，发出"我们需要许多张秋风"的号召，号召全区广大职工向张秋风学习。在张秋风运动中，晋绥边区广大职工学习张秋风肯动脑筋、敢于创新的精神，不断进行技术革新，使生产效率大大提高；以张秋风为榜样，纷纷开展劳动竞赛，发挥了无限的智慧，在发明创造上获得了伟大成果。"张秋风运动"不仅大大推动了晋绥边区的工业生产，而且还涌现出许多张秋风式的劳动英雄模范人物，为支援抗日战争和解放战争作出积极贡献。

1957 年，张秋风出席全军首届军械系统先进代表会，受到毛泽东、朱德、周恩来、贺龙、邓小平等党和国家领导人的接见。1962 年—1964 年，张秋风担任中国人民解放军 7323 厂（中国兵器工业集团第七三二三厂）副厂长。他为党的兵工事业奋斗一生，为后人留下了宝贵的精神财富。

在位于山西省图书馆 3 层的地方文献报刊阅览室内，从一排《抗战日报》的影印本中寻觅摘抄其人其事的点点滴滴；从太原到兰州，跨省电话辗转联系，在厂史资料和后人后辈的记忆中钩沉；在各类工运史料中检索其名，在知网中下载研究者论文……记者通过各种载体和手段寻访、挖掘、了解，使张秋风这面"工人旗帜"又一次立在新时代职工群众眼前。

家仇国恨系一身 毅然从戎抗日去

【张秋风：咱有今天这个光景，全是革命给的！】

1912 年，民国元年，大清王朝灭亡，中华民国成立。彼时之中国，军阀割据，社会动荡，普通百姓生活在水深火热之中。这年 10 月，张秋风出生。

110 年后的今天，记者走进山西省图书馆，翻阅影印的《抗战日报》，同时联系张秋风解放后所在的中国人民解放军 7323 厂（后改为中国兵器工业集团第七三二三厂、兰州北方机电有限公司），寻觅张秋风的事迹。

记者从《抗战日报》1943 年 5 月 1 日第四版署名边江的文章《模范工人张秋风》以及《兰州北方机电有限公司（7323）厂史资料》等史料中梳理出张秋风的生平。

《模范工人张秋风》一文讲述了张秋风受过的磨难。

张秋风生于河北元氏县的一个贫农家里。3 岁时，他的母亲因没钱治病去世，家中欠债日日在加多。11 岁时，他被送到刘家放羊。据张秋风自述：在一个深秋落叶的季节，冷风在黄草上呼啸着，空中飘着雨丝，山里连个鸟儿都没有。他上身披着破布袋，裸着胳膊冻得满是鸡皮疙瘩，好久没剃的头发都竖起来了。他怕刘家难看的面孔和咒骂，不敢回去。他把落在脸上的雨点和苦涩的眼泪一起吞进了肚里。他那天赶羊回去，饭也没吃，就偷偷跑回家去，死也不给刘家放羊了。

当张秋风能拿动锄头时，便开始了佣工生活。19 岁那年春天，父亲在贫病折磨下死去。给父亲买棺材的钱加上旧债，让债主们把他家仅有的 9 亩地夺走了。他哥哥愁得抬不起头来，又感染时疾，两个月后也去世了。张秋风被迫离开家乡到了太原，在一个名为恒仪昌的工厂学提硝，仅 3 个月就成了提硝熟练工人。

23 岁时，张秋风得了一次伤寒，一连 7 天不省人事。"病了，柜上连个猫狗都没来走一趟。在几个朋友照顾下，弄点米汤喝喝，一个月以后才慢慢地好了。"张秋风说。

在当年的采访中，张秋风感慨道："咱有今天这个光景，全是革命给的！""咱今年三十一啦，可是我觉得比六年前更年轻了。"

苦难的人生加上资本家的压榨剥削和冷酷无情，激发了张秋风追求进步的革命觉悟。

1937 年春，张秋风由已故的八区专员顾永田同志介绍参加牺盟会，1937 年 9 月加入山西工人武装自卫总队（工卫旅）任副班长。在工卫旅，张秋风在古交一带打游击，参加战斗 40 余次。

根据《晋绥边区张秋风运动》（薛幸福主编）和《晋绥根据地军工史料》（中国兵器工业总公司内部出版），1938 年冬，张秋风到工卫旅修械所（中国人民解放军 7323 厂前身）成为一名翻砂工人，转战晋西北。1940 年，工卫旅修械所与 120 师修械所合并，他随同所里人员到戳牛沟，并于当年 10 月加入中国共产党。军区炸弹厂建立后，他又被调到李家坪分厂。革命锻造了他优良的无产阶级品格。他把工厂当自己的家，一心一意为革命工作。在晋绥边区的兵工战场上，张秋风带动广大工人生产了大量武器弹药，为夺取抗战胜利作出了重要贡献。

兵工战场屡建功 晋绥边区美名扬

【"工人的旗帜——张秋风"：他拥有坚定、朴素、切实的品质；他总是先公后私，克己为群；他带病生产，发动突击；他苦心钻研，改进技术；他耐心教育，帮助别人；他保卫工厂，严密防奸。】

记者查阅了《中国劳模史》（1932—1979），其中分析了晋绥边区大生产运动和劳模表彰所处的环境。

晋绥边区是抗战时期由中国共产党领导的八路军、山西新军等抗日部队在华北敌后建立的主要抗日根据地之一，位于山西省同蒲铁路以西和原绥远省（现内蒙古自治区）中东部，西临黄河，与陕甘宁边区隔河相望，是保卫中共中央所在地延安的前沿阵地，是延安连通华北、华中、华东各敌后根据地和北平、天津的交通要道，也是与苏联莫斯科联系的国际交通线必经之地，具有重要的战略地位。

抗战初期的晋绥边区经济落后、工业几无。日本侵略者对晋绥边区一方面进行军事进攻，另一方面实行经济封锁，企图在经济上困死抗日军民。因此，当时根据地的形势和任务要求必须自力更生，艰苦奋斗，广泛发展生产，特别是建立根据地自己的军事工业和民用工业。

1938 年 11 月 6 日，中共中央在六届六中全会政治决议案中指出了中华民族的当前紧急任务，其中一项就是"提高军事技术，建立必要的军火工厂，准备反攻实力"。贺龙同志还和工会主任一起研究如何发动工人多生产地雷、手榴弹等武器支援部队多杀日本鬼子等发展军事工业的问题。此后，晋绥边区进入一个经济建设，尤其是军事工业和民用工业较快发展的时期，陆续建设起一批军工、机械、炼铁、纺织等公营工厂。在企业里，广大职工开展了以提高生产力为主要内容的大生产运动和生产竞赛，举办了 4 届劳动英雄大会。

延安大学贾莉在 2017 年完成的硕士研究生论文《抗战时期晋绥边区劳动英雄运动研究》中指出，晋绥边区大生产运动的开展，不仅巩固边区自身，而且为保卫大后方延安提供了重要的物质保障，为持续抗战和抗战胜利到来奠定了坚实的物质基础。

张秋风就在这样的时代洪流中涌现了出来。

1938 年冬，张秋风到工卫旅部队修械所成为一名翻砂工。这个工作不仅苦、累、脏，而且对技术要求高，一般熟练掌握翻砂工艺需要七八年的时间，但他只用了 4 年，而且在工作中屡创新成绩。 （下转第 3 版）

了解张秋风的光辉事迹，请扫二维码

太原市蓝骑士联合工会成立

2315 名"饿了么"蓝骑士有了"娘家"

本报讯（首席记者贺芳芳） 6 月 27 日上午，太原市蓝骑士联合工会成立暨首届会员代表大会召开。自此，太原市 2315 名"饿了么"蓝骑士有了自己的"娘家"。省总工会党组成员、副主席辛旭光，太原市总工会主席张磊出席会议。

去年 10 月以来，太原市总高度重视新就业形态劳动者劳动保障权益工作，目前已成立了巡游网约车行业、物流货运行业、家政服务行业等工会组织。为进一步加强对外卖配送行业新就业形态劳动者的思想引领、凝聚服务，太原市总采取外卖配送龙头企业建会、"互联网+"工会普惠性服务入会、借助外卖网络平台宣传动员入会、选树"最美骑手"等荣誉激励入会等措施，强力推动外卖配送行业从业人员入会工作。

会上，太原市总为太原市蓝骑士联合工会补助"送关爱"经费 20 万元，赠送太原市蓝骑士联合工会职工医疗互助保险 2400 份，并为骑手们送上了"防疫消暑"大礼包，同时在蓝骑士聚集的场所建设了"蓝骑士之家"。

据了解，太原市已建成的 166 个工会"爱心驿站"以及各种文体活动场地都将为蓝骑士提供免费服务。下一步，该市总将想蓝骑士所想，急蓝骑士所急，全面落实骑手政治、经济、文化、社会生活等各方面的权益，切实增强蓝骑士的获得感、幸福感、安全感。

扎实推进新就业形态劳动者入会

大同工会系统产业工人队伍建设改革现场推进会召开

本报讯 6 月 24 日，大同工会系统产业工人队伍建设改革现场推进会在市总工匠学院以实地参观和座谈的形式召开。

会前，与会人员一同参观了大同市总工会工匠学院，详细了解了劳模工匠培育模式及产改工作的进展情况。座谈会上，该市总相关负责人传达了产业工人队伍建设改革协调小组会议和全省工会系统推进产业工人队伍建设改革再部署再提速会议精神。晋能控股煤业集团燕子山矿、大同冀东水泥有限责任公司等 6 个单位做了经验交流发言。

会议要求，切实履行好工会牵头协调责任，争取党政重视，完善工作机制，拓展试点成果；充分发挥企业的主体作用，坚持分类指导，做到精准施策，发挥企业工会优势，推动改革落实落地；扎实推进产改工作走深走实，强化组织领导，强化考核结果运用以及信息报送工作。 （郝凤）

临汾市总召开党的建设暨党风廉政建设工作会议

本报临汾讯（记者赵霞） 6 月 24 日，临汾市总工会党的建设暨党风廉政建设工作会议召开。会议总结去年的工作，安排部署今年的工作任务，进一步强化党要管党、全面从严治党，不断开创全市工会党建和党风廉政建设工作新局面。

2022 年，临汾市工会党的建设和党风廉政建设工作将以党的政治建设为统领，以"清风临汾"建设为抓手，加强思想政治能力建设，进一步增强政治定力，推动全面从严治党向纵深发展，引领全市工会系统党的建设高质量发展。

会议要求，各级工会党组织不断深化全面从严治党，为工运事业的发展提供坚强保证；不断加强政治理论武装，教育引导党员领导干部不断增强廉洁自律意识；不断加强组织建设，保持基层党组织有强大的生命力和战斗力；不断加强党风廉政建设，着力营造风清气正的政治生态；不断加强作风建设，确保各项任务高质量完成。

长治市律师行业工会委员会成立

本报讯（首席记者来俊茹） 6 月 26 日，长治市律师行业工会委员会第一届第一次会员代表大会召开。大会选举产生了第一届工会委员会、经费审查委员会、女职工委员会。

会议强调，长治市律师行业工会要旗帜鲜明讲政治，在加强律师协会与市总工会互动的同时，团结动员全市律师在行业发展中争创一流，真正把工会建成律师信赖的"职工之家"。

据悉，长治市现有律师事务所 74 家，执业律师 603 名。

三送三进在基层

省总工会"三送三进"慰问演出活动走进临汾

文艺表演进基层 浓浓关爱暖人心

本报讯 6 月 25 日、27 日，省总工会"送理论、送文化、送温暖，进项目、进企业、进工地"慰问演出活动分别在山西通才工贸有限公司、山西华翔集团有限公司、山西临汾动力机械有限公司、潞安集团蒲县伊田煤业有限公司、汾西县望客隆超市有限公司万象集团举行。活动中，省总工会分别为各单位送上了慰问金。

演出现场，歌舞《劳动畅想曲》、音舞诗画《民心所愿》、独唱《我爱你中国》、舞蹈《荣光在召唤》、京剧戏歌《梨花颂》、杂技《太空漫步》等精彩纷呈的节目轮番登场，为广大职工群众带来了一场精彩纷呈的"视听盛宴"。其间，劳模代表的事迹宣讲激发了职工群众干事创业、奉献岗位的热情。

临汾市总和各相关单位负责人参加慰问演出。

山西重大工运事件重要工运人物 寻访展示

张秋风：工人阶级抗日生产的光荣旗帜

上世纪80年代，张秋风（右一）接受北京某研究机构采访

（上接第1版）

……秋风的英雄事迹突出表现在：……他认识到了工作的意义。过去……工厂干活是受剥削、受压迫，……活是为抗战、为了工人自己。……在工作中吃苦耐劳，每天都是……晚下班。有一次，他的脚被……伤了，大伙都劝他休息几天，……也没有休息，忍着疼痛工作。……干活喜欢动脑子，不断解决生……的问题，不仅大大增加了产……节省了原料，提高了产品的质……翻造一种武器时，使产量增加……并将所需原材料减少至原来的……三。他改进了手榴弹的钉眼方……生产效率提高25%。当时一般……每天只能翻砂10箱，而张秋……翻50多箱，并且生产出来的……厚薄均匀，爆炸时弹片多而……力大，还使每个手榴弹节省……的铁水。第四，工作中很爱护……样的工具，他比别的同志多……之一的时间。第五，热心培……把自己的技术毫无保留地教……他带的3个徒弟在他耐心细……下，进步都很快。其中有个……了一年多时间，就基本上掌……工艺，成了一个半熟练的翻……六，他不仅重视技术学习和……且对文化学习也一点不放松。……前，他是一个文盲。但到修……后，他不仅能读书看报，而……一般工人都学得好。文化水……又促进了他的技术创新。

《抗战日报》1944年12月29日……署名黎军的文章《工人的旗……秋风》一文从6个方面对张……高度评价。

……、朴素、踏实的品质。他不……，总是踏踏实实。他把工厂……自己的家，讽刺和打击动摇……困难和挫折吓倒不了他。他……苦干，钻研技术，而且推动……改造别人……

……后私，克己为群。1944年夏……得了痢疾……不能吃饭，……但仍早上工、晚下工，……因感冒实在支持不住被……但刚盖上被子，他就……误的生产数目，又挣扎着回……了。1944年6月，因突击工作……他顾不上照顾生病的妻子……最后孩子因病夭折……

……生产，发动突击。他发动职……夏季3个月的午睡时间做义……大搞竞赛。工人们连大小便都跑步，唯恐耽误工作时间；人们有些小的烧伤都不休息。最终，全厂在夏季3个月的生产里比平时多出了x万多发掷弹筒弹。

苦心钻研，改进技术。他和组员研究改进翻制掷弹筒弹、地雷、手榴弹的砂型办法且都取得成功，全厂生产效率和质量都比1943年提高了。翻制一颗掷弹筒弹只需过去三分之二的时间，翻制一颗手榴弹只用过去不到一半的时间。头一年适用的砂型只有50%，现在已经提高到81%了。而张秋风本人，在全厂是更快更好的一个。

耐心教育，帮助别人。他把大家团结得紧紧的。组里一个工人对工作比较马虎，张秋风就找他谈，一次两次不行，三次四次；正面不行，就和他接近的人谈，从他过去受地主、军阀、资本家的苦痛谈起，又从他现在的生活比较起来谈。同时张秋风还从生活上关心他，翻砂翻坏了，也不发火，反而安慰他、帮助他，使他感动，很快转变过来。后来这名工人成为模范劳动者。

保卫工厂，严密防奸……

在电话采访中，张秋风65岁的小儿子张宝生对其父亲先公后私、舍己为人的品格很有感触。他回忆，当年父亲曾把南下成都、连升两级的机会让给通讯员，甚至把自己的两个儿子都送给没有孩子的战友。而自己当年上山下乡，长期在外地工作，明明父亲一句话就可以把他调到省城兰州，可父亲坚决不办。“父亲大公无私，家里的私事一件也不办”。

1940年开始，晋西北地区（1943年11月改为晋绥边区）在抗战期间共举办4届劳动英雄大会。张秋风分别在1942年12月第二届劳动英雄检阅大会、1944年1月第三届劳动英雄表彰大会和1944年12月第四届劳动英雄、民兵英雄、战斗英雄、模范工作者大会上，3次被授予工人特等劳动英雄称号。

《模范工人张秋风》一文评价张秋风：“他，不是耀眼的黄金，他不是闪亮的白银，他是灰色的煤炭，为抗战而发挥着最大的热。”

一花独放不是春 张秋风运动旗帜红

【《抗战日报》社论：张秋风，他是我晋西北工人阶级抗日生产的光荣旗帜。他的劳动态度就是新民主主义社会劳动的榜样。全体劳动者应该努力向张秋风看齐。】

《中国近代工人阶级和工人运动》一书记载，在大生产运动中，陕甘宁边区在广大职工中开展的“赵占魁运动”日益深入人心。晋绥边区的领导认为，“晋西北也必须有这样一个模范旗帜”。

1943年4月30日，晋西北行政公署、晋绥军区后勤部、晋绥边区总工会为庆祝“五一”国际劳动节，发展生产，支援抗战，决定开展张秋风运动。中共中央晋绥分局代理书记林枫发出了“我们需要更多张秋风”的号召。当年5月1日，晋西北行政公署和晋绥边区总工会联合召开了有30多个单位、600多人参加的劳动英雄庆祝大会，进一步号召全区广大职工向张秋风学习。

《抗战日报》1943年4月27日一版头条《迎接五一劳动节 炸弹厂突击生产 张秋风亲自领导竞赛》的文章称：“纪念‘五一’暨庆祝模范工人张秋风运动大会的指示传到军区炸弹厂，工会主任即召集大会传达，并进行生产竞赛动员。4月5日，张秋风领导翻砂股成立了一个技术研究小组后，合成股李学武、李正明及王贵等又相继成立了两个技术研究小组。该厂以此二组为中心展开生产劳动竞赛。截至4月13日，已有显著成绩……”

《抗战日报》1943年4月29日一版社论就怎样开展张秋风运动加以指导——首先，要认识开展张秋风运动对发展生产建设根据地的重要性，从而加强领导。各厂必须采取一致的步调，随时研究胜利进行这一运动的方式和方法，反对忽视和轻视的观点。其次，张秋风运动是一种长期的实际运动，不是暂时的突击工作，所以必须在经常的生产运动中一点一滴地教育工人，提高觉悟，学习张秋风的劳动态度和学习精神，改造不守纪律、不积极工作和不爱学习的少数落后分子，才能创造出“无数的张秋风”。第三，各厂必须加强具体领导，根据行署颁发的工人劳动英雄条件，发动劳动竞赛，采取适当的奖励，提高生产效率，完成并超过今年各厂的生产计划。

当年5月1日《抗战日报》题为《纪念五一庆祝劳动英雄张秋风》的社论高度评价张秋风——张秋风，他是我晋西北工人阶级抗日生产的光荣旗帜。他的劳动态度就是新民主主义社会劳动的榜样。全体劳动者应该努力向张秋风看齐。

当年5月8日一版《晋西北工人欢聚一堂 热烈庆祝“五一”节 张秋风备受各界尊敬》的文章记录了张秋风人生的高光时刻——

“全晋西北公营工厂工人于春雨霏霏中，在某地举行纪念‘五一’暨庆祝张秋风运动大会。到会者有17个单位的工人及附近学校、部队、群众等共约三千人。会场高空上飘扬着中苏英美国旗。张秋风及斯达哈诺夫（苏联提高劳动生产率的劳动标兵）两位同志巨像，从主席台前头瞰视着整个广场……全体工人不时高呼‘加紧生产’‘向张秋风看齐’等口号……各工厂及晋西北全体工人向模范劳动英雄张秋风献花献旗献歌……张秋风在鼓乐齐鸣中步登花团锦簇的主席台，从献花至献旗，台下雷动的掌声始终不断……在答词中，他很感动地说：‘我感到非常光荣和幸福！我们工人为抗战而劳动，是为了抗战的胜利。为了争取大多数人最后的幸福，拿出我们最大的努力去生产，是我们应尽的义务。’”

《抗战日报》1943年6月10日第二版《开展张秋风运动 行署、军区政治部、总工会联合颁发指示信》一文称：“今天的生产，不但是为完成任务，而且要我们超过计划。那么，要达到这个目的，必须有大批的张秋风运动者。张秋风运动，不但是提高生产，而他的思想、劳动态度，正是我们工厂所需要的态度，也就是转变工人思想，用以教育工人的榜样。”

为使张秋风运动顺利开展并获得应有的成绩，指示信首先要求采取各种方式在工人中进行动员教育，然后布置1943年的劳动英雄与宣布张秋风运动者的条件。

关于张秋风运动者的标准条件规定为：（一）生产必须超过百分之十五以上；（二）质量要提高百分之五（减少废活、不返工、效用增大等）；（三）节省原料、爱护工具，要有具体成绩和表现（减少消耗、不浪费、经常擦机子、不损坏零件、工具用得久等）；（四）半年内能够将学徒教为半熟练工人或在现有的程度上出学徒超过他人；（五）在学习上除遵守学习时间外，不识字的要认得200字以上，能识字的按程度读《大众报》、《抗战日报》及其他文件，教别人识字等；（六）遵守劳动纪律非一般所可比者；（七）做到以上条件并能影响推动他人；（八）有经常性，能团结（上述仅为标准条件，各厂可根据实际情形灵活运用）。

经过1943年“五一”劳动节的宣传，一场为期6年的群众性的、前所未有的学习张秋风运动，在晋绥革命根据地工厂蓬勃开展起来。

火热推进有反思 张秋风运动影响深

【张秋风孙子：他给我们后人留下了极其宝贵的精神财富——埋头苦干、吃苦耐劳，苦心钻研、改进技术。】

延安大学贾莉在2017年完成的硕士研究生论文《抗战时期晋绥边区劳动英雄运动研究》中，对《抗战日报》宣传张秋风运动报道情况的不完全统计显示，1942年12月1篇、1943年24篇、1944年7篇。透过这些报道，我们可以了解张秋风运动的开展情况。

1943年“五一”节，张秋风所在工厂展开生产大竞赛，张秋风本人及其领导的工作部门的成绩均堪称模范。他所领导的部门生产量比1月多一倍，而且超过竞赛目标10%以上。张秋风个人则超过了24%。他的青年学徒翻造的数万个产品，无一废货，产量亦增加约60%。

吕梁印刷厂工人张明远自愿放弃假期，刘子良也自愿加义务工两小时；装订部刘作基称“机器部印多少张我就能装订多少”，并且与洪涛印刷厂展开竞赛，提出竞赛条件：以前3个月的最高产量为标准，提高30%，质量上保证没有错字、糊字，墨色均匀，刊物美观；节约上做到不丢掉一个铅字、不浪费一根铅条。

张秋风运动在三专区各厂热烈开展，晋西北纺织二厂、三专属区土货纺织厂等曾召开职工大会进行动员，各厂工人情绪甚高。纺织二厂生产额大为增长，土货纺织厂涌现出劳动英雄……

《洪涛印刷厂检阅张秋风运动，阎敬齐等当选为劳动英雄》《二分厂被服厂 张秋风运动深入开展 产量大增》《煤矿间开展张秋风运动》《洪涛印刷厂张秋风运动成绩显著》……从这些标题就能看出张秋风运动开展的火热程度。

随着张秋风运动的深入开展，内容由单纯的提高产品产量和质量转变为以学习其劳动态度，培养劳动者的品质为主。学习张秋风“吃苦耐劳、遵守劳动纪律，埋头苦干，学而不厌，诲人不倦”的精神，张秋风运动融入了整风运动之列。

晋西北行署于1943年5月8日举行了学习劳动英雄张秋风运动座谈会。会议以整风的精神进行，检讨工作态度，反省自己过去对厂房劳动的认识和对生产、学习、教徒弟的态度，以及打算如何学习张秋风。林枫同志在座谈会上号召工人加强学习，应为抗战努力生产，“工人同志加强学习，用马列主义把我们的脑筋健全起来，学习文化，在课本内容中贯彻马列主义，读毛泽东著作，这种教育方针有抗日救国的教育，更应有具体的阶级教育”“我们要把农民自私、散漫、小气、狭隘等改变成工人阶级大公无私和集体主义的意识”。

退休后的张秋风仍非常关心国家大事

在抗战教育的动员下，张秋风运动更加迅速地发展起来，各厂工人深刻领悟了正确的劳动态度。纺织工人余全海说出他在厂内曾犯赌博的错误，这是旧社会留给他的坏东西，是给工人丢脸的，当场宣誓以后不再犯；印刷厂工人冯×说到曾经把劳动纪律当成束缚工人的工具，对做工不上心、没兴趣以及认为做工没出息等等，今后一定学习张秋风埋头苦干、积极学习的精神……

张秋风运动在推进中有检查有反思。

《抗战日报》1943年10月16日第二版题为《行署军区政治部总工会联合指示 检查张秋风运动 积极准备劳模英雄大会》文章称：（一）检查张秋风运动：检查在领导上是否执行了“五一”大会的精神与联合指示，检查干部对这一工作的认识、工人态度的转变，检查这次运动的成绩——生产提高的程度、原料的节省、工具的爱护、思想反思、学习进度。（二）评判张秋风运动者：根据每人原定计划与工具原料好坏，由行政、工会及工人代表共同组成评判委员会，检查每人完成计划的情况，思想学习的进步及负责任守纪律的程度，作出评判，交由工会小组讨论，然后经大会通过。评判中特别是主要发现模范的张秋风运动者，培养教育使其成为工人群众的中心人物。（三）进行劳动英雄大会准备工作：根据检查情形发动工人为争取光荣的劳动英雄和模范的张秋风运动者而努力，为争取本厂与晋西北的劳动英雄而竞争，根据每人一贯表现，以生产部门为单位，将最优秀的工人选举出来，在大会闭幕前一日向大会报到。此外，准备各种生产品、代用品或发明创造等，送交大会展览。

《抗战日报》1944年1月25日第一版发表的《晋绥边区第三届劳动英雄大会宣言》中说：自去年5月开展张秋风运动以来，无论在产品数量质量及劳动态度、节省原料提高技术等上面，都得到了不少成绩……

《抗战日报》1944年2月1日第四版发表作者为马战哮的文章《张秋风运动中的发明创造》，称在1943年的张秋风运动中，全晋绥边区的每个工人都在为建设自己的革命家务而努力。他们不但以高度的生产热忱打破了过去生产中的纪录，而且发挥了无限的智慧，在发明创造上获得了伟大成果。文章举例说明：晋西北化学厂发明用土产原料——胡麻油、大麻油、土籽等制成各色油印油墨，不仅效用与外来品完全相同，而且价格比外来品便宜一半。他们又成功研究用各种牲畜骨头制造骨肥，0.5公斤骨肥可顶75公斤牲畜肥。在洪涛印刷厂，铅印组工人李文喜经过4天研究，将从前一周印刷的手摇铅印机改装为两开印刷，增加了一倍产量，并节省了一个人工。后勤部染工股工人孔凡俊创造了碾布工具，不但能把染色的布碾平，而且能把布的经纬线压扁，使布结实耐穿。军用制药厂运用土产药材，经过细心研究提炼，精制成镇疼剂、退热剂、止血剂。这些药品已经医生临床试验，证明确实有伟大效用。在军区修械所，经工人们研究改良发明的工具用品达50余种，因而全厂生产效率提高了一倍甚至数倍……

在开展张秋风运动中，涌现出许多张秋风式的劳动英雄模范人物。在晋绥边区举行的第三届、第四届劳动英雄表彰大会上，一批工业方面的劳动英雄受到表彰。

晋绥边区政府通过树立张秋风这位模范人物，不仅培养了一批技术娴熟、懂发明创造的工人，而且培养了一批具有民族意识、阶级意识、集体意识的工人阶级队伍，使得工人抛弃了旧有的为资产阶级服务的观念和懒散、懈怠、赌博的不良作风，逐渐养成了吃苦耐劳、大公无私、积极奉献的品格，为战时和新中国工业建设积累了深厚的工人力量。

张秋风运动是晋绥边区工人运动史上的一件大事，历时6年之久，直到全国解放，对晋绥边区工业生产起了很大的作用，为支援抗战和解放战争夺取胜利提供了重要的经济和军事保障。

采访中，张秋风的孙子、西安宸雨未来科技有限公司董事长张宇说：“今天重温爷爷的故事，对他老人家太崇拜了。他给我们后人留下了极其宝贵的精神财富——埋头苦干、吃苦耐劳、苦心钻研、改进技术。”

（注：关于张秋风的名字，《抗战日报》和《中国劳模史》史料中均为“张秋凤”，《晋绥根据地资料选编》等书写为“张秋风”。其儿子张宝生和中国兵器工业集团第七三二三厂宣传干事常铭江均表示为张秋风，本文写为张秋风。）

1943年5月8日《抗战日报》头版：晋西北工人欢聚一堂 热烈庆祝 张秋风备受各界尊敬

1943年6月10日《抗战日报》报道：晋绥边区行署、军区政治部、总工会联合颁发开展张秋风运动的指示信

1944年12月29日，《抗战日报》发表署名为黎军的文章《工人的旗帜——张秋风》

思考

在百年工运史中，劳模大会的召开，可追溯至抗战时期的陕甘宁边区。晋绥边区紧跟陕甘宁边区，通过开展大生产运动，选举劳动英雄和模范先进生产者，从而调动工人群众的生产积极性，在我国劳模史上意义深远。作为中国工人阶级劳动英雄和劳动模范这个闪光群体的典型代表，张秋风身上体现的埋头苦干、吃苦耐劳的伟大品格和苦心钻研、改进技术的创新精神正是习近平总书记倡导大力弘扬的劳模精神、劳动精神、工匠精神的最好体现。我们今日开展劳动竞赛，提升职工素质，打造一支知识型、技能型、创新型的产业工人大军，与当年晋绥边区轰轰烈烈开展的张秋风运动是一脉相承的。……选树劳动英雄，开展张秋风运动，颁布劳动英雄当选条件、选举时间、选举办法和奖励办法的制订和规定，为新中国成立后进行劳模选树工作、开展劳动竞赛提供了极其宝贵的经验。

以史为鉴，开创未来。今天，我们高扬张秋风这面旗帜，是为了传承和发扬爱岗敬业、争创一流、艰苦奋斗、勇于创新、淡泊名利、甘于奉献的劳模精神，发挥劳模的示范引领作用，为建设中国特色社会主义、实现中华民族伟大复兴的中国梦凝聚强大的精神力量。

视频/摄影 本报记者 崔蓉阁 李建军 赵晨萍

王振翼：工运战线播火人

岳燕林

铭刻

王振翼，中国共产党创立时期最早的成员之一，先后与高君宇、李大钊一起开展革命工作；中国劳动组合书记部最早的成员之一，参与领导了长辛店工人俱乐部、京汉铁路总工会、正太铁路总工会等工会组织的组建和工人运动，掀起了中国工人运动的第一个高潮。王振翼一生6次被捕入狱，却矢志不移，保全了共产党人的革命气节。《山西通史·人物（近代）》称其为“继高君宇之后山西最早研究和宣传马克思学说的先驱者之一”“继高君宇之后的山西早期共产党员之一”。

10月的塞北，天高云淡，青山如黛。

大梁山上，李二口长城依山势起伏，因山脉蜿蜒，经过500多年风雨剥蚀和无数次的战火硝烟，虽然已经残破斑驳，但依稀可见当日拔地倚天的雄伟气势。

李二口长城遗址往南15公里就是塞北名城天镇。天镇地处晋、冀、内蒙古三省交界，素有“鸡鸣一声闻三省”之谓。其扼守阴山之要，连接草原内地，地理位置十分重要，历朝历代皆为边关重镇。

万里长城万里长，长城万里英雄事。带着一分景仰、一分追忆，记者日前从太原出发，一路向北，辗转来到天镇县城，开始了对山西著名工运先驱王振翼的寻访。

五四狂飙中觉醒——与高君宇并肩战斗

走进天镇县逯家湾镇李二口村的红色文化记忆馆，迎面就是一尊王振翼铜质雕像，雕像下方刻着其生平简介：王振翼，字壮飞，又名仲一，大同市天镇县小盐场村（今属河北省阳原县）人。其亲身参与了五四运动的革命风暴和建党初期汹涌澎湃的工人运动，在中国共产党早期工运史上留下了光辉的名字。

“很早就听母亲讲起过，我的外祖父是个了不起的人。”电话那头，王振翼的外孙李培和告诉记者。1918 年，16 岁的天镇少年王振翼由地处塞外大同的省立第三师范转入位于省城太原的省立第一中学校 18 班求学。这里也成为他开始短暂而辉煌的革命人生的地方。

1919 年 5 月，五四运动的狂飙吹进三晋大地。5 月 7 日，太原 11 所大中院校的 2000 余名学生在中山公园集会，王振翼在会上作了慷慨激昂的演讲，开始崭露头角。此后，他积极参加罢课、游行和抵制日货的各项活动，很快结识了张叔平、贺凯、李毓棠等一批进步青年和贾超孟、杨思康等学联领导人。因善于交际和演讲，王振翼被省学联委派为京、津地区学运联络员。也因此，他结识了当时北京大学的山西籍学生、革命先驱高君宇。

王振翼很快成为高君宇在太原从事革命活动的得力助手和骨干。在高君宇帮助下，1919 年 8 月，王振翼和省立第一中学校的部分进步青年在太原创办了《山西平民周刊》，并亲自担任刊物主编。《山西平民周刊》“抱定为人民奋斗之宗旨，不断以山西实况报告世界，代人民呼号，且不断将世界新思想输入娘子关内，供给晋民以奋斗有效的途径”。王振翼以“虎啸”为笔名，揭露阎锡山的封建统治，宣传进步思想文化，民众如闻惊雷，反动派闻之心惊。

革命浪潮的锤炼让王振翼迅速成长。1920 年春，经高君宇、罗章龙介绍，他以通讯会员的资格，参加了北京大学马克思学说研究会，得以聆听李大钊等革命先驱宣讲最先进的革命学说，“成为继高君宇之后山西最早研究和宣传马克思学说的先驱者之一”。1921 年秋，王振翼被中共北京大学支部吸收为正式党员，“成为继高君宇之后的山西早期共产党员之一”。

记者从红色记忆馆录得诗作《告天》一首，可以作为彼时怀抱救国救民理想的进步青年王振翼的心声：

“于末世而生我辈，所为何来？正当激荡雷霆万钧的力量，撕破这令人压抑窒息的夜幕；正当宣泄奔流不息的血液，灌溉这必将蔓延莽原的青霖；正当舞动坚如铁锤的双拳，敲碎这顽固而且黑暗的铁壳！为民众争得一缕光明，为民族拼得一些自由。”

工运浪潮中搏击——在中国劳动组合书记部工作

中国共产党成立后不久，党组织就在上海建立了领导全国工人运动的机构——中国劳动组合书记部。1925 年 5 月中华全国总工会成立后，中国劳动组合书记部宣布撤销。在从成立到结束的 3 年零 9 个月时间里，中国劳动组合书记部通过各种形式向工人进行马列主义宣传和教育，帮助工人组织工会，在年轻的中国共产党的领导下进行了一系列的反帝反军阀斗争，为壮大党的事业和寻求工人阶级自身的解放做了大量的工作，在中国工运史上谱写下壮丽的诗篇。

劳动组合书记部相继在北京、长沙、武汉、广州、济南设立了分部机构，将工人运动的火种播向全国各地。其中，北方分部分管北方大中城市的工人运动，兼管全国铁路总工会工作。北方分部领导建立的主要工会组织有长辛店工人俱乐部、京奉铁路唐山制造厂职工同人联合会、京绥铁路车务工人同人会、道清铁路工人俱乐部、京汉铁路总工会、正太铁路总工会等。在中国共产党的领导下，北方分部组织产业工会，开展罢工斗争，出版工人刊物，举办工人学校，掀起中国工人运动的第一个高潮。

此时的王振翼已被清华大学留美预备部录取，但是，为了坚定的人生信仰，他毅然放弃了这一学习机会，走上了职业革命之路。1921 年冬，王振翼到中国劳动组合书记部北方分部工作。同年年底，分部派出特派员前往各条铁路干线和矿山，相继组织罢工斗争。京绥、京汉、京奉、道清、津浦各线，以及开滦、焦作等煤矿，王振翼每到一地，都播下了不熄的革命火种。

1922 年 5 月，王振翼与高君宇一道，出席了在广州召开的中国社会主义青年团第一次全国代表大会。会后，王振翼秘密回到太原，与贺昌一起领导了太原大国民印刷厂工人罢工斗争。1923 年 1 月，王振翼任中共北方区执行委员会委员，并继李大钊之后任委员长；2 月，在震惊中外的京汉铁路大罢工中，以中共北方区委工委代理书记身份加入了最高领导小组；3 月，调任中共上海区（兼浙江地方）执委会委员、劳工运动委员会副主任；6 月，出席中国共产党第三次全国代表大会，会后参加新的中共上海区执委会，分管工人运动。中国劳动组合书记部上海分部成立后，王振翼任副主任。

无论是在北京大学马克思学说研究会聆听李大钊的演讲，还是在中国劳动组合书记部工作，以及直接参与由李大钊亲自主持的长辛店铁路工人补习学校、俱乐部的创建和西北工农兵代表大会的筹备，王振翼都深受李大钊的影响，并产生了强烈的敬仰之情。1927 年 4 月 28 日，李大钊先生罹难。王振翼悲痛万分，写下了《金台铭》一首，纪念李大钊先生：

“幽燕北大五人组，共济同舟气若兰。野火逆方焚旧阀，鲲鲸南服卷狂澜。”

大江南北播火——一生六次入狱始终矢志不移

“把革命的真理讲给饥寒的民众！让那些终生劳累却不得饱暖的工人们懂得了什么叫平等，什么叫生存，什么叫权利！”“能用我和我的同道的生命，给劳苦大众换来一个崭新的、人之向往的大同世界，一切的付出和生命都是值得的！”

这是大同市文联创作室编剧胡传阁编撰的音诗画《光明之路》中，王振翼的一段独白。他始终听从党组织的调遣，战斗在第一线，在北京、天津、上海、浙江、山西、内蒙古、河北、重庆等许多地方，都留下革命的足迹。

1924年夏秋之际，王振翼遵照中共北方区的指示抵达张家口，创建了京绥路支部和张家口市工人俱乐部，成立了职工张家口地方支部，担任了京绥铁路总工会秘书和中共张家口市第一任党支部书记，并领导了铁路工人的索薪斗争和电灯公司工人的反日增资斗争。

索薪斗争爆发于1925年冬，当时奉系军阀在帝国主义支持下发动对冯玉祥国民军的进攻，张家口铁路机修厂成了兵工厂，生产铁甲车、迫击炮和炮弹、手榴弹。当时，工人已3个月未发工资，战后生活更是饥寒交迫，而路局对此不加过问。为此，在中国共产党的支持下，工人开展了“要小米，饱肚子”的索薪斗争。王振翼直接领导了这一斗争，与路局斗智斗勇，使索薪斗争取得完胜。

王振翼善于和工人们打成一片，因其性格豪爽，好打抱不平，工人们亲切地称他为“王提辖”。张家口华北电灯公司是一家日资比重逐年增大的企业，到1925年，中日合营早已徒具虚名，公司一切权力几乎全操纵在日本人手里。工人每天工作长达12个小时，而工资微薄，常常是吃了上顿没下顿；徒工、杂工则工资更少，工人伤亡事故频繁发生。为了帮工人讨回公道、争取权益，1925年冬，王振翼领导张家口华北电灯公司工人开展了反日增资斗争。他深入工人中间进行组织发动，推选工人代表，亲自起草《罢工宣言》《劳资互惠合同》，组织工人代表与资方进行谈判。为了防止不测，又通过党组织从铁路工会选派代表充实到电灯公司基层，并组织起工人纠察队作后盾，保护工人。在其严密的组织和坚决的斗争下，反日增资很快取得了成果，迫使资本家接受了年终双薪、逐年增资、抚恤伤残等《劳资互惠合同》10项条款。特别是其中规定每个工人每年增发教育费15元、工会有权查账两项内容，第一次明确地提出了工人当家作主、享受教育及监督经济的权利，在中国工人运动史上是具有重大意义的创举。

“王振翼是一位革命的播火人。大同地区第一个地方党组织——中共大同铁路工人支部，就是1925年8月在王振翼的积极推动下创建的。”大同市总工会宣教部部长王永全告诉记者。

1927年7月，王振翼随周恩来到贺龙部二十军，负责政治训练工作，参加了震惊中外的八一南昌起义。这是王振翼一生唯一的从军经历。9月，顺直省委改组会议后，他负责省委工运工作。1928年4月，王振翼赴莫斯科参加了中国共产党第六次全国代表大会，当选中共中央候补委员。

在严酷的斗争环境中，王振翼先后6次被捕，“但其矢志不移，皆保全了共产党人的革命气节”。他说过：“我活着就要干革命，坐牢也是为了干革命。”1931年2月，因叛徒出卖，王振翼在天津以“匪魁”之名被军阀石友三逮捕，先被押在天津英租界巡捕房，继以“要犯”之谓转押北平草岚子胡同监狱。在狱中，王振翼遭受了精神和肉体的非人摧残，几度被折磨得死去活来，但他始终坚贞不屈。1931年10月，王振翼终因摧残冻饿罹难，牺牲时年仅30岁。

王振翼为了革命理想甘于抛头颅、洒热血，直至生命的最后一刻。恰似现代的普罗米修斯，用尽毕生的精力，做马克思主义“天火”的播撒者。其崇高的革命品质和光辉的奋斗故事，让后来的工会人无比崇敬、无比景仰。采访中，天镇县总工会党组书记、常务副主席张庚将王振翼的又一遗作指给记者。这首诗是1927年王振翼参加南昌起义后、同起义军一起南下途中所作。诗作的气势与豪情，也恰是其舍生忘死、一往无前的革命一生的写照：

“滔滔江汉棋枰险，莽莽海疆战斗艰。闻道流沙韬略广，空山一战震人寰。”

思考

我们党的百年历史，就是一部带领工人阶级和劳动群众争取解放、独立和富强的奋斗史。其中，有许多像王振翼这样的共产党员、工运先驱，为了革命理想，不畏艰险、不怕牺牲，抛洒热血、奉献生命，为我们树立起一座座不朽的精神丰碑。今天，我们重温这段历史，缅怀革命先驱，就是要传承英烈精神，赓续红色血脉，汲取奋进力量，在新征程上书写新的恢宏史诗，把我们的事业推向更加光辉灿烂的明天。

本文刊于2021年11月25日《山西工人报》

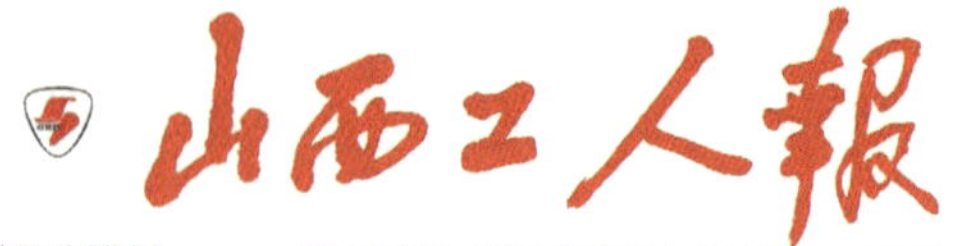

新闻责任 工会声音 职工情怀 维权担当

山西省总工会主管主办
山西工人报社出版

SHANXI GONGREN BAO

山西工人网 http://www.sxgrw.com
E-mail:sxgrb@163.com
（今日四版）

国内统一刊号 CN14-0003 邮发代号 21-10 2021年11月25日 星期四 农历辛丑年十月廿一 总第10391期

我省规模以上原煤产量连续3个月超亿吨

据新华社太原电（记者梁晓飞） 山西省统计局日前发布数据显示，10月份山西规模以上原煤产量达10275.2万吨，同比增长5.2%，已连续3个月产量超亿吨。

山西省能源局有关负责人表示，10月份以来，山西煤炭日均产量保持在330万吨以上。截至11月21日，山西已为14个省区市供应电煤2187万吨。目前，山西省生产矿井正在满负荷生产，预计全年煤炭产量有望突破12亿吨。

此外，山西全力保障省内发电企业用煤，大力推进发电供热企业签订煤炭中长期合同。截至目前，山西省内发电供热企业补签中长期合同4314万吨，全年共签订中长期合同11557万吨，覆盖率达100%。

喜迎山西工会十四大
聚焦亮点工作

临汾市总：让工匠精神在平阳大地开花结果
选树范围不断升级 评选机制持续优化

本报讯（记者郭倩） 11月22日，记者走进第二届“平阳工匠”段禹光的红陶坊禹光陶艺工作室，十几平方米的工作间随处可见大大小小的陶制品，每件都仿佛能看到往昔窑火燃烧的炽烈。“被评为‘平阳工匠’的一年来，不仅订单量是往年的3倍，还有很多人慕名而来，想要学习手艺。”段禹光自豪地告诉记者。据了解，自2017年开始，临汾市总工会开展“平阳工匠”选树活动，通过不断扩大选树范围、持续优化评选机制，树立行业标杆，让工匠精神在平阳大地落地生根、开花结果。

随着时代发展，一些与现代生活不相适应的老手艺、老工匠逐渐淡出日常生活。但是，社会需要工匠精神，工匠精神永不过时。

2017年以来，临汾市总工会开展了两届“平阳工匠”选树活动，涉及工业制造、煤炭、电力、农林业、传统手工艺、餐饮业等多个行业，通过县（市、区）推荐、个人自荐、单项选拔、电视选拔等多种形式，经过专家初审、专家复审、公众投票、现场决赛、审定公示等多个环节，共选树出了20名“平阳工匠”、43名“平阳工匠”提名奖、3个“平阳工匠团队”、6个“平阳工匠团队”提名奖和100名“金牌工人”。他们中有吉县果业服务中心技术站站长、农艺师朱峰，有用一双巧手雕刻出精美工艺、轮椅上的雕刻大师王平，有用医者仁心诠释工匠精神的临汾市人民医院骨科脊柱病区主任许其威，有为矿井掘进“把脉”的“老中医”、霍州煤电集团技术研究院高级物探工周鹏，还有让闲置煤机重焕生机的霍州煤电机电总厂鑫钜煤机公司“刘录琴劳模创新工作室”。选树这些工匠与团队在全社会形成尊重工匠、学习工匠、争当工匠的浓厚氛围，进一步激发广大职工群众创业、创新、创造的热情和活力。目前，第三届“平阳工匠”选树活动正在如火如荼地进行。

临汾市人大常委会副主任、市总工会主席郑步屯认为，选树“平阳工匠”是弘扬劳模精神和工匠精神的有效途径。但选什么样的平阳工匠？评选工作的指导思想是什么？如何选树工匠？怎么进行表彰？成果又如何运用……

自2017年以来，临汾市总出台了《临汾市首届“平阳工匠”选树活动实施方案》《临汾市第二届“平阳工匠”选树活动实施方案》，下发至各县（市、区）及市直单位等部门。同时，该市总成立了“平阳工匠”选树活动组委会，专门负责工匠的寻找推荐和组织评审工作。“以《方案》为依据，严格按照时间节点操作，明确各部门职责，督促各县（市、区）及时认真发现、选树、上报。”临汾市总工会副主席张宏杰信心十足。

首届“平阳工匠”的评选除了进行基层推荐、专家初审和公众投票之外，还加入了以赛促评和现场决赛的环节。临汾市总工会先后组织开展了“助力吉县扶贫”果树技能大赛和“华翔双创杯”职工技能大赛，选拔农业和工业领域的优秀人才参选“平阳工匠”；借助“晋陕豫黄河金三角地区职工技能大赛”选树餐饮服务业的优秀人才进入工匠评选……现场决赛不仅要求被评人员进行综合答辩，还要进行现场技术展示。

第二届“平阳工匠”选树覆盖面再次扩大。从首届涉及工业制造、煤炭、电力、农林业、传统手工艺、餐饮业等领域到第二届增设了医疗和化工领域，选树范围更加广泛，工匠选拔更为充实。此外，临汾市总还创新性地将团队列入评选范畴，致力于打造出一个又一个追求卓越的团队，让科技创新成果源源不断涌现出来。

“一个人引领一群人。我们评选出的‘平阳工匠’不止于这几十个人，而是要通过这些人带动更多的技术工人，大力弘扬精益求精、严谨细致、追求完美、创造极致、攻坚克难、创新超越的工匠精神，形成‘工匠热’，掀起‘技能潮’，为推动临汾市高质量发展注入新动能。”临汾市总工会党组书记、常务副主席郭波说。

王振翼：工运战线播火人

本报记者 岳燕林

【铭刻】 王振翼，我党创立时期最早的成员之一，先后与高君宇、李大钊一起开展革命工作；中国劳动组合书记部最早的成员之一，参与领导了长辛店工人俱乐部、京汉铁路总工会、正太铁路总工会等工会组织的组建和工人运动，掀起了中国工人运动的第一个高潮。王振翼一生7次被捕入狱，却矢志不移，保全了共产党人的革命气节。《山西通史·人物（近代）》称其为“继高君宇之后山西最早研究和宣传马克思学说的先驱者之一”“继高君宇之后的山西早期共产党员之一”。

10月的塞北，天高云淡，青山如黛。

大梁山上，李二口长城依山势起伏，因山脉蜿蜒，经过500多年风雨剥蚀和无数次的战火硝烟，虽然已经残破斑驳，但依稀可见当日拔地倚天的雄伟气势。

李二口长城遗址往南15公里就是塞北名城天镇。天镇地处晋、冀、内蒙古三省交界，素有“鸡鸣一声闻三省”之谓。其扼守阴山之要，连接草原内地，地理位置十分重要，历朝历代皆为边关重镇。

万里长城万里长，长城万里英雄事。带着一分景仰、一分追忆，记者日前从太原出发，一路向北，辗转来到天镇县城，开始了对我省著名工运先驱王振翼的寻访。

“五四”狂飙中觉醒
——与高君宇并肩战斗

走进天镇县逯家湾镇李二口村的红色文化记忆馆，迎面就是一尊王振翼铜质雕像，雕像下方刻着其生平简介：王振翼，字仕飞，又名仲一，大同市天镇县小盐场村（今属河北省阳原县）人。其亲身参与了“五四”运动的革命风暴和建党初期汹涌澎湃的工人运动，在我党早期工运史上留下了光辉的名字。

“很早就听母亲讲起过，我的外祖父是个了不起的人。”电话那头，王振翼的外孙李培和告诉记者。1918年，16岁的天镇少年王振翼由地处塞外大同的“省立第三师范”转入位于省城太原的“省立一中”18班求学。这里也成为他开始短暂而辉煌的革命人生的地方。

1919年5月，“五四”运动的狂飙吹进三晋大地。5月7日，太原11所大中院校的2000余名学生在中山公园集会，王振翼在会上就了慷慨激昂的演讲，开始崭露头角。此后，他积极参加罢课、游行和抵制日货的各项活动，很快结识了张叔平、贺凯、李毓棠等一批进步青年和贾超孟、杨思康等学联领导人。因善于交际和演讲，王振翼被省学联委派为京、津地区学运联络员。也因此，他结识了当时北京大学的山西籍学生、革命先驱高君宇。

王振翼很快成为高君宇在太原从事革命活动的得力助手和骨干。在高君宇帮助下，1919年8月，王振翼和省立一中的部分进步青年在太原创办了《山西平民周刊》，并亲自担任刊物主编。《山西平民周刊》“拟定为人民奋斗之宗旨，不断以山西实况报告世界，代人民呼号，且不断将世界新思想输入娘子关内，供给晋民以奋斗有效的途径。”王振翼以“虎啸”为笔名，揭露阎锡山的封建统治，宣传进步思想文化，民众如闻惊雷，反动派闻之心惊。

革命浪潮的锤炼让王振翼迅速成长。1920年春，经高君宇、罗章龙介绍，他以“通讯会员”的资格，参加了北京大学“马克思学说研究会”，得以聆听李大钊等革命先驱宣讲最先进的革命学说，“成为继高君宇之后山西最早研究和宣传马克思学说的先驱者之一。”（摘《山西通史·人物（近代）》）1921年秋，王振翼被中共北京大学支部吸收为正式党员，“成为继高君宇之后的山西早期共产党员之一。”（摘《山西通史·人物（近代）》）

这里，记者从“红色记忆馆”录得诗作《告天》一首，可以作为彼时怀抱救国救民理想的进步青年王振翼的心声：

“于末世而生我辈，所为何来？正当奋落雷霆万钧的力量，撕破这令人压抑窒息的夜幕；正当宣泄奔流不息的血液，灌溉这必将蔓延莽原的青霖；正当舞动坚如铁锤的双拳，敲碎这顽固而且黑暗的铁壳！为民众争得一缕光明，为民族拼得一些自由。”

工运浪潮中搏击
——在中国劳动组合书记部工作

1921年7月中国共产党成立后不久，8月11日，党就在上海建立了领导全国工人运动的机构——中国劳动组合书记部。1925年5月中华全国总工会成立后，中国劳动组合书记部宣布撤销。在从成立到结束的3年零9个月时间里，中国劳动组合书记部通过各种形式向工人进行马列主义宣传和教育，帮助工人组织工会，在年轻的中国共产党的领导下进行了一系列的反帝反军阀斗争，为壮大党的事业和寻求工人阶级自身的解放做了大量的工作，在中国工运史上谱写下壮丽的诗篇。

（下转第2版）

了解王振翼的革命故事请扫二维码

奋斗百年路 启航新征程
建党百年·山西重大工运事件重要工运人物寻访展示

连日来，晋能控股煤业集团麻家梁煤业公司党委把广大党员干部把学习贯彻党的十九届六中全会精神作为当前和今后一个时期的重大政治任务，深刻学习认识党的百年奋斗的重大成就和历史经验，自觉担当起转型发展的历史使命，以优异成绩迎接党的二十大胜利召开。图为该公司党员干部在学习党的十九届六中全会公报。 刘明珍 摄

太原市总开展网络安全知识培训

本报讯（首席记者贾芳芳） 为了深入宣传贯彻习近平总书记关于网络强国的重要思想，11月19日上午，太原市总工会在道德讲堂举办了以“网络安全为人民，网络安全靠人民”为主题的网络知识培训。

培训中，太原市公安局网安支队副中队长乔鑫叶围绕网络安全法，深入解读网络安全相关法律法规，结合国内网络安全事件和全市网络安全情况，分析网络安全防护和应急处置中的重点难点以及个人信息保护重要性的案例，并对该市总办公室邮箱和无线WIFI的安全使用提出行之有效的专业建议，给大家上了一堂精彩的网络安全培训课。

培训中，该市总还向参会的全体人员发放了宣传手册。通过培训，参训人员对互联网、网络安全意识形态及网络安全有了更新、更深、更全的认识，更有利于在今后的工作中增强网络安全意识，提高网络安全识别能力和化解能力。

我省到2025年基本形成内陆地区对外开放新高地

本报11月24日讯（首席记者陈秋莲） 今天，省政府新闻办举行山西省“十四五”规划各专项规划系列解读新闻发布会的第十六场发布会，深入解读《山西省“十四五”“一带一路”开放型经济发展及对外开放新高地建设规划》。规划提出，我省到2025年基本形成内陆地区对外开放新高地。

去年5月，习近平总书记视察山西时作出重要指示，要求融入共建“一带一路”，健全对外开放体制机制，构建内陆地区对外开放新高地，为新时代我省对外开放工作指明了方向。省第十二次党代会提出了加快融通开放步伐的新要求。“十四五”时期是我省推动开放型经济发展的关键阶段，按照省委、省政府决策部署，省商务厅牵头完成了规划的编制工作。

规划共分为3个部分，10章内容。

第一部分是发展环境、指导思想和主要目标，主要总结“十三五”期间我省开放型经济发展取得的成绩，分析“十四五”开放发展面临的形势机遇，提出了我省推动开放发展的指导思想、基本原则和主要目标。

第二部分是重点任务。规划聚焦产业、主体、通道、平台等重点领域，提出了主动融入国家重大战略、大力推动重点产业开放、积极引育外贸市场主体、协同推进陆海空“三港”联动、加快推动服务贸易创新发展、努力打造国内国际消费目的地、积极吸引国际化高端人才、推动开放平台能级提升和制度创新8项重点任务。为了配合重点任务实施，以专栏的形式列出10项重点工程，即“一带一路”大商圈建设工程、服务业扩大开放重点工程、跨境电商综试区建设工程、农产品出口平台提升工程、综合保税区提升工程、跨境物流枢纽提升工程、服务贸易创新发展工程、国内国际消费目的地建设工程、中国（山西）自贸试验区建设工程、国际合作园区建设工程。

第三部分是保障措施。主要阐述了完善工作推进机制、强化财税政策支持、健全统计考核体系、加大宣传推广力度4个方面的保障措施。

“十四五”期间，我省将大力发展开放型经济，打造开发区建设“升级版”，决胜高质量发展“新战场”。“升级版”是对开发区的新要求，即推动开发区由拓展面积向提高效益、由同质化竞争向差异化发展、由注重硬环境向创优软环境转变，强化规划引领，强化经济产出，强化全面赋权，强化激励约束。“新战场”是对开发区的新定位，即充分发挥开发区的区位交通、科技人才、创新资源、土地要素、政策制度等综合优势，在项目建设、招商引资、产业链培育、营商环境优化等方面成为推动高质量发展的排头兵，成为全省经济新的增长极。

“十四五”期间，我省利用外资的总体安排是：以提高利用外资水平为目标，积极打造外资政策、促进、服务、保护体系，发挥好外资服务构建以国内大循环为主体、国内国际双循环相互促进的新发展格局的重要作用，为全面建设社会主义现代化国家山西篇章作出新贡献。

今年1月—10月，全省进出口1876.3亿元，同比增长69.2%，增幅居全国第二位，是全国平均增幅的3倍以上。

□本省新闻速递

我省采用贴息、补助和奖励方式支持企业技术改造

我省38对高速公路运营服务区完成清洁能源供暖改造

太原首推限停15分钟临时车位 设置在公厕、药店、便利店附近

王振翼：工运战线播火人

王振翼

（上接第1版）

劳动组合书记部相继在北京、长沙、武汉、广州、济南设立了分部机构，将工人运动的火种播向全国各地。其中，北方分部分管北方大中城市的工人运动，兼管全国铁路总工会工作。北方分部领导建立的主要工会组织有长辛店工人俱乐部、京奉铁路唐山制造厂职工同人联合会、京绥铁路车务工人同人会、道清铁路工人俱乐部、京汉铁路总工会、正太铁路总工会等。在中国共产党的领导下，北方分部组织产业工会，开展罢工斗争，出版工人刊物，举办工人学校，掀起中国工人运动的第一个高潮。

此时的王振翼已被清华大学留美预备部录取，但是，为了坚定的人生信仰，他毅然放弃了这一学习机会，走上了职业革命之路。1921年冬，王振翼到中国劳动组合书记部北方分部工作。同年年底，分部派出特派员走向各条铁路干线和矿山，相继组织罢工斗争。京绥、京汉、京奉、道清、津浦各线，以及开滦、焦作等煤矿，王振翼每到一地，都播下了不熄的革命火种。

1922年5月，王振翼与高君宇一道，出席了在广州召开的中国社会主义青年团第一次全国代表大会。会后，王振翼秘密回到太原，与贺昌一起领导了太原大国民印刷厂工人罢工斗争。1923年1月，王振翼任中共北方区执行委员会委员，并继李大钊之后任委员长。2月，在震惊中外的京汉铁路大罢工中，王振翼以中共北方区委工委代理书记身份加入了最高领导小组。3月，调任中共上海区（兼浙江地方）执委会委员、劳工运动委员会副主任。6月，他出席中共第三次全国代表大会，会后参加新的中共上海区执委会，分管工人运动。中国劳动组合书记部上海分部成立后，王振翼任副主任。

无论是在北京大学“马克思学说研究会”聆听李大钊的演讲，还是在中国劳动组合书记部工作，以及直接参与由李大钊亲自主持的长辛店铁路工人补习学校、俱乐部的创建和“西北工农兵代表大会”的筹备，王振翼都深受李大钊先生的影响，并产生了强烈的敬仰之情。1927年4月28日，李大钊先生罹难。王振翼悲痛万分，写下了《金台铭》一首，纪念李大钊先生：

“幽燕北大五人组，共济同舟气若生。野火逆方焚旧阀，鲲鹏南翠卷狂澜。”

大江南北播火
——一生七次入狱始终矢志不移

“把革命的真理讲给饥寒的民众！让那些终身劳累却不得饱暖的工人们懂得了什么叫平等，什么叫生存，什么叫权利！”“能用我和我的辉道的生命，给劳苦大众换来一个崭新的、人人之向往的大同世界，一切的付出和生命都是值得的！”

这是大同市文联创作室编剧胡传阁编撰的音诗剧《光明之路》中，王振翼的一段独白。他始终听从党的调遣，战斗在第一线，在北京、天津、上海、浙江、山西、内蒙古、河北、重庆等许多地方，都留下革命的足迹。

北京大学“马克思学说研究会”合影（后排左四为李大钊，前排右二为王振翼）

1924年夏秋之际，王振翼遵照中共北方区的指示，抵达张家口，创建了京绥路支部和张家口市工人俱乐部，成立了职工张家口地方支部，担任了京绥铁路总工会秘书和中共张家口市第一任党支部书记，并领导了铁路工人的索薪斗争和电灯公司工人的反日增资斗争。

远东各国共产党和民族革命团体代表大会上王振翼等中国青年代表受到列宁接见

索薪斗争爆发于1925年冬。当时奉系军阀在帝国主义支持下发动对冯玉祥国民军的进攻，张家口铁路机修厂成了兵工厂，生产铁甲车、迫击炮和炮弹、手榴弹。当时，工人已3个月未发工资，战后生活更是饥寒交迫，而路局对此不加过问。为此，在党的支持下，工人开展了“要小米，饱肚子”的索薪斗争。王振翼直接领导了这一斗争，与路局斗智斗勇，使索薪斗争取得全胜。

王振翼善于和工人们打成一片，因其性格豪爽，好打抱不平，工人们亲切地称他为“王傻瑞”。张家口华北电灯公司是一家日资比重逐年增大的企业，到1925年，“中日合资”早已徒具虚名，公司一切权力几乎全操纵在日本人手里。工人每天工作长达12个小时，而工资微薄，常常是吃了上顿没下顿；徒工、杂工则工资更少，工人伤亡事故频繁发生。为了帮工人讨回公道，争取权益，1925年冬，王振翼领导张家口华北电灯公司工人开展了“反日增资”斗争。他深入工人中间进行组织发动，推选工人代表，亲自起草《罢工宣言》《劳资互惠合同》，组织工人代表与资方进行谈判。为了防止不测，又通过党组织从铁路工会选派代表先掌握电灯公司基层，并组织起工人纠察队作后盾，保护工人。在其严密的组织和坚决的斗争下，“反日增资”很快取得了成果，迫使资本家接受了“年终双薪”“逐年增资”“抚恤伤残”等《劳资互惠合同》10项条款，特别是其中规定每个工人每年增发教育费15元，工会有权查账两项内容，第一次明确地提出了工人当家做主、享受教育及监督经济的权利，在中国工人运动史上是具有重大意义的创举。

中共三大代表合影（后排左二为毛泽东，左三为王振翼）

“王振翼是一位革命的播火人，大同地区第一个地方党组织——中共大同铁路工人支部，就是1925年8月在王振翼的积极推动下较早创建的。”大同市总工会宣教部部长王永全告诉记者。

1927年7月，王振翼随周恩来到贺龙部二十军，负责政治训练工作，参加了震惊中外的“八一”南昌起义。这是王振翼一生唯一的一次从军经历。9月，顺直省委改组会议后，他负责省委工运工作。1928年4月，王振翼赴莫斯科参加了中共第六次全国代表大会，当选为中共中央候补委员。

在严酷的斗争环境中，王振翼先后7次被捕，“但其矢志不移，皆保全了共产党人的革命气节。”他说过：“我活着就要干革命，坐牢也是为了干革命。”1931年2月，因被叛徒出卖，王振翼在天津以“匪魁”之名被军阀石三友逮捕，先被押在天津英租界監捕房，继以“要犯”之谓转押北平草岚子胡同监狱。在狱中，王振翼遭受了精神和肉体的非人摧残，几度被折磨得死去活来，但他始终坚贞不屈。1931年10月，王振翼终因“摧残冻饿”罹难，牺牲时年仅30岁。

王振翼为了革命理想甘于抛头颅、洒热血，直至生命的最后一刻。恰似现代的普罗米修斯，用尽毕生的精力，做马克思主义“天火”的播撒者。其崇高的革命品质和光辉的奋斗故事，让后来的工会人无比崇敬，无比敬仰。采访中，天镇县总工会党组书记、常务副主席张康将王振翼的又一遗作抄给记者。该首诗是1927年王振翼参加南昌起义后，同起义军一起南下途中所作。诗作的气势与豪情，也恰是其舍生忘死、一往无前的革命一生的写照：

“涛涛江汉做桴险，莽莽南疆战斗艰。闽道流沙韬略广，空山一战震人寰。”

【思考】我们党的百年历史，就是一部带领工人阶级和劳动群众争取解放、独立和富强的奋斗史。其中，有许多像王振翼这样的共产党员、工运先驱，为了革命理想，不畏艰险、不怕牺牲，抛洒热血、奉献生命，为我们诞立起一座座不朽的精神丰碑。今天，我们重温这段历史，缅怀革命先驱，就是要传承英烈精神，赓续红色血脉，汲取奋进力量，在新征程上书写新的恢弘史诗，把我们的事业推向更加光辉灿烂的明天。

马佩勋：工运史上一个熠熠生辉的名字

陈秋莲

铭刻

马佩勋（1907—1984），孝义市碾头村人，24岁参加了山西第一支革命武装——晋西游击队并加入中国共产党；多年驰骋于晋陕甘地区，建立了卓越功勋，曾任陕北省苏维埃政府代主席；出席过中国共产党第七次全国代表大会和第一届中国人民政治协商会议，参与了山西省委、省政府的组建。

从革命战争年代到新中国成立后，他先后任陕北省总工会委员长，山西省总工会代主席、党组书记，全国总工会第一机械工业部工会副主席，全国总工会第八届、第九届执行委员，为党的工运事业作出了杰出贡献。

擦亮百年党史中的工运记忆。

6月中旬，记者来到马佩勋的故乡——吕梁市孝义市阳泉曲镇一个因大磨盘而得名碾头村的小村庄，在同乡亲友的点滴回忆下，在马佩勋纪念馆讲解员的真情讲述中，在《山西文史资料》《回忆中国工农红军晋西游击队》《赤子丹心》的史料里，追忆马佩勋这位叱咤风云的红军战士可歌可泣的传奇一生，寻觅、撷取、还原蕴藏在这些红色故事中的工运记忆。

走出工厂干革命，驰骋吕梁，面对敌人“围剿”不退缩，“革命不成功，我决不回家”

1931年5月的一天，交口县大麦郊镇辛庄村一户老乡的院子里。在绣有镰刀斧头和五角星的红旗上，“全世界无产阶级及被压迫民族联合起来”的标语格外醒目，一群佩戴红领带的年轻人举手宣誓的声音响彻村庄上空……

这天，在山西特委直接领导下的第一支革命武装、晋西中国工农红军游击大队第一大队（下称晋西游击队）诞生了。从此，印有镰刀斧头的革命红旗在吕梁山上高高飘扬。马佩勋从一名工人成为红军战士。

1907年，马佩勋出生在吕梁山区孝义市碾头村的一个农民家庭，幼时因家境贫寒，只读过4年私塾。

12岁时，马佩勋外出谋生，当过金店学徒、粮店店员。后在同乡共产党员卫思聪的鼓励下，他于17岁那年走出吕梁山，来到阎锡山的太原兵工厂当工人。由于饱受资本家的剥削和欺凌，他很早就参加了反对资本家的斗争。

马佩勋的青少年时期，正值全国第一次、第二次工人运动的高潮。从安源路矿大罢工、开滦五矿大罢工、京汉大罢工到世界工运史上时间最长、规模宏大的省港大罢工，中国共产党领导工人开展了轰轰烈烈的反帝反封建运动。

在太原兵工厂期间，马佩勋更多地接触了共产党员卫思聪、田有莘等人，接受了革命思想的启蒙，逐渐懂得了“工人要有饭吃，必须团结起来，打倒军阀、资本家。土地归了农民，工厂归了工人，劳苦人才有出路”的道理。这些革命道理就像黑暗中送来的一束光，照亮了马佩勋的革命道路。

当时，在中国的南方，全国第一个农村革命根据地——井冈山革命根据地建成，中国民主革命走上了工农武装割据的道路。

但是，在中国北方的广大地区，这个形势尚未形成。陕北的刘志丹、谢子长领导的清涧起义、渭华暴动失败后，不得不转入农村。山西的阎锡山与冯玉祥部联合反对蒋介石，爆发了旷日持久的“中原大战”，军阀混战成为常态。全省民众抗税抗捐斗争不断发生，中国共产党的地下组织也异常活跃。

山西特委在分析“中原大战”的形势后决定，在山峦起伏、地形险要，有利于开展游击战争的吕梁山区建立自己的武装——红军游击队，并委派阎红彦、杨重远等同志转入吕梁山区，为建立游击队作准备。

马佩勋利用自己在太原兵工厂当师傅、人缘好、与各方面关系融洽的优势，不断地秘密从厂里往外运送武器，日积月累，为即将成立的游击队储备了不少最急需、最紧缺的武器。

晋西游击队建立时的主要成员田有莘在《回忆中国工农红军晋西游击队》中这样写道：“马佩勋偷运武器的事还是被厂方发现了。在太原兵工厂地下党支部的掩护下，他巧妙地躲过敌人的搜捕回到吕梁山区，参加了晋西游击队。”

晋西游击队主要由陕北特委派过来的青年学生、太原兵工厂工人和国民党军队中的地下党员及吕梁山区农民组成。回到吕梁山区孝义老家的马佩勋犹如蛟龙入海、猛虎归山。马佩勋与游击队员们在吕梁山区到处张贴布告，宣传红军的政治主张，发动群众组织农会，开展抗粮、抗款等斗争，斗地主豪绅，成了部队宣传工作的行家里手；在中阳、孝义、交口一代的留誉镇碉堡战、锄家沿遭遇战、水头镇歼灭战和老鸭掌战斗中，马佩勋胆大心细，机智勇猛，成长为晋西游击队尖刀班班长，光荣地加入了中国共产党；在孝义市西宋庄村等地建立了初步的苏维埃政权，发展了革命力量，播下了革命火种。同时，马佩勋也成为敌人的“眼中钉”，阎锡山的队伍曾放言“抓住马佩勋，要腰断三截”。

到 1931 年秋，晋西游击队已发展成一支 100 余人的红军武装，开辟了面积为 1.5 万平方公里的游击区和 2000 平方公里的游击根据地。游击区包括孝义、汾阳、离石、中阳、石楼等县全部或部分地区，人口 10 万余人。

晋西游击队的发展对山西反动政府构成严重威胁。山西各派军阀达成共识，调集一个师、一个炮兵团及一些地方武装万余重兵，在吕梁山区的高山、路口遍设哨卡，步步紧逼，重重封锁，“围剿”游击队。对来犯之敌，游击队进行了坚决还击，但终因敌我力量悬殊，再加上孤军作战，损失严重。

为保存这支红色革命武装，山西特委指示晋西游击队缩减人员，实行战略转移，西渡黄河，进入陕北地区继续开展游击战争。当游击队领导人征求马佩勋去留的意见时，他当即坚定地表示：“革命不成功，我决不回家！”

既是战斗英雄又是工会干部，奋战陕甘，蒙冤入狱初心不改，“党是我的救星，我离不开党组织”

晋西游击队减员后，包括马佩勋在内的 30 名红军骨干每人扛枪两支，穿过人迹罕至的深山、攀爬过陡峭的绝壁，行军 100 多公里，突破敌人的重重封锁，星夜兼程，向黄河岸边行进。

1931 年 9 月初的一天夜里，在石楼县沿黄群众的羊皮筏子的摆渡下，游击队员渡过滔滔黄河，进入陕西清涧县白家川，受到中共陕北特委和群众的欢迎。晋西游击队在陕北经历了多次战役，于同年 11 月中旬，在陕甘边的南梁堡与刘志丹、谢子长率领的红军部队胜利会师。

会师后的晋西游击队，在陕北特委、陕西省委的先后领导下，参加了营盘山、瓦窑堡、三合镇等十多次大的战斗；后被改编为西北抗日反帝同盟军、中国工农红军陕甘游击队，成为中国工农红军第二十六军的主力。

晋西游击队在陕甘地区轰轰烈烈的游击战争，震慑了西北地区的反动统治阶级，唤醒了广大劳苦群众，为发展和壮大革命武装、开辟陕北革命根据地、建立新民主主义人民政权作出了很大贡献。

在战火中纵横驰骋的马佩勋也立下了赫赫战功，由尖刀班班长升任分队长、中队长、团政委，成了一名在晋陕甘革命根据地叱咤风云的战斗英雄。

他曾在甘肃南梁率部袭击敌游击司令车奉夫的部队，徒手解决了车奉夫司令部和南梁堡民团，组建了南梁游击队。他曾奉命带一个分队坚守大部队存放粮食、战利品和驻扎修械所的薛家寨，使敌不敢轻举妄动。他还曾带着仅有两支土造枪的数名游击队员深入佳县地区，组织了木头峪暴动，抓捕了民团团总，缴获枪支、钱财，成立了陕北游击四支队，创建了吴堡、佳县、绥德交界的革命根据地。

1934 年 7 月，在中共陕北特委的领导下，马佩勋领导创建了陕北特委特务队、二支队、三支队、抗日义勇队、四支队，在创建陕北红军和革命根据地的历史中写下了重要的一笔。

但是谁也没想到，1935 年 10 月初的一天，刚刚带队取得崂山战斗的胜利、消灭了国民党东北军一个师，风尘仆仆从战场上下来的马佩勋受到王明“左”倾路线的迫害，与刘志丹等 20 多位营级以上指挥员一同被关进了监狱，戴着脚镣手铐接受严刑拷打的“审查”。直到 10 月下旬，党中央和毛泽东率领红军经过二万五千里长征胜利到达陕北，马佩勋、刘志丹等同志才得救。

大难不死，马佩勋恨透了党内的“左”倾机会主义错误，但对党组织毫无怨言、忠贞不贰。一出来，他就立刻接受组织分配，到中央西北局任工会干事，满腔热忱地投入了紧张的革命工作。他说：“党是我的救星，我离不开党组织！”

马佩勋一生两次蒙冤入狱，第二次是“文化大革命”期间被关牛棚4年多。但他初心不改，信念如磐，对党的忠诚坚定依旧。

他在回忆录中写道：“出狱后，中央组织部长李维汉说：‘佩勋，你在兵工厂搞过工作，我们缺这种人，分配你到西北执行局搞工会工作。’”这是马佩勋第一次结缘工会工作，受新组建的中华全国总工会西北执行局委员长刘少奇直接领导。

马佩勋对陕北的情况进行了调查研究，实事求是地制定了开展工运的方针和政策。根据陕北雇农多、产业工人少的情况，马佩勋提出了组织雇农小组，签订劳资合同。劳资合同规定，不许打骂、虐待雇佣工人和雇农；限制地主、资本家剥削，改善工人、雇农的生活。这些政策施行后，对中国共产党发动群众、组织群众、培养骨干、扩大游击战争都起到了重要作用。

1935年底，蒋介石与日军勾结，推行反攻灭共的反动政策，调集重兵围攻陕北。中国革命处于极其困难时期，中央瓦窑堡会议决定，组织中国人民红军抗日先锋军，渡河东征。

为给红军东征作准备，在西北局干工会工作的马佩勋受刘少奇同志委派，兼任永坪兵工厂委员长，领导炸弹厂、造船厂、机修厂和被服厂等工厂制造枪支、渡船等。工人出身的马佩勋很快与工人们打成了一片，并进行了广泛深入的调查，写成了《工人生产情况调查报告》，受到刘少奇同志的高度称赞。

不久后，马佩勋又被派去东征红军新成立的红十五军团地方工作委员会工作，短短几个月，在吕梁山区的双池镇一带发动群众筹粮筹款，帮助地方建党建政，并前后组建4支游击队，为部队扩军千余人，有力地支援了前方作战部队，完成了党组织交给的任务，用卓越的工作成绩证实了自己对党的耿耿忠心。

1936年6月下旬，马佩勋在陕北省总工会担任委员长，负责陕北全省的工会工作；不久又出任陕北省苏维埃政府代主席。

全民族抗战爆发后，马佩勋出任中共晋西特委书记，担负起开辟晋西地方抗日工作的重担。当时的晋西特委，实际上就那么七八个人，但在马佩勋的领导下，每个人都像一把火炬，走到哪里就把抗日的烈火点燃到哪里，当地的群众很快就被发动起来、组织起来，支前、参战的热潮也就高涨起来。

1939年，国民党掀起反共高潮，阎锡山进攻新军，“晋西事变”爆发。马佩勋奉命率决死二纵队一个营护送中共中央千余后方人员转移到太岳区，并先后任太岳军区分区司令员、地委书记，吕梁军区分区司令员、政委、地委书记，临汾军区司令员，晋南中心分区司令员等职，在建军、建政、土改等方面取得了出色的成绩。

1945年4月，马佩勋还作为晋冀鲁豫代表团成员，光荣地出席了中国共产党在延安召开的第七次全国代表大会。

从省总工会到全国总工会，投身工运，淡泊名利无私奉献，“干革命，就要党让干啥就干啥”

新中国成立后，百废待兴。

马佩勋作为山西省人民政府委员和山西省委委员，参与了省委、省政府的组建，并出任山西省政府劳动局局长。

随着省委、省政府工作重点转到工业建设方面，工会工作越来越重要。1951 年 4 月，马佩勋就任山西省总工会代主席、党组书记，全身心投身工运事业。1951 年 6 月至 1952 年 7 月，他还兼任太原市总工会第二届执行委员会主席、党组书记。

山西省委提出，为了恢复和发展工业，必须做好工会工作，组织全体工人阶级，团结职工，依靠他们的觉悟性、组织性、创造性搞好生产；必须贯彻工厂管理民主化原则，解决好党、政、工三方面的关系，提高工人的阶级觉悟，调动其劳动生产积极性；必须沟通城乡关系，加强城乡联系，解决工业生产上原料不足、销路不广的问题。

针对山西当时大部分企业是私营中小企业的现状，马佩勋认为工会工作需要解决好两个方面的问题：一是要维护工人的合法权益；二是要维护企业雇主的利益，严格执行国家的相关政策，防止对企业雇主的非法侵害。这样才能把工人和雇主的生产积极性调动起来，才能最大限度地发展生产，支持国家建设，有步骤、分阶段逐步完成对私营企业的社会主义改造。

在马佩勋的直接领导下，1951 年 8 月中国店员工会山西省筹备委员会（商业工会）成立了，下设金融、贸易、合作系统和私营商业服务业工会。1953 年前后，中国建筑工会山西省工作委员会、中国搬运工会太原市筹备委员会（公路运输工会）……先后组建，十多个行业工会如雨后春笋般成立，极大地规范了工人运动，调动了社会各界的积极性，保障了新中国成立后山西恢复经济生产工作的顺利进行。

1953 年 3 月，随着山西省工业劳动模范会落下帷幕，在全国总工会干校 3 个月学习期满后，马佩勋当选中华全国总工会第一机械工业部工会副主席。第一机械工业部下辖重型机械、动力机械、通用机械、机车车辆、电工器材、电动机、拖拉机、机床、汽车、船舶等重工业产品制造部门。

在这个岗位的4年多时间，马佩勋十分繁忙，既要深入基层了解并解决工厂和工人面临的实际困难和问题，又要参加各种社会活动，为工人们打气加油；作为全国总工会第八、第九届执行委员，多次参加全总领导工作决策；作为全国总工会代表，出席了第二、第三届全国政协会议，参与协商国家大事，为新中国的工运事业贡献了自己的智慧和汗水。

1953年7月15日，在新中国第一座汽车厂——长春第一汽车制造厂开工庆典仪式上，马佩勋发表了热情洋溢的讲话。他由衷地为新中国第一家汽车制造厂的成立感到高兴，鼓励全体职工发扬主人翁精神，爱岗敬业，多快好省地投入工厂的生产中去，为国家多造车、造好车。

其间，马佩勋还参加了1955年8月在北京召开的第一机械工会全国代表大会；在中华全国总工会组织的出国访问团中，作为团长分别率团访问了蒙古人民共和国和东欧多个国家，还应邀出席了苏联建国35周年的庆祝和观礼活动。这些社会活动开阔了他的视野，使他了解了其他社会主义国家工人的社会地位和生活状况，更加强烈地意识到做好工会工作的迫切性。

1956年前后，东欧国家发生了很大的变化，一股反社会主义的思潮暗流涌动，国内西藏、新疆的形势日趋紧张。马佩勋主动响应国家的号召，到边疆艰苦的地方去，为当地社会主义建设作贡献，遂于1958年调往宁夏回族自治区司法系统任领导17年，离休后任宁夏回族自治区政协副主席。

作为老一辈革命家，马佩勋始终不渝地听党指挥，保持对党的绝对忠诚。他说："干革命，就要党叫干啥就干啥。"始终保持严于律已、无私奉献、不谋私利的共产党员的优良作风。他的爱人和子女都是工人，他说："当工人有什么不好？我就是当工人出身！"

90 年前，年轻的马佩勋走出工厂，在风云激荡的革命战争年代，参加晋西游击队，征战吕梁山、驰骋大陕北，功勋卓著，并先后在中央西北局任工会干事兼永坪兵工厂委员长、陕北省总工会委员长。

新中国成立后，他投身工运，作为山西省总工会代主席、党组书记，领导组建了商业、运输等十多个行业工会，团结动员广大产业工人，保障了全省恢复经济生产工作的顺利进行。

1953 年 7 月后，马佩勋当选全国总工会第一机械工业部工会副主席，全总第八、第九届执委，多次参加全国总工会领导工作决策，还作为全国总工会代表，出席了第二、第三届全国政协会议，参与协商国家大事，为新中国的工运事业贡献了自己的智慧和汗水。

马佩勋，已成为我国工运史上一个熠熠生辉的名字。

本文刊于 2021 年 7 月 21 日《山西工人报》

山西工人報
SHANXI GONGREN BAO
新闻责任 工会声音 职工情怀 维权担当
山西省总工会主管主办
山西工人报社出版
山西工人网 http://www.sxgrw.com
E-mail:sxgrb@163.com
（今日四版）
国内统一刊号 CN14-0003 邮发代号 21-10 2021 年 7 月 21 日 星期三 农历辛丑年六月十二 总第 10274 期

上半年地方国企实现净利润 0.77 万亿元

据新华社北京电（记者王希） 今年上半年，我国地方国资委监管企业实现营业收入 16.4 万亿元，利润总额 1.02 万亿元，净利润 0.77 万亿元，同比分别增长 30.7%、97.7%、124.7%，两年平均增幅分别达 12.5%、10.9%、10.4%，为国民经济稳中加固、稳中向好提供了有力支撑。

这是记者 7 月 19 日从国务院国资委了解到的信息。

除了经济运行指标全面"亮"起来外，各地国资委将国企改革三年行动作为新时期推动国企改革和高质量发展的重要行动纲领，掀起新一轮改革热潮，科学有效的国企治理机制加快形成，市场化经营机制进一步完善，混合所有制改革分层分类稳步推进，国资监管大格局、"一盘棋"态势进一步巩固，呈现出焕然一新的改革面貌。

奋斗百年路 启航新征程

建党百年·山西重大工运事件重要工运人物寻访展示

马佩勋：工运史上一个熠熠生辉的名字

本报首席记者 陈秋莲

【铭刻】 马佩勋（1907-1984），孝义市碾头村人，24 岁参加了山西第一支革命武装——晋西游击队并加入中国共产党；多年驰骋晋陕甘，建立了卓越功勋，曾任陕北省苏维埃政府代主席；出席过中国共产党第七次全国代表大会和第一届中国人民政治协商会议，参与了山西省委、省政府的组建。

从革命战争年代到新中国成立后，他先后任陕北省总工会委员长、山西省总工会代主席、党组书记，全国总工会第一机械工业部工会副主席，全总第八届、第九届执行委员，为党的工运事业作出了杰出贡献。

了解马佩勋的光辉事迹，请用抖音 App 扫二维码

擦亮百年党史中的"工运记忆"。

6 月中旬，记者来到马佩勋的故乡——吕梁市孝义市阳泉曲镇一个因大槲盘而得名碾头村的小村庄，在同乡亲友的点滴回忆下，在马佩勋纪念馆讲解员的真情讲述中，在《山西文史资料》《回忆中国工农红军晋西游击队》《赤子丹心》的史料里，追忆马佩勋这位叱咤风云的红军战士可歌可泣的传奇一生，寻觅、撷取、还原蕴藏在这些红色故事中的"工运记忆"。

走出工厂干革命，驰骋吕梁，面对敌人围剿不退缩，"革命不成功，我决不回家！"

1931 年 5 月的一天，交口县大麦郊镇辛庄村一户老乡的院子里。

在绣有镰刀斧头和五角星的红旗上，"全世界无产阶级及被压迫民族联合起来"的标语格外醒目，一群佩戴红领带的年轻人举手宣誓的声音响彻村庄上空：

"吕梁山上红旗飘，
红军诞生在今朝，
马恩列斯为导师，
共产主义是目标，
……"

这天，在山西特委直接领导下的第一支革命武装，晋西中国工农红军游击大队第一大队（下称晋西游击队）诞生了。从此，印有镰刀斧头的革命红旗在吕梁山上高高飘扬，马佩勋由此从一名工人成为红军战士。

马佩勋于 1907 年出生在吕梁山区孝义市碾头村的一个农民家庭，幼时因家境贫寒，只读过 4 年私塾。

12 岁时，马佩勋外出谋生，当过食店学徒、粮店店员。后在同乡共产党员卫思聪的鼓励下，他于 17 岁那年走出吕梁山，来到阎锡山的太原兵工厂当工人。由于饱受资本家的剥削和欺凌，他很早就参加了反对资本家的斗争。

马佩勋的青少年时期，正是全国第一次、第二次工人运动的高潮时期。从安源路矿大罢工、开滦五矿大罢工、京汉大罢工到世界工运史上时间最长、规模宏大的省港大罢工，党领导工人开展了轰轰烈烈的反帝反封建运动。

在太原兵工厂，马佩勋更多地接触了共产党员卫思聪、田有孝等人，接受了革命思想的启蒙，逐渐懂得了"工人要有饭吃，必须团结起来,打倒军阀、资本家，土地归了农民，工厂归了工人，穷苦人才有出路"的道理。这些革命道理就像黑暗中送来的一束光，照亮了马佩勋的革命道路。

当时，在中国的南方，毛泽东、朱德等领导的中央红军已在井冈山会师，开辟了中国第一个农村革命根据地，走上了工农武装割据，建立农村革命根据地，以农村包围城市的道路。

但是，在中国北方的广大地区，这个形势尚未形成。陕北的刘志丹，谢子长领导的清涧起义，渭华暴动失败后，不得不转入农村。山西的阎锡山与冯玉祥部联合反对蒋介石，爆发了旷日持久的"中原大战"，军阀混战成为常态。全省民众抗税抗捐斗争不断发生，党的地下组织也异常活跃，各路军阀部队中都有党的秘密组织。

山西特委在分析"中原大战"的形势后决定，在山峦起伏、地形险要，有利于开展游击战争的吕梁山区建立自己的武装——红军游击队，并委派阎红彦、杨重远等同志转入吕梁山区，为建立游击队作准备。

马佩勋利用自己在太原兵工厂当师傅、人缘好、与各方面关系融洽的优势，不断偷偷从厂里往外运送武器，日积月累为即将成立的游击队筹集了不少最急需、最紧缺的枪支武器。

晋西游击队建立时的主要成员田有孝在《回忆中国工农红军晋西游击队》中这样写道："马佩勋偷运武器的事还是被厂方发现了。在太原兵工厂地下党支部的掩护下，他巧妙地躲过敌人的搜捕回到吕梁山区，参加了晋西游击队。"

晋西游击队主要由陕北特委派过来的青年学生、太原兵工厂工人和国民党军队中地下党员及吕梁山区农民组成。回到吕梁山区孝义老家的马佩勋犹如蛟龙入海、猛虎归山。

（下转第 4 版）

晋城市总：聚焦劳动者突出办实事

本报讯（首席记者李麦旺） "各级工会干部要把认真学习宣传贯彻习近平总书记'七一'重要讲话精神当做当前和今后一个时期的首要任务，最终将讲话精神转化为推动工会工作的动力，扎扎实实为劳动者解难事、办实事。"近日，晋城市人大常委会副主任、市总工会主席张斌胜的一番话道出了该市各级工会干部为职工群众扎实干事的决心。

为高质量做深、做细、做实"户外职工爱心驿站"建设工作，连日来，该市总按照要求，不畏酷暑，兵分多路，深入各个站点，从硬件设施的配备到台账建立，从建立管理制度、人员配备到强化优质服务，逐一检查，目的只有一个，为在酷暑中奋战的户外劳动者提供一个舒适的纳凉、休息环境。

强化学习培训，开展技能竞赛，该市总强调，各产业工会一定要把责任担在肩上，勇于担当作为，不仅要抓好产业工人理论学习，更要通过开展劳动技能竞赛发现人才；不仅要发挥好劳模、工匠的作用，更要抓好劳模、工匠的管理工作，在全社会营造学习劳模、工匠的良好氛围。

针对新业态从业人员等因工作压力过大出现各种心理问题的情况，该市总及时开通 11 条职工心理健康咨询公益心理咨询热线，同时开通晋城市总工会线下职工心理健康咨询公益讲座云直播，开展职工心理健康课堂进机关、进企业、进社区、进军营等活动，建立起晋城市职工心理健康服务咨询师人才库。截至目前，该市总已经救助 20 余名存在心理问题的职工及职工子女。

自"我为群众办实事"实践活动开展以来，该市总多方筹措资金近 40 万元，用于结对帮扶村文化阵地建设及患病困难职工家庭经济补贴。同时，该市总还把目光投向困难企业及小微困难企业，通过调研了解企业困难实情，鼓励企业遇到问题及时与工会取得联系，工会将竭诚为企业提供优质服务。

奋斗百年路 启航新征程

学党史 悟思想 办实事 开新局

国家高层次人才服务行走进太原

2021年海外赤子服务山西活动启动

本报讯 7 月 15 日，由人社部留学人员和专家服务中心、省人社厅共同主办的"国家高层次人才服务行——走进山西太原"暨"2021 海外赤子服务山西活动"在太原市启动。国家高层次人才、海外人才、农业专家，省内 21 个对接单位代表等 70 人参加启动仪式。

此项活动是人社部"海外赤子为国服务行动计划"重点资助项目，旨在吸引海内外专家服务山西对接单位，引导高端人才向基层和企事业一线流动，助力乡村全面振兴和高质量转型发展。

启动仪式上，省人社厅希望专家们充分发挥智力优势，尽展所长，在更高起点、更深层次、更广领域与对接单位开展交流合作，为我省经济社会发展会诊把脉、传经送宝。同时，省人社厅将继续为专家和对接单位的交流创造条件，在工作上搭建平台，生活上做好服务，为山西高质量转型发展提供有力的人才智力支撑。

仪式结束后，专家们分赴太原、大同、忻州、晋中等地，同对接单位开展技术指导和对接洽谈活动。 （米俊茹）

南水北调中线累计调水400亿立方米

受益人口增至 7900 万人

据新华社北京电（记者刘诗平） 记者从南水北调中线建管局了解到，截至7 月 19 日 8 时，南水北调中线一期工程自陶岔渠首累计调水入渠水量达 400 亿立方米，直接受益人口达 7900 万人。南水已成为京津冀豫沿线大中城市主力水源。

据介绍，南水北调中线自 2014 年 12 月通水以来，南水已经由规划时沿线大中城市生活用水的补充水源转变为主要水源，改变了京津冀豫受水区的供水格局。

400 亿立方米水量中，除渠中存有的水量之外，南水北调中线已分别向河南、河北供水 135 亿立方米和 116 亿立方米，向北京、天津供水 68 亿立方米和 65 亿立方米。南水北调中线惠及沿线 20 多个大中城市及 131 个县，京津冀豫直接受益人口已增至 7900 万人。

南水北调中线已向北方 48 条河流生态补水 59 亿立方米，其中华北地区地下水超采综合治理河段回补 37.89 亿立方米。河南、河北境内河流水清岸美，白洋淀水质持续好转，天津市海河水位升高，北京市永定河、潮白河水量丰沛都离不开南水的"功劳"。

新闻特写

入职"第一课" "后浪"启梦想

"新员工请来这边报到，然后跟随迎新志愿者入住酒店。"为帮助新员工全面融入企业，增强对企业的归属感和认同感，7月13日—7月17日，中铁城建一公司在太原开展了为期5天的2021届新员工入职培训。

今年，该公司共接收包括土木工程、工程管理、工程造价、安全工程、会计学、法学、新闻学等 15 个专业的 138 名大学毕业生。

为使新员工迅速融入企业，该公司高度重视，多次举行专题筹备会，制订了科学详细的岗前培训方案，专门为新入职员工准备了"梦想大礼包"，涉及各类专业知识讲座、迎新欢迎会、职工体检、外出参观、系列文体比赛、"清凉大礼包"等方面，生动、详细、专业的解析，不仅让新员工加深了对企业的认知，明确了今后的工作目标，更让大家找到了未来前进的动力和方向，实现了初入职场的自我升华。

新员工们纷纷表示，通过入职"第一课"，作为"后浪"的自己开启了新的梦想，在今后的工作中，将尽快融入项目，适应项目，认真负责、勇于奉献，快速实现从一名大学毕业生到项目员工的转变。

米俊茹 王杰

7 月 18 日，晋能控股煤业集团燕子山矿组织 22 名青年党员在矿廉政教育基地开展了"六个一"教育践行活动。活动中，青年党员通过观看警示教育片，重温入党誓词，参加义务劳动等方式，接受了一次党史教育的洗礼。 李晓 郭锐 摄影报道

□本省新闻速递

黄河长城太行三大板块旅游通道2025年打通

太原五一广场北广场仿古建筑主体基本完成

职工有话说

该重新认识"学区房"了

贾晓红

每年的七八月份，都是小学、初中录取时间段，也是学区房交易最为火爆的时候。但今年，太原的中小学生家长恐怕不能像往年那么操作了。

前不久，太原市教育局发出《关于做好 2021 年普通中小学招生入学工作的通知》，明确规定，为防止学区房炒作，今年起，太原市将实行房产地址"学位限定"，即自登记入学之年起，同一套住宅 6 年内只能享有学区内小学 1 个学位，3 年内只能享有学区内初中 1 个学位（符合国家生育政策的除外）。这无疑打破了家长们固有的认知，也打乱了一些人热炒学区房的节奏。

众所周知，当今社会竞争越来越激烈，就业压力也越来越大。人们普遍认为，要想顺利找到一份好工作，上一所好大学是前提。那么，环环相扣，上一所好的小学、初中就是必须的。但国家义务教育法早就规定，义务教育阶段，学生就近入学。这就使得一些好的小学、初中变得炙手可热。"就近"的自然轻松，不"就近"而又想变成"就近"的就打上了房子的主意，想通过购买学区房来达到购买学校教育质量的目的。他们通常的做法是，先咬牙高价买下一套学区房，等孩子一上学就卖掉，转手还能挣一笔，一点也不亏。这样的如意算盘之前还真是"如意"，很多家长既让孩子上了好学校，又鼓了自己的钱包，可谓一举双赢。但现在这样的操作不"灵"了，对家长来说，如果还要买学区房，必须慎之又慎，一定要确认上任房东是否有孩子在就读，若有，房子就白买了，还耽误孩子入学。再者，房子的转手率也不像以往 6 年内可转手三四次，而只能转一次，周期长了，靠转手学区房赚取的利润就会被时间摊薄，有些划不来。时炒学区房的人来讲，以前"皇帝的女儿不愁嫁"的自信是否还有，估值涨价，一房难得的局面是否还会出现，这些都是应该认真评判、仔细考量的。

通知发出后，人们各持己见，有人认为学区房要凉了，有人说会更贵。但不管怎样，可以确定的是，为了确保义务教育阶段每个学生享有平等受教育的权利，让教育资源不够均衡的局面尽量得以改观，以后学区房将不再"单纯"，而是会附加越来越多的条件。所以，想通过学区房"就近"上学或轻松赚钱的人必须擦亮眼睛，重新认识学区房。

建党百年·山西重大工运事件重要工运人物寻访展示

马佩勋:工运史上一个熠熠生辉的名字

马佩勋一直在刘志丹同志的领导下战斗，成长为奔驰在陕北高原上智勇双全的一匹千里马。

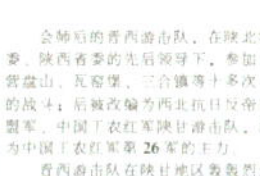

从省总工会到全国总工会，投身工运，淡泊名利无私奉献："干革命，就要党让干啥就干啥。"

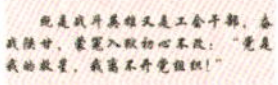

既是战斗英雄又是工会干部，奋战陕甘，蒙冤入狱初心不改："党是我的救星，我离不开党组织！"

马佩勋出访时与国际友人互赠礼品

晋西游击大队主要活动区驻地旧址——原孝义县西宋庄村

马佩勋(右)向毛泽东主席汇报工作

马佩勋在第一机械工业部、第一机械工会会议上发言

【思考】

90年前，年轻的马佩勋走出工厂，在风云激荡的革命战争年代，参加晋西游击队，征战吕梁山、驰骋大陕北，功勋卓著，并先后在中央西北局任工会干事兼水坪兵工厂委员长、陕北省总工会委员长。

新中国成立后，他投身工运，作为山西省总工会代主席、党组书记，领导组建了商业、运输等十多个行业工会，团结动员广大产业工人，保障了全省恢复经济生产工作的顺利进行。

1953年7月后，他当选为全总第一机械工业部工会副主席，全总第八、第九届执委，多次参加全总领导工作决策，还作为全总代表，出席了第二、第三届全国政协会议，参与协商国家大事，为新中国的工运事业贡献了自己的智慧和汗水。

马佩勋，已成为我国工运史上一个熠熠生辉的名字。

本报地址:太原市新民中街8号山西工人报大厦 电话:(0351)3526288 邮编:030001 广告经营许可证:1400004000063号 广告部电话:(0351)3526283 定价:全年198元 零售每期0.58元 印刷:山西工人报社印刷厂 地址:太原市敦化南路70号

何英才：工运先驱　英才本色

岳燕林

铭刻

何英才，原名杨高梧，中国工人运动活动家，被誉为“工人运动的杰出战士”。他是原太原兵工厂党组织和赤色工会的创始人之一，在兵工工人运动和太原工人运动中发挥了重要的领导带头作用；在阳泉领导了保晋公司煤矿工人罢工运动，组建了工人武装自卫队——阳泉煤矿工人抗日游击大队，把革命的火种、红色的基因注入阳泉工人阶级血脉；新中国成立后，先后当选全国总工会第七届执行委员会委员、中国农业水利工会主席；1964 年重返山西，担任省委常委，省政协党组书记、副主席等职。

山西是个红色的省份，是中国共产党最早建立党的组织、开展红色工运的地区之一，也是英才辈出、群英荟萃之地。

这里，走出了许多工人运动的先驱。20 世纪 20 年代初期，在那暗夜沉沉、烽火连天的革命年代，他们作为最早的觉醒者、探路人、急先锋，不顾个人安危、鏖战血雨腥风，毅然决然投入中国共产党的革命事业，不仅为山西红色工运事业的开创作出重要贡献，而且越过巍巍太行山、冲出天堑娘子关，纵横大江南北、驰骋神州大地，一路播撒红色工运的火种，在汹涌澎湃的革命浪潮中奋勇搏击，书写了英才本色，建立了不朽功勋。何英才就是其中的一位杰出代表。

何英才，中国工人运动活动家，被誉为“工人运动的杰出战士”，原名杨高梧，曾用名杨云集，山西省临汾市洪洞县贺家庄人。他是原太原兵工厂党组织和赤色工会的创始人之一。1927 年 6 月，他作为山西工人代表赴武汉参加第四次全国劳动大会；1928 年当选山西省委委员；1933 年受党组织委派到阳泉矿区秘密开展工人运动，领导保晋公司工人大罢工，组建矿区“牺牲救国同盟会”和阳泉煤矿工人抗日游击大队。新中国成立后，他先后在武汉市、中南局负责工会工作，1953 年当选全国总工会第七届执行委员会委员，1954 年任中国农业水利工会主席，1964 年后任山西省委常委、省政协党组书记和副主席等职。

2022 年 5 月，记者怀着崇敬的心情走进山西北方机械制造有限责任公司（原太原兵工厂），来到何英才革命生涯的出发地，追寻他的革命足迹，感悟老一辈工运人那执着的初心、不屈的斗志、奉献的精神，汲取踔厉奋发、砥砺前行的力量。

他心怀报国志，追求光明进步，敢于同反动势力斗争，很短时间内就从一名普通工人成长为革命斗士

素有“根祖圣地”之称的临汾市洪洞县城西 10 公里处，万安镇贺家庄村，是何英才出生和成长的地方。这里，山川秀美、物产丰富，民风淳朴、人杰地灵。何英才自小虽然家境贫寒，但父母省吃俭用，依然供他读书上学。在读高小时，何英才听先生时而讲起帝国主义列强在中国横行霸道、恣意掠夺的侵略行径，异常气愤，在其幼小的心灵深深埋下了抵御列强、振兴中华的种子。

1925 年 6 月，20 岁的何英才赴太原，来到当时山西最大的工厂——山西铜元局（太原兵工厂前身）当了一名学徒工。

当时，封建帝制虽已被推翻，“共和”建立也已十余年，但中华大地依旧暗夜沉沉、不见前路。在封建资本和官僚资本的把持下，山西铜元局工人像泥土一样被践踏，受到残酷剥削和压迫。

新生的中国共产党像冲破黑暗的一道曙光，使工人兄弟们不断觉醒，奋起进行反抗剥削反抗压迫的不屈斗争。何英才就是其中的觉醒者。

在太原兵工厂，何英才亲历了资本家对工人的残酷统治。据何英才的二女儿何小汉回忆，何英才在谈到自己的那段经历时说：“在工厂里，我不但亲眼看到而且亲身遭受了资本家的剥削压迫和污辱，过着牛马不如的悲惨生活，对那个不平等、黑暗的旧社会更加深恶痛绝，同时与工人兄弟产生了很深的阶级感情。只是，在没有加入共产党之前，还不知道出路在哪里。”

一次，何英才看到一个工人被工头揪住劈脸就打耳光，拳脚相加将其踢倒在地，还不停地大声责骂、极尽侮辱。何英才异常气愤，豪侠之气涌上胸口，毅然冲上前去，一把扭住了工头打人的手臂，怒斥一声“不许打人”。他的英勇带给周围激愤的工友们极大的感染，大家也一起怒喊“不许打人”并围拢上来。工头一看情势不妙，气急败坏地丢下一句“你们还想造反”就灰溜溜地逃走了。

正当何英才伸手将被打的工友拉起时，有人轻轻地拍了一下他的肩膀，这个人就是共产党员王鸿钧。

王鸿钧是省立第一中学校学生，当时已秘密加入中国共产党，受党组织委派经常到太原兵工厂等企业，深入工友们中间开展工作。王鸿钧对这个富有正义感、敢于抗争、勇于为工友维权的青年人很赞赏，后来就经常到兵工厂找崔绍文（工人党员）、何英才等工友联络，给他们讲革命形势，介绍马克思主义和列宁领导的俄国革命。

何英才由此对中国共产党选择的革命道路产生了执着的向往和

热爱，积极按照王鸿钧、崔绍文的指示，在兵工厂工人中有组织、有计划地开展革命工作。1925 年 7 月，在王鸿钧和崔绍文的介绍下，经过组织考察和中共太原党支部书记彭真批准，何英才加入了中国共产党。

“在当时，入党是件危险的事情，更何况我们党当时还是一个很弱小的组织。何英才从小就心怀报国志，追求光明进步，有着朴素的阶级情感，敢于同反动势力斗争，很短时间内就从一名农家贫寒子弟成长为革命战士。”采访中，何英才的同乡、省社会主义学院原副院长庞伟民说。

他参与创建了太原兵工工会，领导工人同国民党御用的黄色工会展开了有力有效的斗争，使赤色工会在工人群众中威信大增

“何英才是中共太原兵工厂支部第一任书记，也是太原兵工工会的创始人之一。”山西北方机械制造有限责任公司工会副主席郝莉告诉记者。在何英才的领导下，太原兵工厂支部以青年工人为对象，积极发展党员；同时，发动工人、团结工人，同资本家展开斗争，维护工人的切身利益，壮大革命的力量。

1926 年元旦，何英才以“新年工人同乐会”的名义，邀请兵工厂各分厂工人集会，号召兵工工人团结起来，组织工会，维护自己的权益。

工人们的革命热情被调动起来，每天都有数十人报名加入太原兵工工会。数月间，工会会员就发展到 4000 余人。

1926 年五一国际劳动节这天，在党组织的领导下，太原兵工工人举行了庆祝北伐胜利的游行示威。示威结束后，在位于海子边的

自省堂召开大会，宣布成立太原兵工工会，推选张斌为主席，何英才被选为组织委员。

太原兵工工会成立后即加入了由中共太原地方党组织创建的太原总工会，其会员人数占太原总工会会员人数的1/3。从此，太原总工会实力大增。

太原兵工工会是党领导成立的赤色工会，是真正代表职工群众、维护职工利益的真工会，一开始便显示出巨大的凝聚力和强大的组织力量。太原兵工工会的成立和其领导的太原兵工工人运动的蓬勃发展，令山西国民党右派及阎锡山当局十分惊慌。

为了对付这一新生的赤色工会组织，山西国民党右派及阎锡山当局两面出击。一方面，通过组建其御用的黄色工会对工人阶级队伍进行分化瓦解，与赤色工会争夺群众、进行对抗；另一方面，不惜动用武力进行血腥镇压。

1926年年底，阎锡山派其亲信、太原兵工厂总办张书田成立了阎系御用的“太原兵工联合总会”，以发给毛巾、袜子为诱饵，诱骗了二三百名工人加入。

1927年3月，国民党山西党部主任委员、右派分子苗培成又操纵成立了“山西工人代表总会”。

山西党组织领导赤色工会与黄色工会开展了坚决有力的斗争。张斌、何英才领导太原兵工工会，采取灵活机智的斗争策略，一次次挫败“太原兵工联合总会”“山西工人代表总会”的险恶图谋。

捣毁剥削工人的消费社布庄就是何英才领导太原兵工工会进行的第一次有力斗争。

据何小汉引述何英才回忆文章，太原兵工厂总办张书田在管理上对工人实行法西斯统治，在经济上剥削工人的花招也很多。张书田借用军阀惩罚士兵的办法来惩罚工人，打戒尺、打军棍、罚跪、关禁闭、戴高帽子游厂、送稽查处惩办等，无所不用其极。工人稍有差错就被罚工，差错较重时一次就罚十几个工，等于白干十几天不给工钱。

张书田办了一个专门剥削工人的黑心消费社，经营百货、饮食等，欺骗工人开工资后拿来“入社”，以为工人谋福利之名赚工人的钱，而且想方设法把职工的钱骗进自己的腰包。比如，他的消费社还发行彩票，在开奖时暗中捣鬼，让工人总中不到头奖。

一次，张书田的消费社又在厂门口开奖，标明头奖为兰花牌自行车一辆，但开奖后没有。工会代表质问开奖人，开奖人推说让找消费社布庄经理。布庄经理自恃有张书田作后台，态度傲慢，对工人的质问不理不睬。工人们被激怒了，把布庄的商品、橱窗、玻璃柜台等全部砸烂，并用绳子拉倒房柱，使房顶坍塌下来。

张书田获报后大为恼火，下令要捉拿带头砸毁布庄的工人。工会代表挺身而出，义正词严地指出：“闹布庄是开奖不公平引起的，消费社首先必须向全体工人道歉。”这一行为得到广大工人的拥护，大家团结起来保护工会代表。张书田发现工人团结了，不像先前那么好欺负了，只得向工人们认错，宣布这次开奖不算数。

砸消费社布庄斗争胜利后，太原兵工工会在工人群众中威信大增。厂党支部通过工会的活动，工人的教育工作和组织工作也更加活跃。保卫太原总工会，从国民党把持的平民中学抓捕国民党新右派分子，就是其中可圈可点的英雄案例。

据《山西军事工业工人运动史通览》登载何英才的回忆文章，1927 年 3 月 12 日，山西保持着合作关系的国共双方共同组织了“纪念孙中山逝世大会”，但会上斗争极为激烈。国共双方的代表在讲话中都在争取群众，共产党一方在会上占了优势。国民党一方很不甘心，就将阎军一个城防步兵师的几十名士兵化装成工人，并从其把持的山西火柴局、平民中学等地组织了300余人，准备次日到临泉府攻打共产党领导的太原总工会。

得到消息后，中共太原党组织也组织了300余名工人，并成立了临时指挥部，奋起保卫太原总工会。何英才领导的太原兵工工会组织工人担任主力。国民党一方知道太原总工会有了准备，上午没有来攻。中午时分，正当保卫总工会的工人们出去吃饭时，敌人突然包围了临泉府。这时总工会办公室里只有何英才等几个工会干部，敌我力量悬殊，形势十分危险。

关键时刻，何英才显示出英雄本色，面对强敌毫不畏惧，奋不顾身爬上临泉府屋顶，冲着黑压压一片被鼓动裹挟而来的工人、学生高喊："工友们，我们都是被压迫、被剥削的工人兄弟，我们是一家人，不要上敌人的当。"但是，化装成工人的士兵带头猛轰临泉府大门，石头瓦片也雨点般地向院内飞来。

何英才机智应变，迅速从房顶跳出后墙，跑到天地坛找到了正在吃饭的工人，火速回来驰援。何英才带领工人刚走到柳巷北口，就碰上太原总工会秘书武子程被敌人拘押着游街。何英才带领工人们一拥而上，把武子程解救出来。

当天晚上，太原党组织在太原国民师范学校召开紧急会议，"特别党部"和中共太原地执委领导成员及党的活动分子王鸿钧、王赢、邓国栋、薄一波、张斌、何英才等都参加了。大家讨论的结果是，在重大问题上绝不能让步，面对国民党右派的倒行逆施不坚决予以回击，类似的事件以后还会发生。会议决定次日去攻打被国民党右派苗培成一手把持的平民中学，捉拿罪魁祸首。

14日拂晓，1000多名工人在海子边集合，根据头天晚上的布置临时成立了8个纵队并进行了严密的分工，由两个纵队负责把住城门，两个纵队负责冲上城墙，两个纵队负责把守各主要路口防备敌宪兵队的干涉，两个纵队负责攻打学校捉拿元凶。

这时已到吃早饭的时间，又有许多工人听到消息赶了过来，总人数增加到2000余人。愤怒的工人们冲进平民中学后，狡猾的苗培成见势不妙躲了起来，但国民党新右派头目韩克温没有逃脱，被抓住了。

3月14日上午，太原总工会在海子边召开千人大会，声讨国民党右派的罪行。会后，苗培成迫不得已承认了错误，向太原总工会公开道歉。一场保卫红色工会的斗争以胜利宣告结束。

他受党组织委派到阳泉矿区秘密开展工作，领导了保晋矿区矿工联合大罢工，使阳泉矿工的反抗斗争由零散自发逐步走向有组织的自觉

1927年国民党发动四一二反革命政变以后，革命形势急转直下。一向善于投机钻营的阎锡山也对共产党和革命群众施展了更加残酷的手段。为了镇压工人运动，阎锡山派出军队进驻太原兵工厂，对凡参加过赤色工会的工人进行威胁，要求交出工会会员证。在这种形势下，工会组织遭到了极其严重的破坏，工会活动陷入低潮，何英才只好暂时秘密地隐蔽下来。

1927年5月上旬，刚成立的山西省委派遣何英才等4名工人去参加在武汉召开的第四次全国劳动大会。据何小汉回忆，父亲曾说过，会上李立三交给山西代表团一个任务，就是回去后积极筹备成立山西省总工会。这一任务，由于当时山西处于白色恐怖，阎锡山下令通缉共产党和镇压工人运动而未能得到落实。

1928年2月，春节之后，中共山西省委扩大会议在霍州城东北顶庙里秘密举行。根据中共中央关于“在党的各级领导干部中，工

人要占三分之二”的指示，会议作出改组各级党组织的决定，选举何英才等 7 人为委员，组成新的山西省委，何英才任组织部长。会后，何英才等返回太原，主持全省党的领导工作。

不久，由于叛徒出卖，何英才被捕。在狱中，他和其他被捕的党员一起建立秘密支部，坚持与敌人进行斗争，表现了一个共产党员对党的无限忠诚、对革命事业的矢志不移。

1933 年 8 月，经组织营救，何英才获释出狱，并受党组织的委派独自奔赴阳泉开辟工作。

“‘疾风知劲草，烈火炼真金’。在革命陷入低潮的时候，不少人离开了我们党的队伍，而何英才无所畏惧地留了下来。他冒着危险，以更加巧妙的方式秘密斗争、开展工作。其坚定的信仰、顽强的斗志值得后人学习和铭记。”采访中，彭真纪念馆副馆长白江告诉记者。

当时的阳泉一带是山西近代开办较早且最大的民族工业企业——保晋公司的重点经营地。保晋公司先后在这里办起了6个矿厂，称保晋一矿、二矿、三矿、四矿、五矿、六矿。

何英才到阳泉矿区后，人地生疏，为了寻找关系打入煤矿，便装扮成提篮叫卖小贩，以卖花生、饼子为掩护进行活动，秘密宣传革命道理。

后来，何英才打入保晋二矿当煤矿工人，靠自己挖煤挣钱生活。晚上下班后，在简陋的矿工棚里，与工友促膝谈心，号召大家团结起来与资本家和封建把头进行斗争。

何英才发现保晋二矿采煤工人王凤山为人耿直、性格豪爽，常为受把头欺凌的工人打抱不平，便主动接触王凤山，并与其结为至交。王凤山也愿意配合何英才联络工友。王凤山的家便成了工友们的聚集点，由王凤山 57 岁的母亲张秀坤为大家端茶做饭、站岗放哨。

在何英才的发动下，张秀坤母子逐步明白了只有跟着共产党，穷人才有翻身出头的日子。1934 年 6 月，经何英才介绍，王凤山和张秀坤加入中国共产党，三人组成了保晋煤矿公司第一个党小组。

为了宣传革命，启发矿工的阶级觉悟，何英才搞到一台油印机，每天亲自撰稿，晚上到王凤山家里，用被子遮挡窗户，在小煤油灯下刻印传单；天不亮，又组织工友中的积极分子分头把传单散发出去。为了最大范围地宣传矿工群众，何英才每次印制传单的数量都有千张之多。传单内容通俗易懂，在工人群众中产生极大反响，令敌人惊恐万状。

驻守在石卜咀区公所附近的阎锡山地方武装——防共保卫团奉命抓捕传单印发者，一方面公开悬赏捉拿，另一方面大肆展开搜捕。一天，防共保卫团突然袭击，跑到王凤山家刨炕挖地，大搜一番。何英才、王凤山早有准备，事先把油印机藏在狗窝里，使敌人扑了个空。

经过一年多的努力工作，何英才在保晋二矿、四矿、一矿和铁厂陆续发展党员 40 余名。他的工作得到了中共山西工委的肯定。山西工委组织部部长 1934 年 11 月 2 日向中央报告：“贺云集（即何英才），南路人，年二十七八，工人阶级。1927 年担任山西兵工厂党支部工作。旋因四一二之‘清党’被捕。在 1933 年被释，即派往阳泉找职业，入矿山做工。人极忠实坚决。今年 7 月来太原讨论工作，本拟叫他担任工委，因不能住太原作罢。在阳泉彼（他）开辟了工人工作。在一年中彼（他）发展了 15 人皆为会员。”

何英才的工作为阳泉党组织的建立提供了重要基础。1935 年年初，阳泉矿区党支部成立，何英才任支部书记。1937 年年初，阳泉矿区委员会成立，何英才任区委书记，党组织在阳泉矿区的革命工作从此生生不息开展起来。

煤矿有了中国共产党的领导，为矿工争取自身解放点亮了指路明灯，带动工人运动蓬勃发展起来，矿工反对资本家和把头的斗争此起彼伏。

1935 年 3 月，何英才、王凤山分头发动和领导保晋公司二矿厂、四矿厂厂面推车工人 2000 余人联合罢工。当日 9 时，四矿厂厂面推车工人全部停了工。煤车推不出，井下也停了产，矿上乱成一团。同一时间，二矿厂罢工队伍也包围了二矿八角楼。

矿工的大团结显示出改天换地的巨大力量，迫于罢工运动的迅猛形势，矿方不得已答应了工人们提出的提高工人薪水、补发工人工资、改善工人待遇的要求。

这次斗争的胜利启发了阳泉煤矿工人的觉悟，鼓舞了工人群众的斗志，提高了中国共产党在广大矿工中的威信，也使阳泉党组织在斗争中逐步发展壮大起来。

“《阳泉工会志》对何英才只身到阳泉矿区创建党组织、领导开展工人运动的革命创举作了记载，让我们十分敬重。”阳泉市总工会宣教部部长杨元正感触良多，“他面对敌强我弱、严峻复杂的斗争形势所体现出的英雄气概，是我们永远的精神财富。”

他领导阳泉煤矿工人武装抗日游击队活跃在太行山区和正太铁路，神出鬼没打击日军，让日军闻风丧胆

1939 年年初，《新华日报》（华北版）以“英勇搏斗的阳泉矿工”为题，报道了阳泉矿工抗日武装游击队在昔阳与日伪军作战的英勇事迹，赞扬“这支抗日铁军活跃在太行山区和正太铁路，神出鬼没打击敌人，为抗战立下了赫赫战功”。

领导这支抗日铁军的正是何英才。

1936年，在全国抗日民族统一战线逐渐形成的形势下，为支援抗战，何英才领导建立了阳泉矿工武术团。武术团常借外出表演和赶庙会的机会，向群众宣传抗日救国的道理，号召民众积极投身抗日洪流。为了启发工人的爱国热情，他们印刷了传单、标语，提出了“抗日救国，保卫山西”等口号，为唤起矿工的觉醒和斗争起到了主要作用。

1937年年初，山西省牺牲救国同盟会（简称“牺盟会”）派毛铎来阳泉开展工作，阳泉矿工武术团整体并入牺盟会。

七七事变之后，日军大举向华北进攻，民族危机加深，全国军民掀起了抗日高潮。中共阳泉矿区委员会依据抗日救国的原则和路线，建立了工人护矿队。8月，工人护矿队吸收保晋二矿厂和四矿厂的部分工人成立了阳泉煤矿工人武装抗日游击队（简称“阳泉煤矿工人游击队”），共有队员500余人，王凤山任队长，何英才任政委。

游击队建立起来后，首先办了3件事。一是解决武器问题。何英才派人与平定负责组织学生武装的毛铎联系，由他向太原方面申请，领回枪支500多支，同时组织矿工收缴了各矿矿警的武器。二是解决运输工具问题。工人武装没有运输工具，队伍要拉出去就有困难。当时只有资本家有牲畜及马车，于是何英才就向资本家宣传“抗日救国，人人有责，有钱出钱，有力出力”的道理。这样征集到保晋公司和各矿资本家的大牲畜六七十头。三是解决国民党溃军骚扰百姓问题。何英才派出工人武装向那些溃军宣传“国难当头，要团结抗日，不应欺压百姓”的道理，说服溃军撤走。

1937年10月底娘子关失守后，阳泉煤矿工人游击队奉党组织的命令开赴太行山革命根据地。

1938年春，这支整编不久的矿工武装在寿阳县的上龙泉村，与从平定和昔阳方向调集而来的日军进行了一场激战。那天拂晓，上千名日伪军突然出现在上龙泉村，把村子三面包围起来，与在上龙泉村宿营的阳泉煤矿工人游击队形成激战态势。

上龙泉村坐落在半山腰上，穷凶极恶的日军用掷榴弹、迫击炮和机枪等重型武器向村子里连连发动攻击，妄图一口吃掉这支工人武装。

游击队队员们虽然只有步枪和手榴弹，但他们占据有利地形，又个个奋不顾身，一次又一次地击退了敌人的进攻。激烈的战斗一直持续到10时许，游击队且战且退，终于突出重围，安全撤离。

经过初战洗礼，阳泉煤矿工人游击队士气大振。他们之后转战于寿阳、昔阳、和顺、盂县、太谷一带英勇战斗，沉重打击了敌人。据当时《新华日报》报道："这群无衣无食没有军事素养的矿工，在冰天雪地的战场上，与敌人的飞机火炮搏斗。他们尽自己的力量，与敌人开展了机智勇敢的游击战，在战斗中锻炼了自己，成为我们的铁军、我们的劲旅。"

后来，这支游击队转战至和顺县的石拐镇，经过休整后集体改编为八路军第一二九师独立支队的主力队，在抗战中写下了光辉的历史篇章。

据一位在省政协工作过的老同志引用时任省委书记陶鲁笳的话回忆："何老是很老的同志了，抗日战争开始后，是何老带领我们上太行山建立根据地的。"

"在何英才的号召和组织下，阳泉矿工竖起了武装抗日的旗帜。他们既是战斗队，又是宣传队和工作队，是一支很有战斗力的队伍。阳泉工人阶级的这种爱国热忱和为国家、民族利益不怕牺牲、勇于奉献的光荣传统，已经沉淀为蕴藏于我们血脉深处的精神力量，引领着我们奋进新征程，建功新时代。"阳泉市总工会副主席杜莉告诉记者。

他一生对党忠诚，听从组织召唤，全力为党工作，为党领导的红色工运事业建立了不朽功勋

“何英才身上最鲜明的标识就是听党指挥、信仰坚定。他一辈子革命，党叫干啥就干啥，从不计较个人得失。他每次工作的变动都是去迎接新的工作的开辟。”采访中，庞伟民告诉记者。

1938 年以后，何英才先后任中共晋东特委书记、晋冀豫省委组织部部长等职务。1940 年，他奉命调到延安，在中央华北工作委员会任组长。1945 年，他光荣参加了在延安召开的党的第七次全国代表大会，1946 年任中共晋冀鲁豫中央局城市工作部部长。1947 年，何英才随刘邓大军挺进大别山，任中共鄂豫区党委组织部部长、中原职工会组织部部长等职。1948 年 8 月，他出席了在哈尔滨召开的第六次全国劳动大会，见证了全国总工会的恢复重建。

新中国成立后，何英才先后担任中共中央中南局职工工作委员会副书记、武汉市总工会副主席、全国总工会中南区工作委员会第一副主任；1953 年当选全国总工会第七届执行委员会委员；1954 年调至北京工作，先后任中国农林水利工会工作委员会主席、分党组书记；1957 年 12 月，当选全国总工会第八届执行委员会委员。

1964 年，因工作需要，何英才重返山西，担任省政协党组书记、副主席；1974 年 8 月遭“四人帮”迫害含冤病逝，终年 69 岁。

斯人已逝，英魂长存。

1979 年清明，太原双塔寺革命公墓礼堂庄严肃穆、哀乐低回，何英才同志追悼会在这里举行。彭真、薄一波等领导同志送了花圈，省委、省政协、省总工会、省及太原市各有关部门负责人，机关、厂矿、

企业等单位的代表300多人参加了追悼会。

《山西日报》对此事进行报道，并引用悼词所述对何英才的一生作了评价："何英才同志一生从事革命工作，对党忠诚，服从组织，积极完成党分配的各项任务，能虚心听取同志们意见，团结同志一道工作。我们要学习他的这些革命品质。"

《人民日报》1985年2月24日刊登了毛铎等撰写的文章——《何英才同志永远活在我们心中》，对何英才战斗的一生评价道："为党为人民勤勤恳恳、任劳任怨工作了五十年，在我国各个革命阶段，都贡献了自己的力量。""忠于党、忠于革命，是我党的好同志。"

岁月荏苒，今又清明。在何英才的故乡——洪洞县贺家庄，沧桑巨变，早已换了人间。何英才的外孙、国网太原供电公司党委党建部副主任、工会副主席王佳再次回到故乡，来到姥爷的墓前，扫墓祭奠，无限哀思追忆涌上心头：对于家乡而言，姥爷是一个闪亮的名字；对于家人而言，祖辈的荣光意味着沉甸甸的责任。

王佳告诉记者："这些年，我一直在用心丈量着姥爷的革命足迹，体悟他作为老一辈共产党员、工运先驱的博大初心与革命精神。我希望自己能做像姥爷一样的人，有家国担当，有理想激情，为党的工运事业奉献自己的热血青春。"

何英才从旧中国一个备受剥削和压迫的普通工人，成长为一名中国共产党领导的工人运动的杰出战士，在山西革命史和工人运动史上留下了光辉的足迹。何英才奋斗的一生，见证了中国共产党早期革命先驱在山西领导开展工人运动的革命历史。其崇高的革命理想、坚定的革命斗志、顽强的奋斗精神和敢于奉献、敢于牺牲的革命品质，为我们留下了宝贵的精神财富。

先烈回眸应笑慰，擎旗自有后来人。让我们继承先驱遗志，坚定初心使命，发扬斗争精神，勇于攻坚克难，扎扎实实做好新时代党的职工群众工作，以优异成绩迎接党的二十大胜利召开。

本文刊于2022年6月7日《山西工人报》

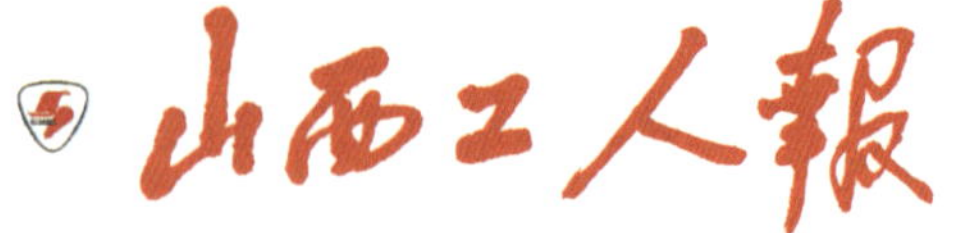

新闻责任
工会声音
职工情怀
维权担当

山西省总工会主管主办
山西工人报社出版

SHANXI GONGREN BAO

山西工人网 http://www.sxgrw.com
E-mail:sxgrb@163.com
（今日四版）

国内统一刊号 CN14-0003 邮发代号 21-10 2022 年 6 月 7 日 星期二 农历壬寅年五月初九 总第 10565 期

今年全国技工院校计划招生 140 万人以上

新华社北京电（记者姜琳）人社部近日印发《关于做好 2022 年技工院校招生工作的通知》，指导各地人社部门和技工院校进一步落实招生政策，扩大招生群体，稳定招生规模。根据《2022 年人力资源和社会保障事业发展计划》，今年全国技工院校计划招生 140 万人以上。

通知要求认真研究分析人力资源状况及本地区应届初、高中毕业生数量、结构、升学意愿等情况，合理制订技工院校招生计划，积极面向各类群体广泛开展招生，针对不同群体合理制订人才培养方案，采取全日制、非全日制、职业技能培训等不同方式开展技能人才培养。

通知提出，要引导技工院校紧密结合经济社会发展需要合理设置招生专业，鼓励广泛开展校企合作，积极开展工学一体化技能人才培养，提高培养质量。引导技工院校进一步扩大高级工班、预备技师班招生比例，扩大高技能人才培养规模。加强帮扶家庭招生，指导技工院校聚焦国家乡村振兴重点帮扶地区，积极面向帮扶家庭子女开展招生工作。

山西重大工运事件重要工运人物寻访展示

工运先驱　英才本色

——追寻何英才的工运足迹

本报首席记者 岳燕林

原太原兵工厂党组织和赤色工会的创始人之一何英才

铭刻

何英才，原名杨高梧，中国工人运动活动家，被誉为"工人运动的杰出战士"。他是原太原兵工厂党组织和赤色工会的创始人之一，在兵工工人运动和太原工人运动中发挥了重要的领导带头作用；在阳泉领导了保晋公司煤矿工人罢工运动，组建了工人武装自卫队——阳泉煤矿工人抗日游击大队，把革命的火种、红色的基因注入阳泉工人阶级血脉；新中国成立后，先后当选全国总工会第七届执行委员会委员、中国农业水利工会主席；1964 年重返山西，担任省委常委，省政协党组书记、副主席等职。

山西是个红色的省份，是中国共产党最早建立党的组织、开展红色工运的地区之一，也是英才辈出、群英荟萃之地。

这里，走出了许多工人运动的先驱。在上世纪 20 年代初期，在那暗夜沉沉、烽火连天的革命年代，他们作为最早的觉醒者、探路人、急先锋，不顾个人安危、鏖战血雨腥风，毅然决然投入党的革命事业，不仅为山西红色工运事业的开创作出重要贡献，而且越过巍巍太行山，冲出天堑娘子关，纵横大江南北、驰骋神州大地，一路播撒红色工运的火种，在波澜澎湃的革命浪潮中奋勇搏击，书写了英才本色，建立了不朽功勋。

何英才就是其中的一位杰出代表。

何英才，中国工人运动活动家，被誉为"工人运动的杰出战士"，原名杨高梧，曾用名杨云集，山西省临汾市洪洞县贺家庄人。他是原太原兵工厂党组织和赤色工会的创始人之一。1927 年 6 月，他作为山西工人代表赴武汉参加第四次全国劳动大会；1928 年当选为山西省委委员；1933 年受党组织委派到阳泉矿区秘密开展工人运动，领导保晋公司工人大罢工，组建矿区"牺牲救国同盟会"和阳泉煤矿工人抗日游击大队。新中国成立后，他先后在武汉市、中南局负责工会工作，1953 年当选全国总工会第七届执行委员会委员，1954 年任中国农业水利工会主席，1964 年后任山西省委常委、省政协党组书记和副主席等职。

2022 年 5 月，记者怀着崇敬的心情走进山西北方机械制造有限责任公司（原太原兵工厂），来到何英才革命生涯的出发地，追寻他的革命足迹，感悟老一辈工运人那执着的初心、不屈的斗志、奉献的精神，汲取踔厉奋发、砥砺前行的力量。

"他心怀报国志，追求光明进步，敢于同反动势力斗争，很短时间内就从一名普通工人成长为革命斗士"

素有"根祖圣地"之称的临汾市洪洞县城西 10 公里处，万安镇贺家庄村，是何英才出生和成长的地方。这里，山川秀美、物产丰富，民风淳朴、人杰地灵。何英才自小虽然家境贫寒，但父母省吃俭用，依然供他读书上学。在读高小时，何英才听先生时而讲起帝国主义列强在中国横行霸道、恣意掠夺的侵略行径，异常气愤，在其幼小的心灵里深深埋下了抵御列强、振兴中华的种子。

1925 年 6 月，20 岁的何英才赴太原，来到当时山西最大的工厂——山西铜元局（太原兵工厂前身）当了一名学徒工。

当时，封建帝制虽已被推翻，"共和"建立也已十余年，但中华大地依旧暗夜沉沉、不见前路。在封建资本和官僚资本的把持下，山西铜元局工人像泥土一样被践踏，受到残酷剥削和压迫。

新生的中国共产党像冲破黑暗的一道曙光，使工人兄弟们不断觉醒，奋起进行反抗剥削反抗压迫的不屈斗争。何英才就是其中的觉醒者。

在太原兵工厂，何英才亲历了资本家对工人的残酷统治。据何英才的二女儿何小汉回忆，何英才在谈到自己的那段经历时说："在工厂里，我不但亲眼看到而且亲身遭受了资本家的剥削压迫和污辱，过着牛马不如的悲惨生活，对那个不平等、黑暗的旧社会更加深恶痛绝，同时与工人兄弟产生了很深的阶级感情。只是，在没有加入共产党之前，还不知道出路在哪里。"

一次，何英才看到一个工人被工头揪住劈脸就打耳光，拳脚相加将其踢倒在地，还不停地大声责骂，极尽侮辱。何英才异常气愤，豪侠之气涌上胸口，毅然冲上前去，一把扭住了工头打人的手臂，怒斥一声"不许打人"。他的英勇给周围激愤的工友们极大的感染，大家也一起怒喊"不许打人"并围拢上来。工头一看情势不妙，气急败坏地丢下一句"你们还想造反"就灰溜溜地逃走了。

正当何英才伸手将被打的工友拉起时，有人轻轻地拍了一下他的肩膀，这个人就是共产党员王鸿钧。

王鸿钧是省立一中学学生，当时已秘密加入中国共产党，受党组织委派经常到太原兵工厂等企业，深入工友们中间开展工作。王鸿钧对这个富有正义感、敢于抗争、勇于为工友维权的青年人很赞赏，后来就经常到兵工厂找崔绍文（工人党员）、何英才等工友联络，给他们讲革命形势，介绍马克思主义和列宁领导的俄国革命。

何英才由此对中国共产党给人民选择的革命道路产生了执着的向往和热爱，积极按照王鸿钧、崔绍文的指示，在兵工厂工人中有组织、有计划地开展革命工作。1925 年 7 月，在王鸿钧和崔绍文的介绍下，经过组织考察和中共太原党支部书记彭真批准，何英才加入了中国共产党。

"在当时，入党是件危险的事情，更何况我们党当时还是一个很弱小的组织。何英才从小就心怀报国志，追求光明进步，有着朴素的阶级情感，敢于同反动势力斗争，很短时间内就从一名农家贫寒子弟成长为革命战士。"采访中，何英才同乡、省社会主义学院原副院长庞伟民说。

"他参与创建了太原兵工工会，领导工人同国民党御用的'黄色工会'展开了有力有效的斗争，使'赤色工会'在工人群众中威信大增"

"何英才是中共太原兵工厂支部第一任书记，也是太原兵工工会的创始人之一。"山西北方机械制造有限责任公司工会副主席郝莆告诉记者。在何英才的领导下，太原兵工厂支部以青年工人为对象，积极发展党员；同时，发动工人、团结工人，同资本家展开斗争，维护工人的切身利益，壮大革命的力量。

1926 年元旦，何英才以"新年工人同乐会"的名义，邀请兵工厂各分厂工人集会，号召兵工工人团结起来，组织工会，维护自己的权益。

工人们的革命热情被调动起来，每天都有数十人报名加入太原兵工工会，数月间，工会会员就发展到 4000 余人。

1926 年"五一"国际劳动节这天，在党组织的领导下，太原兵工工人举行了庆祝北伐胜利的游行示威，示威结束后，在位于海子边的"自省堂"召开大会，宣布成立太原兵工工会，推选张斌为主席，何英才被选为组织委员。

太原兵工工会成立后即加入了由中共太原地方党组织创建的太原总工会，其会员人数占太原总工会会员人数的三分之一，从此，太原总工会实力大增。

太原兵工工会是党领导成立的"赤色工会"，是真正代表职工群众，维护职工利益的"真工会"，一开始便显示出巨大的凝聚力和强大的组织力量。它的成立和它领导的太原兵工工人运动的蓬勃发展，令山西国民党右派及阎锡山当局十分惊慌。

为了对付这一新生的赤色工会组织，山西国民党右派及阎锡山当局两面出击，一方面，通过组建其御用的"黄色工会"对工人阶级队伍进行分化瓦解，与"赤色工会"争夺群众、进行对抗；另一方面，不惜动用武力进行血腥镇压。

1926 年年底，阎锡山派其亲信、太原兵工厂总办张书田成立了阎系御用的"太原兵工联合总会"，以发给毛巾、袜子为诱饵，诱骗了二三百名工人加入。

1927 年 3 月，国民党山西党部主任委员、右派分子苗培成又操纵成立了"山西工人代表总会"。

山西党组织领导"赤色工会"与"黄色工会"开展了坚决有力的斗争。张斌、何英才领导太原兵工工会，采取灵活机智的斗争策略，一次次挫败"太原兵工联合总会""山西工人代表总会"的险恶图谋。

（下转第 4 版）

了解何英才的工运足迹，请扫码观看

遵守安全生产法　当好第一责任人

省总"安全生产月"活动突出工会特色

本报讯（首席记者贺芳芳）今年 6 月是第 21 个全国"安全生产月"。根据省政府安委办《关于开展 2022 年全省"安全生产月"活动的通知》和全总《关于开展 2022 年全国工会系统"安全生产月"活动的通知》，省总工会就"安全生产月"活动作出安排部署，要求把"安全生产月"与工会劳动保护工作相结合，体现工会特色，广泛发动职工，达到相互促进、相互发展的目的。

今年"安全生产月"的主题是"遵守安全生产法 当好第一责任人"。省总工会成立了"安全生产月"活动指导组，对全省工会系统"安全生产月"活动进行总体安排部署，对各市总及各省级产业工会（工委）开展活动进行指导。

省总工会要求各级工会组织积极配合当地政府有关部门和企业行政，积极参加各级开展的"安全生产月"活动，重点组织好 4 项活动。一要深入学习贯彻习近平总书记关于安全生产重要论述，推动落实安全生产十五条措施，通过专题研讨、集中宣讲等多种形式，推动学习向一线职工延伸。二要认真宣传贯彻安全生产法，推动"第一责任人"守法履责，认真组织职工开展应急救援演练和知识技能培训，监督指导企业建立"吹哨人"制度，并延伸至班组，发动职工参加"我是安全吹哨人""查找身边的隐患"等活动，增强职工参与监督企业和主要负责人落实安全生产责任的主动性和自觉性。三要深入开展群众性安全生产活动，增强职工安全意识、提升自救互救能力。把"安全生产月"活动与群众性安全生产活动有机结合起来，邀请有影响力的公众人物、行业专家、媒体人员等，组织开展"主播讲安全""主播走一线"等线上活动，在全社会营造"关注安全、关爱生命"的浓厚氛围。组织工会干部深入基层和企业一线，共同推动安全宣传"五进"活动，增强公众安全意识、提升应急处置能力。同时，深入开展以隐患排查治理、安全知识竞赛、安全健康教育培训、安全文化建设等为主要内容的"安康杯"竞赛活动，充分发挥工会组织在安全生产中的监督作用，全面对燃气经营企业安全生产开展群众性监督检查，深入排查整治建筑行业尤其是经营性自建房安全隐患，更好地维护职工群众劳动安全健康权益，切实做到"安全生产月"与工会劳动保护工作相互促进、相互发展。四要组织开展安全隐患和职业危害"随手拍"活动，最广泛地组织发动职工群众参与活动，调动广大职工重视安全生产、参与安全管理的积极性，打通安全生产"最后一公里"。

朔州市召开工会系统推进产业工人队伍建设改革部署提速会议

本报朔州讯（记者王泽）6 月 2 日，朔州市工会系统推进产业工人队伍建设改革部署提速会议召开，贯彻落实全省工会系统产改工作再部署、再提速会议和市产业工人队伍建设改革协调小组会议精神，对全市工会系统产改工作进行再动员再部署。朔州市人大常委会副主任、市总工会主席、市产业工人队伍建设改革协调小组副组长王帆出席会议。

会议强调，全市各级工会组织要全力担负起牵头责任，积极主动争取党委、政府支持，把产改工作纳入党委、政府整体工作通盘考虑和部署。要全力抓好五大任务落实，突出抓好产业工人思想政治引领，全面提升产业工人技能素质，不断壮大产业工人队伍，逐步提高产业工人地位，切实增强产业工人的获得感幸福感安全感。要全力发挥企业主体作用，切实抓好责任落地，坚持分类精准施策，激发企业内生动力，想方设法调动企业各方资源和力量，推动产改提质提速，为全方位推动高质量发展作出新的更大贡献。

晋城市各级工会为新就业群体会员家庭送关爱

本报讯（首席记者李晏旺）连日来，晋城市各级工会组织带着对新就业形态劳动者子女的关爱之情深入其家庭，为他们送去米、面、油和学习用品，受到全社会的一致好评。

为把这项活动落到实处，晋城市总工会筹资 46700 元，深入货运司机、快递员等 6 个新就业形态劳动者单位，为 300 余名新会员子女送上购书卡，书包、益智玩具等节日礼物。城区总工会针对环卫处困难女职工和南村留守儿童的实际情况，为他们送去米、面、油、书包、文具等。泽州县总干部走进凤城小学开展"情暖童心、欢度六一"图书捐赠关爱活动，为孩子们送去价值 10000 元的图书。沁水县总干部深入张村乡开展关爱留守儿童志愿服务活动，为留守儿童送去了书包、文具、方便面、面包等。富士康晋城园区工会举办了"喜迎二十大、一起向未来"主题亲子手抄报大赛活动，并为残疾职工子女、单亲职工子女、防疫一线人员子女以及特困职工子女送上节日礼物。晋能控股装备制造集团行政事务运营分公司工会组织开展了"快乐六一、游戏童年"主题活动，引导广大职工子女树立家庭文明新风尚，做德智体美劳全面发展的好学生。

5 月 31 日，太原碧桂园·凤凰城一期项目部工会组织劳务工人开展"浓浓端午情 爱心暖工友"活动，为 80 余名劳务工人送去了矿泉水、粽子等节日慰问品。

本报首席记者 吴艳强

出台多项举措服务考试方便考生

我省公安为考生护航助力

本报讯（记者师颖）2022 年高考将于 6 月 7 日、8 日举行。根据往年护考经验，全省各地公安交管部门围绕"服务考试、方便考生"的理念，出台多项措施为考生保驾护航。

高考期间，全省各地派出足够警力加强考点及周边道路交通疏导，及时妥善处理涉及考试的报警求助；在考点周边设置停车点和停车泊位，并摆放禁鸣、禁停、停车引导标志；增派警力强化对易堵路段指挥疏导，全力保障运送考生车辆通行；结合城市疫情防控形势和考生需求，开辟绿色通道，保障接送考生车辆优先通行；对接送考生车辆发生轻微交通违法的，先放行后处置；考生遇紧急情况提出求助的，采取警车带路护送、铁骑转运等方式提供帮助；加强事故民警备勤力量，确保发生事故快速出警、快速处置。

太原市公安局公交分局联合地铁运营公司和安检部门开展了爱心助考活动，为考生及家长开辟了绿色通道，设立了爱心防疫助考驿站，全力做好考生的地铁出行保障。同时，警务室和站方在站厅设立了驿站，为考生提供免费的防疫用品和消毒药品。

太原市公安局交警支队共设立 21 个救助考生的道路交通应急救助站，开展道路快速保障工作，确保考生和运输试卷车辆交通安全与通畅；在考点校门两侧 50 米范围内，设立车辆临时禁停区，营造考点安静的交通环境。

太原市公安局杏花岭分局刑侦部门切实做好高考各项安全保卫工作。此外，太原特警备勤待命，随时做好处置各类突发事件的准备。龙城铁骑全力做好高考救助工作，为所有考生保驾护航。高考期间，派出所户政窗口全天待命，随时为考生提供身份证办理服务。

山西工人报 新闻客户端

山西工人报 官方微信公众号

山西工人报 "工运新读"音频 微信公众号
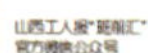
山西工人报"睡前汇" 官方微信公众号

山西工人报"工会人" 官方微信公众号

山西工人报 "职工e讲堂" 官方微信公众号
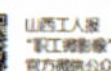

山西工人报 "职工微影像" 官方微信公众号

山西工人网 官方微博

山西工人报 抖音官方账号

山西工人报 视频号

山西重大工运事件重要工运人物 寻访展示

工运先驱 英才本色

——追寻何英才的工运足迹

（上接第1版）

捣毁剥削工人的消费社布庄就是何英才领导太原兵工工会进行的第一次有力斗争。

据何小汉引述何英才回忆文章说：太原兵工厂总办张书田在管理上对工人实行法西斯统治，在经济上剥削工人的花招也很多。张书田借用军阀惩罚士兵的办法来惩罚工人，打戒尺、打军棍、罚跪、关禁闭、戴高帽子游厂、送稽查处惩办等，无所不用其极。工人稍有差错就被罚工，差错较重时一次就罚十几个工，等于白干十几天不给工钱。

张书田办了一个专门剥削工人的黑心消费社，经营布匹、百货、饮食等，欺骗工人开工资后拿来"入社"，以为工人谋福利之名来赚工人的钱，而且想方设法把职工的钱骗进自己的腰包。比如，他的消费社还发行彩票，在开彩时暗中捣鬼，让工人总中不到头奖。

一次，张书田的消费社又在厂门口开彩，标明头奖有兰花牌自行车一辆，但开奖后没有。工会代表质问开彩人，开彩人推说让找消费社布庄经理。布庄经理自恃有张书田作后台，态度傲慢，不理不睬，吸烟喝茶，旁若无人。工人们被激怒了，把布庄的商品、橱窗、玻璃柜台等全部砸烂，并用绳子拉倒房柱，使房顶坍塌下来。

张书田获报后大为恼火，下令要捉拿带头砸毁布庄的工人。工会代表挺身而出，义正词严地指出："闹布庄是开彩不公平引起的，消费社首先必须向全体工人道歉。"得到广大工人的拥护，大家团结起来保护工会代表。张书田发现工人团结了，不像先前那么好欺负了，只得向工人们认错，宣布这次开彩不算数。

砸消费社布庄斗争胜利后，太原兵工工会在工人群众中威信大增。厂党支部通过工会的活动，工人的教育工作和组织工作也更加活跃。保卫太原总工会从国民党把持的平民中学中抓捕出国民党新右派分子，就是其中可圈可点的英雄案例。

据《山西军事工业工人运动史通览》登载何英才的回忆文章说，1927年3月12日，山西保持着合作关系的国共双方共同组织了"纪念孙中山逝世大会"，但会上斗争极为激烈。国共双方的代表在讲话中都在争取群众，共产党一方在会上占了优势。国民党一方很不甘心，就将阎军一个城防步兵师的几十名士兵化装成工人，并从其把持的山西火柴局、平民中学等地组织了300余人，准备次日到临泉府攻打共产党领导的太原总工会。

得到消息后，中共太原党组织也组织了300余名工人，并成立了临时指挥部，奋起保卫太原总工会。何英才领导的太原兵工工会组织工人担任主力。国民党一方知道太原总工会有了准备，上午没有来攻。中午时分，正当保卫总工会的工人们出去吃饭时，敌人突然包围了临泉府。这时总工会办公室里只有何英才等几个工会干部，敌我力量悬殊，形势十分危险。

关键时刻，何英才显示出英雄本色，面对强敌毫不畏惧，奋不顾身爬上临泉府屋顶，冲着黑压压一片被鼓动裹挟而来的工人、学生高喊："工友们，我们都是被压迫、被剥削的工人兄弟，我们是一家人，不要上敌人的当。"但是，化装成工人的士兵带头猛砸临泉府大门，石头瓦片也雨点般地向院内飞来。

何英才机智应变，迅速从房顶跳出后墙，跑到天地坛找到了正在吃饭的工人，火速回来驰援。何英才带领工人刚走到柳巷北口，就碰上太原总工会秘书武子程被敌人拘捕押着游街。何英才带领工人们一拥而上，把武子程解救出来。

当天晚上，太原党组织在太原国民师范学校召开紧急会议，"特别党部"和中共太原地执委领导成员及党的活动分子王鸿钧、王鹤、邓国栋、薄一波、张斌、何英才等都参加了。

山西北方机械制造有限责任公司（原太原兵工厂）

大家讨论的结果是，在重大问题上绝不能让步，面对国民党右派的倒行逆施不坚决予以回击，类似的事件以后还会发生。会议决定次日去攻打被国民党右派苗培成一手把持的平民中学，捉拿罪魁祸首。

14日拂晓，1000多名工人在海子边集合，根据头天晚上的布置临时成立了8个纵队并进行了严密的分工，由两个纵队负责把住城门，两个纵队负责冲上城墙，两个纵队负责把守各主要路口防备敌宪兵队的干涉，两个纵队负责攻打学校捉拿元凶。

这时已到吃早饭的时间，又有许多工人听到消息赶了过来，总人数增加到2000余人。愤怒的工人们冲进平民中学后，狡猾的苗培成见势不妙躲了起来，但国民党新右派头目韩克温没有逃脱，被抓住了。

3月14日上午，太原总工会在海子边召开千人大会，声讨国民党右派的罪行。会后，苗培成迫不得已承认了错误，向太原总工会公开道歉。一场保卫红色工会的斗争以胜利宣告结束。

"他受党组织委派到阳泉矿区秘密开展工作，领导了保晋矿区矿工联合大罢工，使阳泉矿工的反抗斗争由零散自发逐步走向有组织的自觉"

1927年国民党发动"四一二"反革命政变以后，革命形势急转直下。一向善于投机钻营的阎锡山也对共产党和革命群众施展了更加残酷的手段。为了镇压工人运动，阎锡山派出军队进驻太原兵工厂，对凡参加过赤色工会的工人进行威胁，要求交出工会会员证。在这种形势下，工会组织遭到了极其严重的破坏，工会活动陷入低潮，何英才只好暂时秘密地隐蔽下来。

1927年5月上旬，刚成立的山西省委派遣何英才等4名工人去参加在武汉召开的第四次全国劳动大会。据何小汉回忆说，父亲说过，会上李立三交给山西代表团一个任务，就是回去后积极筹备成立山西省总工会。这一任务，由于当时山西处于白色恐怖，阎锡山下令通缉共产党和镇压工人运动而未能得到落实。

1928年2月，春节之后，中共山西省委扩大会议在霍州城东北顶庙里秘密举行。根据中共中央关于"在党的各级领导干部中，工人要占三分之二"的指示，会议作出改组各级党组织的决定，选举何英才等7人为委员，组成新的山西省委，何英才任组织部长。会后，何英才等返回太原，主持全省党的领导工作。

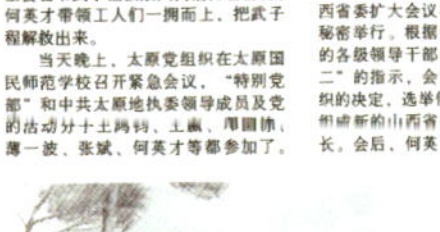

1953年年底，时任全国总工会中南区工作委员会第一副主任的何英才赴朝鲜慰问留影（右一为何英才）

不久，由于叛徒出卖，何英才被捕。在狱中，他和其他被捕的党员一起建立秘密支部，坚持与敌人进行斗争，表现了一个共产党员对党的无限忠诚、对革命事业的矢志不移。

1933年8月，经组织营救，何英才获释出狱，并受党的委派独自一人奔赴阳泉开辟工作。

"'疾风知劲草，烈火炼真金'。在革命陷入低潮的时候，不少人离开了我们党的队伍，而何英才无所畏惧地留了下来。他冒着危险，以更加巧妙的方式秘密斗争、开展工作。其坚定的信仰、顽强的斗志值得后人学习和铭记。"采访中，彭真纪念馆副馆长白江告诉记者。

当时的阳泉一带是山西近代开办较早且最大的民族工业企业——保晋公司的重点经营地。保晋公司先后在这里办起了6个矿厂，称保晋一矿、二矿、三矿、四矿、五矿、六矿。

何英才到阳泉矿区后，人地生疏，为了寻找关系打入煤矿，便装扮成提篮叫卖小贩，以卖花生、饼子为掩护进行活动、秘密宣传革命道理。

后来，何英才打入保晋二矿当煤矿工人，靠自己挖煤挣钱生活。晚上下班后，睡在简陋的矿工棚里，与工友促膝谈心，号召大家团结起来与资本家和封建把头进行斗争。

何英才发现保晋二矿采煤工人王凤山为人耿直、性格豪爽，常为受把头欺凌的工人打抱不平，便主动接触王凤山，结为至交。王凤山也愿意配合何英才联络工友。王凤山的家便成了工友们的聚集点，由王凤山57岁的母亲张秀坤为大家端茶做饭、站岗放哨。

在何英才的发动下，张秀坤母子逐步明白了共产党是穷人的组织，只有跟着共产党走，穷人才有翻身出头的日子。1934年6月，经何英才介绍，王凤山和张秀坤加入中国共产党，3人组成了保晋煤矿公司第一个党小组。

为了宣传革命，启发矿工的阶级觉悟，何英才搞到一台油印机，每天亲自撰稿，晚上到王凤山家里，用被子遮挡窗户，在小煤油灯下刻印传单；天不亮，又组织工友中的积极分子分头把传单散发出去。为了最大范围地宣传矿工群众，何英才每次印制传单的印数都有千张之多。传单内容通俗易懂，在工人群众中产生极大反响，令敌人惊恐万状。

驻守在石卜咀区公所附近的阎锡山地方武装——防共保卫团奉命抓捕传单印发者，一方面公开悬赏捉拿，另一方面大肆展开搜捕。一天，防共保卫团突然袭击，跑到王凤山家刨炕挖地，大搜一番。何英才、王凤山早有准备，事先把油印机藏在狗窝里，使敌人扑空一场。

经过一年多的努力工作，何英才在保晋二矿、四矿、[illegible]矿和铁厂陆续发展党员40余名。他的工作得到了中共山西工委的肯定。山西工委组织部长1934年11月2日向中央报告时讲到："阳泉矿支党员支书贺云集（即何英才），南路人，年二十七八，工人阶级。1927年担任山西兵工厂党支部工作。旋因'四一二'之'清党'被捕。在33年被释，即派往阳泉找职业，入矿山作工。人极忠实坚决。今年7月来太原讨论工作，本拟叫他担任工委，因不能住太原作罢。在阳泉彼（他）开辟了工人工作。在一年中彼（他）发展了15人皆为会员。"

何英才的工作为阳泉党组织的建立提供了重要基础。1935年年初，阳泉矿区党支部成立，何英才任支部书记。1937年年初，阳泉矿区委员会成立，何英才任区委书记，党在阳泉矿区的革命工作从此生生不息开展起来。

煤矿有了党的领导，为矿工争取自身解放点亮了指路明灯，带动工人运动蓬勃发展起来，矿工反对资本家和把头的斗争此起彼伏。

1935年3月，何英才、王凤山分头发动和领导保晋公司二矿厂、四矿厂厂面推车工人2000余人联合罢工。当日9时，四矿厂厂面推车工人全部停了产。煤车推不出，井下也停了产，矿上乱成一团。同一时间，二矿厂罢工队伍也包围了二矿八角楼。

矿工的大团结显示出改天换地的巨大力量，迫于罢工运动的迅猛形势，矿方不得已答应了工人们提出的提高工人薪水、补发工人工资、改善工人待遇的要求。

这次斗争的胜利启发了阳泉煤矿工人的觉悟，鼓舞了工人群众的斗志，提高了党在广大矿工中的威信，也使阳泉党组织在斗争中逐步发展壮大起来。

"《阳泉工会志》对何英才只身一人到阳泉矿区创建党组织、领导开展工人运动的革命创举作了记载，让我们十分敬重。"阳泉市总工会宣教部部长杨元正感触良多，"他面对敌强我弱、严峻复杂的斗争形势所体现出的英雄气概，是我们永远的精神财富。"

1938年何英才与中共冀豫晋省委的部分领导合影

"他领导阳泉煤矿工人武装抗日游击队活跃在太行山区和正太铁路，神出鬼没打击日寇，让日寇闻风丧胆"

1939年年初，《新华日报》（华北版）以《英勇搏斗的阳泉矿工》为题，刊登了阳泉矿工抗日武装游击队在昔阳与日伪军作战的英勇事迹，赞扬"这支抗日铁军活跃在太行山区和正太铁路，神出鬼没打击敌人，为抗战立下了赫赫战功"。

领导这支抗日铁军的正是何英才。

1936年，在全国抗日民族统一战线逐渐形成的形势下，为支援抗战，何英才领导建立了阳泉矿工武术团。武术团常借外出表演和赶庙会的机会，向群众宣传抗日救国的道理，唤醒民众积极投身抗日洪流。为了启发工人的爱国热情，他们印刷了传单、标语，提出了"抗日救国，保卫山西"等口号，为唤起矿工的觉醒和斗争起到了主要作用。

1937年年初，山西省牺牲救国同盟会（简称"牺盟会"）派毛铎来阳泉开展工作，阳泉矿工武术团整体并入牺盟会。

1937年7月"七七"事变之后，日军大举向华北进攻，民族危机加深，全国军民掀起了抗日高潮。中共阳泉矿区委员会依据抗日救国的原则和路线，建立了工人护矿队。8月，工人护矿队吸收保晋二矿厂和四矿厂的部分工人成立了阳泉煤矿工人武装抗日游击队（简称阳泉煤矿工人游击队），共有队员500余人，王凤山任队长，何英才任政委。

游击队建立起来后，首先办了3件事：一是解决武器问题。何英才派人与平定负责组织学生武装的毛铎联系，由他向太原方面申请，领回枪支500多支，同时组织矿工收缴了各矿矿警的武器。二是解决运输工具问题。工人武装没有运输工具，队伍要拉出去就有困难。当时只有资本家有牲畜及马车，于是就向资本家宣传"抗日救国，人人有责，有钱出钱，有力出力"的道理。这样征集到保晋公司和各矿资本家的大牲畜六七十头。三是解决国民党溃军骚扰百姓问题。何英才派出工人武装向那些溃军宣传"国难当头，要团结抗日，不应欺压百姓"的道理，说服溃军撤走。

1937年10月底娘子关失守之后，阳泉煤矿工人游击队奉党的命令开赴太行山革命根据地。

1938年春，这支整编不久的矿工武装在寿阳县的上龙泉村，与平定和昔阳方向调集而来的日军进行了一场激战。那天的拂晓，上千名日伪军突然出现在上龙泉村，把村子三面包围起来，与在上龙泉村宿营的阳泉煤矿工人游击队形成激战态势。

上龙泉村坐落在半山腰上，穷凶极恶的日军用掷榴弹、迫击炮和机关枪等重型武器向村子里连连发动攻击，妄图一口吃掉这支工人武装。

游击队队员们虽然只有步枪和手榴弹，但他们占据有利地形，又个个奋不顾身，一次又一次地击退了敌人的进攻。激烈的战斗一直持续到10时许，游击队且战且退，终于突出重围，安全撤离。

经过初战洗礼，阳泉煤矿工人游击队士气大振。他们之后转战于寿阳、昔阳、和顺、盂县、太谷一带英勇战斗，沉重打击了敌人。据当时《新华日报》报道："这群无衣无食没有军事素养的矿工，在冰天雪地的战场上，与敌人的飞机火炮搏斗。他们尽自己的力量，与敌人开展了机智勇敢的游击战，在战斗中锻炼了自己，成为我们的铁军、我们的劲旅。"

后来，这支游击队转战至和顺县的石拐镇，经过休整后集体改编为八路军129师独立支队的主力队，在抗战中写下了光辉的历史篇章。

据一位在省政协工作过的老同志引用时任省委书记陶鲁笳的话回忆说："何老是很老的同志了，抗日战争开始后，是何老带领我们上太行山建立根据地的。"

"在何英才的号召和组织下，阳泉矿工竖起了武装抗日的旗帜。他们既是战斗队，又是宣传队和工作队，是一支很有战斗力的队伍。阳泉工人阶级的这种爱国热忱和为国家、民族利益不怕牺牲、勇于奉献的光荣传统，已经沉淀为蕴藏于我们血脉深处的精神力量，引领着我们奋进新征程，建功新时代。"阳泉市总工会副主席杜莉告诉记者。

"他一生对党忠诚，听从组织召唤，全力为党工作，为党领导的红色工运事业建立了不朽功勋"

"何英才身上最鲜明的标识就是听党指挥，信仰坚定。他一辈子革命，党叫干啥就干啥，从不计较个人得失。他每次工作的变动都是去迎接新的工作的开辟。"采访中，庞伟民告诉记者。

1938年以后，何英才先后任中共晋东特委书记、晋冀豫省委组织部长等职务。1940年，他奉命调到延安，在中央华北工作委员会任组长。1945年，他光荣参加了在延安召开的党的第七次全国代表大会。1946年任中共晋冀鲁豫中央局城市工作部部长。1947年，何英才随刘邓大军挺进大别山，任中共鄂豫区党委组织部长、中原职工会组织部部长等职。1948年8月，他出席了在哈尔滨召开的第六次全国劳动大会，见证了全国总工会的恢复重建。

新中国成立后，何英才先后担任中共中央中南局职工工作委员会副书记、武汉市总工会副主席、全国总工会中南区工作委员会第一副主任；1953年当选为全国总工会第七届执行委员会委员；1954年调至北京工作，先后任中国农林水利工会工作委员会主席、分党组书记；1957年12月，当选为全国总工会第八届执行委员会委员。

1964年，因工作需要，何英才重返山西，担任省政协党组书记、副主席；1974年8月遭"四人帮"迫害含冤病逝，终年69岁。

斯人已逝，英魂长存。

1979年，清明。太原双塔寺革命公墓礼堂，庄严肃穆，哀乐低回，何英才同志追悼会在这里举行。彭真、薄一波等领导同志送了花圈，省委、省政协、省总工会、省及太原市各有关部门负责人、机关、厂矿、企业等单位的代表300多人参加了追悼会。

《山西日报》对此事进行报道，并引用悼词所述对何英才的一生作了评价："何英才同志一生从事革命工作，对党忠诚，服从组织，积极完成党分配的各项任务，能虚心听取同志们意见，团结同志一道工作。我们要学习他的这些革命品质。"

《人民日报》1985年2月24日刊登了毛铎等撰写的文章——《何英才同志永远活在我们心中》，对何英才战斗的一生评价道："为党为人民勤勤恳恳、任劳任怨工作了五十年，在我国各个革命阶段，都贡献了自己的力量。""忠于党、忠于革命，是我党的好同志。"

岁月荏苒，今又清明。在何英才的故乡——洪洞县贺家庄，沧桑巨变，早已换了人间。何英才的外孙、国网太原供电公司党委党建部副主任、工会副主席王佳再次回到故乡，来到姥爷的墓前，扫墓祭奠，无限哀思追忆涌上心头：对于家乡而言，姥爷是一个闪亮的名字；对于家人而言，祖辈的荣光意味着沉甸甸的责任。

王佳告诉记者："这些年，我一直在用心丈量着姥爷的革命足迹，体悟他作为老一辈共产党员、工运先驱的博大初心与革命精神。我希望自己能做像姥爷一样的人，有家国担当，有那種情怀，为党的工运事业奉献自己的热血青春。"

思考

何英才从旧中国一个备受剥削和压迫的普通工人，成长为一名党领导的工人运动的杰出战士，在山西革命史和工人运动史上留下了光辉的足迹。何英才奋斗的一生，见证了我党早期革命先驱在山西领导开展工人运动的革命历史，体现了他们崇高的革命理想、坚定的革命斗志、顽强的奋斗精神和敢于奉献、敢于牺牲的革命品质，为我们留下了宝贵的精神财富。

先烈回眸应笑慰，擎旗自有后来人。让我们继承先驱遗志，坚定初心使命，发扬斗争精神，勇于攻坚克难，扎扎实实做好新时代党的职工群众工作，以优异成绩迎接党的二十大胜利召开。

本报地址：太原市新民中街8号山西工人报大厦 电话：(0351)3526288 邮编：030001 广告经营许可证：140000400063号 广告部电话：(0351)3526283 定价：全年288元 零售每期0.85元 印刷：山西工人报文化传媒有限公司印业中心

王世益：山西早期工人运动的领袖

贺芳芳　王雨茜

铭刻

王世益，又名王焕卿、时青等，是山西最早加入共青团的工人之一。他在工人中传播进步思想，点燃了马克思主义的火把。他积极领导工人运动，唤醒民众反抗压迫，是工人们信赖和拥护的领导者。他不畏强权、不怕牺牲，积极筹建工会组织，搭建起中国共产党与职工群众的桥梁。他是著名革命活动家，是山西早期工人运动的领袖，也是中国共产党在山西历史上第三任省委书记。

接到寻访山西早期工人运动领袖王世益的任务后，记者在中共太原市委党史研究室、中国共产党太原历史展览馆，查阅着有关他的一页页历史资料，听着关于他的一段段历史回忆，他那历经坎坷、奋斗不息的形象跃然眼前。

第一次在历史资料上见到王世益的名字，是在有关太原市总工会筹建之初的史料中："在党的领导下，1925 年 8 月 19 日成立了太原市总工会，由王焕卿（又名王世益，是印刷工人）任委员长。"只有短短一句话，却交代了他在工人运动中的重要地位。

据中共太原市委党史研究室研究二室科长张楠回忆，王世益当年曾在太原市大剪子巷当过学徒，在《山西公报》《晋商日报》当过排字工。她们曾试图找寻当年的印刷厂，可早已物是人非，不见踪影。在文庙三立阁（图书馆），王世益主持召开山西工人联合会成立大会，但文物部门也没有保存过关于这段历史的有关资料。1927 年 8 月，他遵照上级党组织指示，着手重建太原市总工会。但因为这段工作时间太短，留下的史实资料也寥寥无几。抗战胜利后，王世益先后担任晋绥辖区兴县地委组织部部长、榆林地委组织部部长。1949 年 4 月，党组织调王世益去西北总工会筹备处工作。在共和国的岁月里，王世益历任西北总工会常委、组织部部长，中华全国总工会西北工委副主任，西北工会干部党校校长，陕西省工业交通干部党校党委书记。

王世益，晋中市榆社县潭村人，第三任中共山西省委书记。少年时家境贫寒，只读过 3 年冬学。1921 年在山西公报馆做排字工，开始阅读进步图书，接受共产主义思想，走上革命道路，成为著名革命活动家、山西工人运动领袖。他的故事是一段轰轰烈烈的革命故事，从一名普通的印刷工人成长为工人运动的领袖，有不屈不挠领导罢工反抗压迫的沸腾热血，有秘密组建工会组织，使广大职工从此在党的领导下有组织地开展斗争的坚定步伐，有被捕入狱屡遭酷刑却信仰坚定的崇高气节。

每一段历史都应当被铭记，哪怕蛛丝马迹，也要继续追寻。随着寻访的深入，王世益的故事渐渐浮现在眼前。

接受先进思想 加入社会主义青年团

王世益是晋中市人，较完整地记载王世益的故事是中共晋中地委党史资料征集研究办公室编写的《闪光的年华——晋中党史人物传略之一》一书，记者在中共太原市委党史研究室看到了这本书。

据书中记录，王世益从小家境贫寒，少年时代曾入过本村私塾，读过3年冬季农闲书，学习成绩优秀。父亲王九重曾参加过义和团运动，在家中时常给他讲一些义和团“平洋人，杀赃官”的斗争故事。这些中国人抵抗外国侵略、反对封建统治的可歌可泣的斗争事迹，在他幼小的心灵留下了深刻的印象。

后来因家境贫寒，加之连年灾荒歉收，迫使王世益中断学业，在家中帮父亲种地，给地主放牛。由于喜好读书，他将牛拴在树上被东家发现，结果一文工钱也没有拿到，白干了几个月。

为了生存，1918年春，王世益来到太原大剪子巷文蔚阁当了一名印刷学徒，出徒后到山西公报馆当排字工。他的徒工生活是辛酸悲惨的，在那里，王世益开始接触现实的社会生活。强者吃人使人畏惧，弱者吃苦却受人鄙视。这一切都使王世益百思不解，使他在人生的道路上徘徊，寻求着新的出路。

当时，太原发行几种小报，其中包括《平民周刊》这种进步报刊。有的小报宣传无政府主义，主张建立所谓的“无命令、无权利、无服从、远制裁”的无政府社会。有的小报宣传三民主义。而《平民周刊》则宣传社会主义、主张劳工神圣。通过阅读进步报刊，王世益受到了革命思想的影响，结合自己的亲身经历和社会现实，抛开了无政府主义和三民主义的思想，开始接受共产主义思想，逐步走上了革命道路。

张楠介绍，王世益就是在那个时候认识了太原社会主义青年团创始人之一李毓棠，并经李毓棠介绍，加入太原社会主义青年团，成为山西第一批初步接受马克思主义的工人。

太原社会主义青年团以“唤起劳工、改造社会”为宗旨，传播科学与民主进步思想。中国共产党诞生后，其接受党的领导，宣传马克思列宁主义，贯彻党的反帝反封建主张，揭露军阀黑暗统治，不断与工农相结合，领导群众运动，为山西新民主主义革命斗争作出了巨大贡献。

1922年，中国社会主义青年团太原地方委员会成立后，王世益担任太原地区职工委员会委员，负责职工运动。

当他得知京汉铁路工人和南方海港工人成立工会，以罢工的形式提出政治和经济要求时，就奔波于山西公报馆、晋商日报馆和其他厂矿，宣传、动员、组织工友们联合起来。王世益组织建立了印刷秘密工会，接着制革、粮服、鞋匠等一些秘密工会相继成立。

1923年，他在成人夜校接受教育，在彭真、王瀛等人的帮助下，觉悟日益提高，能力不断提升。王世益活动在报馆和工厂，向团组织介绍各行业的情况，汇报工人的思想动态和经济要求，向同伴们宣传革命主张，为发展工人团员、争取同情者，做了大量的工作。1924年前后，山西印刷业相继成立了印刷、山西公报馆、晋商日报馆等团支部，王世益的身影出现在每次示威游行和讲演集会的人群中，他的足迹留在了太原各家工厂和报馆。王世益是组织联系群众的桥梁，也是工人们信赖和拥护的领导者。

1924年4月27日，在社会主义青年团太原地方委员会召集的全体会议上，王世益当选第四支部书记。他先后4次主持召开太原地区团的临时会议，为筹备山西省总工会做了大量细致的工作。

领导工人运动 积极筹备组建工会组织

在中国共产党太原历史展览馆内有一面墙是专门介绍太原工人运动的，王世益的照片下面写着：1925年1月1日，山西工人联合会成立，印刷工人王世益任委员长。8月19日，太原总工会成立。在他的照片周围，是印刷、制革等行业轰轰烈烈的工人运动的照片。

就是在这里，张楠为记者讲述了当年王世益领导工人运动的

中共太原市委党史研究室研究二室科长张楠向记者介绍王世益的生平　戎　兵／摄

故事。

据介绍，随着党团组织在工人中威信日益提高，党的反帝反封建主张在群众中引起巨大反响。一批工人先进分子加入革命团体，锻炼培养出许多职工运动的宣传者和组织者，具备了建立各级工会团体的基础条件。由彭真等人指导，王世益承担起在山西筹建工会的任务。

1925 年 1 月 1 日，在文庙三立阁（图书馆）召开了工人联合会筹备大会，王世益当选大会主席，15 个工厂的百余名代表提出了临时委员会名单，讨论了工人联合会简章、宣言等。是年春，在彭真同志的帮助和领导下，在太原市文庙内公开成立了山西省工人联合会，通过了《山西工人联合会简章》。就在选举领导人时，阎锡山派出特务，收买流氓、暴徒闯进会场寻衅捣乱，导致中途散会。太原党、团组织决定工会以秘密的形式活动，由王世益担任委员长。

1925 年 5 月，成为山西省工人联合会委员长的王世益带领工人支持“反房税斗争”，参加了示威游行。这次斗争，不仅揭穿了阎锡山“保境安民”的假面具，而且进一步扩大了中国共产党在群众中的影响。

“五卅惨案”在上海发生后，王世益参加了沪案后援会工作，加入了示威游行，讲演宣传，抵制日货，向广大工人揭露帝国主义惨杀上海工友、血染南京路的暴行，征集捐款救济受难工友，并在自己做工的晋商日报馆组织罢工。他领导《晋商日报》《并州日报》印刷工人联合举行同盟罢工，要求增加工资、改善生产和卫生条件、提高徒工的待遇。

为了改善印刷行业徒工的待遇，缩短工时，增加工资，王世益组织发动了太原印刷工人第二次罢工。王世益在《罢工宣言》中揭露资本家对印刷徒工的残酷压榨。面对印刷行业工人的同盟罢工，各印刷厂资本家一方面高薪另行招募工人，另一方面勾结警察局进行镇压。警察局拘押罢工工人，威胁工人们复工。王世益在晋商日报馆鼓励工友们，不答应条件，绝不复工。《晋商日报》在自己的印刷厂印不成，只好送到晋兴书社，但晋兴书社的印刷工人也拒绝开印，晋商日报馆因此倒闭。据当时共青团太原地委在给中央的报告中说，此次罢工，工人的精神和团结力在太原可说是破天荒，此次举动之雄烈也可说是破天荒。这次罢工震惊了山西当局，他们勾结资本家进行镇压破坏，逮捕罢工骨干，挑拨工人内部团结。经过斗争，被捕工人获释。由于警察局搜捕罢工领导人，王世益被迫转移。

离开太原后的王世益辗转到阳泉、北京，继续秘密领导工人运动。在阳泉保晋煤矿，王世益以矿工的身份作掩护，发展团员，建立团小组，开展保晋煤矿和保晋铁厂的工人运动。他将这里的工作向太原团组织汇报，并希望能到京津唐地区，学习那里火热的工人运动的经验。

从那个时候起，王世益的工作线索在山西断开了。

为了继续追寻王世益的脚步，记者查阅了大量资料，终于在中共辽宁省委党史研究室主办的《党史纵横》杂志上看到了一篇由冯晓蔚写的文章——《王世益的峥嵘岁月》。此文提到，在北京，党组织安排王世益到中共北方区委党校接受短期培训。学习结束后，王世益留在北京继续从事职工运动。1925年，北京地区负责职工运动的陈为人极为赞赏王世益的组织能力，介绍他成为中共党员，担任北京城南区区委书记。在那里，王世益发展了北京印刷厂和北京电灯公司的秘密工会和共青团，并组织民众参加了多次要求关税自主、反对关税会议的示威游行。经过艰苦细致的工作，王世益很快发展了一批青年工人和学生入党，中共山西省委第一任书记颜昌杰就是那时经王世益介绍加入中国共产党的。1926年，王世益任北京长辛店、丰台地区铁路工会秘书兼党支部书记。“二七”大罢工失败后，反动统治者极力破坏工人运动，欺骗收买了一部分工会干部，残酷迫害积极分子。军阀同国民党右派勾结起来，大力施行欺骗恐吓手段。王世益不畏艰险，深入群众，团结革命工人恢复了秘密工会。

1927年4月，蒋介石在上海发动四一二反革命政变，奉系军阀在北京杀害李大钊等19名革命者。后来，正在汉口参加全国铁路工人会的王世益获知李大钊牺牲的消息，不惧危险，毅然返回北京。可是同志们都隐蔽了，王世益没接上关系，自己也被反动当局通缉。满怀悲愤的王世益只得离开北京，回山西寻找党组织。

回到太原后，王世益与中共山西临时委员会接上了组织关系，担任省委巡视员。此时山西党的组织与工会遭到了严重的破坏，工作极端困难。王世益奉命到晋南巡视工作，在沿途恢复了榆次晋华党支部和赤色工会，在祁县、介休、平遥等地组织了工会，在晋南夏县下留村主持召开了临时省委会议，被任命为职工运动委员会书记，领导全省的职工运动。

遵照上级党组织的指示，王世益着手重建太原市总工会。当时筹措党的活动经费十分困难，他与职工运动委员会成员赵秉义、阎念先、赵焕星一起租了大北门街一间小房作为据点，着手整顿基层工会。因为四人都无固定工作，党的经费经常失去来源，时有断炊之忧。王世益鼓励大家克服困难，自己每天白天到晋兴书社打零工，用挣来的钱维持生活，晚上走街串户开展革命宣传工作。他们有崇高的革命理想，为党的事业顽强工作。王世益这种精神得到了党组织的多次赞扬和肯定。

当时，太原形势恶化，国民党右派指使流氓杨笑天控制的“山西工人代表总会”（伪“工联”）兴风作浪，倚恃军警多次查封赤色工会，殴打进步分子，扼杀工人运动，抓捕赤色工会领导人。王世益同黄色工会势力作坚决斗争，同国民党右派争夺群众。他推着水车，一桶一桶地卖水，想办法接触积极分子。经过努力，印刷、织布、鞋靴等行业的300余名积极分子团结在中国共产党周围，恢复重建了各行业赤色工会。以此为基础，太原市总工会秘密恢复，交城、汾阳、阳泉、河东、介休、平遥、霍县、祁县也陆续建立和恢复了工会组织，全省有组织的工人达数万人。

1928年2月11日，省委扩大会议在霍州城东的一座破庙里秘密举行。根据中央关于“在党的各级领导干部中工人成分要占三分之二”的指示，选举王世益、杨高梧、彭芳、李旺（以上四人系工人）、王鸿钧、邓国栋、关广荃（以上三人系知识分子）组成新的省委，王世益任省委书记，也是中共山西省委第三任省委书记。

霍州会议后，王世益秘密返回太原，同新任省委组织部部长杨高梧、省委秘书长关广荃主持省委全盘工作。王世益迅速布置加强暴动宣传、恢复赤色工会和普遍发展农会的工作。

狱中不改初心 坚定信念坚持斗争

1927年之后，王世益和工人运动的故事似乎中断了。1927年9月，他负责筹建太原市总工会。为什么之后没有留下任何资料，突然悄无声息了？

带着这些疑问，记者继续寻访。

原来，因叛徒出卖，王世益于1928年4月被捕入狱，一关就是9年。

中共太原市委党史研究室提供的一份资料显示，王世益（当时记载的名字为时青）在狱中受尽了严刑拷打，吊打火烙、老虎凳、压杠子……他的两只手腕留下了吊打时麻绳勒开皮肉的伤疤，背上留有香把的灼伤、铁丝刺条的杖伤，两膝被老虎凳压得难以行走，眼睛因被灌辣椒水造成斜视。多少次昏迷、多少次复苏，但他始终没有吐露党和革命的机密，没有出卖组织与同志，保持了共产党人坚贞不屈的崇高气节。

1928年9月，山西特种刑事法庭以“颠覆国民政府的共党重要分子”的罪名判处王世益无期徒刑，并将他关押到山西省第一监狱。

在狱中，许多政治犯知道王世益是工人成分的省委书记，对他格外敬重。监狱内秘密成立了党支部，王世益先后担任党支部委员、书记，启发青年提高阶级觉悟，领导组织地下党员同监狱当局进行不屈不挠的斗争，还秘密发展了普通犯高占胜、胡海红、王文良和郝鼎洲等人入党。他们出狱后成为狱中党支部同狱外的联络人，曾帮助监狱党支部同中共山西特委书记刘天章取得了联系。

当时，监狱当局一天只供给犯人两顿发霉的稀米粥，饭里石子、沙土、麻雀毛、老鼠屎等什么都有，导致狱中疾病蔓延。一次，1500名犯人中发病者竟有1/5。为抗议监狱当局迫害虐待政治犯和克扣犯人的口粮，监狱党支部多次领导绝食斗争。王世益与大家一道绝食，坚持到底。1933年的一次绝食斗争，有800余人参加，坚持到第9天取得胜利。第8天的时候，狱方答应绝食者提出的条件，却把斗争的领导人单独关禁闭。王世益就是其中之一。据有关资料记载，同狱难友刘韶南回忆：“敌人为了镇压犯人的斗争和对王世益进行报复，给他戴上加重的脚镣，单独隔离禁闭起来，并对他施加了酷刑。身体瘦弱的王世益凭借坚强的意志，挺过了种种残忍的迫害。绝食斗争最终取得胜利，当大家看到王世益还常戴着沉重的脚镣慢慢移动时，同志们心中都很难过。他却泰然自若，还安慰鼓励大家。”

1931年8月，国民党南京政府接管了阎锡山的自新院，改名“反省院”。1932年冬，迫于形势，国民党实行所谓大赦，王世益由无期徒刑改为15年有期徒刑。1933年下半年，省立一监的政治犯被陆续转入反省院。第二年10月，王世益也被送往反省院。在那里，王世益组织领导了反省院临时党支部和赤色革命生活团，并制订了赤色革命生活团纲领：一是争取和维护反省人员的共同利益；二是反省人员要互相鼓励共同提高；三是反对法西斯专制；四是拥护中华苏维埃政权；五是按照上级党委指示，履行手续出反省院。

1936年10月，根据党组织指示精神，反省院临时党支部决定让王世益按照临时党支部做出的关于出反省院手续规定出院，找党组织汇报情况。

之后王世益被送回家乡，一面养病，一面向村民宣传革命思想。在他的影响下，二弟加入了中国共产党，三弟后来参加了八路军，同乡的李金忠也参加革命。

没等病体痊愈，王世益就前往太原寻找党组织。他找到在山西训导院负责教务的秘密党员时逸之和另一名秘密党员冯彦俊，与中华民族解放先锋队太原总队长、中共太原市委书记赵林接上组织关系。他向赵林详细汇报了第一监狱和反省院党的秘密活动情况，请求追认这两个地方发展的党员。根据他的汇报，中共山西省工委批准承认一监党支部和反省院党支部所发展的全体党员的党籍，并责成王世益分别予以通知。

1937 年 5 月，随着牺盟会机构的调整，中共太原市委在牺盟会太原市委员会中建立中共党团，王世益调任党团书记，以牺盟会太原市工人工作委员会成员的公开身份进行党的活动。他充分发挥自己多年从事工人运动的才干，深入产业工人中间，发展工人会员。到全民族抗战爆发时，太原的牺盟会员已达 5 万人。

繁忙的工作使王世益旧病复发，党组织决定送他赴延安疗养治病。在延安，王世益一边养病，一边到中共中央党校旁听。1938 年 9 月，组织上分配王世益到鲁迅艺术学院，先后任训育处干事、教职员党支部组织干事、院合作社主任、院务处副处长、院党总支委员。

抗战胜利后，王世益先后担任中共兴县地委组织部部长、榆林地委组织部部长。1949 年 4 月，党组织调王世益去延安西北党校工作，筹备西北总工会。

思考

在寻访王世益早期领导工人运动的过程中，记者不止一次被王世益的事迹所打动。我们党一路走来，经历了无数艰险磨难，但任何困难都没有压垮我们，任何敌人都没有打倒我们，靠的就是像王世益这样千千万万党员的忠诚。无论是在腥风血雨的战争年代，还是在新时代伟大征程中，每名党员都应当坚持、继承和发扬这种坚强不屈、忠贞不贰的优秀品质，以这种不畏艰险、不惧生死的精神品格为党分忧、为国尽责、为民奉献，以实际行动书写一名共产党员对党的忠诚，在民族复兴的伟业中为党和人民建功立业。

本文刊于2022年6月21日《山西工人报》

新闻责任
工会声音
职工情怀
维权担当

山西省总工会主管主办
山西工人报社出版

SHANXI GONGREN BAO

山西工人网 http://www.sxgrw.com
E-mail:sxgrb@163.com
（今日四版）

国内统一连续出版物号 CN14-0003 代号 21-10 2022 年 6 月 21 日 星期二 农历壬寅年五月廿三 总第 10579 期

第三十一届（2021 年度）山西新闻奖评选结果揭晓

本报 10 件作品分获一二三等奖

本报讯 近日，由山西省新闻工作者协会主办的第三十一届（2021 年度）山西新闻奖评选活动揭晓。本报 3 件作品获一等奖，2 件作品获二等奖，5 件作品获三等奖。

来自全省新闻媒体的 351 件新闻作品获本届山西新闻奖。其中，特别奖 6 件，一等奖 92 件，二等奖 115 件，三等奖 138 件。

本报共有 10 件作品获奖。消息《给"趴活"的零工建个"家"》（作者：李彦斌 王晨）、通讯《袁娟：大山里走出的全国优秀农民工》（作者：解淑芳 权利）、报告文学《山西工运史上光辉的一页》（作者：贾晓红）获一等奖，评论《为"算法"中的劳动者解困》（作者：岳燕林）、论文《关于媒体深度融合对策的思考》（作者：李素珍）获二等奖，消息《我省各地聚才引智赋能乡村振兴》（作者：李彦斌 李小全）、《鹏飞集团技能人才 3 年增长 61%》（作者：陈秋莲 冯娟）、通讯《三个男人一个家》（作者：司原）、论文《主题报道如何凸显地方行业报优势》（作者：陈秋莲）、2021 年 9 月 10 日一版获三等奖。

山西重大工运事件重要工运人物寻访展示

王世益：我省早期工人运动的领袖

本报首席记者 贺芳芳 记者 王雨嵩

我省早期工人运动的领袖王世益

铭刻

王世益，又名王焕卿、时青等，是我省最早加入共青团的工人。他在工人中传播进步思想，点燃了马克思主义的火把。他积极领导工人运动，唤醒民众反抗压迫，是工人们信赖和拥护的领导者。他不畏强权不怕牺牲，积极筹建工会组织，搭建起党与职工群众的桥梁。他是著名革命活动家，是我省早期工人运动的领袖，也是中共在山西历史上第三任省委书记。

接到寻访我省早期工人运动领袖王世益的任务后，记者在中共太原市委党史研究室、中国共产党太原历史展览馆，查阅着有关他的一页页历史资料，听着关于他的一段段历史回忆，他那历尽坎坷、奋斗不息的足迹跃然眼前。

第一次在历史资料上见到王世益的名字，是在太原市总工会筹建之初："在党的领导下，1925 年 8 月 19 日成立了太原市总工会，由王焕卿（又名王世益，是印刷工人）任委员长。"只有短短一句话，却交代了他在工人运动中的重要地位。

据中共太原市委党史研究室研究二室科长张楠回忆，王世益当年曾在太原市大剪子巷当过学徒，在《山西公报》《晋商日报》当过排字工。她们曾试图找寻当年的印刷厂，可早已物是人非，不见踪影。在文庙三立阁（图书馆），王世益主持召开山西工人联合会成立大会，但文物部门也没有保存过关于这段历史的有关资料。1927 年 8 月，他遵照上级党组织指示，着手重建太原市总工会。但因为这段工作时间太短，留下的史实资料也寥寥无几。抗战胜利后，王世益先后担任晋绥辖区兴县地委组织部部长、榆林地委组织部部长。1949 年 4 月，党组织调王世益去西北总工会筹备处工作。在共和国的岁月里，他历任西北总工会常委、组织部长，中华全国总工会西北工委副主任，西北工会干部党校校长，陕西省工业交通干部党校党委书记，这期间，在我省的记忆更少了。

王世益，晋中市榆社县潭村人，中共在山西历史上的第三任省委书记。少年时家境贫寒，只读过 3 年冬学。1921 年在山西公报馆做排字工，开始阅读进步图书，接受共产主义思想，走上革命道路，成为著名革命活动家、山西工人运动领袖。他的故事是一段轰轰烈烈的革命故事，从一名普通的印刷工人成长为工人运动的领袖，有不屈不挠领导罢工反抗压迫的热血沸腾，有秘密组建工会组织，使广大职工从此在党的领导下有组织地开展斗争的坚定步伐，有被捕入狱屡遭酷刑却面不改色的崇高气节。

每一段历史都应当被铭记，哪怕蛛丝马迹，也要继续追寻。慢慢地，王世益的故事渐渐浮现在眼前。

接受先进思想 加入社会主义青年团

王世益是晋中市人，较完整地记载王世益的故事是中共晋中地委党史资料征集研究办公室出版的名为《闪光的年华——晋中党史人物传略之一》一书，记者在中共太原市委党史研究室看到了这本书。

据书中记录，王世益从小家境贫寒，少年时代曾入过本村私塾，读过 3 年冬季农闲书。这期间，他读的书也只是四书五经之类，学习成绩优秀。父亲王九重曾参加过义和团运动，在家中时常给他讲一些义和团"平洋人，杀赃官"的斗争故事。这些中国人抵抗外国侵略反对封建统治阶级压迫的可歌可泣的斗争事迹，在他幼小的心灵中留下了深刻的印象。

后来因家境进一步贫寒，加之连年灾荒欠收，迫使王世益中断学业，在家中帮父亲种地，给地主放牛。由于喜好读书，他将牛拴在树上，被东家借故赶走，一文工钱没有白干了几个月。

为了生存，1918 年春，王世益来到太原大剪子巷文蔚阁当了一名印刷学徒。出徒后到《山西公报》馆作排字工。他的徒工生活是辛酸悲惨的。在那里，王世益开始接触现实的社会生活。强者吃人使人畏惧，弱者吃苦却受人鄙视。这一切都使王世益百思不解，使他在人生的道路上徘徊，寻求着新的出路。

当时，太原发行几种小报，其中包括《平民周刊》这种进步报刊。有的小报宣传无政府主义，主张建立所谓的"无命令、无权利、无服从、远制裁"的无政府社会。有的小报宣传三民主义。而《平民周刊》则宣传社会主义，主张劳工神圣。在这里，王世益读到了许多进步图书，受到了革命思想的影响，结合自己的亲身经历和社会现实，抛开了无政府主义和三民主义的思想，开始接受共产主义思想，逐步走上了革命道路。

张楠介绍，王世益就是在那个时候认识了太原社会主义青年团创始人之一李毓棠，并经李毓棠介绍，王世益加入太原社会主义青年团，成为山西第一批初步接受马克思主义的工人。

太原社会主义青年团以"唤起劳工、改造社会"为宗旨，传播科学与民主进步思想。中国共产党诞生后，接受党的领导，宣传马克思列宁主义，贯彻党的反帝反封建主张，揭露军阀黑暗统治，不断与工农相结合，领导群众运动，为山西新民主主义革命斗争作出了巨大贡献。

1922 年，太原团地委成立后，王世益担任社会主义青年团太原地区职工委员会委员，负责职工运动。

（下转第 4 版）

了解我省早期工人运动领袖王世益的故事，请扫码观看

省总领导在太原调研工会工作

王蕾参加活动

本报 6 月 20 日讯（首席记者贺芳芳） 今天，省总工会党组书记、常务副主席王蕾在太原深入企业、县（区）等基层工会，就产业工人队伍建设改革、"职工之家"建设、职工创新工作室等工作进行调研。

王蕾首先来到山西穗华物流园有限公司，参观了该公司职工活动中心、货车司机"爱心驿站"、物流职业技能实训基地等，与该公司负责人和工会主席深入交谈，了解了货车司机入会情况、物流工作人员参加培训情况、技能提升情况及就业情况。作为太原市总命名的太原市新时代职工技能实训基地，山西穗华物流园有限公司物流职业技能实训基地成立以来已举办多期物流服务师、供应链服务培训、视频直播营销等相关培训，同时分别承办了太原市第一届、第二届物流服务师劳动技能竞赛，搭建了物流行业技能人才成长的平台。王蕾指出，货车司机作为新就业形态劳动者，工会组织要尽可能地让他们加入工会组织，从维权服务、生活关爱、技能提升等多方面给予他们关心关爱；要充分发挥实训基地作用，在帮助物流从业人员提升技能的同时，进一步做好就业服务。

在太原四联重工股份有限公司，王蕾参观了太原四联重工股份有限公司"新时代职工之家"。该公司"新时代职工之家"总投资 1300 多万元，占地 3684 平方米，同时建有党建工作室、舞蹈室等多个活动室和四联科技文化成果展览室、职工培训室等，把"职工之家"建成了一个工会组织综合服务的多功能平台。王蕾称赞太原四联重工股份有限公司作为一家民营企业，能这样大力度地关心职工生活，做得很好。

随后，王蕾来到阳曲县工人文化宫，了解了建设情况，参观了"职工书屋"。阳曲县工人文化宫"职工书屋"是一家智慧书屋，实现了无人值守、全自助式管理，环境优雅、藏书丰富。王蕾指出，"职工书屋"可以通过开展一些读书沙龙、读书会、好书推荐等活动，引导更多的职工养成良好的阅读习惯，同时可以把"职工书屋"作为党的创新理论宣讲站点，开展党的创新理论宣讲活动，真正使"职工书屋"用起来、活起来、热起来。

下午，王蕾先后来到西山煤电太原选煤厂、中车太原机车车辆有限公司，调研职工创新工作室、"职工书屋"、"新时代职工之家"及产业工人队伍建设改革有关情况。听取汇报后，王蕾指出，工会要进一步做好产业工人队伍建设改革，畅通技术工人晋升渠道，鼓励技术工人通过技术比武实现个人成长；要发挥好创新工作室的作用，开展技术攻关，促进技能升级；要让"职工之家"建设更加贴近职工，建在离职工最近的地方，根据职工需求开展活动。

太原市总工会主席张磊参加调研活动。

冬奥会冠军苏翊鸣首次亮相山西

荣获山西青年五四奖章

本报讯（记者王雨赟） 6 月 17 日，省体育局系统"喜迎二十大、永远跟党走、奋进新征程"主题团日活动暨 2022 年新团员入团仪式在山西体育中心举行。作为新团员，北京冬奥会冠军、山西单板滑雪运动员苏翊鸣首次在山西公开亮相，并荣获山西青年五四奖章。

在入团仪式上，苏翊鸣等 10 名青年运动员上台佩戴团徽、领取团章和团员证，并面向团旗庄严宣誓。作为新团员代表，苏翊鸣表示，很高兴能和队友一起光荣加入中国共产主义青年团。今后要牢记习近平总书记的谆谆教诲，牢记今天的誓言，做心系祖国、志存高远、脚踏实地的优秀青年，贡献自己的青春力量。

6 月 20 日，我省中考首日，在太原市育英中学中考考点门口，既有考生家长们的助威加油，也有同学之间的互相鼓励，更多的是安保人员尽职尽责维持秩序。祝愿广大考生考出佳绩、旗开得胜。 本报首席记者 秦岭 摄

今年我省 384224 人参加中考

本报 6 月 20 日讯（记者王雨赟） 今天上午，记者从省招考中心了解到，今年全省中考报名人数为 384224 人，比去年减少 10990 人，减少 2.78%。全省共设 11 个考区、382 个考点、12867 个考场。根据疫情防控需要还设置了 119 个隔离考点、1146 个备用隔离考场。约 4 万名工作人员为中考工作服务。

按照省教育厅安排，2022 年我省中考文化课考试时间为 6 月 20 日、21 日、22 日。因疫情防控，今年取消体育、理化实验、信息技术三科考试。

为确保顺利实现"平安中考"，全省各级教育、招考部门联合相关单位制订了疫情防控方案、应急预案，按需求设置了隔离考点、隔离考场，配备了防疫主考、防疫人员和防疫物资，安排了考前健康筛查、考点测温等工作。在考生服务方面，各地采取有力措施做好考试期间的综合服务保障；同时对考后志愿填报、信息查询等工作进行了周密部署和安排。

此外，从近几年招生情况看，中考考生报考志愿趋于理性和成熟，报考普通高中的热度依然不减，报考五年制高职、中专、职高、技校的学生也逐渐增多。学生报考五年制高职、中专、职高、技校，入学后 3 年学费全部免除。家庭困难的学生还可申请享受助学金等优惠政策。

三送三进在基层

省总"三送三进"2022 年度慰问演出走进长治

文化盛宴送去对劳动者的关爱

本报讯 6 月 17 日至 6 月 19 日，省总工会"送理论、送文化、送温暖、进项目、进企业、进工地"活动走进长治，分别在长治市滨湖区建设指挥部、晋能控股山西长治王庄煤业有限公司、焦煤集团山西凌志达煤业有限公司、潞安煤基清洁能源有限责任公司、山西航天清华装备有限责任公司进行慰问演出，为奋战在生产一线的职工送上一场文化盛宴。省总工会党组成员、经审会主任马小力参加慰问演出。

为深入宣传贯彻落实习近平总书记三次视察山西重要讲话重要指示，讴歌和赞美奉献在重点工程建设和创新发展项目的一线职工，丰富广大职工的业余文化和精神生活，进一步激发广大职工的劳动热情，6 月至 8 月，省总工会在全省范围内开展"送理论、送文化、送温暖、进项目、进企业、进工地"活动。

演出在开场歌舞《劳动畅想曲》中拉开帷幕，音舞诗画《民心所向》、说唱节目《幸福一家人》等受到在场职工的一致好评。韩利萍等劳模结合自身成长故事进行了宣讲，激发了在场职工奉献新时代的热情。

"这场演出给我们带来了视觉盛宴，更让我们感受到上级工会对基层企业和职工的关怀，使我们推动高质量发展的信心倍增。"来自山西航天清华装备有限责任公司的职工李亚伟激动地说。

相关单位负责人参加慰问演出。

合影留念

观看演出

劳模演讲

山西重大工运事件重要工运人物 寻访展示

王世益：我省早期工人运动的领袖

（上接第1版）当他得知京汉铁路工人和南方海港工人成立工会，以罢工的形式提出政治和经济要求时，就四处奔波于山西公报馆、晋商日报馆和其它厂矿，宣传、动员、组织工友们联合起来。王世益组织建立了印刷秘密工会，接着制革、粮服、鞋匠等一些秘密工会相继成立。

1923年，他在"成人夜校"接受教育，在彭真、王瀛等人的帮助下，觉悟日益提高，能力不断提升。王世益活动在报馆和工厂，向团组织介绍各行业的情况，汇报工人的思想动态和经济要求，向同伴们宣传革命主张，发展工人团员，争取同情者，做了大量的工作。1924年前后，山西印刷业相继成立了印刷、山西公报馆、晋商日报馆等团支部，他的身影出现在每次示威游行和讲演集会的人群中，他的足迹留在了太原各家工厂和报馆。他是组织联系群众的桥梁，也是工人们信赖和拥护的领导者。

1924年4月27日，在共青团太原地方委员会召集的全体会议上，王世益当选为第四支部书记。他先后4次主持召开太原地区团的临时会议，就筹备山西省总工会做了大量细致的准备工作。

领导工人运动 积极筹备组建工会组织

在中国共产党太原历史展览馆有一面墙，是专门介绍太原工人运动的。在王世益的照片下面写着：1925年1月1日，山西工人联合会成立，印刷工人王世益任委员长。8月19日，太原总工会成立。在他的照片周围，是印刷工人、制革工人等行业轰轰烈烈的工人运动的照片。

就是在这里，张楠为记者讲述了这些照片中当年王世益领导工人运动的故事。

据介绍，1925年，党团组织在工人中威信日益提高，党的反帝反封建主张在群众中引起巨大反响。一批工人先进分子加入革命团体，锻炼培养出许多职工运动的宣传者和组织者，具备了建立各级工会团体的基础条件。由彭真等人指导帮助，王世益承担起筹建工会的任务。

1925年1月1日，在文庙三立阁（图书馆）召开了工人联合会筹备大会，王世益当选大会主席，15个工厂的百余名代表提出了临时委员会名单，讨论了工人联合会简章、宣言等。是年春，在彭真同志的帮助和领导下，在太原市文庙内公开成立了山西省工人联合会，通过了《山西工人联合会简章》。但在选举领导人时，阎锡山派出特务，收买流氓、暴徒闯进会场寻衅捣乱，导致中途散会。党团组织决定工会以秘密的形式活动，由王世益担任委员长。

1925年5月，成为山西省工人联合会委员长的王世益带领工人支持反房税学潮，参加了示威游行。这次斗争，不仅揭露了阎锡山"保境安民"的假面具，而且扩大了党在群众中的影响。

在中国共产党太原历史展览馆寻访王世益和当年工人运动的故事

"五卅惨案"在上海发生后，王世益参加了沪案后援会工作，参加了示威游行，讲演宣传，抵制日货，向广大工人揭露帝国主义惨杀上海工友、血染南京路的暴行，征集捐款救济受难工友，并在自己做工的《晋商日报》馆组织罢工。他领导《晋商日报》《并州日报》印刷工人联合举行同盟罢工，要求增加工资，改善生产和卫生条件，提高徒工的待遇。

为了改善印刷行业徒工的待遇，缩短工时，增加工资，王世益组织发动了太原印刷工人第二次罢工。王世益在《罢工宣言》中揭露资本家对印刷徒工的残酷压榨。面对印刷行业工人的同盟罢工，各印刷厂资本家一方面高薪另行招募工人，另一方面勾结太原警方进行镇压。警方拘押罢工工人，威胁要工人们复工。王世益在《晋商日报》馆鼓励工友们：不答应条件，绝不复工。《晋商日报》在自己的印刷厂印不成，只好送到晋兴书社，但晋兴书社的印刷工人也拒绝开印，《晋商日报》馆因此倒闭。据当时共青团太原地委在给中央的报告中说，此次罢工，工人的精神和团结力在太原可说是破天荒，此次举动之猛烈也可说是破天荒。这次罢工震惊了山西当局，勾结资本家镇压破坏，逮捕罢工骨干，挑拨工人内部团结。经过斗争，被捕工人被释放。由于警方搜捕罢工领导人，王世益被迫转移。

离开太原后的王世益辗转到阳泉、北京，秘密继续领导工人运动。

在阳泉保晋煤矿，王世益以矿工的身份作掩护，发展团员，建立团小组，开展保晋煤矿和保晋铁厂的工人运动。他将这里的工作向太原团组织汇报，并希望能到京津唐地区，学习那里火热的工人运动的经验。

从这个时候起，王世益的工作线索在我省断开了。

为了继续追寻他的脚步，记者查阅了大量的资料，终于在中共辽宁省委党史研究室主办的《党史纵横》杂志上看到了一篇由冯晓蔚写的文章《王世益的峥嵘岁月》。此文提到，在北京，党组织安排王世益到北京中共北方区委党校接受短期培训。学习结束后，王世益留在北京继续从事职工运动。1925年，在北京地区负责职工运动的陈为人极为赞赏他的组织能力，介绍他成为党员，担任北京城南区区委书记。在这里，王世益发展了北京印刷厂和北京电灯公司的秘密工会和共青团，并组织民众参加了多次要求关税自主、反对关税会议的示威游行。王世益经过艰苦细致的工作，很快发展了一批青年工人和学生入党，中共山西省委第一任书记颜昌杰就是这时经王世益介绍入党的。1926年，王世益任北京长辛店、丰台地区铁路工会秘书兼党支部书记。"二七"大罢工失败后，反动统治者极力破坏工人运动，欺骗收买了一部分工会干部，残酷迫害积极分子。军阀同国民党右派勾结起来，大力施行欺骗恐怖手段。王世益不畏艰险，深入群众，团结革命工人恢复了秘密工会。

1927年4月，蒋介石在上海发动反革命政变，奉系军阀在北京杀害李大钊等19名革命者。正在汉口参加全国铁路工人会的王世益闻知李大钊牺牲的消息，不惧危险，毅然返回北京。可是同志们都隐蔽了，王世益没接上关系，自己也被反动当局通缉。满怀悲愤的王世益只得离开北京，回山西寻找党组织。

王世益回到太原后，与中共山西临时委员会接上了组织关系，担任省委巡视员。此时山西党的组织与工会遭到了严重的破坏，工作极端困难。王世益奉命到晋南巡视工作，在沿途恢复了榆次晋华党支部和赤色工会，在祁县、介休、平遥等地组织了工会。在晋南夏县下留村主持召开了临时省委会议。省委任命他为职工运动委员会书记，领导全省的职工运动。

遵照上级党组织的指示，王世益着手重建太原总工会。当时筹措党的活动经费十分困难，他与职工运动委员会成员赵秉义、阎念先、赵焕星一起租了大北门街一间小房作为据点，着手整顿基层工会。因为失业，4个人都无固定工作，党的经费经常失去来源，经常一文不名，时有断炊之虞。王世益鼓励大家克服困难，自己每天白天到晋兴书社打零工，用挣来的钱维持生活，晚上走门串户开展革命工作。他们有崇高的革命理想，为党的事业顽强工作。王世益这种精神得到了党组织的多次赞扬和肯定。

当时，太原形势恶化，国民党右派指使流氓杨笑天控制的"山西工人代表总会"（伪"工联"）兴风作浪，大打出手：倚仗军警多次查封赤色工会，殴打进步分子，专门扼杀工人运动，捕捉赤色工会领导人。王世益同黄色工会势力作坚决斗争，同国民党右派争夺群众。他推着水车，一桶一桶地卖水，想办法接触积极分子。经过努力，印刷、织布、鞋靴等行业的300余名积极分子团结在共产党周围，恢复重建了各行业赤色工会。以此为基础，太原总工会秘密恢复，交城、汾阳、阳泉、河东、介休、平遥、霍县、祁县也陆续建立和恢复了工会组织，全省有组织的工人达数万人。

1928年2月11日，省委扩大会议在霍州城东的一座破庙里秘密举行。根据中央关于"在党的各级领导干部中工人成份要占三分之二"的指示，选举王世益、杨高栖、彭芳、李旺（以上4人系工人）、王鸿钧、邓国栋、关广荃（以上3人系知识分子）组成新的省委，王世益任省委书记，也是中共山西省第三任省委书记。

霍州会议后，王世益秘密返回太原，同新任省委组织部部长杨高栖、省委秘书长关广荃主持省委全盘工作。王世益迅速布置加强暴动宣传、恢复赤色工会和普遍发展农会的工作。

狱中不改初心 坚定信念坚持斗争

1927年之后，王世益和工人运动的故事似乎中断了。1927年9月，他负责筹建太原总工会。为什么之后没有留下任何资料，突然悄无声息了？

带着这些疑问，记者继续寻找。

原来在1928年4月，因叛徒出卖，王世益被捕入狱，这一关就是9年。

中共太原市委党史研究室提供的一份资料显示，王世益（当时记载的名字为时青）在狱中受尽了严刑拷打，吊打火烙、老虎凳、压杠子……他的两只手腕留下了吊打时麻绳勒开皮肉的伤疤，背上留有香把的灼伤、铁丝刺条的杖伤，两膝因老虎凳压得疼痛难以行走，眼睛因灌辣椒水而斜视。多少次昏迷、多少次复苏，但他始终没有吐露党和革命的机密，没有出卖组织与同志，坚贞不屈，保持了共产党人的崇高气节。

1928年9月，山西特种刑事法庭以"颠覆国民政府的共党重要分子"的罪名判处王世益无期徒刑，并将他关押到山西省第一监狱。

在狱中，许多政治犯知道王世益是工人成分的省委书记，对他格外敬重。监狱秘密成立了党支部，王世益先后担任监狱党支部委员、书记，教育青年启发他们提高阶级觉悟，领导组织地下党员同监狱当局进行不屈不挠的斗争，还秘密发展了普通犯高占胜、胡海红、王文良和郝鼎洲等人入党。他们出狱后成为狱中党支部同监外的联络人，使得监狱党支部一度同狱外的山西特委书记刘天章取得了联系。

当时，监狱当局给犯人一天只有两顿发霉的稀米粥，饭里石子、沙土、麻雀毛、老鼠屎等什么都有，使狱中疾病蔓延。一次1500名犯人中发病者竟有五分之一。为抗议监狱当局迫害虐待政治犯和克扣犯人的口粮，监狱党支部多次领导绝食斗争。王世益与大家一道绝食，坚持到底。1933年的一次绝食斗争中，800余人参加，坚持到第9天取得胜利。第8天的时候，狱方答应绝食者提出的条件，却把领导人单独禁闭。王世益就是其中之一。据有关资料显示，同狱难友刘韶南回忆："敌人为了镇压犯人的斗争和对王世益进行报复，给他钉上加重的脚镣，单独隔离禁闭起来，对他施加了酷刑。这种刑具给健壮的人戴上也要人骨三分，何况身体瘦弱的王世益。但他意志坚强，忍受了这种桎梏。当大家都复了食，看到王世益还常戴着那个拖到地皮叮当响的脚镣慢慢移动的情景时，同志们心中都觉得难过。他却泰然自若，还安慰鼓励大家。"

中共太原市委党史研究室研究二室科长张楠向记者介绍王世益的生平

1931年8月，国民党南京政府接管了阎锡山的"自新院"，改名"反省院"。1932年冬，国民党迫于形势，实行所谓"大赦"，王世益由无期徒刑改为15年徒刑。1933年下半年，省立一监的政治犯被陆续转入反省院。第二年10月，王世益也被送往反省院。在这里，王世益组织领导了反省院临时党支部和"赤色革命生活团"，并制订了赤色革命生活团纲领：一是争取和维护反省人员的共同利益；二是反省人员要互相鼓励共同提高；三是反对法西斯专制；四是拥护中华苏维埃政权；五是按照上级党委指示，履行手续出反省院。

1936年10月，根据党组织指示精神，反省院临时党支部决定，让王世益按照临时党支部作出的关于出反省院手续规定出院，找党组织汇报情况。

之后王世益被送回家乡，一面养病，一面向村民宣传革命思想。在他的影响下，二弟加入了共产党，三弟后来参加了八路军，同乡的李金忠也参加革命。

没等病体痊愈，王世益就前往太原，寻找党组织。他找到在山西训导院负责教务的秘密党员时逸之和秘密党员冯彦俊，与中华民族解放先锋队太原总队长、中共太原市委书记赵林接上组织关系。他向赵林详细汇报了第一监狱和反省院党的秘密活动情况，请求追认这两个地方发展的党员。根据他的汇报，中共山西省工委批准承认一监党支部和反省院党支部所发展的全体党员的党籍，并责成王世益分别予以通知。

1937年5月，随着牺盟会机构的调整，中共太原市委在牺盟会太原市委员会中建立中共党团，王世益调任党团书记，以牺盟会太原市工人工作委员会成员的公开身份进行党的活动。他充分发挥自己多年从事工人运动的才干，深入产业工人中间，发展工人会员。到抗战爆发时，太原的牺盟会员已达5万人之众。

繁忙的工作使王世益旧病复发，党组织决定送王世益赴延安疗养治病。在延安，王世益一边养病，一边到中共中央党校旁听学习。1938年9月，组织上分配王世益到鲁迅艺术学院，先后任训育处干事、教职员党支部组织干事、院合作社主任、院务处副处长、院党总支委员。

抗战胜利后，王世益先后担任晋绥辖区兴县地委组织部部长、榆林地委组织部部长。1949年4月，党组织调王世益去延安西北党校工作，筹备西北总工会。

中国共产党太原历史展览馆外景

思考

在寻访王世益早期工人运动史的过程中，记者不只一次被王世益的事迹所打动。我们党一路走来，经历了无数艰险磨难，但任何困难都没有压垮我们，任何敌人都没有打倒我们，靠的就是像王世益这样千千万万党员的忠诚。无论是在腥风血雨的战争年代，还是在新时代伟大征程中，每名党员都应当坚持、继承和发扬这种坚强不屈、忠贞不二的优秀品质，以这种不畏艰险、不惧生死的精神品格为党分忧、为国尽责、为民奉献，以实际行动书写一名共产党员对党的忠诚，在民族复兴的伟业中为党和人民建功立业。

视频/摄影 本报首席记者 戎兵

本报地址：太原市新民中街8号 电话：(0351)3526288 邮编：030001 广告经营许可证：1400004000063号 广告部电话：(0351)3526283 定价：全年288元 零售每月0.85元 印刷：山西工人报文化传媒有限公司印业中心（太原市敦化南路180号）

梁永福：阳泉站走出的工运先驱

岳燕林

梁永福是中国共产党在阳泉地区最早发展的党员，是正太铁路总工会阳泉分工会负责人，是正太铁路大罢工直接组织者之一。他组织阳泉铁路工人声援京汉大罢工，举行了声势浩大的游行示威。新中国成立后，梁永福先后任太原铁路局总工会副主席兼生产部长、中华全国铁路总工会副主席，并在1965年1月当选全国政协第四届委员会委员。

阳泉是中国共产党创建的第一座人民城市，号称“中共第一城”。这里也是山西产业工人的诞生地和工人运动的发祥地之一，革命的薪火从这里燎原，红色的基因在这里传承。

梁永福就是一位从正太铁路阳泉站走出的工运先驱。他是中国共产党在阳泉地区最早发展的党员，是正太铁路总工会阳泉分工会负责人，是正太铁路大罢工的直接组织者之一，新中国成立后曾任中华全国铁路总工会副主席。

听党指引 投身工运

“梁永福是我党在阳泉铁路工人中发展的第一个共产党员，也是阳泉第一个共产党员。”阳泉市政协学习和文史委特聘文史研究员黄顺荣告诉记者。梁永福是河北省束鹿县小辛庄人，生于1892年4月，从小家境极为贫寒，14岁便背井离乡，跟随哥哥到阳泉火车站当养路工。那时的正太铁路被法国公司把持，对工人的剥削与压迫极为残酷。养路工整天抡镐、扒石碴，一天工作十几个小时，只挣微薄的工钱，而且动不动就挨打受罚，甚至被开除，生活十分凄惨。

“中国有了共产党，是开天辟地的大事变。”1921年7月，中国共产党在上海成立。8月，中国共产党在上海成立了中国劳动组合书记部，专门负责领导开展工人运动。1922年9月，在中国劳动组合书记部北方分部的领导下，正太铁路工业研究会传习所成立，并派人到阳泉进行联络，宣讲革命道理、启发工人觉悟，动员工人为争自由、求解放，团结起来进行斗争。梁永福由此受到了深刻的教育，眼前好像燃起一盏明灯，心里亮堂了起来。阳泉传习所一成立，梁永福第一个报了名，并积极串联工友们都来参加。

1922年12月，正太铁路工业研究会传习所改为石家庄正太铁路总工会。很快，正太铁路总工会阳泉分工会成立，张德祥（张四）任会长，梁永福任副会长，冯德耀任秘书，朱景文、解占魁等任委员，中国劳动组合书记部特派员（共产党员）吴先瑞任指导员。从此，阳泉有了中国共产党领导的工人群众组织，工人运动开始从自发走上自觉之路。

一身正气 敢于当先

正太铁路全体工人的大联合，为工人们争取权益、谋求解放创造了条件。1922年12月15日，正太铁路总工会组织发起全线总罢工。在梁永福的带领下，阳泉分工会组织了工人宣传队、纠察队，积极参加罢工活动。根据正太铁路总工会的指令，他们要确保把一列从太原开出的客车截在阳泉，不准向前再开一步。列车开来，梁永福一马当先拦在铁轨上将列车截停。当时，这列客车挂着一节路局车务处总管、法国人白聂的专车。白聂态度蛮横，跳上火车头要强行开车。梁永福带领200余名工人卧在铁轨上，用身体筑起了一道坚强的路障；纠察队员紧跟而上包围了机车，将白聂从车头上拉了下来，硬是没让火车再向前挪动一步。这次截车斗争对历时12天的正太铁路大罢工的最终胜利起到了保证作用。梁永福在罢工中立场坚定、斗志顽强、机智勇敢，表现出高度的阶级觉悟和勇敢的牺牲精神，受到了工友们的拥护和爱戴。

传播火种 情系正太

1923年2月，震惊中外的京汉铁路工人大罢工爆发。2月7日，阳泉铁路工人开展支援京汉“二七”同情罢工，举行了声势浩大的游行示威。法国资本家命令用武力进行镇压，梁永福带领纠察队冲锋在前，与其展开了英勇搏斗。罢工失败后，梁永福遭到山西反动当局通缉。不久，正太铁路当局将梁永福、解长发等工会领导人及27名骨干成员开除。经过两次罢工斗争的历练，梁永福在思想上更加成熟起来。1923年10月15日，经中共北方区委张志刚、正太铁路总工会负责人施恒清介绍，中共北京区执行委员会批准梁永福加入中国共产党。随后，梁永福继续在阳泉、芹泉、寿阳一带从事工人运动。1932年9月，中共正太铁路党组织恢复了正太铁路总工会。这个时期中国共产党领导铁路工人斗争的主要内容之一是和国民党操纵的黄色工会作斗争。在党的领导下，梁永福组织工人兄弟巧妙地利用国民党反动派所谓的改良主义措施，提出了一些能够让广大工人群众接受的口号和斗争方式，发动和争取群众同黄色工会进行了坚决而有效的斗争。1934 年 1 月，正太铁路总工会第七届委员会选举时，梁永福被选为正太铁路总工会驻会理事兼阳泉分工会常务干事，在阳泉专门从事工会工作。1935 年 10 月，正太铁路总工会再次改选。梁永福由于在工人中享有很高的威望，再次当选常务理事。

1947 年 11 月，石家庄解放。为了抢修被炮火摧毁的铁路，支援解放军挥师南下解放全中国，梁永福冲锋在前，担任铁路抢修工程队副队长，带领工人日夜鏖战在正太铁路线上，圆满完成了抢修任务，被记三等功。

“梁永福一生奋战在党的工运战线上，是正太铁路工人的光辉记忆。”全国铁路总工会有关人士向记者介绍。1948 年 5 月，梁永福代表晋察冀边区铁路局总工会出席了全国第六次劳动代表大会，被选为中华全国总工会执行委员。1949 年 6 月，梁永福随中国工人代表团经苏联、捷克、罗马尼亚、波兰到达匈牙利首都布达佩斯，参加了世界工联第二次代表大会。同年 8 月，在太原铁路局总工会成立大会上，梁永福被选为总工会副主席兼任生产部长。1951 年 9 月，梁永福任中华全国铁路总工会副主席。1957 年 12 月，梁永福当选中华全国铁路总工会第八届执行委员会候补委员。1965 年 1 月，梁永福当选全国政协第四届委员会委员。1973 年 10 月 18 日，梁永福因病于北京逝世，终年 81 岁。

信念坚定、听党指挥、担当斗争，梁永福的一生，是革命的一生、奋斗的一生。

作为中国共产党在阳泉地区最早发展的党员，他暗夜求明，紧跟党走，投身工运，为阳泉铁路工人大联合发挥了重要作用。他胸怀理想，信念坚定，是正太铁路工人的光辉记忆，多次经受了生与死的考验，对党始终忠贞不渝。他敢于斗争，迎难而上，无所畏惧，用行动诠释了工会人为国家、为工人而担当和斗争的精神境界。

新时代新征程，实现伟大梦想，需要我们传承和弘扬革命先驱的优秀品格，用接续奋斗把我们的伟大事业继续推向前进。

本文刊于 2021 年 5 月 13 日《山西工人报》

SHANXI GONGREN BAO

新闻责任 工会声音 职工情怀 维权担当

山西省总工会主管主办
山西工人报社出版

山西工人网 http://www.sxgrw.com
E-mail:sxgrb@163.com
（今日四版）

国内统一刊号 CN14-0003 邮发代号 21-10 2021年5月13日 星期四 农历辛丑年四月初二 总第10208期

机动车驾驶证电子化将在3个城市试点

明年全面推广

新华社北京电（记者刘奕湛）记者5月10日从公安部新闻发布会上获悉，为进一步推进简政放权、减证便民，提升在线政务服务水平，公安部决定自2021年6月1日起，在天津、成都、苏州3个城市试点机动车驾驶证电子化，为驾驶人提供在线"亮证""亮码"服务，更好便利群众办事出行。

公安部交通管理局副局长刘宇鹏表示，电子驾驶证具有统一性、实时性、安全性3个特点：通过"交管12123"App发放，电子驾驶证式样全国统一，与纸质驾驶证具有同等法律效力；电子驾驶证通过全国公安交管电子证照系统生成，动态显示驾驶证状态；采用数字签名防伪技术，有效防止篡改、伪造，保证电子驾驶证真实唯一、安全可靠。

据了解，公安部将于下半年扩大试点，2022年在全国全面推广。

奋斗百年路 启航新征程

建党百年·山西重大工运事件重要工运人物寻访展示

梁永福：阳泉站走出的工运先驱

本报记者 岳燕林

阳泉是中国共产党创建的第一座人民城市，号称"中共第一城"。这里也是山西产业工人的诞生地和工人运动的发祥地之一。革命的薪火从这里燎原，红色的基因在这里传承。

梁永福就是一位从正太铁路阳泉站走出的工运先驱。他是我党在阳泉地区最早发展的共产党员，是正太铁路总工会阳泉分工会负责人，是正太铁路大罢工的直接组织者之一，解放后曾任中华全国铁路总工会副主席。

听党指引 投身工运

"梁永福是我党在阳泉铁路工人中发展的第一个共产党员，也是阳泉第一个共产党员。"阳泉市政协学习和文史委特聘文史研究员黄嵘荣告诉记者。梁永福是河北省束鹿县小辛庄人，生于1892年4月。从小家境极为贫寒，14岁便背井离乡，跟随哥哥到阳泉火车站当养路工。那时的正太铁路被法国公司把持，对工人的剥削与压迫极为残酷。养路工整天抡镐、扒石碴，一天工作十几个小时，只挣微薄的工钱，而且动不动就挨打受罚，甚至被开除，生活十分凄惨。

"中国有了共产党，是开天辟地的大事变。"1921年7月，中国共产党在上海成立。8月，中国共产党在上海成立了中国劳动组合书记部，专门负责领导开展工人运动。1922年9月，在中国劳动组合书记部北方分部的领导下，"正太铁路工业研究会传习所"成立，并派员到阳泉进行联络，宣讲革命道理，启发工人觉悟，动员工人为争自由、求解放，团结起来进行斗争。梁永福由此受到了深刻的教育，眼前好像燃起一盏明灯，心里亮堂了起来。阳泉传习所一成立，梁永福第一个报了名，并积极串联工友们都来参加。

12月，"正太铁路工业研究会传习所"改为"石家庄正太铁路总工会"。很快，正太铁路总工会阳泉分工会成立，张德祥（张丙）任会长，梁永福任副会长，冯德耀任秘书，朱银文、解占魁等任委员。中国劳动组合书记部特派员（共产党员）吴先瑞任指导员。从此，阳泉有了党领导的工人群众组织，工人运动开始从自发走上自觉之路。

一身正气 敢于当先

正太铁路全体工人的大联合，为工人们争取权益、谋求解放创造了条件。1922年12月15日，正太铁路总工会组织发起全线总罢工。在梁永福的带领下，阳泉分工会组织了工人宣传队、纠察队，积极参加罢工活动。根据正太铁路总工会的指令，他们要确保把一列从太原开出的客车截在阳泉，不准向前再开一步。列车开来，梁永福一马当先拦在铁轨上将列车截停。当时，这列客车挂着一节路局车务处总管、法国人白银的专车。白银态度蛮横，跳上火车头要强行开车。梁永福带领200余名工人卧在铁轨上，用身体筑起了一道坚强的路障；纠察队员紧跟而上包围了机车，将白银从车头上拉了下来，硬是没让火车再向前挪动一步。这次截车斗争对历时12天的正太铁路大罢工的最终胜利起到了保证作用。梁永福也因为在罢工中立场坚定、斗志顽强、机智勇敢，表现出高度的阶级觉悟和勇敢的牺牲精神，受到了工友们的爱戴和拥护。

传播火种 情系正太

1923年2月，震惊中外的京汉铁路工人大罢工爆发。2月7日，阳泉铁路工人开展支援京汉"二七"同情罢工，举行了声势浩大的游行示威。法国资本家命令用武力进行镇压。梁永福带领纠察队冲锋在前，与其展开了英勇搏斗。罢工失败后，梁永福遭到山西反动当局通缉。不久，正太铁路当局将梁永福、解长发等工会领导人及27名骨干成员开除。经过两次罢工斗争的历练，梁永福在思想上更加成熟起来。1923年10月15日，经中共北方区委张志刚、正太铁路总工会负责人施恒清介绍，中共北京区执行委员会批准梁永福加入中国共产党。随后，梁永福继续在阳泉、芹泉、寿阳一带从事工人运动。1932年9月，中共正太铁路党组织恢复了正太铁路总工会。这个时期中共领导铁路工人斗争的主要内容之一是和国民党操纵的黄色工会作斗争。在党的领导下，梁永福组织工人兄弟巧妙地利用国民党反动派所谓的改良主义措施，提出了一些能够让广大工人群众接受的口号和斗争方式，发动和争取群众同黄色工会进行了坚决而有效的斗争。1934年1月，正太铁路总工会第七届委员会选举时，梁永福被选为正太铁路总工会驻会理事兼阳泉分工会常务干事，在阳泉专门从事工会工作。1935年10月，正太铁路总工会再次改选，梁永福由于在工人中享有很高的威望，再次当选为常务理事。

1947年11月，石家庄解放。为了抢修被炮火摧毁的铁路，支援解放军挥师南下，解放全中国，梁永福冲锋在前，担任铁路抢修工程队副队长，带领工人日夜鏖战在正太铁路线上，圆满完成了抢修任务，被记三等功。

"梁永福一生奋战在党的工运战线上，是正太铁路工人的光辉记忆。"全国铁路总工会有关人士向记者介绍。1948年5月，梁永福代表晋察冀边区铁路局总工会出席了全国第六次劳动代表大会，被选为中华全国总工会执行委员。1949年6月，梁永福随中国工人代表团经苏联、捷克、罗马尼亚、波兰到达匈牙利首都布达佩斯，参加了世界工联第二次代表大会。1949年8月，在太原铁路局总工会成立大会上，梁永福被选为总工会副主席兼任生产部长。1951年9月，梁永福任中华全国铁路总工会副主席。1957年12月，梁永福当选为中华全国铁路总工会第八届执行委员会候补委员。1965年1月，梁永福当选为全国政协第四届委员会委员。1973年10月18日，梁永福因病逝世于北京，终年81岁。

了解阳泉站走出的工运先驱梁永福，请用抖音App扫二维码

晋中市"劳模·工匠精神传承教育基地"揭牌

本报讯（首席记者米俊茹）5月11日，晋中市总在晋中市中小学生综合实践学校举行"劳模·工匠精神传承教育基地"揭牌仪式。晋中市人大常委会副主任、市总工会主席王根元出席仪式并讲话。

创设"劳模·工匠精神传承教育基地"是晋中市总庆祝建党100周年，深入开展"赓续红色血脉，传承劳模精神"系列活动的一次重要实践，是学思结合、学用结合、学践结合的生动体现，也是践行"我为群众办实事"实践活动的生动体现。在晋中市中小学生综合实践学校建立"劳模·工匠精神传承教育基地"，将劳模精神、工匠精神纳入基础教育序列，是晋中市总对传承劳模精神、工匠精神的一次创新尝试。

王根元在讲话中强调，希望通过基地这个平台，将劳模精神、工匠精神细化到同学们的劳动学习和探索创造中，使其感知劳模精神、工匠精神的本质，从而更加尊重劳动、感知劳动的光荣，将自己的命运与祖国的命运紧密相连，在实现中华民族伟大复兴的中国梦中实现人生价值。

揭牌仪式之后，晋中市总特邀晋中市劳模、榆次区北田镇青青草果合作社负责人武锐琴以"星耀课堂""劳模·工匠故事"为主题，为广大中小学生讲了第一课。

朔州市组织相关人员看望慰问一线护士

本报朔州讯 在第110个国际护士节之际，5月11日上午，朔州市组织看望慰问一线护士，并为其送上鲜花、慰问品，向护士们致以节日的祝贺和诚挚的敬意。朔州市总工会、朔州市卫生健康委员会负责人参加慰问。

慰问组一行先后深入朔城区敬德园社区服务站和友谊街社区卫生服务站，为一线护士送上鲜花、慰问品以及节日的祝福，并与一线护士亲切交谈，详细了解新冠疫苗接种流程和情况。

服务站的护士们纷纷表示，要爱岗敬业，力争做到新冠疫苗接种工作"应接尽接"，切实维护社区群众生命健康安全。 （王泽 王小燕）

奋斗百年路 启航新征程

学党史 悟思想 办实事 开新局

长治市职工演讲比赛决赛举行

本报讯 5月11日上午，"中国梦·劳动美——学党史、感党恩，永远跟党走，建功新时代"长治市职工演讲比赛决赛在市总工会六楼举行。

此次比赛共有来自全市各个行业的109名选手参加，比赛分预赛和决赛两个阶段，前12名选手进入决赛。比赛中，演讲者以普通职工的视角，讲述了中国共产党成立以来党和国家各项事业取得的辉煌成就，讲述了普通职工工作、生活发生的巨大变化，多层次、多角度呈现了普通职工与党共成长、与新时代齐奋进的生动实践，现场不时响起阵阵热烈的掌声。

经过激烈角逐，王韬逸、杜瑞鹏两名选手荣获个人一等奖，李旭妍等4名选手荣获个人二等奖，马慧玲等6名选手荣获个人三等奖，另有30名选手荣获优秀奖。 （司藤 牛磊）

运城市总党员干部赴陈家庄村追寻红色足迹

本报运城讯（记者秦孟婷 通讯员李磊） 5月6日，运城市总工会党总支与闻喜县总工会党支部联合在闻喜县陈家庄村开展"追寻红色足迹 传承革命精神"主题党日活动，推动党史学习教育走向深入。

参加活动的党员干部怀着崇敬的心情参观了太岳三地委纪念馆、中共稷麓县委会旧址、太岳三地委会常旧址等，详细了解革命老区陈家庄村的发展和建设情况。随后，大家重温入党誓词，表达了对党的忠诚。在会议室，参加活动的党员干部集体诵读《中国共产党章程》，学习《"我为群众办实事"实践活动工作方案》《中国共产党简史》等，并聆听党课。

该市总强调，党员干部要牢牢把握党史学习教育的目标方向，切实把中央、省委、市委对党史学习教育的各项部署，要求从严从细落到实处；扎实开展好"我为群众办实事"实践活动，开展政策惠民行动，推动政策落地；筹划好庆祝建党100周年系列活动，组织好"学党史、颂党恩、跟党走"庆祝建党100周年红色经典诵读活动；希望每一名党员都能发扬改革创新精神，当好开路先锋，做好各项工作。

职工有话说

抓紧让『新工种』获得『身份证』

张倩

近日，国家职业分类大典修订工作启动会在北京召开，会议宣布正式启动对2015年版《中华人民共和国职业分类大典》的修订工作。

随着我国经济高质量发展，新的经济增长点不断涌现，催生出一批新职业。穿梭在街头巷尾的快递小哥、创作新式茶饮的调饮师、为学生提供精准学习指导的在线教育培训师……从过去的"三百六十行"到如今的"万类霜天竞自由"，新职业、新工种的"千姿百态"满足了人们对美好生活的向往，也为更多人搭建了出彩的平台。

在这样的时代背景下，对2015年版《中华人民共和国职业分类大典》进行修订，是主动适应新形势需求的表现。从更深层意义上说，为各领域的新职业、新工种"正名"，不仅可以增强从业者的职业归属感，更利于促进相关职业培训和职业标准的完善，为劳动者营造更宽松、有保障的就业环境，为社会经济发展提供新的动力。

生活需要仪式感，职业也需要认同感。通过有关部门、企业和从业者的共同努力，我们期待越来越多的新职业、新工种能够及时拥有国家认可的"身份证"，吸引更多有志之士加入新职业，让他们心中更有底气，生活更有奔头！

5月11日，山西省人民医院召开庆祝5·12国际护士节暨护理表彰大会。大会表彰了优秀护士代表，图为优秀护士代表表演朗诵节目。

本报记者 李庆峰 摄

"十三五"时期我省异地扶贫搬迁47.2万人

走出山西特色的易地扶贫搬迁之路，多次受到国务院表彰

本报5月12日讯（首席记者陈秋蓬）脱贫攻坚作为我省"十三五"头等大事和第一民生工程，高位推动、持续发力，"六环联动"整村搬迁，走出一条具有山西特色的易地扶贫搬迁之路，全省脱贫攻坚取得历史性成就，多次受到国务院表彰。"十三五"期间，全省搬迁建档立卡贫困人口36.2万人，同步搬迁11万人，总搬迁人口47.2万人，总规模排全国第九位；建设集中安置区1122个，安置住房17.5万套，总面积1074.2万平方米，总投资约250亿元。这是记者从今天上午省政府新闻办召开的全省脱贫攻坚首场新闻发布会上获悉的。

我省是全国扶贫开发重点省份、著名革命老区。全国14个集中连片特困地区中，我省有吕梁山、燕山—太行山两个；全省117个县（市、区）中，有36个国定贫困县、22个省定贫困县。党的十八大以来，特别是2016年以来，在省委、省政府的领导下，我省把"易地搬迁脱贫一批"作为新时期脱贫攻坚精准扶贫重点任务全力推进。省扶贫办与省发改委共同牵头，联合省自然资源厅、省人社厅、省农业农村厅、省住建厅、省民政厅等有关部门，与11个市的83个项目县一道，坚持"六环联动"，统筹解决"人钱地房树村稳"等问题，推进整村搬迁。

"六环联动"是指精准识别对象，解决好"搬迁谁"的问题。搬迁贫困人口占全省贫困人口总数的11%，新区安置配套，解决好"搬得出"的问题。重点迁往城镇、园区和旅游景区，集中安置率为89.1%，安置到县城的超过一半，同步配套了基础设施和公共服务。产业就业保障，解决好"能脱贫"的问题。安置区周边新建产业园区413个、扶贫车间408个，吸纳搬迁劳动力2.7万人，培育了"天镇保姆""吕梁护工""太行家政"等劳务品牌，培训就业16.5万人，外出务工5.5万人，提供公益岗位2.1万个，实现有劳动能力的搬迁家庭每户一人稳定就业。社区治理跟进，解决好"稳得住"的问题。

（下转第2版）

李德齐：倒在黎明之前的支部书记

贺芳芳　郭倩

铭刻

作为生产、制造、贮藏各种武器弹药及战争军械的太原兵工厂，涌现出一批又一批的党员干部，他们为迎接太原解放前仆后继，进行了可歌可泣的伟大斗争，李德齐就是其中一位。他是太原解放前太原兵工厂最后一位党支部书记。他在工厂秘密发展党组织，打乱敌人的军工生产计划；他宣传革命道理，揭露厂方和阎锡山对工人的压榨，发动职工展开斗争；他秘密组织起一支有数百人的护厂队伍，日夜守护在厂里，以厂为家，坚持斗争……但就在即将迎来胜利的时候，他却不幸落入敌人的圈套，英勇牺牲。在太原解放的当天凌晨，他用鲜血与生命，迎接黎明。

“这里曾是我爷爷工作和战斗过的地方。我虽然没有见过爷爷，但他的精神是我一生的财富。”说起自己的爷爷，46 岁的山西北方机械制造有限责任公司热表处理分公司热处理车间职工李建军很自豪，“我有一个伟大的爷爷。”

李建军的爷爷叫李德齐，是太原解放前太原兵工厂（今山西北方机械制造有限责任公司）最后一名党支部书记。在太原解放的前一夜，李德齐被秘密杀害。

“爷爷牺牲时父亲也只有十来岁。听父亲说，因为爷爷当年从事的是党的地下工作，所以很少和家里人讲工作上的事。虽然家里人不知道爷爷具体干什么，但看着他每天早出晚归、忙前忙后，并受到工人们的拥护和尊重，心里也明白爷爷的工作一定是为了广大职工群众，一定是为了党和人民。”李建军回忆说，“爷爷的故事也是后来厂里整理档案和历史资料，我才知道的。”

“爷爷是1949年4月24日凌晨牺牲的。4月24日，太原迎来了解放，兵工厂成为人民的兵工厂，可惜爷爷最终没看到。”李建军的声音有些哽咽，“听父亲说，爷爷的死讯是几天后才知道的。爷爷是遭到特务的迫害，被活埋的。当年，他只有31岁。”

李德齐的一生如同流星，虽然短暂却划破黑暗，留下了光明。在李建军的回忆中，在“1989太原兵工厂文化产业园”项目办主任刘贵红的介绍中，在有关历史档案的记录中，记者走进了李德齐可歌可泣的一生。

李德齐是山西盂县人，生于1918年，家里几代人都以种田为生，两岁时失去了母亲，与父亲相依为命。在父亲和叔婶的帮助下，李德齐上学到初中毕业，不仅成绩优异而且写得一手漂亮的毛笔字。这也为他后来打入敌人内部从事革命工作创造了有利条件。

1944年，李德齐来到日伪统治下的太原，经同乡介绍，在伪山西省政府当了个小职员。在此期间，中共中央发出强化敌占城市工作的指示，要求各级党组织积极发展党员，积蓄力量，准备反攻。同年年底，晋察冀边区二地委城工部派入太原的地下工作人员张雨怀与李德齐相识。交往中，张雨怀发现李德齐正直、坦荡，有强烈的爱国意识。1945年春，张雨怀介绍李德齐加入了中国共产党。

李德齐入党时，正值抗日战争即将胜利之时，中共中央决定进一步加强敌占城市的地下工作，以适应新形势的发展。此后，李德齐和地下党员张贤禄、陈仰模等人遵照晋察冀二地委城工部的指示，在太原南肖墙 62 号租赁房屋开办了贤德胜杂货铺，由李德齐任副经理，名义上是做买卖，实际是党的一个地下交通站。不久，站内建立了秘密党支部。

1946 年，李德齐利用关系打入西北修造厂（原太原兵工厂），发展党组织，发动工人群众展开斗争，打乱敌人的军工生产计划。最初，李德齐在劳务股当练习生，不久又被调到人事股当了办事员，负责锻工、铸工、木工 3 个部的记工和考勤工作。这对开展党的活动极为有利。

到 1947 年，厂里的党员已经秘密发展到 13 人，李德齐担任党支部书记。他们在厂里秘密宣传革命道理，揭露厂方和阎锡山对工人的压榨，团结教育大批工人，进一步壮大了党的力量，有力地促进了工人运动的开展。当时，各种方式的罢工、怠工斗争在该厂不断发生，电线短路、设备发生故障的现象急剧增多，再加上原材料来源困难，尽管厂里工人和机器设备数较上一年均有较大幅度的增加，但产量仅完成了年计划的 1/3，生产的武器质量也很低劣。有一次，厂里组装的十多门迫击炮被拉到前线，竟一门也不能用。为这事，阎锡山大为恼火，训斥当时的厂长，称因为炮不合格，导致军队损失了 3000 多人。其实，这些都是党员和入党积极分子秘密进行的。

敌人为了破坏我地下党组织，采取了许多措施，包括大搞“三自传训”。敌人强迫工人交代与共产党的关系，指出谁是共产党员。厂内到处张贴着“没有关系找关系，找了关系交关系，交了关系没关系”的反动标语，气氛十分紧张。在白色恐怖的严峻时刻，党组织为李德齐的人身安全着想，要求他尽快撤离，但他认为当时斗争正在深入开展，党支部工作需要加强，如果离开会给党的工作带来损失。

1949 年 3 月，李德齐接到了新的指示：太原就要解放了，要提高警惕，严防敌人临败前下毒手，要保护好工厂的机器设备和技术档案。每名党员都要经得起血与火的考验，不到万不得已时不要离开工作岗位，等待与配合我人民解放军解放和接管太原。

太原就要见到光明了！虽然李德齐精神格外振奋，但又暗暗告诫自己，越是在这个时候越要冷静，工作更应细致。李德齐召集党支部全体成员做了分工，厂内很快秘密组织起一支数百人的护厂队伍，分三班日夜值守在厂里。可就在这时，敌人对李德齐的活动有所察觉。特务组织“考核组”组长张连清接到密报后，很快派出特务邸发有和毛汉文暗中监视李德齐的活动。

李德齐意识到肩上的重担，为了迎接解放、保护工厂，连续一个多月没有回家。4 月 19 日，李德齐安排好厂里的工作，匆匆回到家。本来他计划当天夜里返回工厂，没料到晚上城里开始戒严。城门关闭后，普通市民不得出入。4 月 20 日到 23 日，他几次试图出城回厂，均未成功。4 月 23 日下午，特务毛汉文带领几名特务装扮成农民模样来到李德齐家，称是他的老乡。正在困境中的李德齐误以为是我城工部派来与他接头的人，不幸落入圈套。

4 月 23 日夜，从太原特种警宪指挥处院内开出几辆卡车，李德齐就在车上。卡车径直开到坝陵桥，在一片空地停了下来。在那里，敌人已事先挖好两个大土坑。李德齐知道已经到了生命最后的时刻，深情地向北边望了最后一眼——那里有他战斗过的工厂，有一起并肩作战的同志和弟兄……

李德齐虽然被困，可厂里的工人运动没有停止。太原解放前几天，工厂仍有几百人坚持上班、值夜班，守护着工厂的机器设备和档案，时刻准备迎接解放军的到来。1949 年 4 月 24 日，太原解放。自此，兵工厂获得新生，成为人民的兵工厂。

“我和我的父亲都是这个厂的职工。从小我就立志一定要成为像爷爷、爸爸一样为军工事业奋斗的兵工人。爷爷的精神指引着我继续为党的事业奋斗，为祖国的国防事业贡献自己的力量。”李建军坚定地说。

这次寻访经历，让记者感触颇深。黎明之前往往最为黑暗。在黎明到来之前，有许许多多像李德齐一样的普通党员干部，将“革命”二字融进了自己的血液，他们英勇果敢、诚恳简朴，凝聚起广大干部职工的智慧和力量，用毕生所学所思，倾尽所有为太原解放拨开了最后一片迷雾。李德齐一生短暂而灿烂，面对敌人的迫害，他满怀共产主义必胜的信念，大义凛然，从容赴死。而他那无私奉献、临危不惧、脚踏实地、艰苦奋斗、不屈不挠的优秀品质今天依然令人感佩和怀念。

本文刊于 2021 年 5 月 17 日《山西工人报》

山西省总工会主管主办
山西工人报社出版

SHANXI GONGREN BAO

新闻责任
工会声音
职工情怀
维权担当

山西工人网 http://www.sxgrw.com
E-mail:sxgrb@163.com
（今日四版）

国内统一刊号 CN14-0003 邮发代号 21-10 2021 年 5 月 17 日 星期一 农历辛丑年四月初六 总第 10212 期

我国知识产权保护中心数量达 46 家

据新华社北京电（记者张泉） 国家知识产权局日前同意建设中国（辽宁）、中国（吉林）、中国（长春）知识产权保护中心，全国在建和已运行知识产权保护中心数量达到 46 家。

至此，东北地区共建设 5 家知识产权保护中心，初步实现了知识产权保护中心在东北地区的全覆盖。沈阳、黑龙江、辽宁、吉林和长春保护中心分别面向高端装备制造产业、装备制造和生物产业、新材料和新一代信息技术产业、高端装备制造和生物医药产业、新一代信息技术和现代化农业，开展知识产权快速协同保护工作。

据悉，国家知识产权局 2016 年启动知识产权快速协同保护工作，依托地方共同建设知识产权保护中心，旨在为创新主体、市场主体提供"一站式"知识产权综合服务，切实解决知识产权维权举证难、周期长、成本高等问题。

奋斗百年路 启航新征程

建党百年·山西重大工运事件重要工运人物寻访展示

李德齐：倒在黎明之前的支部书记

本报首席记者 贺芳芳 本报记者 郭倩

"这里曾是我爷爷工作和战斗过的地方。我虽然没有见过爷爷，但他的精神是我一生的财富。"说起自己的爷爷，46 岁的山西北方机械制造有限责任公司热表处理分公司热处理车间职工李建军很自豪，"我有一个伟大的爷爷。"

李建军的爷爷叫李德齐，是解放前太原兵工厂（今山西北方机械制造有限责任公司）最后一名支部书记。在太原解放的前一夜，李德齐被秘密杀害。

"爷爷牺牲时父亲也只有十来岁。听父亲说，因为爷爷当年从事的是党的地下工作，所以很少和家里人讲工作上的事。虽然家里人不知道爷爷具体干什么，但看着他每天早出晚归，忙前忙后，并受到工人们的拥护和尊重，心里也明白爷爷的工作一定是为了广大职工群众，一定是为了党和人民。"李建军回忆说，"爷爷的故事也是后来厂里整理档案和历史资料，我才知道的。"

"爷爷是 1949 年 4 月 24 日凌晨牺牲的。4 月 24 日，太原迎来了解放，兵工厂成为人民的兵工厂，可惜爷爷最终没看到。"李建军的声音有些哽咽，"听父亲说，爷爷的死讯是几天后才知道的。爷爷是遭到叛徒的陷害，被活埋的。当年，他只有 31 岁。"

李德齐的一生如同流星，虽然短暂却划破黑暗，留下了光明。在李建军的回忆中，在"1989 太原兵工厂文化产业园"项目办主任刘贵红的介绍中，在有关历史档案的记录中，记者走进了李德齐可歌可泣的一生。

李德齐是我省盂县人，生于 1918 年，家里几代人都以种田为生。两岁时失去了母亲，与父亲相依为命。在父亲和叔婶的帮助下，李德齐上学到初中毕业，不仅成绩优异而且写得一手漂亮的毛笔字。这也为他后来打入敌人内部从事革命工作创造了有利条件。

1944 年，李德齐来到日伪统治下的太原，经同乡介绍，在伪山西省政府当了个小职员。在此期间，中共中央发出强化敌占城市工作的指示，要求各级党组织积极发展党员，积蓄力量，准备反攻。同年年底，晋察冀边区二地委城工部派入太原的地下工作人员张雨怀与李德齐相识。交往中，张雨怀发现李德齐正直、坦荡，有强烈的爱国意识。1945 年春，张雨怀介绍李德齐加入了中国共产党。

李德齐入党时，正值抗日战争即将胜利之时。党决定进一步加强敌占城市的地下工作，以适应新形势的发展。此后，李德齐和地下党员张贤禄、陈印模等人遵照晋察冀二地委城工部的指示，在太原南肖墙 62 号租赁房屋开办了"贤德胜"杂货铺，由李德齐任副经理。名义上是做买卖，实际是党的一个地下交通站。不久，站内建立了秘密党支部。

1946 年，李德齐利用关系打入西北修造厂（原太原兵工厂），发展党组织，发动工人群众展开斗争，打乱敌人的军工生产计划。开始，李德齐在劳务股当练习生，不久又被调到人事股当了办事员，负责锻工、铸工、木工 3 个部的记工和考勤工作。这对开展党的活动极为有利。

到 1947 年，厂里的党员已经秘密发展到 13 人，李德齐担任党支部书记。他们在厂里秘密宣传革命道理，揭露厂方和阎锡山对工人的压榨，团结教育大批工人，进一步壮大了党的力量，有力地促进了工人运动的开展。当时，各种方式的罢工、怠工斗争在该厂不断发生，电线断路、设备发生故障的现象急剧增多，再加上原材料来源困难，尽管厂里工人和机器设备数较上一年均有较大幅度的增长，但产量仅完成了年计划的三分之一，生产的武器质量也很低劣。有一次，厂里组装的十多门迫击炮被拉到前线，竟一门也不能用。为这事，阎锡山大为恼火，训斥当时的厂长，称因为炮不合格，导致军队损失了 3000 多人。其实，这些事都是党员和入党积极分子秘密进行的。

敌人为了破坏我地下党组织，采取了许多措施，包括大搞"三自传训"。敌人强迫工人交待与共产党的关系，指出谁是共产党员。厂内到处张贴着"没有关系找关系，找了关系交关系，交了关系没关系"的反动标语，气氛十分紧张。在白色恐怖的严重时刻，党组织为李德齐的人身安全着想，要求他尽快撤离。但他认为当时斗争正在深入开展，党支部工作需要加强，此时离开会给党的工作带来损失。

1949 年 3 月，李德齐接到了新的指示：太原就要解放了，要提高警惕，严防敌人临败前下毒手，要保护好工厂的机器设备和技术档案。每名党员都要经得起血与火的考验，不到万不得已时不要离开工作岗位，等待与配合我人民解放军解放和接管太原。（下转第 4 版）

了解李德齐的革命事迹，请用抖音 App 扫二维码

晋城推动"劳动争议多元化解"工作出实招

本报讯（首席记者李麦旺）"听众朋友，现在是'劳动争议多元化解'职工维权'工会篇'专题释疑解难发布时间。如果你们遇到侵权行为，请与晋城新媒体中心 FM107.2 频率及时取得联系，我们将尽最大努力依法维护好你的合法权益。"每天 7 时 30 分，打开晋城新媒体中心 FM107.2 频率，便会听到这段热情洋溢的播报。这是由晋城市总工会、市中级人民法院、市人社局联合开展"劳动争议多元化解"工作的一个具体体现，标志着该市学史力行依法维护职工合法权益进入实质性阶段。

为切实维护职工的合法权益，该市总联合市中院、市人社局开展了以"法律维权在你身边"为主题的"劳动争议多元化解"主题宣传活动。一是从 4 月 1 日起，每日 7 时 30 分至 21 时在晋城新媒体中心 FM107.2 频率滚动播出公益广告，让依法维权的声音通过电波传递给每一名职工；二是从 4 月初开始，3 个单位的人员分别做客晋城广播电台"职工家园"栏目，为职工依法维权支招；三是深入企业开展"法律宣讲进企业"法治大讲堂活动，宣讲内容紧紧围绕工会法、劳动合同法、劳动法等内容展开；四是以开展户外法律宣传活动为牵引，在晋城市工人文化宫定期开展"劳动争议多元化解"主题宣讲活动，目前已发放普法资料近万份，近两万名职工接受了法律咨询；五是通过以案释法的形式，利用 3 个单位的官方网站、微信平台发布"工会篇、仲裁篇、法院篇"3 个章节的 10 个典型侵权案例，点击浏览量达 15 万人次。

晋中市总推进"工会爱心驿站"建设工作

本报讯（首席记者米俊茹） 为全面推进并保质、保量、按时完成"工会爱心驿站"建设工作，结合目前正在开展的"我为群众办实事"实践活动，5 月 13 日，晋中市总工会召开全市"工会爱心驿站"建设工作推进会。

此次会议由两个阶段组成，第一阶段组织全体参会人员现场观摩太谷区、榆次区已建成的高标准站点，第二阶段召开工作部署和经验交流会。

会议强调，晋中市"工会爱心驿站"建设要明确"1234N"的建站思路。"1"即一个目的，增强户外工作者的获得感、幸福感；"2"即……场所、学习平台、工会宣传阵地三项功能；"4"即实现建设特色化、布局科学化、资源社会化、服务优质化；"N"即"服务对象+N、服务项目+N、服务设施+N"。其中，每个站点的服务对象主要是户外劳动者，但不局限于户外劳动者，面向广大职工群众；每个站点的服务项目不仅仅是热饭、喝水、休息、学习，要因地制宜增设各自的项目；每个站点不仅配备省总要求的 25 项基本设施，还要增设其他服务设施，如老花镜、血压仪等。

据悉，晋中市"工会爱心驿站"建设工作从 4 月初部署到现在已新建 23 个高标准站点，其中 20 个已投……

……起工会主席的职责，认真为职工服务；另一方面，增强工会主席的荣誉感、自豪感，更好地为职工办实事、解难事，维护好职工合法权益，推动工会工作向前发展。

今年，该区总将陆续在所有基层工会中推广新任工会主席宣誓仪式，预计将举行 50 场。

刘友婷 郭璐

5 月 7 日，来自浙江省湖州市吴兴区织里镇"织里知礼·青年宣讲团"的党员志愿者走进佳荣新材有限公司的车间，在企业员工休息时给他们宣讲红色革命故事。 新华社记者 徐昱 摄

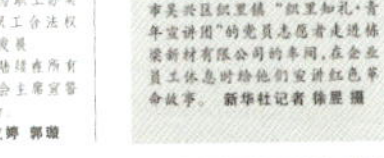

（上接第 1 版） 太原就要见到光明了！虽然李德齐精神格外振奋，但又暗暗告诫自己，越是在这个时候越要冷静，工作更应细致。李德齐召集党支部全体成员做了分工，厂内很快秘密组织起一支有数百人的护厂队伍，分三班日夜守护在厂里。可是就在这时，敌人对李德齐的活动有所察觉。特务组织"考核组"组长张连清接到密报后，很快派出特务邸发有和毛汉文暗中监视李德齐的活动。

李德齐意识到肩上的重担，为了迎接解放、保护工厂，连续一个多月没有回家。4 月 19 日，李德齐安排好厂里的工作，匆匆回到家看看。本来他想当天夜里返回工厂，没料到晚上城里开始戒严。城门关闭后，普通市民不得任意出入。4 月 20 日到 23 日，他几次试图闯出城回厂，均未成功。4 月 23 日下午，特务毛汉文带领几名便衣特务装扮成农民模样来到李德齐家，称是他的老乡。正在困境中的李德齐误以为是我城工部派来与他接头的人，不幸落入圈套。

李德齐：倒在黎明之前的支部书记

1949 年 4 月 23 日夜，从敌人"太原特种警宪指挥处"院内开出几辆卡车，李德齐就在车上。卡车径直开到坝陵桥，在一片空地停了下来。在那里，敌人已事先挖好两个大土坑。李德齐知道已经到了生命最后的时刻，深情地向北边望了最后一眼——那里有他战斗过的工厂，有一起并肩作战的同志和弟兄……

李德齐虽然被捕，可厂里的工人运动没有停止。解放前几天，工厂仍有几百人空腹上班、值夜班，守护着工厂的机器设备和档案，时刻准备迎接解放军的到来。1949 年 4 月 24 日，太原解放。自此，兵工厂获得新生，成为人民的兵工厂。

"我和我的父亲都是这个厂的职工。从小我就立志一定要成为像爷爷、爸爸一样为军工事业奋斗的兵工人。爷爷的精神指引着我继续为党的事业奋斗，为祖国的国防事业贡献自己的力量。"李建军坚定地说。

梁露：其如闪电耀介休

米俊茹

铭刻

梁露（1905—1935），介休人，字庆云，小名柏树则，中国共产党早期党员、工运先驱、介休党组织创始人。

1923 年，他奋起反抗帝国主义和封建军阀的残酷压迫，在汉冶萍兵工厂参加工人大罢工，任工人纠察队队长，其间加入中国共产党；

1927 年春，中共临时山西省委（中共太原地执委）以山西省总工会的名义派遣他到介休开辟党的工作；

1927 年 9 月，中共介休县委成立，他成为第一任县委书记，领导群众开展了轰轰烈烈的工人运动、农民运动和妇女运动；

1928 年 3 月，他遭国民党通缉，后在井岳秀部队以士兵身份开展党的地下工作；

1935 年，他遭叛徒出卖被捕遇害，年仅 30 岁。

10 月 28 日，介休市洪山村，中共介休县委第一支部党史陈列馆，沐浴着晚秋的暖阳，一曲《映山红》在耳边萦绕。聆听着讲解员的讲述，见证着一件件珍贵的历史文物、一幅幅记录峥嵘岁月的图片，记者在脑海中拼接着梁露同志英勇革命的一生。

土炕、油灯、土瓷碗……一组四人雕塑还原了 1927 年介休成立第一个党支部时的场景。

介休县委第一党支部在洪山镇洪山村成立是介休大地历史上的

伟大事件，也是介休革命史上的伟大事件。据介休市委宣传部副部长闫伟红介绍，2017 年，她在洪山镇组织部门工作，中共介休县委第一支部党史陈列馆筹建时她就参与其中，后来还曾担任讲解员。“陈列馆所有图片和文字资料均由介休市史志办提供。”闫伟红说，“每一次讲解对我而言都是再一次的回归，回到共产党人出发的地方。我们今天的幸福生活是老一辈流血牺牲换来的，我们应该把他们的事迹记录并传承下来。”

梁露年仅 30 岁就英勇牺牲，连一张照片都未留存于世。大革命时期，共产党员处于秘密活动中，陈列馆这些史料又从何而来？

带着疑问，记者走访了介休市史志办曾经搜集梁露同志史料的相关人员，阅读《中国共产党介休县历史大事记述（1926.9—1949.9）》《旗帜》《绵山忠魂》等相关图书，了解梁露同志所处的时代背景，力图在弥足珍贵的史料中，还原如一道闪电划过定阳大地的坚定共产党人梁露。

风云激荡映衬革命心 罢工游行扛起工运旗

张成英，介休市史志办原助理研究员，1987 年参与整理《中国共产党介休市组织史资料》工作，在挖掘介休党组织的建立、发展与沿革时追溯到梁露同志。

《旗帜》一书收录了张成英的文章《古定阳播火人——记中共介休党组织创始人梁露》。据张成英讲，文中涉及的梁露同志的早期革命经历是采访原太岳区组织干部宋立、马达等同志而来。

1905 年，梁露出生在山西介休城内的一个贫苦家庭，12 岁时便辍学随父亲远走他乡，到武汉汉冶萍兵工厂当学徒，学做兵器火炮。梁露年纪虽小，但他机灵、勤劳，很快便成为技术娴熟的工人。

1923年，18岁的梁露已经在武汉工作了6年。6年里，他目睹了反动军阀统治下劳动人民食不果腹、衣不蔽体的惨状，耳闻了北洋政府签订丧权辱国的《中日共同防敌军事协定》后日军在中国的暴行。1919年的五四运动给他心灵上造成极大震撼，他在思索救国救民的途径，盼望着去参加改变不合理社会的斗争。

1923年2月，震惊中外的京汉铁路工人大罢工开始了。规模空前的斗争，让梁露看到了革命的曙光。他勇敢地参加斗争，联络汉冶萍兵工厂的工人响应罢工、组织集会游行。此次斗争对梁露是一次共产主义的思想启蒙教育。

工厂复工后，梁露进行认真反思和总结，认为自己缺乏革命理论、认识不深。此后，他开始阅读进步书刊，懂得了不少革命道理，提高了自己的理论水平。由于他有胆有识、敢于斗争，工人们都信任他、拥护他。随后工人们组建秘密组织——汉冶萍兵工厂工人纠察队时，推举他为队长。工厂的地下党组织也帮助和培养他，不久，梁露加入了中国共产党。

创立介休首个党组织 掀起工农运动新高潮

88岁的介休市史志办原党史研究员胡玉光介绍，1980年到1993年他从事《中国共产党介休县历史大事记述（1926.9—1949.9）》的编写工作，通过召开座谈会、走访相关知情人、赴档案部门求证、整理录音资料等最终成书，由山西人民出版社出版。书中记录了梁露同志1927年春至1928年春在介休参与的轰轰烈烈的革命活动。

“要讲梁露，必须了解当时的历史背景。”胡玉光强调。

《中国共产党的九十年》《中国共产党的三十年》《党史细节：

中国共产党九十年若干重大事件探源》等资料表明，在京汉铁路大罢工失败后，共产党人意识到：如果不团结一切可以团结的力量，结成最广泛的统一战线，党就不可能把中国革命引向胜利。因此，中国共产党决定联合孙中山领导的中国国民党，推动国共合作的建立。

关于建立统一战线的方式，党的二大曾提出两种设想：一种是国民党和共产党各自单独存在，实行平等的党外合作；另一种是实行党内合作，即共产党员、青年团员加入国民党，把国民党改造成为各革命阶级的联盟。后一种方式由共产国际驻华代表马林倡议并得到共产国际的赞同。

1923年6月12日至20日，党的第三次全国代表大会在广州召开，对国共合作的方针办法作出正式决定，决定共产党员以个人身份加入国民党。

“在第一次国共合作这个特殊时期，一些共产党员以个人名义参加了国民党，并以国民党员的身份公开活动。”胡玉光介绍，在1926年五六月份，根据中共北方区党委指示，中共太原市执行委员会（中共临时山西省委）在太原发展党员和共青团员。当年9月，在太原国民师范上学的张宗试、郝廷恩两名介休籍的青年学生在学校加入共青团。两个人回到介休，张宗试又发展当地小学教员薛光仪加入共青团，三人成立共青团小组。1927年夏，在太原法政专门学校上学期间加入国民党的介休籍学生王潜庵以及在太原其他学校加入国民党的介休籍学生任士温、武振铭、刘祖仁等由太原回到介休，以王潜庵为首成立了国民党员登记处，召集登记国民党员。

据《中国青年运动史》记载，1926年12月，中国国民党山西省第一次代表大会召开。双方协商决定，在9名正式执行委员中，国民党方面5名、共产党方面4名；在5名候补委员中，国民党方面4名、共产党方面1名。山西国共合作的局面正式形成，推动了山西国民革命运动的发展。从1924年年底到1927年5月，山西广大青年在中国共产党和中国社会主义青年团的领导下掀起了国民革命运动的高潮。梁露同志就是此时走上了历史舞台。

张成英介绍，曾与梁露一起革命、后担任山西省委委员的赵秉彝在其回忆录里提到，为了尽快创建开辟发展山西区县级党组织，山西省委向中央要人。当时中共中央驻地在武汉，武汉成为中国革命的中心，革命活动开展得轰轰烈烈。在中共中央的安排下，山西省委派遣人员在汉冶萍兵工厂挖到了介休籍共产党员梁露，动员他回山西搞革命活动。

据《中国共产党介休县历史大事记述（1926.9—1949.9）》记载，1927年春，中共临时山西省委以山西省总工会的名义派遣工人共产党员梁露到介休开辟党的工作。梁露回到介休后，与共青团员张宗试、薛光仪等建立了革命关系，同时结识了国民党员王潜庵。梁露根据中共中央统一战线的精神，偕共青团员张宗试、薛光仪等一并加入国民党，帮助王潜庵组建国民党介休县党部并任县党部工运部长，以合法身份在介休开展党的工作。

1927年7月4日，在介休城内草市巷五岳庙，中国国民党介休县党部（简称“县党部”）成立。县党部由11名执行委员组成，王潜庵为书记长兼组织部长领导县党部，梁露为工运部长兼县工协会主席，张宗试为农运部长兼县农协会主席，薛光仪负责小学教员联合会，甄桂英（王潜庵的未婚妻）为妇女部长兼妇女协会主席，执行委员还有任士温、武振铭、米建海（女）、董增华（女）等。

梁露、张宗试、薛光仪等担任县党部执行委员后，与王潜庵等密切合作，积极开展工作，形成了介休的第一次国共合作，掀起了一系列工人运动、农民运动、妇女运动的热潮。

——发动“倒马运动”。

为了发动群众，扩大影响，县党部成立后，首先在县城内开展“倒马运动”，同时在洪山、张良等村和坏村长算贪污账。劣绅马光清经常给县知事黄梃槐献劣策，群众对其恨之入骨。梁露、王潜庵、张宗试、薛光仪等人以县党部为基地，发动群众游行示威，并派代表到县衙请愿，要求打倒马光清、打倒坏村长。同时，利用矛盾以马光清的名义在薛光仪主编的《介休自治周刊》上发表激进文章，致使马被逮捕。在洪山、张良等村，县党部发动农民和坏村长算贪污账，揭露了坏村长的罪行。在事实面前，县知事不得不撤换了这些村长。梁露、王潜庵等领导的第一次革命斗争取得了胜利，群众初步被发动起来了。

——发动洪山工人罢工和农民运动。

1927 年 8 月，梁露带领米建华（为梁做联络工作）等到达距县城东南 12 余公里的洪山村。洪山村自古以来盛产陶瓷、神香，传统的手工业造就了固定的和季节性的手工业工人千余人。梁露在洪山组建起陶泥、香业和水磨工协会，会员迅速发展到 700 余人。梁露领导工会会员和工人群众同作坊主展开斗争，要求增加工资、改善劳动条件、实行 8 小时工作制。作坊主并未答应工人的要求。于是，工会领导工人罢工并组织起 140 余人的工人护维队（纠察队），每人手持一根棍棒。8 月 18 日，抓捕了天成合香业主刘守礼、恶霸地主贾云海，将他们关押在福兴寺（下寺庙）20 余天，至 9 月 21 日斗争取得胜利，刘、贾等才被释放。

与此同时，张宗试深入洪山附近的张良、曹麻村一带，组织起农民协会，会员发展至 800 余人。张宗试领导农协会会员和农民群众向土豪、水霸展开斗争，要求减租减息，合理用水浇地。

在妇女解放运动中，梁露抓住一个反对封建婚姻的机会，发展壮大了党的群众组织。

介休有一个叫王瑶卿的女子，其母亲逼迫她嫁给静乐县警察局局长做姨太太。梁露借机发动介休女子高小学生同王母讲道理，强力反对封建思想。经过坚决的斗争，王母退还了对方的 300 元大洋，这门亲事就此作罢。借此东风，以女高学生为主，在介休城内的草市巷高级小学简易师范班成立了妇女协会。妇女协会领导妇女为妇女解放展开斗争，提出“要求男女平等、婚姻自由，反对买卖包办婚姻，反对打骂虐待妇女”。

随后，以梁露、王潜庵、张宗试、薛光仪四人为首，工协会、农协会、小学教员联合会和妇女协会联合起来，共计千余人集队进城游行示威。队伍进城后，各小学男女学生加入游行队伍，浩浩荡荡，声势很大。梁露、王潜庵带领群众高呼口号：“打倒军阀！”“打倒帝国主义列强！”“打倒土豪劣绅！”“打倒贪官污吏！”介休地区反帝反封建的工农运动空前高涨。

1927 年 8 月至 9 月，介休有千余名群众实际已在共产党人的领导之下。然而，梁露仍然依靠国民党介休县党部开展活动，没有在运动中发展共产党员，建立党的组织。

1927 年 10 月，《中共山西省委总结报告》中提到：“此县（介休）过去只有团的组织没有党的组织，只有党的工作没有团的工作，现已由团里边介绍加入党 × 人，外加介绍 × 人。这个县非常奇怪，有 800 余农民、200 多小学教员都在我领导之下，而不去发展同志，这是何等大的错误，现已去信纠正。”

当时，中共山西省委派李舜琴、阎林民夫妇二人到介休送信，予以纠正。根据省委指示，梁露立即介绍共青团员张宗试、薛光仪等转为共产党员，又介绍王潜庵等加入共产党，全县发展党员十余人。当年 9 月至 10 月，中共介休县委成立，梁露任县委书记。1928 年年初，洪山村成立了中共介休第一个党支部，革命的种子在定阳大地发芽。

张成英说，介休党组织的建立与工农妇女运动在晋中最早最活跃，要得益于梁露同志宣传发动群众有力，也得益于中共山西省委的及时指导。

梁露同志在介休开展的工人运动，在山西工运史上写下了精彩的一笔。晋中市总工会原主席郭绍华在其所撰的《山西工运先驱梁露烈士早期革命事略》一文中这样评价："梁露是中国共产党在介休建立党组织的第一人，也是介休县工会组织最早的倡导者、积极的组织者、坚定的推动者和忠实的捍卫者。"

屠刀不泯永远革命志　舍生取义浩然气长存

革命是要流血牺牲的，革命具有长期性、艰难性、曲折性。

1927 年 4 月 12 日，蒋介石在上海发动了震惊中外的四一二反革命政变，将屠刀对准了共产党员，中国的革命形势骤然间发生了逆转。

1927 年 6 月，阎锡山就任北方革命军总司令，公开支持蒋介石的国民党右派。随后，南京国民党中央党部下令改组各省地方党部，国民党山西省党部的成员全部换上了国民党右派骨干分子。1927 年 7 月，汪精卫在武汉召开国民党中央常务委员会扩大会议，正式同共产党决裂，第一次国共合作全面破裂。紧接着，南京国民党中央党部通令在全国实行"清党"。国民党山西省党部立即设立了"清党委员会"，阎锡山发布通缉令，调动军警和特务从太原开始到全省城乡，大肆搜捕共产党员和进步人士。

采访中，张成英强调，介休党组织建立的时间是 1927 年 9 月，与四一二反革命政变相差数月。一是因为当时消息没那么灵通，二是山西党的活动还处于萌芽状态，影响力小。所以，梁露同志就把武汉的活动鲜活地搬过来，轰轰烈烈地开展起来，之后就触动国民党的神经，两次派重要人物“清党”。

《中国共产党介休县历史大事记述（1926.9—1949.9）》记述了国民党在介休的两次“清党”历史。

1927 年 9 月，国民党山西省党务改组委员会成员、山西黄色工会头目杨笑天来到介休活动。杨的主要任务是“清党”。然而，由于国民党山西省党部右派分子弄不清介休的真实情况，加上介休国民党中右派分子虽然对县党部领导人员不满，也明知一些执行委员是跨党党员、县党部是共产党人掌权，但他们怕工人纠察队用棍子打，所以不敢向省党部报告。因此，第一次“清党”失败，介休县党部未动。

1928 年 2 月，春节过后，中共山西省委在霍州召开扩大会议。会议决定，成立平（遥）介（休）等 5 个特委和两个市委，并将全省划为祁（县）介（休）等 7 个暴动区，计划在阎锡山政府预征民国十八年（1929）钱粮时组织武装总暴动。会后，中共平介特委宣传委员赵秉彝（马林）遂即到达介休，与中共介休县委书记梁露接通党的关系。梁露介绍赵秉彝到洪山村张芝玉（张六根）家潜居。赵秉彝到介休后，向介休的党员传达了省委扩大会议的决定，领导群众制作了 72 把砍刀，计划夺取县公安队武装，而后组织介休地区工人农民开展武装暴动，夺取县政府的权力。

根据赵秉彝传达的省委决定，梁露召集张宗试、薛光仪、王潜庵等在城内小东街甄桂英家多次秘密召开会议，研究暴动问题。此时，有太原的两名学生用自行车带来若干手榴弹，供介休暴动时使用。

暴动尚未开始，国民党又来“清党”。1928 年 3 月，国民党山西省党部“清党委员会”派省党部候补委员苏一山偕赵守愚到介休二次“清党”。介休县知事张宴林为排除异己，积极配合苏一山“清党”，派出警察马队包围袭击洪山村。正在洪山村领导工农武装暴动的赵秉彝及洪山工协会的骨干分子梁三交等10人被逮捕，他们被押进介休县城看守所，数日后又被押解到太原国民党山西省党部“清党委员会”。1928年秋，山西省特种刑事临时法庭以所谓“阴谋暴动及宣传共产主义”的罪名判处赵秉彝有期徒刑18年，送到山西省第一监狱执行。洪山工协会的工人，除梁三交下落不明外，其余人员在一两年后都被保获释回乡。

梁露、张宗试、薛光仪等在洪山工人群众的掩护下撤离介休。

苏一山、赵守愚在介休城内草市巷县党部召集执行委员会议，进行“清党”。王潜庵到会后，发现会场外布置有警察，察觉情况不好，借口去厕所翻墙逃跑。当日，介休城四门戒严，张良村农协会主席马炳光闻讯后从顺城关水门逃出城外，未逃走的国民党左派有的受了处分，有的被扣押多日。国民党介休县党部被改组，右派开始掌权。1928年10月，中共临时山西省委成员汪铭到介休恢复党的组织，但因找不到一名党员，介休党组织未能恢复。

梁露在群众的掩护下撤离介休转战到陕西，几经周折终于在陕西与党组织取得联系，并受党组织委派到陕北的井岳秀部队开展地下工作。在井岳秀的部队里，梁露以士兵的身份深入军队，积极宣传马克思主义，宣传共产党的主张，挑选先进青年发展党员、建立党组织，但不幸被叛徒出卖，身陷囹圄。

由张成英主编的《绵山忠魂》一书记载了梁露同志为信仰而战、为信仰而死的人生最后时刻——在军事法庭上，梁露毫不隐瞒自己共产党员的身份。他慷慨陈词，揭露国民党反动派破坏统一战线、蓄意制造内乱的假革命嘴脸，斥责反动军阀残暴镇压工农运动的罪行。当法官利诱他投降时，梁露严词拒绝。1935年7月，梁露被秘密杀害于监狱中，年仅30岁。

注：梁露同志早年在武汉工作的工厂叫汉冶萍兵工厂，经查证，当时只有汉冶萍公司，或者汉阳兵工厂，并无汉冶萍兵工厂。关于这一点，介休市史志办原助理研究员张成英回忆，1990年，在介休市史志办举行的老干部座谈会上，好像有两个老干部争论过这个问题，最后定为汉冶萍兵工厂。这一点有待进一步求证。

思考

在那个白色恐怖的年代，在那段峥嵘岁月里，作为身处险境的中共地下党员，梁露这个名字不可能存在于任何纸质的档案里；同时介休早期的革命活动家都在大革命时期牺牲或失踪了，隐蔽下来的王潜庵也于1943年被日本人杀害。所以，寻找梁露同志弥足珍贵的雪泥鸿爪何其难也！他在人生最美好的年华英勇牺牲了，没有妻儿、没有亲属。但百年之后的今天，当我们寻找只有个位数党员的出发点时，后人还是记住了他如闪电般照耀介休大地的一生，并缅怀学习他坚如磐石的理想信念。这让人欣慰。

勿忘昨天的苦难辉煌，无愧今天的使命担当，不负明天的伟大梦想。让我们记住梁露同志，开拓我们的未来。

本文刊于2021年11月19日《山西工人报》

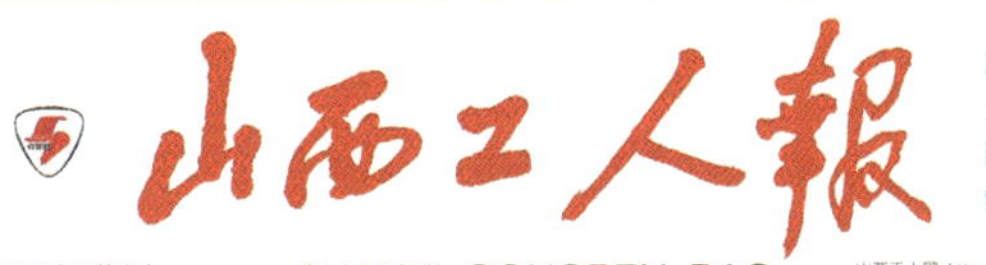

山西省总工会主管主办
山西工人报社出版

SHANXI GONGREN BAO

新闻责任 工会声音 职工情怀 维权担当

山西工人网 http://www.sxgrw.com
E-mail:sxgrb@163.com
（今日四版）

国内统一刊号 CN14-0003 邮发代号 21-10 2021年11月19日 星期五 农历辛丑年十月十五 总第10385期

中共中央发出通知

部署党的二十大代表选举工作

新华社北京11月18日电 党的十九届六中全会决定，党的二十大于2022年下半年在北京召开。最近，中共中央印发了《关于党的二十大代表选举工作的通知》，对二十大代表选举工作作出全面部署。中央组织部近日召开会议，对这项工作作出具体安排。

党的二十大，是我们党进入全面建设社会主义现代化国家、向第二个百年奋斗目标进军新征程的重要时刻召开的一次十分重要的代表大会，是党和国家政治生活中的一件大事。认真做好二十大代表选举工作，是开好大会的重要基础。党中央对做好二十大代表选举工作高度重视，习近平总书记主持召开中央政治局常委会会议和中央政治局会议专门研究，确定了做好这项工作的总体要求和目标任务，要求各级党组织切实负起政治责任，认真履行职责，精心组织实施，确保代表选举工作圆满完成。

（下转第2版）

奋斗百年路 启航新征程

建党百年·山西重大工运事件重要工运人物寻访展示

梁露：其如闪电耀介休

本报首席记者 米俊茹

【铭刻】 梁露（1905年—1935年），介休人，字庆云，小名柏树则，我党早期党员、工运先驱、介休党组织创始人。

1923年，他备尝反抗帝国主义和封建军阀的残酷压迫，在汉冶萍兵工厂参加工人大罢工，曾任工人纠察队长，其间加入中国共产党；

1927年春，中共临时山西省委（中共太原地执委）以山西省总工会的名义派遣他到介休开辟党的工作；

1927年9月，中共介休县委成立，他任第一任县委书记，领导群众开展了轰轰烈烈的工人运动、农民运动和妇女运动；

1928年3月，他遭国民党通缉，后在井岳秀部队以士兵身份开展党的地下工作；

1935年，他遭叛徒出卖被捕遇害，年仅30岁。

10月28日，介休市洪山村，中共介休县委第一支部党史陈列馆，沐浴着晚秋的暖阳，一曲《映山红》在耳边萦绕，聆听着讲解员的讲述，见证着一件件珍贵的历史文物、一幅幅记录峥嵘岁月的图片，记者在脑海中……

……均由介休市史志办提供。”闫伟红说，“每一次讲解对我而言都是再一次的回归，回到共产党人出发的地方。我们今天的幸福生活是老一辈流血牺牲换来的，我们应该把他们的事迹记录并传承下来。”

（下转第4版）

省总领导在晋中忻州阳泉调研

王蕾参加调研

……在阳泉，王蕾深入华阳集团二矿、国家税务总局阳泉市税务局、阳泉市工人文化宫项目工地实地了解劳模大师创新工作室、“户外劳动者爱心驿站”建设运作情况以及工程建设情况。在随后召开的座谈会上，王蕾详细听……

晋中市人大常委会副主任、市总工会主席王根元，忻州市人大常委会副主任、市总工会主席魏广才，阳泉市人大常委会副主任、市总工会主席张永忠分别主持座谈会。

（本报记者）

深入学习贯彻党的十九届六中全会精神

晋城市总：学精神悟要义 强推进争一流

本报讯（首席记者李麦旺） 连日来，晋城市总工会把深入学习党的十九届六中全会精神当作工会的一项重……

运城市总：切实维护劳动领域政治安全

本报运城讯（记者秦菱蔚） 11月15日，运城市总工会召开会议，专题学习传达党的十九届六中全会精神。……

今年年初以来，晋能控股装备制造集团大同泰宝管材有限公司引进开练机、注塑机等专业技术设备，扎实有序推进项目建设。目前项目前期准备及手续办理工作均已完成，14台项目生产设备陆续进场，为全面投产打下坚实基础。图为管料生产班组组长刘钢飞正在和组员安装调试新设备。**徐化连 摄**

职工有话说

缓解能源调结构之弦不能松

戴小河

随着煤炭增产增供措施不断落地见效，近期全国煤炭产能加快释放，煤炭调度日产量创历史新高，全国火电机组因缺煤停机现象清零，这意味着前期电力供需紧张形势有了较大缓解。

“燃煤之急”虽暂时缓解，但其中暴露的能源结构过于依赖煤炭、发电以火电为主、新能源发电量占比仍较低等长期存在的问题依然突出。在推进绿色低碳、兑现“双碳”目标承诺的背景下，能源结构调整的弦不能松。

加快能源结构调整是实现绿色低碳转型和经济高质量发展的关键之举，也将带来一场从能源结构到产业结构调整的广泛而深刻的系统性变革。……

我省出台《山西省“十四五”现代物流发展规划》

到2025年，全省物流业总收入力争达到2500亿元

（下转第2版）

山西工人报新闻客户端 
山西工人报官方微信公众号 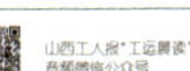
山西工人报“工运晨读”音频微信公众号 
山西工人报“黄牛汇”官方微信公众号 
山西工人报“工会人”官方微信公众号 
山西工人报“职工e家宴”官方微信公众号 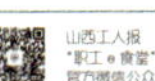
山西工人报“职工微影像”官方微信公众号 
山西工人网官方微博 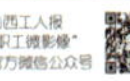
山西工人报抖音官方账号 

建党百年·山西重大工运事件重要工运人物寻访展示

梁露：其如闪电耀介休

（上接第1版）

《中国共产党的九十年》（中共党史出版社、党建读物出版社）、《中国共产党的三十年》（人民出版社）、《党史细节：中国共产党九十年若干重大事件探源》等资料表明，在京汉铁路大罢工失败后，中国共产党人意识到，如果不团结一切可以团结的力量，结成最广泛的统一战线，党就不可能把中国革命引向胜利。因此，中国共产党决定联合孙中山领导的中国国民党，推动国共合作的建立。

关于建立统一战线的方式，党的二大曾提出两种设想：一种是国民党和共产党各自单独存在，实行平等的“党外合作”，另一种是实行“党内合作”，即共产党员、青年团员加入国民党，把国民党改造成为各革命阶级的联盟。后一种方式由共产国际驻华代表马林倡议并得到共产国际的赞同。

1923年6月12日至20日，党的第三次全国代表大会在广州召开，对国共合作的方针办法作出正式决定，决定共产党员以个人身份加入国民党。

“在第一次国共合作这个特殊时期，一些共产党员以个人名义参加了国民党，并以国民党员的身份公开活动。”胡玉光介绍，大约在1926年五六月份，根据中共北方区党委指示，中共太原市执行委员会（中共临时山西省委）在太原发展党员和共青团员。当年9月，在太原国民师范上学的张宗试、郝廷恩两名介休籍的青年学生在校加入共青团，两个人回到介休，张宗试又发展当地小学教员薛光仪加入共青团，3人成立共青团小组。1927年夏，在太原法政专门学校上学期间加入国民党的介休籍学生王蔼庵以及在太原其它学校加入国民党的介休籍学生任士磊、武振铭、刘裕仁等由太原回到介休，以王蔼庵为首成立了国民党员登记处，召集登记国民党员。

梁露在介休洪山村临时居住的小院

据《中国青年运动史》记载，1926年12月，中国国民党山西省第一次代表大会召开，双方协商决定，在9名正式执行委员中，国民党方面5名，共产党方面4名；在5名候补委员中，国民党方面4名，共产党方面1名。山西国共合作的局面正式形成，推动了山西国民革命运动的开展。从1924年年底到1927年5月，山西广大青年在中国共产党和中国社会主义青年团的领导下掀起了国民革命运动的高潮。梁露同志就是此时走上了历史舞台。

张成英介绍，曾与梁露一起革命，后担任山西省委委员的赵秉彝在其回忆录里提到，为了尽快创建开辟发展山西区县级党组织，山西省委向中央要人。当时中共中央驻地在武汉，武汉成为中国革命的中心，革命活动开展得轰轰烈烈。在中共中央的安排下，山西省委派遣人员在汉冶萍兵工厂挖到了介休籍共产党员梁露，动员他回山西搞革命活动。

据《中国共产党介休县历史大事记述（1926.9—1949.9）》记载，1927年春，中共临时山西省委（中共太原地执委）以山西省总工会的名义派遣工人共产党员梁露到介休开辟党的工作。梁露回到介休后，与共青团员张宗试、薛光仪等建立了革命关系，同时结识了国民党员王蔼庵。梁露根据中共中央统一战线的精神，偕共青团员张宗试、薛光仪等一并加入国民党，帮助王蔼庵组建国民党介休县党部并任县党部工运部长，以合法身份在介休开展党的工作。

中共介休县委研究在洪山村成立第一个党支部（中共介休县委第一支部党史陈列馆雕塑）

1927年7月4日，在介休城内草市巷五岳庙，中国国民党介休党部（简称县党部）成立。县党部由11名执行委员组成，王蔼庵为书记长兼组织部长领导县党部，梁露为工运部长兼县工协会主席，张宗试为农运部长兼县农协会主席，薛光仪负责小学教员联合会，甄桂英（王蔼庵的未婚妻）为妇女部长兼妇女协会主席，执行委员还有任士磊、武振铭、米建海（女）、翟增华（女）等。

梁露、张宗试、薛光仪等担任县党部执行委员后，与王蔼庵等密切合作，积极开展工作，形成了介休的第一次国共合作，掀起了一系列工人运动、农民运动、妇女运动的热潮。

——发动“倒马运动”。

为了发动群众，扩大影响，县党部成立后，首先在县城内开展“倒马运动”，同时在洪山、张良等村和坏村长算贪污账。劣绅马光甫经常给县知事黄粗槐献宝策，群众对其恨之入骨。梁露、王蔼庵、张宗试、薛光仪等人以县党部为基地，发动群众游行示威，并派代表到县衙门请愿，要求打倒马光甫，打倒坏村长。同时，利用矛盾以马光甫的名义在薛光仪主编的《介休自治周刊》上发表激进文章，致使马被逮捕。在洪山、张良等村，县党部发动农民和坏村长算贪污账，揭露了坏村长的罪行。在事实面前，县知事不得不撤换了这些村长。梁露、王蔼庵等领导的第一次革命斗争取得了胜利，群众初步发动起来了。

——发动洪山工人罢工和农民运动。

1927年8月，梁露带领米建华（为梁做联络工作）等到达距县城东南12余公里的洪山村。洪山村自古以来盛产陶瓷、神香，传统的手工业造就了固定的和季节性的手工业工人千余人。梁露在洪山组建起陶泥、香业和水磨工协会，会员迅速发展到700余人。梁露领导工会会员和工人群众同作坊主展开斗争，要求增加工资、改善劳动条件、实行8小时工作制。作坊主开始不答应工人的要求，于是，工会组织工人罢工并组织起140余人的工人护缴队（纠察队），每人手持一根棍棒。8月18日，抓捕了天成合香业主刘守礼、恶霸地主贾云海，将其押在福兴寺（下寺庙）20余天，至9月21日斗争取得胜利，刘、贾等才被释放。

与此同时，张宗试深入洪山附近的张良、曹麻村一带，组织起农民协会，会员发展至800余人。张宗试领导农协会会员和农民群众向土豪、水霸展开斗争，要求减租减息，合理用水浇地。

在妇女解放运动中，梁露抓住一个反对封建婚姻的机会，发展壮大了党的群众组织。

介休有一个叫王福卿的女子，其母亲逼迫她嫁给静乐县警察局局长做姨太太。梁露借机发动介休女子高小学生同王母讲道理，强力反对封建思想，经过坚决的斗争，王母退还了对方的300元大洋，这门亲事就此作罢。借此东风，梁露以女高学生为主，在介休城内的草市巷高级小学简易师范班成立了妇女协会。妇女协会领导妇女为妇女解放展开斗争，提出：“要求男女平等，婚姻自由，反对买卖包办婚姻，反对打骂虐待妇女。”

随后，以梁露、王蔼庵、张宗试、薛光仪4个人为首，把工协会、农协会、小学教员联合会和妇女协会联合起来共计千余人集队进城游行示威。队伍进城后，各小学男女学生加入游行队伍，浩浩荡荡，声势很大。梁露、王蔼庵带领群众高呼口号：“打倒军阀！”“打倒帝国主义列强！”“打倒土豪劣绅！”“打倒贪官污吏！”介休地区反帝反封建的工农运动空前高涨。

1927年8月至9月，介休有千余名群众实际已在共产党人的领导之下。然而，梁露仍然依靠县党部开展活动，没有在运动中发展共产党员，建立自己的组织。

1927年10月，《中共山西省委总结报告》中提到：“此县（介休）过去只有团的组织没有党的组织，只有党的工作没有团的工作，现已由团里边介绍加入党X人，外加介绍X人。这个县非常奇怪，有800余农民、200多小学教员都在我领导之下，而不去发展同志，这是何等大的错误，现已去信纠正。”

1927年中共介休县委成立工作地——介休草市巷五岳庙

当时，中共山西省委派李舜琴、阎林民夫妇二人到介休送信，予以纠正。根据省委指示，梁露立即介绍共青团员张宗试、薛光仪等转为共产党员，又介绍王蔼庵等加入共产党，全县发展党员十余人。当年9月—10月，中共介休县委成立，梁露任县委书记。1928年年初，洪山村成立了中共介休第一个党支部，革命的种子在定阳大地发芽。

张成英说，介休党组织的建立与工农妇女运动在晋中最早最活跃，要得益于梁露同志宣传发动群众有力，也得益于省委的及时指导。

梁露同志在介休开展的工人运动，在山西工运史上写下了精彩的一笔。晋中市总工会原主席郝绍华在其所撰的《山西工运先驱梁露烈士早期革命事略》一文中这样评价：“梁露是中国共产党在介休建立党组织第一人，也是介休县工会组织的最早倡导者、积极的组织者、坚定的推动者和忠实的捍卫者。”

屠刀不泯永远革命志 舍生取义浩然气长存

革命是要流血牺牲的，革命具有长期性、艰难性、曲折性。

1927年4月12日，蒋介石在上海发动了震惊中外的“四·一二”反革命政变，将屠刀对准了共产党员，中国的革命形势骤然间发生了逆转。

1927年6月，阎锡山就任北方革命军总司令，公开支持蒋介石的国民党右派。随后，南京国民党中央党部下令改组各省地方党部，国民党山西省党部的成员全部换上了国民党右派骨干分子。1927年7月，汪精卫在武汉召开国民党中央常务委员会扩大会议，正式同共产党决裂，第一次国共合作全面破裂。紧接着，南京国民党中央党部通令在全国实行清党，山西省国民党党部立即设立了清党委员会，阎锡山发布通缉令，调动军警和特务从太原开始到全省城乡，大肆搜捕共产党人和进步人士。

采访中，张成英强调，介休党组织建立时间是1927年9月，与“四·一二政变”相差数月，这是因为一是当时消息没那么灵通，二是山西党的活动还处于萌芽状态，影响力小。所以，梁露同志就把武汉的活动鲜活地搬过来，轰轰烈烈地开展起来，之后就触动国民党的神经，两次派重要人物清党。

《中国共产党介休县历史大事记述（1926.9—1949.9）》记述了国民党在介休的两次清党历史。

1927年9月，国民党山西省党务改组委员会成员、山西黄色工会头目杨笑天来到介休活动。杨的主要任务是清党。然而，由于国民党山西省党部右派分子弄不清介休的真实情况，加上介休国民党中右派分子虽然对县党部领导人员不满，也明知一些执行委员是跨党党员，县党部是共产党人掌权，但他们怕工人纠察队用棍子打，所以不敢向省党部报告。因此，第一次清党失败，介休县党部依旧未动。

1928年2月，春节过后，中共山西省委在霍州召开扩大会议。会议决定，成立平（遥）介（休）等5个特委和两个市委，并将全省划为祁（县）介（休）等7个暴动区，计划在阎锡山政府预征民国十八年（1929年）钱粮时组织武装总暴动。会后，中共平介特委宣传委员赵秉彝（马林）立即到达介休，与中共介休县委书记梁露接通党的关系。梁露介绍赵秉彝到洪山村张芝玉（张六根）家落居，赵秉彝到介休后，向介休的党员传达了省委扩大会议的决定，领导群众制作了72把砍刀，计划夺取县公安队武装，而后组织介休地区工人农民开展武装暴动，夺取县政府的权力。

根据赵秉彝传达的省委决定，梁露召集张宗试、薛光仪、王蔼庵等在城内小东街甄桂英家多次秘密召开会议，研究暴动问题。此时，有太原的两名学生用自行车带来若干个手榴弹，供介休暴动时使用。

暴动尚未开始，国民党又来清党。1928年3月，国民党山西省党部清党委员会派省党部候补委员苏一山偕赵守愚到介休二次清党。介休县知事张童林为排除异己，积极配合苏一山清党，派出警察马队包围袭击洪山村，正在洪山村领导工农武装暴动的赵秉彝及洪山工协会组织的骨干分子梁三交等10人被逮捕，被押进介休县城看守所，数日后又被押解到太原国民党山西省党部清党委员会。1928年秋，山西省特种刑事临时法庭以所谓“阴谋暴动及宣传共产主义”的罪名判处赵秉彝有期徒刑18年，送到“山西省第一监狱”执行。洪山工协会的工人，除梁三交下落不明外，其余人员在一两年后都来保获释回乡。

梁露、张宗试、薛光仪等在洪山工人群众的掩护下撤离介休。

苏一山、赵守愚在介休城内草市巷县党部召集执行委员会议，进行清党。王蔼庵到会后，发现会场外布置有警察，察觉情况不好，借口去厕所翻墙逃跑。当日，介休城四门戒严，张良村农协会主席马炳光闻讯后从顺城关水门逃出城外，未逃走的国民党左派有的受了处分，有的仍被扣押多日。国民党介休县党部被改组，右派开始掌权。1928年10月，中共临时山西省委成员汪铭到介休恢复党的组织，但因找不到一名党员，介休党组织未能恢复。

梁露在群众的掩护下撤离介休转战到陕西，几经周折终于在陕西与党组织取得联系，并受党组织委派到陕北的井岳秀部队开展地下工作。在井岳秀的部队里，梁露以士兵的身份深入军队，积极宣传马克思主义，宣传共产党的主张，挑选先进青年发展党员，建立党组织，但不幸被叛徒出卖，身陷囹圄。

1927年《中共山西省委总结报告》中涉及介休县革命活动内容复印件

由张成英主编的《绵山忠魂》一书记载了梁露同志为信仰而战、为信仰而死的人生最后时刻——在军事法庭上，梁露毫不隐瞒自己共产党员的身份，他慷慨陈词，揭露国民党反动派破坏统一战线、蓄意制造内乱的假革命嘴脸，斥责反动军阀残暴镇压工农运动的罪行。当法官利诱他投降时，梁露严词拒绝。1935年7月，梁露被秘密杀害于监狱中，年仅30岁。

中共介休县委第一支部党史陈列馆

【思考】 在那个白色恐怖的年代，在那段峥嵘岁月里，作为身处险境的中共地下党员，梁露这个名字不可能存在于任何纸质的档案里；同时介休早期的革命活动家都在大革命时期牺牲失踪了，隐藏下来的王潜安也于1943年被日本人杀害。所以，寻找梁露同志弥足珍贵的雪泥鸿爪何其难也！他在人生最美好的年华英勇牺牲了，没有妻儿、没有亲属。但百年之后的今天，当我们寻找只有个位数党员的出发点时，后人还是记住了他如闪电般照耀介休大地的一生，并缅怀学习他坚如磐石的理想信念。这让人欣慰。

勿忘昨天的苦难辉煌，无愧今天的使命担当，不负明天的伟大梦想。让我们记住梁露同志，开拓我们的未来。

（注：梁露同志早年在武汉工作的工厂叫汉冶萍兵工厂，经查证，当时只有汉冶萍公司，或者汉阳兵工厂，并无汉冶萍兵工厂。关于这一点，介休市史志办原助理研究员张成英回忆，1990年，介休市史志办举行的老干部座谈会上，好像有两个老干部争论过这个问题，最后定为汉冶萍兵工厂。这一点有待进一步求证。）

本报地址：太原市新民中街8号山西工人报大厦 电话：(0351)3526288 邮编：030001 广告经营许可证：1400004000063号 广告部电话：(0351)3526283 定价：全年198元 零售每期0.58元 印刷：山西工人报社印刷厂 地址：太原市敦化南路70号

图书在版编目（CIP）数据

山西工运百年印记. 新民主主义革命时期 / 山西省总工会编著. —太原：山西人民出版社，2023.8
ISBN 978-7-203-12991-2

Ⅰ. ①山…　Ⅱ. ①山…　Ⅲ. ①工人运动—历史—山西—1919-1949　Ⅳ. ①K261.325

中国国家版本馆CIP数据核字（2023）第149421号

山西工运百年印记. 新民主主义革命时期

编　　著：山西省总工会
责任编辑：赵晓丽
复　　审：高　雷
终　　审：武　静

出 版 者：山西出版传媒集团·山西人民出版社
地　　址：太原市建设南路21号
邮　　编：030012
发行营销：0351-4922220　4955996　4956039　4922127（传真）
天猫官网：https://sxrmcbs.tmall.com　电话：0351-4922159
E-mail：sxskcb@163.com　发行部
　　　　sxskcb@126.com　总编室
网　　址：www.sxskcb.com

经 销 者：山西出版传媒集团·山西人民出版社
承 印 厂：山西基因包装印刷科技股份有限公司

开　　本：720mm × 1020mm　1/16
印　　张：17.25
字　　数：245千字
版　　次：2024年7月　第1版
印　　次：2024年7月　第1次印刷
书　　号：ISBN 978-7-203-12991-2
定　　价：36.00元